刑法罪名精释与案例百选

人身犯罪

罪名精释与案例百选

陈洪兵 著

RENSHEN FANZUI
ZUIMING JINGSHI YU ANLI BAIXUAN

 法律出版社 LAW PRESS·CHINA | 北京

图书在版编目(CIP)数据

人身犯罪罪名精释与案例百选 / 陈洪兵著. -- 北京：法律出版社, 2024
（刑法罪名精释与案例百选）
ISBN 978-7-5197-9071-4

Ⅰ.①人… Ⅱ.①陈… Ⅲ.①侵犯人身权利罪－法律解释－中国②侵犯人身权利罪－案例－中国 Ⅳ.①D924.345

中国国家版本馆CIP数据核字(2024)第083110号

人身犯罪罪名精释与案例百选 RENSHEN FANZUI ZUIMING JINGSHI YU ANLI BAIXUAN	陈洪兵 著	策划编辑 张 珺 责任编辑 张 珺 装帧设计 汪奇峰

出版发行 法律出版社　　　　　　　　开本 710毫米×1000毫米 1/16
编辑统筹 法商出版分社　　　　　　　印张 25.75　　字数 363千
责任校对 王 丰　　　　　　　　　　版本 2024年5月第1版
责任印制 胡晓雅　　　　　　　　　　印次 2024年5月第1次印刷
经　　销 新华书店　　　　　　　　　印刷 北京金康利印刷有限公司

地址:北京市丰台区莲花池西里7号(100073)
网址:www.lawpress.com.cn　　　　　　销售电话:010-83938349
投稿邮箱:info@lawpress.com.cn　　　　客服电话:010-83938350
举报盗版邮箱:jbwq@lawpress.com.cn　　咨询电话:010-63939796
版权所有·侵权必究

书号:ISBN 978-7-5197-9071-4　　　　　定价:105.00元
凡购买本社图书,如有印装错误,我社负责退换。电话:010-83938349

出 版 说 明

新中国成立以来,在几代刑法学者和实务工作者的辛勤耕耘下,我国刑法学和刑事审判实践取得了辉煌的历史成就,积累了丰富的实践经验,逐步建立健全了有中国特色的刑法学体系及其知识结构、话语体系等。[1] 刑法是维护社会秩序、保持社会的稳定利器,是具有现实引导意义的规范,谦抑性是对其的基本要求,但同时,"刑法是时代的一面镜子,敏感地反映着社会的各种变化",[2]面对着纷繁复杂的社会关系和波谲云诡的客观变化,刑事立法必须紧紧跟随。

每一次刑事立法,无论是条文修改还是增设新罪,对于刑事法律适用过程中的每一位参与者而言,对每一项罪名的理解可能都有出入。如何准确理解立法本意,如何将言辞简洁的条文适用于错综复杂的实践中,如何运用刑法逻辑推理出符合罪刑法定原则的结果,如何确保同案同判、统一裁判尺度等问题现于每一起刑事案件中,也是每一位刑法学人面临的现实问题,而解决这些问题的最佳路径就是研究《刑法》分则中的罪名和尽可能多的案例。

在笔者看来,写进《刑法》分则的每一项罪名都是悬在头上的"达摩克利斯之剑",可能随时吞噬每一个人,"刑法学并不是一个智力游戏,它背后是沉甸甸的社会责任"[3]。研究关系生杀予夺、关乎每个人命运的《刑法》分则,是让每

---

[1] 高铭暄:《习近平法治思想指导下中国特色刑法学高质量发展论纲》,载《中国应用法学》2023年第2期。
[2] 张明楷:《外国刑法学》(第2版),法律出版社2019年版,第2版前言。
[3] 张明楷:《张明楷刑法学讲义》,新星出版社2021年版,"序言"。

人在合法的范围内充分发挥社会主体作用的保障，更是真正实现《宪法》规定的"国家尊重和保障人权"的抓手。创制法律条文是为了适用于个案，抽象、概括、原则的法律条文具象后形成了案例。案例本身是具有重要法治价值的，是法律生命的住所，也是法治的生成方式，法律规则及法治经验多潜藏于已经处理的各类案例之中。[1]对法学学科发展和法治社会建设而言，案例研究具有重大意义。

研究离不开阅读，笔者在教学研究工作中发现，市面上的刑法书大多是有关客观归责、不作为、因果关系、故意、过失、正当防卫、紧急避险、被害人承诺、共犯、罪数之类理论性极强的小众图书，或是实务人员编写的实操性很强但理论深度有所欠缺的汇编图书，抑或是有关罗列类罪概念、特征、主体、客体、主观方面、客观方面、此罪与彼罪的区别等的教科书式图书，却少见对《刑法》分则的理论和实务都深入研究，将罪名阐释与案例充分恰当结合的图书。鉴于此，笔者在长期研究和积累的基础上，在法律出版社的策划和支持下，为广大司法实务工作者、研究人员和法科生献出这样一套《刑法》分则"宝典"——《刑法罪名精释与案例百选》，以丰富的案例贯穿于对抽象法律条文的解释之中，旨在打通刑法理论与司法实务的脉络，展现刑事司法逻辑的推演过程。

本丛书内容追求简洁、明快、实用，对每一项罪名的犯罪构成和实务疑难问题作精准阐释和解读，对收录的大量案例作精简呈现，不罗列理论学说和司法解释条文。对于分册安排，由于《刑法》分则第一章危害国家安全罪、第七章危害国防利益罪与第十章军人违反职责罪理论研究和实务适用较少，本丛书未特别设置相应分册；渎职罪内容不多，故将其与贪污贿赂罪合并为职务犯罪分册。各分册中详细解读了相关的每一项罪名，均按照"导读""条文""实务疑难问题（穿插案例）"三个部分编排。

本丛书分册包括：

《职务犯罪罪名精释与案例百选》；

《财产犯罪罪名精释与案例百选》；

《经济犯罪罪名精释与案例百选》；

---

[1] 胡云腾：《加强案例法学研究 提高案例研究水平》，载《法律适用》2020年第10期。

《人身犯罪罪名精释与案例百选》；

《危害公共安全罪罪名精释与案例百选》；

《妨害社会管理秩序罪罪名精释与案例百选》。

见出以知入，观往以知来。在刑法研究之路上，笔者真心希望能为解释《刑法》分则尽一位刑法学人应尽的责任，为我国犯罪治理体系优化，治理能力提高贡献微薄之力。

2023年4月

目 录 | CONTENTS

第一章 侵犯生命、健康的犯罪 / 001
第一节 故意杀人罪 / 001
导　读 / 001

条　文 / 002

实务疑难问题 / 002

1. 人的始期如何确定？/ 002
2. 人的终期即死亡标准如何确定？/ 004
3. 误认尸体为活人加以"杀害"的，能否成立故意杀人罪？/ 005
4. 如何处理"受虐妇女反杀案"？/ 005
5. 实施安乐死行为，能否成立故意杀人罪？/ 008
6. 基于报复动机杀人、奸情杀人的，是否应从重处罚？/ 009
7. 实践中将杀人后的碎尸行为作为判处死刑根据的做法，是否合理？/ 009
8. 《刑法》第 238 条、第 247 条、第 248 条、第 289 条、第 292 条规定"致人死亡的"以故意杀人罪定罪处罚，是否要求行为人具有杀人故意？/ 010
9. 已满 12 周岁不满 14 周岁的人应否对拟制的故意杀人罪承担刑事责任？/ 011
10. 已满 12 周岁不满 14 周岁的人应否对故意杀人未遂承担刑事责任？/ 011
11. 只要行为危害了公共安全，是否只能成立放火、爆炸等罪，而不能同时成立故意杀人罪？/ 012
12. 如何处理"相约自杀"案？/ 013

13. 如何评价"引起他人自杀"的行为,或者说能否将被害人自杀的结果归属于行为人？/ 017

14. 教唆、帮助自杀的,能否构成故意杀人罪？/ 021

15. 将防卫过当认定为情节较轻的故意杀人罪后,还应否适用《刑法》总则有关防卫过当的处罚规定？/ 026

16. 对杀人预备选择了故意杀人罪"情节较轻"的法定刑之后,是否不再适用《刑法》总则有关预备犯的处罚规定？/ 027

17. 能否认为抢劫杀人的,成立抢劫致人死亡与故意杀人罪的想象竞合？/ 028

18. 有关"雇凶者作为犯罪的'造意者',应认定为罪行最严重的主犯"的司法解释规定,有无疑问？/ 028

第二节 过失致人死亡罪 / 029

导　读 / 029

条　文 / 029

实务疑难问题 / 030

1. 如何认定过失致人死亡罪的实行行为？/ 030

2. 如何处理定性"致特异体质者死亡案"？/ 034

3. 如何理解《刑法》第233条中"本法另有规定的,依照规定"？/ 036

4. 交通肇事致一人死亡,未达到交通肇事罪立案标准,能否以过失致人死亡罪定罪处罚？/ 036

5. 虐待致人死亡的,能否判处低于3年有期徒刑的刑罚？/ 037

6. 如何区分过于自信的过失致人死亡与间接故意杀人？/ 037

7. 如何区分疏忽大意的过失致人死亡与意外事件致人死亡？/ 038

8. 在行为人对死亡结果具有预见可能性的情况下,不能证明行为人是否放任死亡结果发生时,能否认定成立过失致人死亡罪？/ 041

9. 应否将"处三年以下有期徒刑"确定为过失致人死亡罪的基本法定刑？/ 042

第三节 故意伤害罪 / 043

导　读 / 043

条　文 / 045

目　录

实务疑难问题 / 045

1. 为何我国故意伤害罪的入罪门槛并不低,定罪率却特别高? / 045
2. 如何区分正当防卫与相互斗殴型故意伤害罪? / 048
3. 相互斗殴致人轻伤的,能否成立故意伤害罪? / 056
4. 轻微暴力或者一般殴打致人轻伤的,能否构成故意伤害罪? / 059
5. 我国刑事司法应否适当扩大故意伤害罪的成立范围? / 060
6. 应否将故意造成他人精神伤害的行为认定为故意伤害罪? / 061
7. 应否将故意造成他人轻微伤的行为认定为故意伤害罪? / 062
8. 应否承认和处罚故意伤害未遂? / 064
9. 如何处罚故意伤害未遂? / 067
10. 轻伤故意致人死亡的,能否成立故意伤害致死? / 068
11. 致胎儿伤害的,能否成立故意伤害罪? / 069
12. 如何认定故意伤害"致"死? / 070
13. 能否认为故意杀人罪与故意伤害罪的区别是由故意内容决定的? / 080
14. 行为人持杀人故意以特别残忍手段杀人,但只造成了被害人重伤与严重残疾,是成立故意杀人罪未遂还是故意伤害罪? / 082
15. 故意杀人中止但造成了重伤,是成立故意杀人罪中止还是故意伤害罪既遂? / 082
16. 如何区分故意伤害致死与过失致人死亡罪? / 082
17. 如何把握本条中的"本法另有规定的,依照规定"? / 083
18. 伤害的承诺是否有效? / 084
19. 如何处理所谓"同时伤害"的案件? / 085
20. 中途参与实施伤害,不能查明重伤结果由谁的行为引起时,如何处理? / 085
21. 《刑法》第238条、第247条、第248条、第289条、第292条、第333条致人伤残以故意伤害罪定罪处罚的规定,是注意规定还是法律拟制? / 085
22. 已满12周岁不满14周岁的人应否对上述拟制的故意伤害罪承担刑事责任? / 086
23. 将持刀连续刺伤多人认定为以危险方法危害公共安全罪的实践做法,是否妥当? / 086

24. 如何区分身体与财物？/ 086

第四节　组织出卖人体器官罪 / 087

导　读 / 087

条　文 / 088

实务疑难问题 / 088

1. 本罪的立法目的是什么？/ 088

2. 何谓"组织"出卖人体器官？/ 088

3. 能否将"组织他人出卖人体器官"理解为"组织他人贩卖人体器官"？/ 090

4. 本罪中的"人体器官"，是否包括人体细胞和角膜、骨髓等人体组织？/ 091

5. 本罪中的"人体器官"，是否包括尸体器官？/ 093

6. 出卖者(供体)和购买接受人体器官的人(受体)，能否成立本罪共犯？/ 093

7.《刑法》第234条之一的第1款、第2款之间是否为对立关系？/ 093

8. 组织出卖人体器官造成他人(包括供体和受体)伤害、死亡的，如何处理？/ 094

9. 本罪未规定单位犯罪是否立法有疏漏？/ 095

10. 本罪的既遂标准是卖出还是摘取人体器官？/ 095

11. 非法摘取活体器官未造成伤害结果，能否以故意伤害罪论处？/ 096

12. 如何理解"未经本人同意"摘取其器官？/ 096

13. 何为"欺骗"他人捐献器官？/ 097

14. 应否将《刑法》第234条之一的第3款中的"生前未表示同意"表述为"生前未表示不同意"？/ 098

15.《刑法》第234条之一的第3款规定是注意规定还是法律拟制？/ 100

第五节　过失致人重伤罪 / 101

导　读 / 101

条　文 / 102

实务疑难问题 / 102

1. 如何认定过失致人重伤罪的实行行为？/ 102

2. 交通肇事致一人重伤，未达到交通肇事罪立案标准的，能否以过失致人重伤罪定罪处罚？/ 103

目 录

3.如何区分过失致人重伤罪与故意致人重伤？／104

4.出于轻伤故意造成重伤结果的,是成立过失致人重伤罪还是故意伤害罪？／105

5.如何理解"本法另有规定的,依照规定"？／105

第六节 雇用童工从事危重劳动罪／106

导　读／106

条　文／106

实务疑难问题／106

1.本罪的立法目的是什么？／106

2.如何理解本罪的几种行为类型？／107

3.雇用童工从事超强度体力劳动和高空、井下劳动,成立犯罪是否要求"情节严重"？／108

4.行为人采用欺骗方法让童工从事危重劳动但不支付报酬的,是否属于"雇用"？／109

5.雇用童工从事危重劳动同时强迫劳动的,如何处理？／109

6.本罪是自然人犯罪还是单位犯罪？／109

第七节 虐待被监管人罪／110

导　读／110

条　文／110

实务疑难问题／111

1.本罪所保护的法益是什么？／111

2.何谓"体罚虐待"？／111

3.检察院、法院的司法警察,能否构成本罪？／111

4.监察机关留置场所的工作人员,能否构成本罪？／112

5.对被监管人实施性虐待的,如何处理？／112

6.本条第2款的规定是注意规定还是法律拟制？／112

7.适用本条第2款,是否需要情节严重？／112

8.对于被监管人指使实施殴打、体罚虐待的被监管人(被指使者),应当如何处理？／112

9.本条第1款后段致人伤残、死亡的依照故意伤害、杀人罪定罪从重处罚的规定,是注意规定还是法律拟制?/113

第八节 虐 待 罪 / 113

导 读 / 113

条 文 / 114

实务疑难问题 / 114

1.我国刑法为何在故意伤害、杀人罪之外规定虐待罪?/114

2.雇主虐待保姆的,能否构成本罪?/116

3.能否认为凡是具有经常性、持续性、反复性的"虐待"行为,就只能成立虐待罪?/116

4.如何区分本罪与遗弃罪?/124

5."虐待",是否包括精神虐待?/125

6.本罪是否为继续犯?/125

7.虐待致人死亡,是否包括被害人自杀?/125

8.虐待(过失)致人死亡,能否判处低于3年有期徒刑的刑罚?/125

第九节 虐待被监护、看护人罪 / 126

导 读 / 126

条 文 / 126

实务疑难问题 / 126

1.本罪的立法目的是什么?/126

2.本罪与虐待罪之间是什么关系?/127

3.虐待被监护人、看护人致其重伤、死亡的,如何处理?/127

4.虐待被监护人、看护人导致其自杀的,如何处理?/127

5.本罪中的"等",是等内等,还是等外等?/128

6.如何理解适用本条第3款的规定?/128

第十节 遗 弃 罪 / 128

导 读 / 128

条 文 / 129

实务疑难问题 / 129

1. 本罪的法益是"家庭成员在家庭中受扶养的权利"以及对象限于"家庭成员"吗？/ 129
2. 我国遗弃罪规定与德、日等域外国家有何差异？/ 132
3. 在我国，因遗弃导致被害人重伤、死亡的，该如何处理？/ 134
4. 遗弃罪是对生命的危险犯还是对生命、身体的危险犯？/ 134
5. 遗弃罪是抽象危险犯还是具体危险犯？/ 137
6. 我国遗弃罪是否包括作为方式？/ 141
7. 经被害人有效承诺的遗弃行为，是否阻却违法性？/ 145
8. 如何区分遗弃罪与不作为的故意杀人罪？/ 145

第二章　侵犯性自主权的犯罪 / 163

第一节　强奸罪 / 163

导　读 / 163

条　文 / 165

实务疑难问题 / 165

1. 奸淫幼女型强奸罪所保护的法益是什么？/ 165
2. 强行实施口交、肛交的，是强奸还是猥亵？/ 166
3. 如何区分强奸与猥亵？/ 167
4. 成立非强制奸淫幼女型强奸罪，是否需要明知对方是幼女？/ 167
5. 如何认定"明知"对方是幼女？/ 168
6. 关于强奸罪既遂标准，应否对成年妇女对象采"插入说"而对幼女采"接触说"？/ 168
7. 何谓"轮奸"及其加重处罚根据？/ 169
8. 具有刑事责任能力的人与不具有刑事责任能力的人，能否成立"二人以上轮奸"？/ 171
9. 是否应当承认"片面轮奸"？/ 172

007

10. "轮奸"是否有预备、未遂与中止？／174

11. 致使幼女怀孕，是否属于"造成幼女伤害"？／178

12. "造成幼女伤害"中的幼女，是不满10周岁，还是不满14周岁？／178

13. 认定奸淫不满10周岁的幼女，是否要求行为人明知对方是不满10周岁的幼女？／178

14. 《刑法》第300条第3款与第259条第2款以强奸罪定罪处罚的规定，是注意规定还是法律拟制？／178

15. 强奸罪是否与抢劫罪一样，是所谓复行为犯？／179

16. 应否承认所谓"婚内强奸"？／180

17. 能否认为《刑法》第236条第1款的对象是已满14周岁的成年妇女，而第2款是不满14周岁的幼女？／180

18. 作为强奸罪手段的"暴力""胁迫""其他手段"与抢劫罪的"暴力""胁迫""其他方法"，含义是否相同？／181

19. 能否认为强奸罪中的"其他手段"包括欺骗手段？／181

20. 如何处理以强奸的故意实施致人死亡的暴力的案件？／182

21. 女子为摆脱强奸而逃跑失足掉到河里淹死的，是否属于强奸致人死亡？／183

22. 写恐吓信以及企图到宾馆强奸而在咖啡店投迷药的，是成立强奸预备还是未遂？／184

23. 甲合理地认为13周岁的乙已满18周岁，并使用暴力、胁迫手段强行与其性交的，是否构成犯罪？／184

24. 应否要求强奸犯罪的行为人主观上具有奸淫的目的？／184

25. 出于间接故意的，能否构成强奸罪？／185

26. 如何处理奸淫女精神病患者的案件？／185

27. 如何区分强奸与通奸？／185

28. 如何把握求奸未成与强奸未遂的界限？／185

29. 如何把握利用职权的强奸与基于相互利用的通奸的界限？／186

30. 如何处理与染有淫乱习性的幼女发生性关系等特殊的奸淫幼女案件？／186

31. 在网络上直播在私密空间的强奸过程,能否成立"在公共场所当众强奸妇女"?／186

32. "在公共场所当众强奸妇女",有无预备、未遂与中止?／187

33. 多次强奸同一名妇女,是否属于"强奸妇女多人"?／187

34. 醉酒的妇女主动要求与男子发生性关系,男子知道妇女处于醉酒状态仍与其性交的,成立强奸罪吗?／187

35. 最高人民法院、最高人民检察院、公安部、司法部《关于依法惩治性侵害未成年人犯罪的意见》指出,对不满12周岁的被害人实施奸淫等性侵害行为的,应当认定行为人"明知"对方是幼女,有无疑问?／188

36. 能否将导致被害妇女自杀认定为"致使被害人死亡"或者"造成其他严重后果"?／188

37. 强奸两名妇女的,应当如何处理?／189

38. 认定"强奸妇女、奸淫幼女情节恶劣",是否要求必须强奸既遂?／189

39. 认定"强奸妇女、奸淫幼女多人",是否必须每次均既遂?／189

第二节 负有照护职责人员性侵罪／189

导　读／189

条　文／190

实务疑难问题／190

1. 本罪的立法目的是什么?／190

2. 何谓"发生性关系"?／191

3. 本罪的既遂标准是什么?／191

4. 课外补习班教师与已满14周岁不满16周岁的未成年女性发生性关系,能否构成本罪?／192

5. 负有照护职责人员与误以为是少女的幼女发生性关系的,是否无罪?／192

6. 成立本罪是否要求违背未成年女性的意志?／193

7. 何谓"情节恶劣"?／193

8. 成立本罪是否要求行为人认识到对方系"已满十四周岁不满十六周岁的未成年女性"?／194

9. 未成年女性主动与负有照护职责的成年男性发生性关系,该成年男性"忍受"的,是否构成本罪?／194

10. 本条第2款的规定是注意规定还是法律拟制?／194

11. 负有照护职责的人员猥亵少女的,是否构成犯罪?／195

12. 本罪是否有未遂成立的余地?／195

第三节　强制猥亵、侮辱罪／195

导　读／195

条　文／196

实务疑难问题／196

1. 何谓"猥亵"行为?／196

2. 《刑法修正案(九)》对《刑法》第237条的修改,是否达到预期效果?／198

3. 应否区分"侮辱"与"猥亵"?／199

4. "猥亵"是否包括性交行为?／201

5. 如何理解"猥亵"含义的相对性?／201

6. 妇女构成强制猥亵罪的范围是否与男子一样?／201

7. 强制猥亵、侮辱罪是倾向犯吗?／201

8. 强制猥亵罪与强奸罪之间是否为对立关系?／202

9. 应否将侵害妇女的性的羞耻心作为本罪的成立条件?／203

10. 能否将强制猥亵致人轻伤认定为"其他恶劣情节"?／203

11. 如何认定"聚众"强制猥亵他人、侮辱妇女?／203

12. 捉奸的行为人将配偶情人的衣服当场扒光的,是否构成犯罪?／203

13. 隔着衣服触摸女性胸部、臀部的行为,是否构成强制猥亵罪?／204

14. 行为人趁他人熟睡时将精液射在他人身体上的,是否构成犯罪?／204

15. 行为人以胁迫手段迫使他人向自己发送其裸照等淫秽图片的,能否构成本罪?／204

16. 单纯偷拍他人隐私部位、偷看他人裸体的,是否构成犯罪?／205

17. 强制猥亵他人致人重伤、死亡的,如何处理?／205

18. 如何认定"在公共场所当众"强制猥亵他人、侮辱妇女?／205

19. 网络直播私密空间的猥亵过程,是否属于"在公共场所当众"强制猥亵、侮辱? / 205

20. 在公共场所当众实施仅属于违反《治安管理处罚法》的一般违法行为的猥亵行为,是否构成加重犯? / 206

21. 强制猥亵多人,是同种数罪并罚,还是评价为"有其他恶劣情节"? / 206

第四节 猥亵儿童罪 / 207

导　读 / 207

条　文 / 207

实务疑难问题 / 208

1. 猥亵儿童罪、强制猥亵罪和奸淫幼女型强奸罪的保护法益是否相同? / 208

2. 猥亵儿童罪中的"猥亵"与强制猥亵罪中的"猥亵"含义是否相同? / 208

3. 能否认为猥亵儿童罪中的"猥亵"不包括性交行为? / 209

4. "在公共场所当众猥亵儿童,情节恶劣",是否与强制猥亵罪加重情节的规定不相协调? / 209

5. 邻家幼女抚摸成年男子的生殖器,成年男子不制止的,是否构成猥亵儿童罪? / 210

6. "猥亵儿童多人或者多次",是否包括猥亵未遂? / 211

7. 多次实施仅属于违反《治安管理处罚法》的"猥亵"行为,能否认定为"猥亵儿童多人或者多次"? / 212

8. 应否将"聚众猥亵儿童"限定为多人亲自实施猥亵儿童行为? / 213

9. 何谓"造成儿童伤害"? / 213

10. 何谓"造成其他严重后果"? / 213

11. 能否对《刑法》第237条第3款第2项的"情节恶劣"与第4项的"恶劣情节"在程度上作等同解释? / 214

第三章　侵犯人身自由的犯罪 / 215

第一节　非法拘禁罪 / 215

导　读 / 215

条　文 / 216

实务疑难问题 / 216

1. 《刑法》第238条的罪名确定为"非法拘禁罪",是否准确? / 216
2. 阻止他人进入某个场所、强制他人离开某个场所,是否构成非法拘禁罪? / 217
3. 趁他人熟睡时锁门又在他人醒来前开门的,是否构成非法拘禁罪? / 218
4. 被拘禁人自伤、自杀、逃跑致死伤的,是否成立非法拘禁致人重伤、死亡? / 221
5. 适用非法拘禁致人重伤、死亡的规定,是否以非法拘禁行为本身既遂为前提? / 224
6. 非法拘禁使用暴力致人伤残、死亡的成立故意伤害罪、故意杀人罪,是否需要行为人主观上具有伤害、杀人故意? / 224
7. 为索取高利贷、赌债等非法债务而扣押、拘禁他人的,是否仅成立非法拘禁罪? / 227
8. 《刑法》第238条第1款后段"具有殴打、侮辱情节的,从重处罚"的规定,能否适用于第2、3款? / 236
9. 在非法拘禁中故意对被拘禁人实施伤害、杀人、侮辱、强奸等行为,是从一重还是应数罪并罚? / 237
10. 行为人绑架他人后使用暴力致人死亡的,是定绑架罪还是故意杀人罪? / 237
11. 为何普遍认为非法拘禁罪是继续犯的典型? / 237
12. 超期羁押是否构成非法拘禁罪? / 238

第二节　绑　架　罪 / 238

导　读 / 238

条　文 / 239

实务疑难问题 / 239

1. 绑架罪的保护法益是什么? / 239
2. 绑架罪的实质是什么? / 241
3. 绑架罪的构造是什么? / 242
4. 利用合法行为,是否也能成立绑架罪? / 242

目 录

5. 将人质控制在本来的生活场所,是否能构成绑架罪? / 242

6. 绑架罪是否为"绑架+勒索"的复行为犯? / 243

7. 绑架罪是否以勒索到财物或者实现了不法要求为既遂? / 244

8. 恋人是否是关心人质安危的第三人? / 245

9. 行为人出于其他目的、动机以实力支配他人后才产生勒索财物的意图进而勒索财物的,是否构成绑架罪? / 247

10. 诱骗控制精神病人后向其亲属勒索财物的,能否构成绑架罪? / 249

11. 扣留岳母以要求妻子早日从娘家返回的,能否构成绑架罪? / 249

12. 第三人在他人绑架人质后受邀打勒索财物的电话,能构成绑架共犯吗? / 251

13. 当着第三人的面暴力挟持人质勒索财物的,是抢劫还是绑架? / 251

14. 有关行为人在绑架过程中又以暴力、胁迫等手段当场劫取被害人财物的从一重处罚的司法解释规定,有无疑问? / 253

15. 在《刑法修正案(九)》删除了犯绑架罪致使被害人死亡适用死刑的规定后,对于绑架过失致人死亡的案件,如何处理? / 253

16. "绑架他人作为人质",意味着什么? / 254

17. 15周岁的人绑架杀人、故意伤害被绑架人致人重伤、死亡的,如何处理? / 254

18. 15周岁的人在绑架他人后使用暴力致人重伤、死亡,既没有杀人故意,也没有伤害故意的,如何处理? / 254

19. 行为人在直接杀害被害人后,谎称被害人在其手上向被害人家属勒索财物的,如何处理? / 254

20. 行为人实施绑架行为,因未勒索到财物或者出于其他原因杀害被绑架人,再次掩盖事实勒索赎金的,如何处理? / 255

21. 绑架罪与非法拘禁罪是对立关系吗? / 255

22. 绑架并勒索到财物的,是否需要数罪并罚? / 255

23. 何谓短缩的二行为犯? / 255

24. 何谓主观的超过要素? / 256

25. 在以实力控制被害人后,让被害人隐瞒被控制的事实向亲属打电话索要财物的,是否构成绑架罪? / 256

26. 对于为了索取法律不予保护的债务或者单方面主张的债务,在以实力支配、控制被害人后,以杀伤被害人相威胁的,是应认定为非法拘禁罪还是绑架罪?/ 256

27. 行为人为了索取债务而将他人作为人质,所索取的数额明显超出债务数额的,如何处理?/ 256

28. "杀害被绑架人"属于何种犯罪类型?/ 256

29. 绑架后杀人未遂的,如何处理?/ 257

30. 没有参与绑架的人在他人绑架既遂后参与杀害被绑架人的,是否成立绑架杀人?/ 257

31. 绑架犯以轻伤的故意造成被绑架人重伤结果的,该如何处理?/ 257

32. 绑架杀人未遂,仅造成轻伤或者重伤结果的,如何处理?/ 258

33. 绑架杀人预备或中止的,如何处理?/ 258

34. "故意伤害被绑架人,致人重伤、死亡",是否包括未遂的情形?/ 258

35. 能否将本罪中情节较轻的情形理解为基本规定?/ 258

第三节 诬告陷害罪 / 259

导　读 / 259

条　文 / 260

实务疑难问题 / 260

1. 自我诬告、承诺诬告、诬告虚无人、向外国司法机关告发外国人的,是否构成诬告陷害罪?/ 260

2. 诬告陷害罪的实行行为是否为"捏造 + 诬告"?/ 262

3. 写一封诬告信同时诬告陷害多人的,是成立一罪还是同种数罪并罚?/ 263

4. 诬告没有达到法定年龄、没有责任能力的人犯罪,是否构成诬告陷害罪?/ 263

5. 诬告单位犯罪的,能否成立诬告陷害罪?/ 263

6. 是否只有司法机关根据告发材料启动追诉程序并限制了被害人人身自由的,才成立诬告陷害罪的既遂?/ 263

7. 诬告陷害罪是具体危险犯还是抽象危险犯?/ 265

8. 所告发的事实偶然符合客观事实的,是否成立诬告陷害罪?/ 265

9. 诬告他人实施了一般违法行为的,能否构成犯罪?/ 265

10. 诬告他人犯重罪旨在使司法机关追究他人轻罪刑事责任的,是否构成诬告陷害罪?/ 265

11. 本罪能否由间接故意构成?/ 266

12. "意图使他人受刑事追究",是否等同于意图使他人受刑罚处罚?/ 267

13. 诬告陷害导致他人被错判死刑的,能否成立故意杀人罪?/ 267

14. 行为人在行为足以引起司法机关的追诉活动后,又将真相告诉司法机关的,是否成立诬告陷害罪的中止?/ 267

15. 对国家机关工作人员犯诬告陷害罪的从重处罚,是否要求必须利用职务上的便利进行诬告陷害?/ 268

16. 如何区分诬告陷害罪与伪证罪?/ 268

17. 虚假告发致使犯轻罪的人受重罪的刑事追究、犯一罪的人受数罪的刑事追究,是否构成诬告陷害罪?/ 269

18. 报案时故意夸大犯罪事实的,能否构成诬告陷害罪?/ 269

19. 陷害他人利用第三人进行告发的,能否构成诬告陷害罪?/ 270

20. 诬告陷害罪是否可以由不作为构成?/ 271

第四节 强迫劳动罪 / 272

导　读 / 272

条　文 / 272

实务疑难问题 / 273

1. 强迫劳动罪的保护法益是什么?/ 273

2. 以剥夺人身自由的方法强迫他人劳动的,如何处理?/ 273

3. 如何界分剥夺自由与限制自由?/ 274

4. 强迫劳动罪的既遂标准是什么?/ 274

5. 强迫他人进行脑力劳动、无偿劳动、非法劳动,是否构成强迫劳动罪?/ 274

6. 强迫无偿劳动,能否构成抢劫罪?/ 274

7. 成立强迫劳动罪第244条第2款规定的犯罪,是否必须被招募、运送的人员实际被强迫劳动?/ 275

8. 强迫劳动致人伤残、死亡的,如何处理? / 276

第五节 非法搜查罪 / 277

导　读 / 277

条　文 / 277

实务疑难问题 / 277

1. 非法搜查罪的保护法益是什么? / 277

2. "非法"要素的功能是什么? / 278

3. 何谓他人"身体"? / 278

4. 非法用 X 光照射等技术手段进行检查,能否成立非法搜查罪? / 278

5. 对于车辆、船只、飞机的非法搜查,能否构成非法搜查罪? / 279

6. 空关的房屋、学生宿舍、宾馆房间,是否是"住宅"? / 279

7. 是否应进行实质解释,要求成立本罪也必须"情节严重"? / 279

8. 警察没有严格执行法定搜查程序而搜查的行为,能否构成非法搜查罪? / 280

9. 小偷入户盗窃而翻箱倒柜的,能否构成非法搜查罪? / 280

10. 抢劫搜身的,是成立抢劫罪与非法搜查罪的想象竞合,还是应数罪并罚? / 280

第六节 非法侵入住宅罪 / 281

导　读 / 281

条　文 / 281

实务疑难问题 / 281

1. 非法侵入住宅罪的保护法益是什么? / 281

2. "经要求退出而不退出",是否为非法"侵入"住宅? / 283

3. "非法"要素的功能是什么? / 283

4. 何谓"住宅"? / 284

5. "住宅"与"户",有何区别? / 284

6. 一只手从窗户伸进他人浴室,是否属于非法侵入住宅? / 284

7. 抢劫犯打招呼说"晚上好",主人说"请进"的,是否构成非法侵入住宅罪? / 285

8. 非法侵入住宅罪的既遂标准是什么? / 285

9. 误以为渔民的渔船不是住宅而侵入的,是否构成犯罪? / 285

10. 侵入住宅强奸的,是牵连犯从一重,还是应数罪并罚? / 285
11. 读中学的女儿不顾父母反对,带男朋友进入自己卧室的,是否构成非法侵入住宅罪? / 285
12. 房东为了将未交付房租的房客赶走而侵入房客居住的房间的,是否属于非法侵入住宅? / 286
13. 非法侵入住宅罪是否是继续犯? / 286
14. 是否需要进行实质解释,要求成立本罪也必须情节严重? / 287

第四章 侵犯人格的犯罪 / 288

第一节 拐卖妇女、儿童罪 / 288

导　读 / 288

条　文 / 289

实务疑难问题 / 289

1. 拐卖妇女、儿童罪的保护法益与绑架罪一样,是否都是所谓的行动自由与身体安全? / 289
2. 拐卖妇女、儿童罪的实行行为是"拐骗、绑架、收买、贩卖、接送、中转"六种行为之一,还是只有"拐卖"? / 290
3. 能否认为只要实施了《刑法》第240条第2款规定的行为之一,就构成拐卖妇女、儿童罪的既遂? / 293
4. 得到承诺的拐卖,是否还能构成拐卖妇女、儿童罪? / 295
5. 拐卖妇女、儿童罪是否是继续犯? / 297
6. 如何处理罪数与竞合? / 298
7. 3次拐卖同一名妇女的,能否认定为"拐卖妇女三人以上"? / 299
8. 既拐卖一名妇女又拐卖一名儿童的,能否数罪并罚? / 299
9. 拐卖双性人、变性人,是否构成本罪? / 300
10. 拐卖14周岁以上的男性公民,如何处理? / 300
11. 认为区分民间送养与出卖亲生子女的关键在于是否具有非法获利目的的司法解释规定,有无疑问? / 300

12. 对象认识错误的,如何处理? / 301

13. 强抢婴幼儿的,如何处理? / 302

14. 对于故意伤害被拐卖的妇女、儿童应当以拐卖妇女、儿童罪与故意伤害罪数罪并罚的司法解释规定,有无疑问? / 302

15. 如何认定"诱骗、强迫被拐卖的妇女卖淫或者将被拐卖的妇女卖给他人迫使其卖淫"? / 302

16. 对于对婴幼儿采取欺骗、利诱等手段使其脱离监护人或者看护人的视为"偷盗婴幼儿"的司法解释规定,有无疑问? / 303

17. 行为人与妇女通谋,将该妇女介绍与某人成婚,获得钱财后,行为人与该妇女双双逃走的,如何处理? / 303

18. 对于在拐骗儿童后又将儿童出卖的以拐卖儿童罪一罪论处的司法解释规定,有无疑问? / 303

19. 如何理解认定"奸淫被拐卖的妇女"? / 304

20. "造成被拐卖的妇女、儿童或者其亲属重伤、死亡",是否包括自杀、自残? / 306

第二节 收买被拐卖的妇女、儿童罪 / 306

导　读 / 306

条　文 / 307

实务疑难问题 / 308

1. 收买被拐卖的妇女、儿童罪的保护法益是什么? / 308

2. 个人同意拐卖的,收买者还能否构成收买被拐卖的妇女、儿童罪? / 308

3. 收买被拐卖的妇女、儿童罪是既成犯、状态犯还是继续犯? / 309

4. 《刑法》第241条第2款、第3款、第4款规定是注意规定还是法律拟制? / 310

5. 在收买后实施强奸、非法拘禁等行为,之后又出卖的,是定拐卖一罪还是数罪并罚? / 311

6. 一次收买多名妇女、儿童的,定一罪还是应数罪并罚? / 312

7. 收买被拐卖的妇女、儿童罪与拐卖妇女、儿童罪构成要件之间是否是对立关系? / 312

8. 在他人收买儿童后参与抚养的,能否成立收买被拐卖的儿童罪的共犯?/ 313

9. 对于"明知他人收买被拐卖的妇女、儿童,仍然向其提供户籍证明、出生证明的以收买被拐卖的妇女、儿童罪的共犯论处,但是收买人未被追究刑事责任除外"的司法解释规定,有无疑问?/ 313

10. 教唆、帮助他人拐卖,后卖给自己的,是成立拐卖的共犯还是收买被拐卖的妇女、儿童罪?/ 314

11. 在买卖双方之间进行居间介绍的,是成立拐卖妇女、儿童罪的共犯还是收买被拐卖妇女、儿童罪的共犯?/ 316

12. 为有效遏制拐卖妇女、儿童犯罪,是否应当坚持"买卖同刑"?/ 316

第三节 聚众阻碍解救被收买的妇女、儿童罪 / 317

导　读 / 317

条　文 / 317

实务疑难问题 / 318

1. 聚众阻碍解救已被拐骗、绑架但尚未被出卖的妇女、儿童的,是否构成本罪?/ 318

2. 不以聚众方式,但以暴力、威胁方法阻碍解救被收买的妇女、儿童的,是否无罪?/ 318

3. 聚众阻碍解救被收买的妇女、儿童罪的既遂标准是什么?/ 318

4. 首要分子组织多人挖断道路致使解救车辆无法通行的,能否构成本罪?/ 319

5. 聚众阻碍解救的首要分子除成立聚众阻碍解救被收买的妇女、儿童罪外,是否还能与其他参与者成立妨害公务罪的共犯?/ 319

6. 其他参与者能否构成聚众阻碍解救被收买的妇女、儿童罪的共犯?/ 320

第四节 侮　辱　罪 / 320

导　读 / 320

条　文 / 321

实务疑难问题 / 321

1. 揭发普通人隐私(如婚外性关系),是否构成犯罪?/ 321

2. 能否以"传播性理论"释明作为侮辱罪构成要件的"公然性"?/ 323

3. 出于报复的动机当众扒光妇女衣裤的,是否仅构成侮辱罪?/ 327

4. 在所散布的事实是真实还是虚假难以证明时,能否无罪处理?/ 330

5. 一句话辱骂特定多人,是想象竞合从一重还是同种数罪并罚?/ 333

6. 死者、法人能否成为侮辱、诽谤的对象?/ 333

7. 导致被害人自杀,能否归属于侮辱、诽谤行为?/ 333

8. 散布有损官员等公众人物名誉的真实事实的,能否构成侮辱罪?/ 334

9. 误将虚伪事实当作真实事实而散布的,是否一定不构成犯罪?/ 334

第五节 诽 谤 罪 / 334

导 读 / 334

条 文 / 335

实务疑难问题 / 335

1. 以"捏造事实诽谤他人"的规定,是否属于类推解释?/ 335

2. 侮辱罪与诽谤罪的区别是否在于以捏造的事实损害他人名誉?/ 336

3. 对于根据诽谤信息实际被点击、浏览、转发的次数定罪的司法解释规定,有无疑问?/ 337

4. 能否将"告诉才处理"理解为"被害人向人民法院自诉才审理"?/ 338

5. 侮辱、诽谤罪是否为抽象危险犯?/ 339

6. 网络诽谤是否是继续犯?网络诽谤的追诉时效从何时起算?/ 339

7. 诽谤官员是否就是所谓"严重危害社会秩序和国家利益"?/ 340

8. 散布有损他人名誉的真实事实,客观上保护了公共利益的,是否构成侮辱罪?/ 340

9. 将事实剪裁后任意拼凑改变事实真相的,是否属于"捏造事实"?/ 340

第六节 刑讯逼供罪 / 341

导 读 / 341

条 文 / 341

实务疑难问题 / 342

1. 刑讯逼供罪的保护法益是什么?/ 342

2. 监察人员能否构成刑讯逼供罪?/ 342

3. 警察为了决定是否立案,对被举报人、被控告人刑讯逼供的,能否构成刑讯

逼供罪？/ 343

4. 犯罪嫌疑人、被告人的行为实际上是否构成犯罪,是否影响刑讯逼供罪的成立？/ 343

5. 进行精神摧残的,是否也能构成刑讯逼供罪？/ 343

6. 警察为了解救人质而对绑架犯实施暴力的,能否构成刑讯逼供罪？/ 344

7. 成立刑讯逼供罪是否需要情节严重？/ 345

8. 刑讯逼供致人伤残、死亡定故意伤害、杀人罪,是否需要具有伤害、杀人故意？/ 345

第七节 暴力取证罪 / 346

导　读 / 346

条　文 / 346

实务疑难问题 / 347

1. 暴力逼取民事、行政诉讼中的证人证言,是否也能构成暴力取证罪？/ 347

2. 逼取被害人陈述的,是否构成暴力取证罪？/ 347

第八节 侵犯公民个人信息罪 / 348

导　读 / 348

条　文 / 348

实务疑难问题 / 349

1. 侵犯公民个人信息罪的保护法益是什么？/ 349

2. 侵犯公民个人信息罪的实行行为是什么？/ 349

3. 何谓《刑法》意义上的公民个人信息？/ 350

4. 侵犯公民个人信息罪的既遂如何判断？/ 351

5. 《刑法》第253条之一第3款应否作为独立的罪名对待？/ 351

6. 向他人提供电话号码,但没有其他信息的,能否构成侵犯公民个人信息罪？/ 351

7. 公民自愿提供同意他人使用的信息,是否属于本罪的行为对象？/ 352

8. 对于将曾经受过刑事处罚与行政处罚认定为"情节严重"与"情节特别严重"的司法解释规定,有无疑问？/ 352

9. 成立《刑法》第253条之一的第2、3款的犯罪是否要求情节严重？/ 353

021

10. 违反部门规章,是否属于"违反国家有关规定"? / 353

11. 公民在一天中详细的行踪轨迹,算一条信息还是多条信息? / 353

12. 非法获取公民个人信息后又出售或者提供给他人的,应罚一罪还是数罪并罚? / 354

13. 非法获取公民个人信息后利用其实施诈骗,应罚一罪还是数罪并罚? / 354

第九节　暴力干涉婚姻自由罪 / 354

导　读 / 354

条　文 / 355

实务疑难问题 / 355

1. 暴力干涉婚姻自由罪中的暴力是否包括所谓的"冷暴力"? / 355

2. 暴力干涉恋爱的,是否构成暴力干涉婚姻自由罪? / 355

3. 暴力干涉他人事实上的同性婚姻的,是否构成暴力干涉婚姻自由罪? / 356

4. 以伤害、杀人的方式干涉婚姻自由的,如何处理? / 356

5. 丈夫因不同意妻子与自己离婚而对妻子实施暴力的,是否构成暴力干涉婚姻自由罪? / 356

6. 如何处理所谓"抢婚案"? / 356

7. "致使被害人死亡",是否包括被害人及恋爱对象的自杀? / 356

第十节　重　婚　罪 / 357

导　读 / 357

条　文 / 357

实务疑难问题 / 357

1. 重婚罪是继续犯吗? / 357

2. 得到配偶承诺的重婚,能否构成重婚罪? / 359

3. 一名男子同时与两名女子举行婚礼,是否构成重婚罪? / 359

4. 婚姻法上事实婚姻无效,在《刑法》上是否还应肯定事实重婚? / 359

5. 行为人有一个异性婚姻,同时有事实上的同性婚姻的,是否构成重婚罪? / 360

6. 一方变性导致形式上存在两个婚姻关系的,是否成立重婚罪? / 360

第十一节 破坏军婚罪 / 360

导　读 / 360

条　文 / 360

实务疑难问题 / 361

1. "同居"与事实婚姻和通奸区别何在？/ 361

2. 军人的配偶构成破坏军婚罪吗？/ 361

3. 双方都是军人的,构成破坏军婚罪吗？/ 361

4. 对长期与现役军人配偶通奸而给军人婚姻造成严重破坏后果的以破坏军婚罪论处的解释规定,是否合理？/ 361

5. 破坏军婚罪与重婚罪之间是什么关系？/ 362

6.《刑法》第259条第2款规定,是注意规定还是法律拟制？/ 362

第十二节 拐骗儿童罪 / 362

导　读 / 362

条　文 / 363

实务疑难问题 / 363

1. 不能查明行为人为何非法控制儿童的,能否定拐骗儿童罪？/ 363

2. 拐骗儿童罪的保护法益是什么？/ 366

3. 拐骗儿童罪是否是继续犯？/ 366

4. 对于拐骗儿童之后予以出卖的以拐卖儿童罪论处的司法解释规定,有无疑问？/ 369

5. 拐骗多名儿童的,应罚一罪还是应同种数罪并罚？/ 371

6. 能否认为拐骗儿童罪与拐卖儿童罪之间是对立关系？/ 372

7. 能否将拐骗限制解释为欺骗儿童离开家庭或者监护人？/ 376

8. 行为人征得监护人的同意但违反未成年人的意志使未成年人离开家庭的行为,是否构成拐骗儿童罪？/ 376

9. 不作为能否构成拐骗儿童罪？/ 376

第十三节 组织残疾人、儿童乞讨罪 / 377

导　读 / 377

条　文 / 377

实务疑难问题 / 377

 1.组织残疾人、儿童乞讨罪的保护法益或者立法目的是什么？/ 377

 2.何谓组织残疾人、儿童乞讨罪中的"组织"？/ 378

 3.何谓"乞讨"？/ 378

 4.组织残疾人、儿童乞讨,是否能构成诈骗罪？/ 379

 5.既组织残疾人乞讨,又组织儿童乞讨的,是否能够数罪并罚？/ 379

 6.以剥夺人身自由的方式组织残疾人、儿童乞讨的,是否应当数罪并罚？/ 379

第十四节　组织未成年人进行违反治安管理活动罪 / 379

导　读 / 379

条　文 / 380

实务疑难问题 / 380

 1.组织未成年人进行违反治安管理活动罪的保护法益是什么？/ 380

 2.组织未成年人进行违反治安管理活动罪中的"未成年人"的年龄,是指18周岁以下吗？/ 380

 3.组织未成年人进行违反治安管理活动罪与财产犯罪之间是什么关系？/ 381

第一章 侵犯生命、健康的犯罪

第一节 故意杀人罪

·导 读·

为有效地保护生命法益,在人的始期问题上应坚持"部分露出说"。在人的终期即死亡标准问题上,目前还是应当坚持"心死说"。误认尸体为活人加以"杀害"的,不成立故意杀人未遂,而是杀人的不能犯。对于非对峙型的受虐妇女反杀案,只能认定为超法规的责任阻却事由。即便目前安乐死在我国尚未合法化,也能以病人的家属缺乏期待可能性,或者存在不可避免的期待可能性的积极错误为由,认定阻却责任。基于报复动机杀人和奸情杀人,不应成为从重处罚的理由。对于杀人后碎尸的行为,只能以故意杀人罪和侮辱尸体罪进行数罪并罚。《刑法》第238条、第247条、第248条、第289条、第292条中"致人死亡的"以故意杀人罪定罪处罚的规定是法律拟制,不要求行为人具有杀人的故意。已满12周岁不满14周岁的人,不应对故意杀人未遂和拟制的故意杀人罪承担刑事责任。

不能认为只要行为危害了公共安全就只能成立放火、爆炸等危害公共安全犯罪,而不能同时成立故意杀人罪。对于相约自杀,只要一方没有亲自实施杀害对方的行为,即便实施了相当于教唆、帮助自杀的行为,对自杀未遂的一方也不宜以故意杀人罪追究刑事责任。由于自杀不构成犯罪,教唆、帮助他人自杀的,也不应构成犯罪。将防卫过当认定为情节较轻的故意杀人罪后,仍应适用《刑法》总则有关防卫过当应当减轻、免除处罚的规定。对杀人预备选择了故意杀人罪"情节较轻"的法定刑之后,仍应适用《刑法》总则有关预备犯的处罚规定。抢劫杀人的,由于只有一个死亡结果,不能认为成立抢劫致死与故意杀人罪的想象竞合,只能说成立抢劫罪的基本犯与故意杀人罪的想象竞合。

条 文

第二百三十二条 【故意杀人罪】故意杀人的,处死刑、无期徒刑或者十年以上有期徒刑;情节较轻的,处三年以上十年以下有期徒刑。

实务疑难问题

1. 人的始期如何确定?

关于人的始期,即胎儿何时变成"人"而能成为故意杀人罪、故意伤害罪的保护对象,理论上存在独立生存可能性说、阵痛开始说、部分露出说、全部露出说、独立呼吸说等学说。独立生存可能说认为,只要处于可能在母体之外维持其生命的状态,便是"人"。阵痛开始说认为,孕妇开始分娩或者开始分娩前的阵痛时,胎儿便成为"人"。部分露出说认为,胎儿身体的一部分露出母体时,就值得作为"人"加以保护。全部露出说认为,胎儿全部露出母体时才成为"人"。独立呼吸说认为,胎儿全部露出母体且能独立呼吸时(从依赖母体胎盘呼吸转向通过自己的肺独立呼吸),才是刑法保护对象的"人"。

一直以来,我国刑法理论通说认为,人的生命起始于胎儿脱离母体后开始独立呼吸,即采独立呼吸说。[①] 近年来,周光权教授指出,为了合理地保护人的生

[①] 参见高铭暄、马克昌主编:《刑法学》(第10版),北京大学出版社、高等教育出版社2022年版,第460页。

存权,有必要在现在的通说独立呼吸说的基础上将人出生的时间适当提前,即承认部分露出说。当然,其在母体外没有独立生存可能性时,不应当成为故意杀人罪的保护对象。① 张明楷教授认为,"部分露出说具有明显的合理性,但考虑到在我国从独立呼吸说转变为部分露出说过于困难,本书采取全部露出说"②。

应该认为,通说所主张的独立呼吸说存在重大疑问:一是何时开始独立呼吸未必可以准确判定;二是从胎儿部分从母体中露出到独立呼吸为止可能持续一段时间,在这期间加以侵害的,如切断刚刚露出头部的胎儿的脖子,按照该说既不能认定为故意杀人罪,又因为侵害的对象是已经脱离母体的部分而难以认定为是对母体的伤害,不能以对母体的故意伤害罪处理,结局只能是不可罚的堕胎行为,这无疑是对生命的漠视;三是随着医疗技术的发展,完全可能出现胎儿全部露出母体后不能自主呼吸而只能借助人工呼吸机进行呼吸的情形,若认为只要尚未独立呼吸就不是故意杀人罪保护对象的"人",对之加以杀害的,就不能以故意杀人罪处理,这显然导致对人的生命保护不力;四是在规定有堕胎罪的国家,即便采用独立呼吸说,在独立呼吸之前加以侵害的,不构成故意杀人罪,也还可能以堕胎罪处理,而在我国就只能是无罪。很显然,相较于规定有堕胎罪的国家,该说导致对人的生命的保护更加不力。

本书认为,应当摒弃未加论证而主张独立呼吸说的通说,改采部分露出说。由于我国未将堕胎行为作为犯罪处理,在胎儿露出母体即出生之前,对之直接或通过母体间接加以侵害的,可以评价为对母体的侵害,而构成故意伤害罪;在胎儿部分露出母体后对之加以侵害的,由于难以评价为对母体的侵害,为加强对生命的保护,应评价为对"人"的侵害,可以故意杀人罪或者故意伤害罪处理;对于因堕胎而排出母体之外的胎儿加以侵害或者不予保护放任死亡的,可以故意杀人罪、故意伤害罪或者遗弃罪进行评价。

---

① 参见周光权:《刑法各论》(第4版),中国人民大学出版社2021年版,第13页。
② 张明楷:《刑法学》(第6版)(下册),法律出版社2021年版,第1108页。

2.人的终期即死亡标准如何确定?

众所周知,传统死亡标准坚持的是三症候说(综合判断说),即心脏停止跳动、呼吸停止、瞳孔反射消失。由于该说是以心脏为核心进行判断,故又称心死说。但是,随着现代医疗技术的发展,为了提高器官移植的成功率,医学界提出了"脑死说"标准(全脑死)。需要注意的是,若只是大脑死亡,而脑干机能尚存的情形,也就是人们通常所认为的"植物人"状态时,并非该说中的"脑死亡"。只有包括脑干在内的全脑不可逆转性死亡时,才能谓之"脑死亡"。从器官移植的角度考虑,脑死说具有合理性,但从民众感情来说,心死说在现阶段还是有保留的必要性。有的国家如日本,在死亡标准问题上同时采用两个标准,即"二元论",对于符合一定条件的,为满足器官移植的需要,可以适用脑死亡标准,但除此以外,仍然坚持心死说标准。

目前我国尚没有关于死亡标准确定的专门立法。我国学界包括医学界、法学界,均有人倡议我国立法应确立脑死亡标准和传统死亡标准并存的制度,即采用所谓二元论的立法形式。例如,张明楷教授就认为,虽然在通常情况下,我国目前仍宜采用综合标准说即心死说,但在符合《人体器官移植条例》规定进行活体器官移植的情况下,不宜将脑死亡者作为故意杀人罪的保护对象。在此意义上,可以就死亡标准采取二元标准:通常情况下采取综合标准说即心死说,在器官移植的场合采取脑死亡标准说。[1]

二元论的立法形式充分考虑了一般民众的传统习惯,在死亡标准的判定上给公民以选择余地。也就是说,如果患者及其亲属选择传统心死说的判定标准,就应尊重其意愿,脑死之后医院继续维持治疗,在其心跳与呼吸未停止的情况下,不得作为尸体处理,不能摘取其器官供移植之用;如果他们选择脑死亡的判定标准,则在脑死亡之后,心跳尚未停止时医院终止治疗,在符合器官移植的条件下,可以摘取其器官作移植之用。这种立法形式比较灵活,容易为社会公众所接受。但二元论因为标准的不统一可能带来适用上的困惑。例如,甲为勒索财物绑架乙之后加以杀害,丙也为勒索财物而绑架丁,也加以杀害,均是导致被害

---

[1] 参见张明楷:《刑法学》(第6版)(下册),法律出版社2021年版,第1108页。

人处于脑死亡状态(通过人工心肺机维持心跳和呼吸),假定乙生前曾表示接受脑死亡标准,而丁生前明确表示反对脑死亡标准,则甲构成绑架杀人,处无期徒刑或者死刑,丙仅构成杀害被绑架人未遂,适用《刑法》总则关于未遂犯的处罚规定,可能判处无期徒刑或者有期徒刑。甲与丙同样都是绑架杀人,但因为被杀害的对象生前关于死亡标准的倾向不同,而出现刑罚适用结果上的迥异。可见,死亡标准的冲突会给定罪、量刑、诉讼程序及适用范围等带来多方面的困扰。

3. 误认尸体为活人加以"杀害"的,能否成立故意杀人罪?

我国传统观点一直认为,只要行为人主观上想杀人,其实施的是杀人行为,就能构成故意杀人罪,即使因为行为人意志以外的原因而未得逞的,也至少能成立故意杀人罪未遂。例如,误把白糖当砒霜用于"毒"死人(不是糖尿病病人),用空枪杀人,误认尸体为活人而进行杀害,误把藏獒当藏獒的主人而开枪射杀(藏獒周围没有人)等等,均成立故意杀人罪未遂,应以故意杀人罪追究行为人的刑事责任。① 很显然,这是主观未遂犯论的观点。根据客观的未遂犯论,只有具有侵害法益危险性的行为,才是犯罪行为。就故意杀人罪而言,只有具有类型性的致人死亡的危险性的行为,才是故意杀人罪的实行行为,并非主观上想杀人,其行为就是故意杀人行为。劝他人乘坐高铁、飞机,希望他人死于高铁、飞行事故,即便最终如他所愿,也不能认为行为人实施了杀人行为而成立故意杀人罪。所以,误认尸体为活人而"杀害",误把白糖当砒霜用来"毒"死人,误以为枪中有子弹而开枪杀人,误把藏獒当藏獒的主人而射杀,都因为没有致人死亡的危险性,没有实施故意杀人罪的实行行为,不能成立故意杀人罪未遂,只是故意杀人的不能犯,不成立故意杀人罪。

4. 如何处理"受虐妇女反杀案"?

所谓"受虐妇女反杀案",是指丈夫(施虐者、被杀死的被害人)长期对妻子

---

① 参见高铭暄、马克昌主编:《刑法学》(第10版),北京大学出版社、高等教育出版社2022年版,第460页;刘宪权主编:《刑法学》(第6版)(下册),上海人民出版社2022年版,第555页。

(及其他家庭成员)实施虐待乃至严重暴力行为,妻子(受虐者、被告人)趁丈夫处于熟睡或其他不能抵抗的状态时杀害丈夫的案件。实践中,对于"受虐妇女反杀案",基本上都以故意杀人罪追究受虐者的刑事责任。

案1:蒋某家暴成性,并且多次对其继女进行性骚扰。某晚,蒋某试图性侵继女,蒋某的妻子刘某进行阻止,遭到蒋某毒打,蒋某扬言第二天早上要把继女拉到公路旁进行性侵,让全村人都看到。凌晨4时许,刘某持铁锤朝熟睡中的蒋某头部、胸部等多处击打,致蒋某当场死亡。

显然,由于该案中蒋某当时处于熟睡状态,要认为其不法侵害正在进行,从而认定被告人刘某的行为属于正当防卫,是很困难的。

案2:1990年,被告人刘某(女)与被害人张某(男)结婚。婚后,张某时常用木棍、铁棍、铁锹、斧头等器械殴打刘某。在此期间,刘某想过报警,但想到丈夫可能会报复,只好作罢;她也想过离婚,但张某曾威胁她:"要是敢提离婚,就杀了你全家";村委会也调解过,但并无效果。2002年10月,某日刘某被张某用铁锹敲破了脑袋,这让刘某第一次感到了死亡的威胁。农历十一月三十日,刘某购买了毒鼠强,并想"只要他让我和家里人把这个年过好,我不做过分的事"。然而,2003年1月15日,张某再次用斧头殴打了刘某。1月17日下午3时,刘某将毒鼠强倒在了杂面糊中,下午6时,吃下杂面糊的张某出现中毒症状,后经抢救无效死亡。

很明显,该案中被害人张某的不法侵害也没有正在进行,难以认定被告人刘某的行为属于正当防卫。

案3:被告人吴某、熊某长期遭受被害人熊某某(吴某丈夫、熊某父亲)的虐待、殴打。案发前两个月,吴某在家中发现了剧毒氰化钾。2005年3月19日晚,吴某结合近几个月来被害人的种种异常表现,预感自己和儿子处于生死险境之中。次日凌晨2时许,吴某、熊某分别持铁锤、擀面杖,趁被害人熟睡之机,朝其头部、身上多次击打,又用毛巾勒其颈部,致其机械性窒息死亡。法院以故意杀人罪判处被告人吴某死刑,缓期两年执行,以故意杀人罪判处熊某有期徒刑 5 年。①

该案判决显然没有认定吴某、熊某的行为属于防卫过当,更没有认定为正当防卫。因为被害人处于熟睡之中,难以认定不法侵害正在进行,故二被告人的行为不符合正当防卫的前提条件。

受虐妇女反杀案存在三个特点:第一,丈夫长期对家庭成员实施严重暴力,且一般在被杀前的几十分钟、几个小时内就对家庭成员实施过严重暴力(存在事前的暴力)。在绝大多数案件中,施虐者只是对受虐者实施虐待行为或者造成轻伤,一般没有对受虐者造成重伤。第二,妇女在实施杀害行为时,丈夫处于睡眠或者其他不能抵抗的状态(被害人不能抵抗)。第三,若不杀害丈夫,丈夫清醒或者消除不能抵抗的状态后,仍然会对家庭成员实施暴力,但何时实施并不确定(再次实施暴力的盖然性)。很显然,由于被害人处于不能抵抗的状态,不法侵害已经结束或者尚未开始,不能肯定不法侵害"正在进行",故难以认定受虐妇女的反杀行为成立正当防卫。基于同样的理由,也难以认为存在正在发生的危险,况且也不一定符合不得已(补充性)要件,所以,难以认定受虐妇女的反杀行为属于紧急避险。

应该认为,对于非对峙型的受虐妇女反杀案,不能作为违法阻却事由处理,也不能作为免责的紧急避险处理,只能认定为超法规的责任阻却事由。在少数案件中,受虐妇女确实缺乏期待可能性的,应当宣告无罪;在此外的案件中,受虐妇女并不完全缺乏期待可能性时,可以承认其具有不可避免的期待可能性的积极错误,因而没有责任,否认犯罪的成立。的确,倘若认为受虐妇女反杀案只是阻却责任,就可能导致对受虐妇女的反杀行为可以进行正当防卫。一方面,警察与邻居等人当然可以制止受虐妇女的反杀行为。另一方面,虽然对超法规的责任阻却事由原则上可以实施正当防卫,但正当防卫会受到一定的限制,尤其是要对防卫限度作出限制。②

以上述案 1 为例。蒋某长期虐待刘某及其女儿,刘某也想过离婚和报警,但

---

① 参见辽宁省大连市中级人民法院刑事判决书,(2005)大刑初字第 203 号。
② 参见张明楷:《受虐妇女反杀案的出罪事由》,载《法学评论》2022 年第 2 期。

她不敢这样做,因为蒋某曾以杀掉孩子、刘某前夫的父母以及刘某的父母相威胁。蒋某在案发当晚就对刘某女儿实施性侵行为,在没有得逞的情况下还威胁次日早晨在公路旁强奸女儿。刘某觉得"防得住今天,防不住明天",便产生杀人想法继而杀害蒋某。显然,即使认为刘某还有其他排除危险的办法,但从上述事实来看,刘某对期待可能性的认识错误不可避免。既然如此,就应当认为刘某缺乏责任,因而不成立犯罪。

案2中,在刘某看来,将毒鼠强倒入张某的杂面糊中,致其死亡,是摆脱暴行的唯一办法。即使事实上还存在其他摆脱暴力的办法而刘某没有认识到,但刘某产生这种认识错误不可避免,所以,刘某缺乏责任。对于案3以及其他受虐妇女反杀案,都可以这样处理。

5. 实施安乐死行为,能否成立故意杀人罪?

理论上一般将安乐死分为积极的直接安乐死、积极的间接安乐死和消极的安乐死三种情形。积极的直接安乐死又简称为积极安乐死,是指为了减轻患者的痛苦刻意终结其生命或者加速其死亡的情形。虽然有不少宪法学者从尊重个人自决权的角度出发,主张积极安乐死应当是合法的,但是传统观点仍然认为,为了有效地保护生命,防止积极安乐死被滥用的风险,必须禁止杀害他人的行为。因此,在涉及对生命的处分时应当对个人的自决权加以限制,积极安乐死不能被合法化。也就是说,此时患者无权将自己的生命交由他人处置,其放弃自己生命的承诺无效。积极的间接安乐死也简称为间接安乐死,是指为了减轻患者的痛苦,采用虽然符合医疗行业规范,但可能具有缩短生命之副作用的药物为之进行医疗镇痛。此时行为人的目的和动机在于缓解患者的痛楚,只是以间接故意的心态容忍了加速患者死亡的后果。普遍认为间接安乐死为法律所允许。消极安乐死是指基于无望康复的患者所确实表达了或者推定的意志,放弃或者中断可以延长其生命的治疗措施,从而致使其有尊严地自然死亡的情形。

关于安乐死,有观点认为,人为地提前结束患者生命的行为,还难以得到一般国民的认同;即使得到被害人的同意,这种杀人行为也是对他人生命的侵害。特别是在法律对实行积极的安乐死的条件、方法、程序等没有明确规定的情况下,实行积极的安乐死所产生的其他一系列后果不堪设想。概言之,在法律未允许实行积极安乐死的情况下,实行积极安乐死的行为,仍然构成故意杀人罪;既不能认为这种行为不符合故意杀人罪的犯罪构成,也不宜以《刑法》第 13 条的但书为根据宣告无罪。当然,量刑时可以从宽处理(也可能认定为"情节较轻"的故意杀人罪,并且从轻处罚)。与安乐死相联系的尊严死(自然死),在我国刑法中还没有取得合法性。[①]

本书认为,即便目前安乐死在我国尚未合法化,也能以病人的家属缺乏期待可能性或者存在不可避免的期待可能性的积极错误为由,认定阻却责任,而不以故意杀人罪追究其刑事责任。至于中断治疗的消极安乐死、尊严死,由于并未积极实施缩短患者生命的行为,同样应当得到支持。

6. 基于报复动机杀人、奸情杀人的,是否应从重处罚?

除了杀人狂魔或者恐怖分子,人都不会无缘无故地杀人。基于报复动机杀人和奸情杀人,都只不过是故意杀人的常态,并不会因此增加故意杀人的违法性与有责性。我国理论和实务界长期以来都将基于报复动机杀人和奸情杀人看作危害严重的故意杀人而从重处罚,显然是错误的。

7. 实践中将杀人后的碎尸行为作为判处死刑根据的做法,是否合理?

杀人后的碎尸行为,只是可能反映出行为人再犯罪的可能性较大,并未因此增加杀人行为本身的违法性和有责性。而责任刑轻重是由违法性与有责性决定的,与再犯罪可能性大小即预防犯罪可能性的大小无关。责任刑决定了刑罚的上限。因此,实践中将杀人后的碎尸行为作为判处死刑根据的做法,具有严重的不合理性。对于杀人后碎尸的行为,只能以故意杀人罪和侮辱尸体罪进行数罪并罚。

---

① 参见张明楷:《刑法学》(第 6 版)(下册),法律出版社 2021 年版,第 1109 页。

8.《刑法》第 238 条、第 247 条、第 248 条、第 289 条、第 292 条规定"致人死亡的"以故意杀人罪定罪处罚,是否要求行为人具有杀人故意?

《刑法》第 238 条非法拘禁罪第 2 款后段规定,使用暴力致人死亡的,依照故意杀人罪定罪处罚;第 247 条刑讯逼供罪、暴力取证罪后段规定,致人死亡的,依照故意杀人罪定罪从重处罚;第 248 条虐待被监管人罪第 1 款后段规定,致人死亡的,依照故意杀人罪定罪从重处罚;第 289 条规定,聚众"打砸抢",致人死亡的,依照故意杀人罪定罪处罚;第 292 条聚众斗殴罪第 2 款规定,聚众斗殴致人死亡的,依照故意杀人罪定罪处罚。

对于上述规定的性质,我国刑法理论通说显然将其理解为注意规定,认为只有当行为人具有杀人故意时才能成立故意杀人罪。例如,刑法通说教科书指出,《刑法》第 238 条非法拘禁罪第 2 款后段规定的"使用暴力致人伤残、死亡的",是指行为人在犯该罪过程中故意导致被害人伤残、死亡结果的发生,因此应以故意伤害罪、故意杀人罪定罪处罚。① 这可谓"注意规定说"。

注意规定说显然存在疑问。上述规定应为法律拟制规定,行为人即便没有杀人的故意,即对死亡结果没有认识并持希望或者放任的态度(但从责任主义的角度,应具有过失),只要致人死亡的,就应以故意杀人罪定罪处罚。以非法拘禁使用暴力致人死亡和刑讯逼供致人死亡为例说明:一则,没有进行注意规定的必要。非法拘禁之外行为人产生杀人的故意进而实施杀人行为,不用提醒司法人员就会以故意杀人罪定罪处罚。二则,在非法拘禁之外另外萌生杀意实施了杀人行为,没有理由不以非法拘禁罪与故意杀人罪数罪并罚,正如非法拘禁后强奸妇女的应以非法拘禁罪与强奸罪数罪并罚。"注意规定说"恰恰又将原本的数罪拟制为一罪,这显然违反了全面评价和法益保护原则。所以只有认为在非法拘禁之外使用暴力过失致人死亡的,以故意杀人罪一罪进行评价,才能做到罪刑相适应。三则,死人是不会开口说话的,实施刑讯逼供和暴力取证的人,不可能有杀人的故意。所以"注意规定说"不合常识。四则,有进行法律拟制的理

---

① 参见高铭暄、马克昌主编:《刑法学》(第 10 版),北京大学出版社、高等教育出版社 2022 年版,第 475 页。

由。因为国家严厉打击非法拘禁、刑讯逼供、暴力取证行为,对于非法拘禁之外使用暴力过失致人死亡,刑讯逼供、暴力取证过失致人死亡的行为,也有必要科处故意杀人罪的刑罚,以严厉打击这类犯罪,防止这类犯罪行为和严重后果的发生。

9. 已满 12 周岁不满 14 周岁的人应否对拟制的故意杀人罪承担刑事责任?

《刑法修正案(十一)》在《刑法》第 17 条中增加第 3 款规定,已满 12 周岁不满 14 周岁的人,犯故意杀人、故意伤害罪,致人死亡或者以特别残忍手段致人重伤造成严重残疾,情节恶劣,经最高人民检察院核准追诉的,应当负刑事责任。问题是,已满 12 周岁不满 14 周岁的人实施上述五个条文中(第 238 条、第 247 条、第 248 条、第 289 条、第 292 条)拟制的故意杀人罪应否承担刑事责任?

理论上有观点认为,已满 12 周岁不满 14 周岁的人不仅要对《刑法》第 232 条规定的故意杀人罪承担刑事责任,还应对其他被评价为"犯故意杀人罪"的情形即拟制的故意杀人罪承担刑事责任。[①] 但本书认为,由于实施上述拟制的杀人行为,虽然是以故意杀人罪定罪处罚,但毕竟行为人只有非法拘禁、刑讯逼供、暴力取证、聚众"打砸抢"和聚众斗殴的故意,而无杀人的故意,即行为人对拟制杀人的死亡结果没有认识并持希望或者放任的态度,所以拟制的故意杀人罪和具有杀人故意的典型的故意杀人罪还是存在明显区别的。也就是说,已满 12 周岁不满 14 周岁的人难以认识到拟制杀人行为的性质,所以不应要求其对拟制杀人行为承担故意杀人罪的刑事责任。

10. 已满 12 周岁不满 14 周岁的人应否对故意杀人未遂承担刑事责任?

从《刑法》第 17 条第 3 款"已满十二周岁不满十四周岁的人,犯故意杀人、故意伤害罪,致人死亡或者以特别残忍手段致人重伤造成严重残疾"的表述来

[①] 参见冯军、梁根林、黎宏主编:《中国刑法评注》(第 2 卷),北京大学出版社 2023 年版,第 2006 页。

看,虽然可以理解为"致人死亡"是就故意伤害罪而言的,但也可以理解无论故意杀人还是故意伤害,都必须已经致人死亡或者以特别残忍手段致人重伤造成严重残疾,才能追究其故意杀人罪、故意伤害罪的刑事责任。本书认为,为了限制已满12周岁不满14周岁人承担刑事责任的范围和统一司法,应要求故意杀人的也必须是已经造成死亡结果即故意杀人既遂,或者以特别手段杀人因为意志以外的原因或者基于自己的意志中止犯罪,但还是致人重伤造成严重残疾的,可以故意伤害罪追究其刑事责任。质言之,已满12周岁不满14周岁的人仅对故意杀人既遂、故意伤害致人死亡、出于杀人或者伤害故意以特别残忍手段致人重伤造成严重残疾的行为承担刑事责任,而不对故意杀人未遂承担刑事责任。

11. 只要行为危害了公共安全,是否只能成立放火、爆炸等罪,而不能同时成立故意杀人罪?

一直以来我国刑法理论通说认为,故意杀人罪与放火、爆炸等危害公共安全罪之间的界限在于,如果放火、爆炸等行为已经或者可能危害到公共安全,对于行为人的行为就应该以放火、爆炸、投放危险物质罪等以危险方法危害公共安全犯罪加以定罪处罚,只有在行为没有且不可能危害到公共安全的情形下,对于行为人的行为才能以故意杀人罪定罪处罚。简单地讲,只要行为危害了公共安全,就只能以危害公共安全罪定罪处罚,只有在行为没有危害公共安全时,才有故意杀人罪成立的余地。①

按照通说的逻辑,对独门独户独居老人房子实施放火的,是杀人行为,对公寓楼放火烧死一群人的,因为危害了公共安全,所以就只是放火行为,不是杀人行为了。这显然很奇怪。此为其一。其二,根据传统观点,很难认定以投放危险物质的方法杀害三五人案件的性质。因为不能肯定是否危害公共安全,导致既不能认定为投放危险物质罪,也不能认定为故意杀人罪,而形成处罚漏洞。其三,通说最大的问题就在于,如果将以放火、爆炸等危险方法故意杀人的案件认

---

① 参见刘宪权主编:《刑法学》(第6版)(下册),上海人民出版社2022年版,第559页;高铭暄、马克昌主编:《刑法学》(第10版),北京大学出版社、高等教育出版社2022年版,第460页。

定为放火、爆炸等罪,在未造成严重后果时,会导致罪刑不协调。例如,甲对独门独户的独居老人的房子放火,因独居老人及时逃出的,甲的行为成立故意杀人未遂,由于故意杀人罪基本犯的法定刑是"死刑、无期徒刑或者十年以上有期徒刑",同时适用《刑法》总则关于未遂犯从轻、减轻处罚的规定,可能判处10年以上有期徒刑、无期徒刑甚至死刑。而乙向公寓楼放火,因为救援及时,没有造成重伤、死亡或者公私财产重大损失的严重后果,成立《刑法》第114条的放火罪,只能处3年以上10年以下有期徒刑。这显然不符合罪刑相适应原则。所以,只有肯定放火、爆炸等危害公共安全犯罪与故意杀人罪之间是竞合关系,即以放火、爆炸等危害公共安全的方法杀人的,同时成立放火、爆炸等危害公共安全罪与故意杀人罪,从一重处罚。由于故意杀人罪的法定刑重于放火、爆炸等危害公共安全罪,从一重处罚的结果也应以故意杀人罪定罪处罚。

当然,认为以放火的方法杀人,结果仅烧死一人的成立放火罪与故意杀人罪的想象竞合的观点,[1]也存在疑问。因为想象竞合是一行为数法益(结果)一处罚,所以对于侵害了个人人身权的案件,可以提起数个刑事附带民事诉讼。在放火仅烧死一人的情况下,不可能提起两个刑事附带人身权的民事诉讼。所以,认为放火烧死一个人的成立放火罪与故意杀人罪的想象竞合的观点,其实是对一个人的死亡结果进行了重复评价。故而准确地讲,放火罪等危害公共安全罪与故意杀人罪之间是竞合关系,而不是想象竞合关系。也就是说,认为放火、爆炸罪与故意杀人罪之间是法条竞合关系,可能比认定为想象竞合关系更为妥当。

12. 如何处理"相约自杀"案?

案4:被告人夏某与吴某系夫妻,他们的关系一直融洽。2004年1月的一天,吴某在结冰的路上行走时滑倒,致一条腿骨折。此后,吴某陷入伤痛之中,加之面临经济困难,遂产生自杀念头。被告人夏某在劝说吴某打消轻生念头没有效果之后,在眼前艰难处境的压力下也产生不想活的念头,便与吴某商量两人一起上吊结束生命。同年5月12日凌晨1时许,夏某在租住

---

[1] 参见张明楷:《刑法学》(第6版)(下册),法律出版社2021年版,第1110页。

的地下室准备了两张一高一矮的凳子,并准备了绳子,接着先将吴某扶到矮凳子上,又从矮凳子上扶到高凳子上,让吴某站立在凳子上,将绳子一端系在吴某的脖子上,另一端系在地下室的下水管上,然后其将吴某脚下的凳子拿开,吴某脚动了几下即窒息而死。过了十几分钟,夏某也准备上吊自杀,但想到这样会连累房东,即打消自杀念头,于天明时到公安派出所投案自首。法院认为,根据本案的事实和证据,被害人吴某已有自杀意图,被告人夏某帮助被害人自杀,其主观上明知会出现他人死亡的结果而仍故意为之,客观上其积极主动地帮助被害人吴某自杀,导致吴某死亡结果的发生,其行为已构成故意杀人罪,判处5年有期徒刑。①

上述判决显然是混淆了帮助自杀与受嘱托杀人。被告人帮被害人吊好后将被害人脚下的凳子拿开,本身就是直接剥夺他人生命的"杀"人行为,而非理论上所称的帮助自杀行为,因而完全符合了故意杀人罪的构成要件。因为得到了被害人的承诺,以故意杀人罪定罪并适用"情节较轻"的法定刑,是正确的。该案中,被告人帮助被害人上吊,如果是被害人自己踢掉脚下的凳子,则系被害人的自"杀"行为,被告人的行为属于"帮助"自杀行为,不符合故意杀人罪构成要件,因而无罪。

案5:被告人与16岁的女孩G相互爱慕,但G的父母不赞成二人的结合,G因此决意自杀。某晚,G与被告人再次相会。被告人试图劝说G放弃自杀的念头,但未能成功。由于其不愿让G独自死亡,便决定与G一起自杀。两人给父母留下遗书,开车去了停车场并且在被告人的车内服用了安眠药。然而,安眠药却没有发生效力。G表示应该以别的方式自杀,于是被告人提议,通过将汽车尾气导入车厢内实施自杀。G同意了这一方案,还表示希望不要太早被人发现,以免自杀失败。被告人随即将一根橡皮管接在汽车排气管上,通过汽车左边的窗户将橡皮管的另一端引入车厢。然后,其从外部封闭了左边的车门,从右侧上车,坐在驾驶位置上,将左边的窗户尽可能地密封,只留下了足以使橡皮管通过的缝隙。G则坐在了被告人右

---

① 参见乌鲁木齐市中级人民法院刑事判决书,(2004)乌中刑初字第219号。

侧的副驾驶位置上,并从里边锁上了右侧的车门。准备完毕之后,被告人发动马达并踩下油门,之后源源不断地进入车厢的一氧化碳致其失去知觉。次日早晨,当被告人和 G 被人发现时,汽车的马达仍在运转,两人虽然昏迷不醒,但尚未死亡。然而,随后只有被告人经过抢救幸免于难,G 则不幸去世。

该案争议的焦点在于,被告人的行为是不可罚的帮助自杀行为,还是可罚的基于嘱托的杀人行为?德国杜伊斯堡地方法院判决被告人对于 G 的死亡不成立受嘱托杀人罪。检察院将 G 的父母上诉至联邦最高法院。德国联邦最高法院认为,从被害人自身的角度来看,其在完全可以放弃自己行为避免死亡结果发生的情况下,却选择结束自己的生命,这说明其出于自身的意愿自主承受了风险,故而应当根据自我答责原则认定为被害人自负其责。故该案中应当认定 G 成立自杀,被告人所实施的只是对他人自杀的帮助行为,不具有可罚性。[1]

应该认为,根据犯罪事实支配理论,支配了导致死亡的整体情势的,是杀人者。若被害人具有这种支配性,则为自杀,行为人至多成立对自杀的教唆或者帮助,若行为人具有这种支配性,则为他杀,原则上应当受到刑事处罚。至于如何认定犯罪事实的支配性,应当以究竟是谁在不可逆转地导致死亡结果的瞬间事实性地支配着事态的发展或者说以事实性地支配直接导致死亡的行为为标准。因为只有事实性地剥夺了被害人在最后一刻决定自己生死之自由的行为人,才应当对死亡结果承担刑事责任。根据这一标准,就应当在该案中否认行为人独自具有支配性。因为 G 实际上完全可以逃离车厢或者将行为人踏在油门上的脚撞开从而避免自身的死亡结果,但是其直到自己失去知觉这一不可逆转的关键时刻,都一直选择容忍行为人的行为,因此很难认为是行为人在最后时刻独自支配着事态的发展。所以,该案不能认定被告人实施了杀人行为,只能认定为不可罚的帮助自杀行为。

需要指出的是,由于被害人自己实施的对造成死亡结果不可或缺的行为并不为法律所禁止,所以不能适用共同正犯中所谓"部分实行全部责任"的原

---

[1] 参见王钢:《德国判例刑法分则》,北京大学出版社 2016 年版,第 33~41 页。

则，让行为人对这一部分行为及其结果承担刑事责任。即使认为本案中行为人与被害人G成立所谓故意杀人的共同正犯，也不能将被害人G的死亡认定为"他杀"。

所谓相约自杀，是指与他人约定一起实施自杀行为，行为人不仅认识到自己在自杀，而且认识到在与同伴一起自杀。对于相约自杀，只要一方没有亲自实施杀害对方的行为，即便实施了相当于教唆、帮助自杀的行为，对自杀未遂的一方也不宜以故意杀人罪定罪处罚。但如果行为人实施了杀人的实行行为，则属于国外刑法理论所称的嘱托杀人或者得承诺杀人（同意杀人罪）的行为，由于生命的承诺在法律上是无效的，因而完全符合故意杀人罪的构成要件，只是可以考虑作为情节较轻的故意杀人罪处理。

关于诱骗自杀，即假装一起自杀，使被害人误以为对方会与其一起自杀，而对方只是有意利用这一点，导致被害人自杀身亡的，利用者能否成立故意杀人罪？国内通说认为，以相约自杀为名，诱骗他人与其共同自杀，而其本人并非真正自杀的，实际上是故意致他人死亡的手段，对其应以故意杀人罪论处。[①] 假如没有行为人追随自杀的欺骗，被害人是不会选择自杀的，似乎符合没有前者就没有后者的条件关系，但要以故意杀人罪追究其刑事责任，还必须探究这种诱骗自杀的行为能否被评价为"杀"人行为。应该说，任何人形成自杀决意所凭借的事实都有一定的错误成分，是否做出自杀的决定完全取决于自杀者的判断能力。诱骗自杀的行为是作为杀人罪处理，还是作为参与自杀处理，从根本上说取决于欺骗行为对于被害人做出自杀的决定所起作用的大小。在判断欺骗行为对法益处分意思的作用时，关键是判断行为的"实行行为性"的有无。由于欺骗行为与自杀意思的形成之间通常不存在条件关系，至少条件关系难以证明，因此通常能够否定欺骗行为的"实行行为性"，故就假装一起自杀案，解释论上通常可以否定存在故意杀人罪的实行行为，而仅属于一种教唆自杀行为。简言之，对于诱骗自杀行为，通常应否认存在"杀"人行为，除非被害人因为年幼或者存在严重的

---

① 参见高铭暄、马克昌主编：《刑法学》（第10版），北京大学出版社、高等教育出版社2022年版，第462页。

精神障碍,而不能理解自杀行为的性质和意义。

13. 如何评价"引起他人自杀"的行为,或者说能否将被害人自杀的结果归属于行为人?

案6:2009年,被告人周某某在任正阳县种子管理站党支部书记期间,在执法检查中发现经营户朱某门店销售的"郑旱六号"旱稻种无相关法律手续后,没有对一直仍在销售的旱稻种以涉嫌伪劣种子进行立案查处,导致伪劣种子在确山县种子销售市场流通,造成确山县一农户彭某某因田地绝收而上吊自杀,在社会上造成恶劣的社会舆论影响。该案被法院认定为玩忽职守罪。[①]

应该说,将被告人周某某的行为认定为不作为的滥用职权罪更为合适。因为周某某的不作为侵害了职务行为的公正性,而且周某某对此是故意的,仅此就符合了滥用职权罪的基本要件。在此基础上,将引起自杀的结果认定为"致使公共财产、国家和人民利益遭受重大损失",并不缺乏合理性。

我国《刑法》分则条文中存在大量"致人死亡"的规定,司法解释也普遍将被害人自杀认定为"致人死亡""情节严重""后果严重"。也就是说,被害人自杀不仅被评价为基本犯的成立条件,还被评价为加重犯的成立条件。如何评价"引起他人自杀"的行为,或者说什么情况下能将被害人自杀的结果归属于行为人,就成为需要解决的问题。

为此,张明楷教授提出"缓和的结果归属"概念,即虽然不具备通常的结果归属与严格的结果归属的条件,但仍然将结果归属于行为人的行为的现象。这大量存在于我国司法实践中。"缓和"表现在两个方面:一是结果归属的条件缓和,即基本上只要具备一定的条件关系,就将结果归属于行为人的行为,让行为人对结果负责;二是结果归属后的刑事责任追究相对缓和,即行为人对结果所承担的刑事责任一般轻于基于通常的结果归属所承担的刑事责任。例如,甲的侮辱行为引起了乙自杀身亡的结果,司法机关将自杀结果归属于甲的行为,但并不

---

① 参见河南省正阳县人民法院刑事判决书,(2011)正刑初字第197号。

将该行为认定为杀人行为,甲不承担故意杀人罪与过失致人死亡罪的刑事责任,而是承担侮辱罪的刑事责任。又如,A 的诈骗行为引起了被害人 B 自杀身亡的结果,司法机关将自杀结果归属于 A 的行为,但并不是让 A 承担故意杀人罪或者过失致人死亡罪的刑事责任,而是对 A 的诈骗罪从重处罚。

《刑法》分则条文虽然没有将情节严重、情节恶劣规定为犯罪的成立条件,但事实上需要情节严重、恶劣才能以犯罪论处时,为了限制处罚范围,将引起自杀作为限制条件之一是完全可以接受的。虽然我国《刑法》分则为了限制处罚范围,对许多犯罪都作了量的限制,但是也有一些条文对于较轻的犯罪没有要求情节严重。例如,非法搜查、非法拘禁、刑讯逼供、暴力取证、报复陷害等犯罪并不以情节严重为前提,但拘禁时间较短或者轻微的殴打、报复行为并不会以犯罪论处。最高人民检察院《关于渎职侵权犯罪案件立案标准的规定》(以下简称《渎职罪立案标准》)规定,上述行为导致被害人自杀、自残造成重伤、死亡或者精神失常的,应当追诉。事实上,在这些情形中,引起自杀只是单纯的客观处罚条件,并不违反责任主义。

在法定刑较轻且存在客观的超过要素的犯罪中,将引起被害人自杀的结果作为客观的超过要素大体上是可以接受的。在法定刑较轻,并且存在双重结果的犯罪中,才有可能存在客观的超过要素。在这样的场合,客观的超过要素实际上只是起到限制处罚范围的作用。既然如此,将引起他人自杀作为限制处罚范围的一种情形也可以接受。例如,滥用职权罪的保护法益是职务行为的公正性。只要行为人就形式上属于国家机关工作人员一般职务权限的事项,以不正当目的或者以不法方法实施违反职务行为宗旨的活动,就侵害了职务行为的公正性,原则上值得科处刑罚。但是,为了限制处罚范围,《刑法》第 397 条增加了"致使公共财产、国家和人民利益遭受重大损失的"这一客观的超过要素。一方面,由于是客观的超过要素,不要求行为人希望或者放任这种结果发生。另一方面,不要求他人的死亡结果与滥用职权的行为之间具备通常的结果归属条件,否则,就不能仅以滥用职权罪论处,而应认定为其他更为严重的犯罪。又如,可以将引起被害人自杀认定为生产、销售不符合卫生标准的化妆品罪中的"造成严重后果"。

在《刑法》分则条文以情节严重、情节恶劣为犯罪成立条件的犯罪中,将自杀结果作为情节严重、情节恶劣的情节是可以勉强接受的。也就是说,在构成要件行为引起了他人自杀结果的情况下,虽然不能进行通常的结果归属,但由于自杀结果毕竟是构成要件行为所引起,认为该行为增加了不法程度是勉强可以接受的。因此,将引起他人自杀作为较轻犯罪的情节严重、情节恶劣的表现没有特别明显的不合理之处。例如,可以将引起被害人自杀的后果认定为诬告陷害罪、侮辱罪、诽谤罪、侵犯通信自由罪、侵犯公民个人信息罪、遗弃罪等罪中的"情节严重""情节恶劣"。

就《刑法》第 257 条第 2 款与第 260 条第 2 款的规定而言,将引起他人自杀分别作为暴力干涉婚姻自由罪与虐待罪中的"致使被害人死亡",也只能勉强接受。上述两个法条中规定的加重犯不同于通常的结果加重犯。通常的结果加重犯的法定刑远远重于基本犯与加重结果的过失犯的法定刑的总和;暴力干涉婚姻自由罪与虐待罪的基本犯的最高刑均为 2 年有期徒刑,其加重犯的最高刑并没有超过过失致人死亡罪的最高刑。所以,对暴力干涉婚姻自由与虐待引起他人自杀身亡的行为,适用上述两个法条的第 2 款,不会产生罪刑不均衡的现象。

由于缓和的结果归属现象并不符合通常的结果归属条件,所以,对引起自杀结果的行为,除了符合间接正犯条件的以外,不能进行通常的结果归属,即不能认定为故意杀人罪与过失致人死亡罪。此外,由于缓和的结果归属可能存在违反责任主义与罪刑相适应原则的现象,所以需要进行一定的限制。

第一,引起自杀结果的行为本身必须符合犯罪的基本构成要件。只有符合犯罪的基本构成要件的行为才可能成立犯罪。如果某种行为不符合犯罪的构成要件,即使引起他人自杀结果,也不能肯定缓和的结果归属,否则,便违反罪刑法定原则。例如,检举揭发行为引起被检举者自杀身亡的,只要不符合诬告陷害等罪的构成要件,就不可能进行缓和的结果归属。又如,如果行为本身不能被评价为侮辱或者诽谤(如单纯的争吵行为),即使引起了被害人自杀,也不可能将自杀结果归属于行为人的行为,因而不能认定为侮辱、诽谤罪。再如,行为人向他人提供公民个人信息的行为,如果没有违反国家规定,被害人认为自己的个人信息被泄露进而自杀的,也不能将自杀结果归属于行为人的行为,不能认定为侵犯公民个人信息罪。

第二，构成要件行为与自杀结果之间必须具有可以被一般人理解的条件关系。虽然对引起自杀的结果归属相对缓和，不要求具备通常的结果归属条件，但也不能对任何引起自杀的行为都进行结果归属。一方面，刑罚具有特殊预防与一般预防的目的，所以，只有当一般人认为行为人的行为可能引起他人自杀结果，且事实上引起了他人自杀结果时，将该结果归属于行为人的行为，才能起到一般预防的作用，也能起到特殊预防的作用。另一方面，也只有在这种情况下，才可能肯定行为人对自杀具有预见可能性。倘若自杀是一种明显异常的现象，则不可能认定行为人具有预见可能性。所以，只有根据社会的一般观念，某种行为引起自杀结果并不异常，能够被一般人所理解时，才能肯定缓和的结果归属。

第三，引起自杀结果的行为人必须对自杀结果具有预见可能性。一般来说，在被害人的自杀能够被一般人理解时，容易肯定行为人对自杀结果具有预见可能性。例如，对于妇女因被强奸、强制猥亵、侮辱等后而自杀的，能够肯定预见可能性。又如，对处于极度困境中的被害人实施构成要件行为的，也能够肯定行为人对自杀结果具有预见可能性。但是，在通常情况下，对于一般的盗窃行为、诈骗行为引起他人自杀的，不应肯定行为人对自杀结果具有预见可能性。

第四，对法定刑较重的结果(情节)加重犯不能适用缓和的结果归属。这是因为，结果加重犯是结果责任的残余，本应实行严格的结果归属。行为人在实施基本行为之后，被害人自杀的，因缺乏直接性要件，不能认定为结果加重犯。例如，行为人实施强奸行为后，被害人自残或者自杀身亡的，不应认定为强奸"致使被害人重伤、死亡或者造成其他严重后果"，只能按照强奸罪的基本犯从重处罚。又如，拐卖妇女、儿童的行为导致他人自残或者自杀身亡的，不能适用"造成被拐卖的妇女、儿童或者其亲属重伤、死亡或者其他严重后果"的规定。既然缓和了结果归属的条件，就必须缓和刑罚处罚后果。结果加重犯与情节加重犯的法定刑过高，如果将引起自杀的结果归属于基本犯的行为，进而适用结果加重犯或者情节加重犯的法定刑，则明显不符合罪刑相适应原则。例如，行为人诈骗数额巨大财物，被害人因此而自杀身亡的，不能认定为"情节特别严重"，只能适用数额巨大的法定刑，将引起被害人自杀身亡作为从重处罚的情节。

综上所述,根据国民的一般观念与我国的刑事立法体例以及司法实践,具有中国特色的缓和的结果归属现象具有部分合理性,在维持缓和的结果归属形式的同时,需要进行一定的限制。以德国的客观归责理论为标准全面否认缓和的结果归属现象并不合适;相反,刑法理论应当根据我国的刑事立法与一般观念,进一步探讨缓和的结果归属的具体条件。[1]

本书认为,在法定刑不重,引起被害人自杀也并非异常的犯罪中,将引起他人自杀认定为基本犯成立条件的"情节严重"、"情节恶劣"、"后果严重"或者个别加重犯的"致人死亡"或者在基本犯法定刑幅度内从重处罚,都是可以接受的。例如,将引起被害人自杀认定为虐待致人死亡,暴力干涉婚姻自由"致人死亡",侮辱、诽谤"情节严重"或者作为强奸罪的基本犯从重处罚的情节。但如果法定刑过重(如超过10年),就不应将引起他人自杀认定为"致人死亡"或者"其他严重后果",如引起被害人自杀不应被认定为强奸"致人死亡"和拐卖妇女、儿童造成"其他严重后果"而适用加重法定刑,只能在基本犯法定刑幅度内从重处罚。如果实施某种犯罪通常不会引起被害人自杀,也就是说,出现被害人自杀十分异常,也不应将引起被害人自杀认定为情节严重或者情节特别严重。例如,不应将引起被害人自杀认定为盗窃、诈骗、抢夺、抢劫等财产犯罪的"严重情节""特别严重情节"而从重或者加重处罚。至于能否将引起被害人自杀认定为法定刑中等(5~15年有期徒刑)的罪名中加重处罚的情形,理论上可能存在争议。例如,能否将引起被害人自杀认定为非法拘禁"致人死亡"和组织、领导传销活动"情节严重"而适用加重法定刑,理论上可能存在争议,但本书倾向于持肯定回答。

14. 教唆、帮助自杀的,能否构成故意杀人罪?

案7:甲得知乙的儿子去世后,多次对乙说:"你现在什么都没有了,生无可恋,还不如死了算了,也许死后还会见到你的儿子。"乙随着生活越来越孤单,开始觉得甲说得有道理,就开了煤气自杀。甲正好去乙家串门,发现乙开了煤气要自杀,没有采取任何救助措施就离开了乙的房间,乙最终自

---

[1] 参见张明楷:《论缓和的结果归属》,载《中国法学》2019年第3期。

杀身亡。

应该说，该案中能否将甲的行为看作是不作为义务来源的先前行为与能否将教唆、帮助自杀的行为认定为故意杀人罪是一个问题的两个方面。如果能够将教唆、帮助自杀的行为认定为故意杀人罪，那么就等于承认这样的行为具有致人死亡的危险性，当然可以将这样的行为理解为不作为杀人的先前行为。既然教唆、帮助自杀是犯罪，那么即使不考虑甲后边的不作为，也能直接将甲的行为认定为故意杀人罪。如果认为教唆、帮助自杀不具有故意杀人罪的构成要件符合性和违法性，则甲先前的教唆自杀行为就不是危险前行为，就不能产生作为义务，其后来的不救助行为就不能被评价为犯罪。

案8：丙得知妻子有外遇后想自杀，站在阳台犹豫要不要跳楼，下面围观群众甚多。出租车司机丁载客路过无法通行，丁下车到楼下，朝着站在阳台上的丙喊了一声"要跳你就快点跳啊！"话音刚落，丙跳楼身亡。

应该说，该案中丁的行为确实在客观上促进了丙的跳楼，但丁是出租者司机，他揽客路过被堵在那里，他与丙往日无怨近日无仇，赶路心切，下车只是朝着丙喊了句话，其并不了解丙，不了解事情的经过，也不能说丁已经认识到自己的一句话会让丙跳下来，所以不能肯定丁具有杀人故意。过失致人死亡罪也有实行行为，该案中也很难将丁的一句话认定为过失致人死亡罪的实行行为，而肯定其行为构成过失致人死亡罪。故应认为该案中丁的行为不构成犯罪。

案9：一个15岁的女孩中考没有考好，就在阳台上哭。她后妈说："你不用哭，哭也没有用；考不上好高中，就考不上好大学，这一辈子都过不好，活着有什么意思呢？不如跳楼算了"。于是，女孩就跳下去了。

一般认为，该案中后妈的行为属于教唆自杀。但是结合《刑法》第234条之一第2款中摘取不满18周岁的人的器官，依照故意伤害罪、故意杀人罪定罪处罚的规定，以及第236条之一负有特殊职责的人员即便取得已满14周岁不满16周岁的人的同意与其发生性关系，也能成立负有照护职责人员性侵罪的规定来看，应当将能够完全理解自杀行为的性质和意义的年龄限定为18周岁以上。也就是说，该案中15岁的女孩并不能完全理解自杀行为的性质和意义，考虑到被告人的后妈身份和被害人的特殊处境，可以认为该案中后妈的行为对被害人的行为具有一定的精神强制性，故能够认定该案中后妈的行为成立故意杀人罪的间接正犯。

我国司法实务中，一直都是对教唆、帮助自杀行为以故意杀人罪追究刑事责任。例如，1999年最高人民法院、最高人民检察院《关于办理组织和利用邪教组织犯罪案件具体应用法律若干问题的解释》（已失效）第4条规定，组织和利用邪教组织制造、散布迷信邪说，指使、胁迫其成员或者其他人实施自杀的，以故意杀人罪定罪处罚。2001年最高人民法院、最高人民检察院《关于办理组织和利用邪教组织犯罪案件具体应用法律若干问题的解释（二）》（已失效）第9条规定，组织、策划、煽动、教唆、帮助邪教组织人员自杀的，以故意杀人罪定罪处罚。2017年最高人民法院、最高人民检察院《关于办理组织、利用邪教组织破坏法律实施等刑事案件适用法律若干问题的解释》第11条指出，组织、利用邪教组织、制造、散布迷信邪说，组织、策划、煽动、胁迫、教唆、帮助其成员或者他人实施自杀的，依照故意杀人罪定罪处罚。上述司法解释很显然是将所谓的教唆、帮助自杀的行为解释为"杀"人行为。

我国刑法理论通说认为，帮助自杀，是指他人已有自杀意图，行为人对其在精神上加以鼓励，使其坚定自杀的意图或者给予物质上的帮助使其得以实现自杀的行为。在前一种情况下，行为人的行为对自杀死亡结果的原因力很小，危害也不大，可以不追究其故意杀人罪的刑事责任。在后一种情况下，行为人的行为多应请求在物质上为自杀者提供了帮助，如将毒药递给自杀者，对于自杀者的死亡结果发生具有较大的原因力，原则上应构成故意杀人罪。至于教唆自杀，由于是否自杀，有意志选择自由的是自杀者，因此，当教唆行为与他人自杀之间具有因果关系时，法律属性上仍属于故意杀人行为，不过教唆自杀行为的社会危害性较小，虽应以故意杀人罪论处，也应按情节较轻的故意杀人罪从轻、减轻或者免除处罚。但在特定情况下的教唆自杀行为，则应当按照一般故意杀人罪决定刑罚。① 张明楷教授一直主张对教唆、帮助自杀行为应当定罪处罚。其实质理由

---

① 参见高铭暄、马克昌主编：《刑法学》（第10版），北京大学出版社、高等教育出版社2022年版，第462页。

是,中国的自杀者绝大多数都是迫不得已、万般无奈的情况下才自杀的。在这一点上,一定要注意到东方人的观念与德国人观念上的区别,一定要考虑东方人的自杀与西方人的自杀的区别。① 此为其一。其二,人既有自然属性,也有社会属性。相较于自然属性而言,自杀是不违法的;但相较于社会属性而言,自杀则是违法的。对自杀不当犯罪处理,一方面是因为违法性降低了,也就是说,只剩下对人的社会属性的侵害,另一方面是没有处罚的必要性。教唆、帮助自杀的违法性虽然也降低了,但却具有处罚的必要性。这样的话,自杀以及教唆、帮助自杀,就不是对个人法益的犯罪,而是对社会法益的犯罪。其三,一个瘫痪在床的病人想要自杀,但自己无法实施,行为人应病人的要求将毒药放入病人的嘴里,这样的行为到底是帮助自杀,还是嘱托杀人?如果只是把药放在了病人能够够得着的床边,这样的行为又是帮助自杀,还是嘱托杀人?或许在具体的案件中,确实可以将帮助自杀和嘱托杀人区分得很清楚,但这并不代表二者在得到被害人的同意下参与被害人的自杀这一点上就有明显区别。所以,如果能够将嘱托杀人认定为犯罪,教唆、帮助自杀的行为也应该按照犯罪处理。②

应该说,虽然学界通说与司法实务均认为教唆、帮助自杀构成故意杀人罪,但是如果找不出刑法上的处罚根据,处罚教唆、帮助自杀行为就不具有正当性。③ 所以问题的关键就在于,自杀行为究竟是合法还是违法?刑法理论上有自杀合法论。但一方面说自杀合法,另一方面又要说教唆、帮助自杀以及嘱托杀人违法,是相当困难的。而且,如果认为自杀合法,意味着对自杀行为不能予以阻止。例如,在他人上吊时剪断绳索掉下来摔成重伤的,难道构成故意伤害罪?这可能也难以被一般人所接受。理论上还有自杀违法论。可是,在当今社会,任何主张自杀是违法的观点,都不会主张将自杀当作犯罪处理,因为至少可以从缺乏责任的角度否认犯罪的成立。论证自杀违法,只是为了说明刑法为什么处罚嘱托杀人与教唆、帮助自杀的行为。理论上,还有学者主张自杀放任论。周光权

---

① 参见张明楷:《侵犯人身罪与侵犯财产罪》,北京大学出版社2021年版,第24页。
② 参见张明楷:《刑法的私塾》,北京大学出版社2014年版,第316页。
③ 参见冯军、梁根林、黎宏主编:《中国刑法评注》(第2卷),北京大学出版社2023年版,第2014页。

教授就认为,"关于自杀具有违法性以及应当处罚教唆、帮助自杀行为的主张并不具有合理性;自杀关联行为更不是刑法分则规定的杀害行为,在我国当前的立法体例下,不能按照故意杀人(或其共犯)对其定罪处罚。但我对自杀具有合法性的理论预设持不同看法,从而认为自杀是违法、合法之外的第三种情形,是'法律无涉的领域'(法外空间说)。因为自杀不能被评价为违法行为,所以对自杀参与行为除非另设罪名,在现有立法体例下,不能定罪处罚。"[1]应该说,一个行为要么合法,要么违法,不可能既不违法也不合法而是法律所放任的行为。正如吃饭睡觉看起来是法律所放任的行为,但既然他人不得干涉,就说明其是合法行为。

关于自杀行为,的确很难界定其行为性质。因为自杀不构成犯罪,自杀未得逞的,既不会承担刑事责任,也不会承担民事、行政责任,这说明自杀行为不具有违法性。但若认为自杀合法,则意味着第三人不能阻止他人的自杀行为,也不尽合理。关于自杀行为的性质,是一个刑法理论至今都没有很好解决的问题。只能根据各国刑法的规定进行说明。在我国,故意杀人罪的对象显然是"他人",刑法没有规定参与自杀(教唆、帮助自杀)罪,所以难以认为自杀是违法的。

对于教唆、帮助自杀的行为应否作为犯罪处理,本书持否定回答。众所周知,自杀行为本身不构成犯罪,根据共犯的限制从属性说,被教唆、帮助的行为不具有违法性的,教唆、帮助行为也不具有违法性,正如指使他人实施正当防卫的不可能构成犯罪一样。关于自杀的不处罚根据,国外刑法理论上有阻却违法性说、阻却有责性说与阻却可罚的违法性说的分歧。由于有的国家刑法明文规定了教唆、帮助自杀罪,如日本,为了维持共犯从属性理论,理论上认为自杀行为仅属于阻却有责性或者阻却可罚的违法性的行为。对于没有规定教唆、帮助自杀罪的国家,如我国与德国,宜坚持认为自杀是阻却违法性的行为,参与阻却违法性的行为,也不具有违法性,不构成犯罪。日本之所以认为教唆、帮助自杀行为构成犯罪,是源自其刑法的明文规定。而德国刑法没有教唆、帮助自杀的规定,根据共犯从属性说,理论和实务毫无争议地认为教唆、帮助自杀行为不构成犯

---

[1] 周光权:《刑法各论》(第4版),中国人民大学出版社2021年版,第17页。

罪,更不会构成故意杀人罪。

一般认为,《刑法》分则所规定的是实行行为,《刑法》第232条规定的故意杀人罪中故意"杀"人的行为,也只能是故意杀人罪的实行行为。而实行行为必须是符合违法构成要件的,具有侵害法益的紧迫危险的行为。故意杀人的实行行为也必须是具有类型性地导致他人死亡危险性的行为。教唆、帮助自杀案件中直接导致死亡发生的是被教唆、帮助者的自杀行为,而不是教唆、帮助自杀的行为。也就是说,只要自杀者不实施自杀行为的,教唆、帮助自杀行为本身是不可能导致被害人死亡的。之所以明文规定教唆、帮助自杀罪的国家及地区所规定的刑罚明显轻于故意杀人罪,也是因为直接导致死亡结果的仍然是自杀行为本身,教唆、帮助自杀的行为只是对他人的自杀行为与死亡结果的发生起到了诱发、促进作用,而决不能与"杀"人行为本身相提并论。由此,处罚教唆、帮助自杀行为的唯一可能性是,教唆、帮助自杀行为本身对自杀者意志的影响或者对死亡结果的促进作用可以评价为杀人的实行行为,即具有了杀人的实行行为性。或者说,利用被害人的行为致人死亡的已经达到了可以评价为利用被害者这种间接正犯杀人的程度,否则不能评价为"杀"人行为。

需要指出的是,我国虽然没有规定教唆、帮助自杀罪,但《刑法》第300条第2款已明文规定,组织和利用会道门、邪教组织或者利用迷信蒙骗他人致人死亡的,构成组织、利用会道门、邪教组织、利用迷信致人死亡罪,这在一定意义上规制的就是教唆、帮助自杀行为。事实上,关于邪教组织的司法解释出台以前,教唆、帮助邪教组织成员自杀的行为都是以该罪定罪处罚的。众所周知,1999年前后邪教活动十分猖獗,最高人民法院、最高人民检察院作出了相关司法解释。但本书认为,关于组织、利用邪教组织教唆、帮助其成员自杀的以故意杀人罪论处的司法解释规定,违反了罪刑法定原则。对这种行为应当也只能以《刑法》第300条第2款规定的组织、利用邪教组织致人死亡罪定罪处罚。

15. 将防卫过当认定为情节较轻的故意杀人罪后,还应否适用《刑法》总则有关防卫过当的处罚规定?

根据《刑法》第232条规定,对于情节较轻的故意杀人应当处3年以上10年以下有期徒刑。而根据《刑法》第20条第2款规定,对于防卫过当的应当减轻或者免除处罚。很显然,一旦选择免除处罚,就比评价为情节较轻的故意杀人罪还要轻。所以,无论故意的防卫过当杀人本身是否情节较轻,均应同时适用《刑法》总则有关防卫过当应当减轻或者免除处罚的规定。

16. 对杀人预备选择了故意杀人罪"情节较轻"的法定刑之后,是否不再适用《刑法》总则有关预备犯的处罚规定?

根据《刑法》第232条规定,对情节较轻的故意杀人处3年以上10年以下有期徒刑。而《刑法》第22条第2款规定,对于预备犯可以比照既遂犯从轻、减轻或者免除处罚。如果对于杀人预备选择了故意杀人罪"情节较轻"的法定刑,也得判处3年以上10年以下有期徒刑,而如果适用《刑法》总则有关预备犯的处罚规定可能免除处罚。所以,即便对于杀人预备选择了故意杀人罪"情节较轻"的法定刑,也应同时适用《刑法》总则有关预备犯的处罚规定。

应该说,当行为人的故意杀人行为本身具有法定减轻、免除处罚的情节时,是否均评价为"情节较轻"的故意杀人而不再适用《刑法》总则有关减轻、免除处罚的规定,可以确立以下原则:在被告人具有法定的从轻或者减轻处罚的情节时,如果以该情节为根据选择了减轻的法定刑,原则上就不能再适用从轻或者减轻处罚的具体规定;在被告人具有法定的减轻或者免除处罚的情节时,既可能在选择了减轻的法定刑后,再适用《刑法》有关减轻或者免除处罚的具体规定,也可能在选择普通法定刑后,适用《刑法》有关减轻或者免除处罚的具体规定,这取决于犯罪的其他情节,难以一概而论。如果行为人的故意杀人本身的情节较轻,并另有减轻、免除处罚情节的,则应选择减轻的法定刑,同时适用《刑法》总则有关减轻的规定。例如,甲、乙二人基于被害人的请求,采用注射方式杀害了被害人,乙仅起次要作用因而属于从犯,对甲、乙均应适用减轻的法定刑,同时对乙还必须适用《刑法》第27条的规定。[1]

---

[1] 参见张明楷:《刑法学》(第6版)(下册),法律出版社2021年版,第1113页。

17. 能否认为抢劫杀人的,成立抢劫致人死亡与故意杀人罪的想象竞合?

理论上普遍认为,抢劫杀人的,成立抢劫致人死亡与故意杀人罪的想象竞合。① 应该说,成立想象竞合,必须是一个行为侵害了数个法益造成了数个结果。而抢劫杀死一个人,只有一个人的死亡,若认为成立抢劫致人死亡与故意杀人罪的想象竞合,就意味着对一个人的死亡结果进行了重复评价。所以准确地讲,抢劫杀人的,成立抢劫罪的基本犯与故意杀人罪的想象竞合,而不是抢劫致人死亡与故意杀人罪的想象竞合。

18. 有关"雇凶者作为犯罪的'造意者',应认定为罪行最严重的主犯"的司法解释规定,有无疑问?

传统观点认为,雇凶杀人者是所谓的"造意者",当然是主犯。例如,2009年最高人民法院《关于审理故意杀人、故意伤害案件正确适用死刑问题的指导意见》指出,雇凶者作为犯罪的"造意者",其对案件的发生负有直接和更主要的责任,只有依法严惩雇凶者,才能有效地遏制犯罪;雇凶者没有直接实施故意杀人、故意伤害犯罪行为,但参与了共同犯罪的策划,实施了具体组织、指挥行为的,对雇凶者也应认定为罪行最严重的主犯。

应该说,将雇凶者看作是犯罪所谓的"造意者"因而属于当然的主犯的观点,其实是早已被国外刑法理论所抛弃的"杀人者是因为杀了人而受处罚,而教唆杀人者,因为制造了杀人犯,使他人堕落而受处罚"的责任共犯论的观点。② 不管雇凶者如何"造意",是否实施杀人以及如何杀人,还是由受雇者决定的,受雇杀人者才是当然的犯罪事实的支配者,才应是当然的主犯。之所以处罚雇凶者,是因为其诱发他人的犯意,通过受雇者的正犯行为间接地侵害了法益。所以无论是从现在作为共犯处罚根据的通说的因果共犯论,还是从犯罪事实支配论,都得不出雇凶者是当然的主犯的结论。

---

① 参见张明楷:《刑法学》(第6版)(下册),法律出版社2021年版,第1285页。
② 参见陈洪兵:《共犯论思考》,人民法院出版社2009年版,第8页。

第二节　过失致人死亡罪

> **·导　读·**
>
> 　　过失犯也有实行行为,过失犯实行行为的认定相对于故意犯而言要缓和得多。处理定性"致特异体质者死亡案",无非三个路径:因果关系、行为性质、责任形式。首先应当肯定因果关系;其次看行为是杀人行为还是伤害行为;最后看行为人是否认识到了死亡或者伤害结果。所谓"本法另有规定的,依照规定",只是指引或者提醒适用重法的注意性规定。相较于普通的过失致人死亡罪,交通肇事罪相当于封闭的特权条款,所以没有达到交通肇事罪的立案标准的,行为就不构成犯罪,不能反过来以过失致人死亡罪进行评价。虐待致人死亡的,不能判处低于3年有期徒刑的刑罚。
> 　　区分过于自信的过失致人死亡与间接故意杀人的关键在于行为人是反对还是接受死亡结果的发生。区分疏忽大意的过失致人死亡与意外事件致人死亡的关键在于行为人对死亡结果的发生有无预见可能性。在行为人对死亡结果具有预见可能性的情况下,倘若不能证明行为人是否放任死亡结果的发生,就至少可以认定成立过失致人死亡罪。应将"处三年以下有期徒刑"确定为过失致人死亡罪的基本法定刑,即对于过失致人死亡的案件,首先考虑的应是判处3年以下有期徒刑,只有当过失致人死亡情节严重时,才能考虑判处3年以上7年以下有期徒刑。

/ 条　文 /

　　第二百三十三条　【过失致人死亡罪】过失致人死亡的,处三年以上七年以下有期徒刑;情节较轻的,处三年以下有期徒刑。本法另有规定的,依照规定。

实务疑难问题

1. 如何认定过失致人死亡罪的实行行为？

案1：甲乙是合同制协警，丙丁是无业人员。当地的派出所对于抓获吸毒人员有"返利"的规定。于是，甲乙将丙丁叫来，让他们协助抓获吸毒人员并罚款。随后，丙丁发现街头上有人骑着一辆摩托车且载着两个人，初步判断这三人是吸毒人员，并给甲乙汇报。甲说可以去追，让丙丁注意安全。丙丁骑摩托车追逐该三人。该三人在逃跑过程中发生交通事故，丙丁看到该三人发生交通事故之后，并未停车救助，甲乙也没有救助。最终造成两死一重伤。

该案中，即便被害人是吸毒人员，丙丁作为无业人员也无权进行追赶。在我国，类似于这样利用交通工具追赶他人导致他人死亡的行为，都是肯定结果归属的。行为人拼命追赶被害人时，被害人可能都不知道行为人是出于什么原因进行追赶，有时候还以为是遇到抢劫，导致其不仅内心紧张，而且速度必然很快。也就是说，被害人迅速逃离是很正常的，而非异常。所以，该案中被害人的伤亡结果应归属于行为人的追赶行为，应追究行为人过失致人死亡罪的刑事责任。

案2：某日凌晨5点，甲让A和B两个卖淫女到宾馆为其提供性服务。A、B二人在提供性服务之前吸食了冰毒，然后与甲发生了性关系。上午9点，甲离开了房间，甲在离开的时候就发现A女因为吸食了过多冰毒而有一些不适。后B女发现A女症状严重，给甲打了电话，告知A当时的具体情况。随后，甲赶回了房间，并喊来朋友乙、丙对A进行了施救。但A并没有明显好转。此时，B和乙、丙提出打120急救电话，但甲担心自己嫖娼的事情会被发现，不同意打急救电话。后来，A发出的喊叫声比较大，甲、乙、丙将A抱进了洗手间，以免走廊上的人听到A的喊叫，中午12点40分时，甲、B、乙离开了房间，让丙照看A。丙发现A的状况还在恶化，数次打电话向甲说明情况，但是甲仍不同意送A到医院。最后，当天下午5点左右A死亡。

该案中，很难认定甲有救助的义务。一方面，这个案件发生在旅馆，甲在嫖娼结束以后已经付钱离去，当时旅馆里面还有B在场，很难将旅馆房间认定为甲的支配范围。另外，A吸毒，她本人也深知自己吸毒以后的种种反应，可以说A是在自陷风险。当A都不拿自己的生命当回事的时候，也很难说那些和她没有特殊关系的人就对她负有救助义务。所以，该案应从甲多次阻止别人对A进行施救这一点，来认定甲具有杀人的作为行为。不过，从当时的情况来看，很难认为甲已经认识到了A可能死亡的结果，所以只能追究甲过失致人死亡罪的刑事责任。

案3：某日深夜，A、B、C、D、E、F 6人一起到北京后海附近玩，其中，A和F是男女朋友。被害人G醉酒后横躺在马路上后，有人将其扶至路边，G在路边不断喧哗。A一行人经过G的身边时，B就用脚踹G，还想打G，但被A劝住，G趁机离开了。一会儿，6人又碰上了G，B把G的鞋袜脱下戏弄G，后G给B下跪，B又想打G，但被其他人劝了下来。G起身要跑的时候碰到了F，然后接着跑，A、B、C、D、E就追G，追的时候有的人用地上的塑料棍、胶管砸打G，A、B追在最前面。后来G跨过后海的栏杆，手扶栏杆站在岸边，B对A说，G打了A的女朋友F。于是，A用塑料棍和胶管打G的肩膀，G为了躲避跳进了河里。G身高有1.7米多，后海当时的水位为1.7米。G跳下后，A、B将路边砂石扔进水中，试图砸G。G先往中间游，后来又往岸边靠。这时，有路人发现G不会游泳，就制止了A、B的行为，但路人没有施救就离开了现场。后有路人报警，但当警察赶到以后，G已经溺水而亡。

该案中，G个头比较高，后海的水也并不是特别深，G跳下去以后并不存在立即死亡的紧迫危险。虽然A、B用石子砸G，但也不能认为这样的行为就足以致人死亡。应该说，当时主要是由于G喝醉了，如果G不醉的话，恐怕并不会酿成惨剧。从这一因素看，可以认为A、B二人也没有杀人的故意，所以不能将他们的行为认定为故意杀人罪。从A、B、C、D、E对G的打击力度看，这样的行为往往也不会发生致被害人伤害的结果，所以也不能认定成立故意伤害致死。B在第一次遇见G的情况下，就随意殴打G，后来还要求G交出钱，这样的行为已经符合了寻衅滋事罪的构成要件。A、B、C、D、E在公共场合追打G的行为，也符合寻衅滋事罪的构成要件。A、B 在 G 跳到河边栏杆以后,用塑料棍和胶管打 G 的肩膀;在 G 落水以后,又用路边的小石子打 G,这些行为在客观上确实与 G 的死亡之间存在因果关系。只不过 A、B 并没有认识到 G 会死亡这个事实。所以,该案中 A、B 的行为应成立过失致人死亡罪,同时 A、B、C、D、E 的行为成立寻衅滋事罪。对 A、B 应以过失致人死亡罪与寻衅滋事罪的想象竞合进行处理。

案 4:甲乙二人是亲密无间的朋友,两家住得也很近,由于乙有车而甲没有,乙经常接送甲的妻子上下班。在这个过程中,乙有时对甲的妻子不规矩,但从未与其发生性关系。某天,甲的妻子告诉甲说,乙想占她的便宜,甲以为乙已经与自己的妻子发生过性关系。第二天,甲约乙出去吃饭,乙说自己独自在家,可以到自己家来吃饭。于是甲拿了一把小刀和下酒菜等去了乙家。甲喝了很多酒以后对乙说:"你不够义气,怎么能对我妻子这样!"乙就低下了头,这个时候,甲把刀拿了出来,又继续说:"为了让你长点记性,得在你腿上做点记号。你看这个记号是你自己做还是我做?"乙把刀拿了过来就往自己腿上扎,一下就扎到了大动脉。甲见乙血流如注,就急忙将乙送到了医院,但乙还是因为抢救无效死亡。

该案中,甲拿的只是一把小刀,其本意就是让乙在自己的腿上做个记号,而乙却狠狠地扎进了血管,据此还不能将甲的行为认定为故意伤害(致死)罪。因为一般来说,在腿上做标记这样的行为并不会导致轻伤以上的结果,可以认为甲并没有伤害乙的故意。应该说,甲强迫乙用刀在自己腿上做记号的行为,是可以评价为过失致人死亡罪的实行行为的。也应当认为甲主观上具有预见可能性,所以认定为过失致人死亡罪,是比较合适的。

案 5:行为人知道自己的妻子和别人通奸,就向组织反映了这个情况,领导说没有证据不好认定通奸。某天,行为人回家后发现自己的妻子正在和他人通奸,行为人将二人捉奸在床以后,对通奸的男方说:"领导说捉奸要讲证据,所以我得在你的大腿上做个记号。"于是,行为人用小水果刀往男方的大腿上做记号,结果在做记号的过程中不慎捅到了动脉,导致男方流血过多而死亡。

这是 30 多年前的一个案子,当时很多人认为行为人的行为成立故意伤害致人死亡。应该说,该案成立过失致人死亡罪。首先,从客观方面看,行为人的行为当然是致人死亡的行为。但行为人没有杀人故意,所以不成立故意杀人罪。其次,行为人只是打算在对方大腿上做个记号,难以认为行为人有伤害的故意。最后,行为人拿刀在被害人大腿上做记号,对可能造成的死伤结果当然具有预见可能性。所以,对行为人的行为应认定为过失致人死亡罪。

案6:被告人田某富与其妻康某为违法生育第三胎而被乡计划生育工作人员带至县计划生育技术指导站实施结扎手术。田某富为使其妻逃避结扎手术,而对计划生育工作人员谎称其妻要到指导站住院部三楼厕所洗澡。骗取计划生育工作人员信任后,在厕所里,被告人田某富先用手掰开木窗户,用事先准备好的尼龙绳系在其妻胸前,企图用绳子将其妻从厕所窗户吊下去逃跑,但由于绳子在中途断裂,致使康某从三楼摔下后当场死亡。对于该案,法院判决认为,被告人田某富为帮助其妻康某逃避计划生育做结扎手术,用绳子将康某捆住从高楼吊下,应当预见自己的行为会造成严重后果而没有预见,致其妻死亡,其行为构成过失致人死亡罪。[1]

对于该案,有观点认为该案系被害人自我答责,被告人田某富无罪。但是,该案案情并非康某为逃避结扎手术,主动选择从三楼窗户吊下去逃跑而请丈夫帮忙,而是被告人田某富为使其妻逃避结扎手术,企图用绳子将其妻从厕所窗户吊下去逃跑,致使康某摔死。很显然,该案不应适用被害人自我答责理论,法院认定被告人田某富的行为构成过失致人死亡罪,是正确的。

没有行为,就没有犯罪。过失犯也有实行行为,过失致人死亡罪也不例外。从理论上讲,所谓过失致人死亡罪的实行行为,应是指具有类型性地导致他人死亡危险性的行为。虽然从客观上看,无论是故意杀人还是过失致人死亡,实行行为应当没有区别,如用枪瞄准射击和擦枪走火打死人,用枪朝人瞄准射击与在大雾天的清晨以为前方是野兽而瞄准射击实际上是清晨上山采药的老人,在行为的危险性上并无区别。但必须承认,过失犯主要违反的是注意义务,所以实际上

---

[1] 参见胡云腾主编:《人民法院案例选》2008年第2辑(总第64辑),人民法院出版社2009年版,第16~18页。

过失犯实行行为的认定相较于故意犯而言,要缓和得多。也就是说,即便某种行为通常并不具有致人死亡的危险性,但在特殊情境下,行为人违反了一个谨慎人的注意义务,导致死亡结果发生的,也可能将死亡结果归属于行为人。换句话说,虽然过失犯的归责,也要首先考虑实施了什么行为,但更多考虑的是行为人违反了什么注意义务。从这个意义上讲,过失致人死亡罪与故意杀人罪的区别可能主要在认识程度上。行为人的行为,到底是成立故意杀人罪还是过失致人死亡罪,只能在具体案件中,根据具体的情境、行为人实施的具体行为、负有的具体义务内容、违反注意义务的程度以及对死亡结果认识的程度等方面进行综合具体判断。

2. 如何处理定性"致特异体质者死亡案"?

案7:陈某的车辆堵住了车辆行经通道,致被告人都某所驾车辆无法驶出。双方遂发生口角,继而打斗在一起。在打斗过程中,都某拳击、脚踹陈某头部、腹部,致其鼻腔出血。民警赶到现场后将都某带上警车,由陈某驾车与其妻跟随警车一起到派出所接受处理。双方在派出所大厅等候处理期间,陈某突然倒地,后送医院抢救无效于当日死亡。经鉴定,陈某有高血压并冠状动脉粥样硬化性心脏病,因纠纷后情绪激动、头面部(鼻根部)受外力作用等导致机体应激反应,促发有病变的心脏骤停而死亡。对于该案,一审法院认为,被告人都某的行为构成过失致人死亡罪。二审法院认为,被告人都某应当预见击打他人头部、腹部可能导致他人死亡的危害后果,因为疏忽大意而没有预见,仍拳击、脚踹被害人头部、腹部,以致发生被害人死亡的危害后果,行为和结果之间存在因果关系,其行为构成过失致人死亡罪。

应该说,即便被害人存在特殊体质,没有被告人对其头部、腹部的拳击、脚踹行为,也不至于马上死亡,所以不能否认被告人的行为与被害人的死亡结果之间的因果关系。该案中,都某拳击、脚踹陈某头部、腹部这些身体要害部位,且陈某已经48周岁,故应认定都某能够预见其行为可能致人死亡,即对死亡结果具有预见可能性,故法院认定被告人都某的行为构成过失致人死亡罪是正确的。

案8:被告人刘某与张某(殁年69岁)因让车问题发生争吵,后刘某动手推了张某的肩部并踢了张某腿部。张某报警后,双方被民警带至派出所。在派出所解决纠纷时,被害人张某感到胸闷不适,随后到医院就诊,但经抢救无效死亡。经鉴定,张某因患冠状动脉粥样硬化性心脏病,致急性心力衰竭死亡。对于该案,法院认为,从打击的力度及部位方面看,被告人刘某的行为尚未达到可能造成被害人张某死亡的强度。被告人刘某在事发当时无法预料到被害人张某患有心脏病并会因心脏病发作导致死亡结果的发生,对于被害人张某的死亡,被告人主观上既无故意也无过失,被害人张某的死亡更多是由于意外因素所致,被告人刘某的殴打行为只是一个诱因,二者之间不存在直接的必然的因果联系,故被告人刘某不应承担过失致人死亡的刑事责任,但应承担民事赔偿责任。①

  应该说,对于该案法院否认因果关系的成立是没有道理的。因为暴力攻击患冠状动脉粥样硬化性心脏病的人员,导致他人心脏病发作而死亡是极为正常的,并不罕见。通俗地讲,"即便被害人患有严重的心脏病,你不去招惹他,至少还能活上几天。"所以应肯定存在因果关系。在肯定因果关系的前提下,再来判断行为人主观上有无故意过失。该案中,虽然被告人刘某推的部位是被害人张某的肩部,踢了张某腿部,但张某已经69岁(如果被害人是青壮年,结论就不一样),被告人刘某应当能预见其行为可能导致一个老人的死亡,故应认定其行为构成过失致人死亡罪。

  处理或者定性"致特异体质死亡案",无非三个路径:因果关系、行为性质、责任形式。首先,应当肯定因果关系。因为即便他人系特异体质,若不去"触碰"他,他至少可以继续生活。也就是说,不可否认是行为人的行为缩短了特异体质者的"生命之旅"。其次,看行为是具有类型性致人死亡危险性的杀人行为,还是具有类型性侵害他人生理机能危险性的伤害行为,若是,则符合故意杀人罪或者故意伤害罪的客观构成要件。最后,看行为人是否认识到了死亡或者伤害结果。若对死亡结果有认识,则成立故意杀人罪。若对伤害结果有认识,同

---

① 参见陈兴良、张军、胡云腾主编:《人民法院刑事指导案例裁判要旨通纂》(下卷)(第2版),北京大学出版社2018年版,第685~686页。

时对死亡结果具有预见可能性,则成立故意伤害致死。若既没有认识到死亡结果,也没有认识到伤害结果,即既没有杀人故意也没有伤害故意,则再看行为人对死亡结果有无预见可能性。若存在预见可能性,则可以肯定过失致人死亡罪的成立。否则,只能认为是意外事件。

3. 如何理解《刑法》第233条中"本法另有规定的,依照规定"?

刑法理论一方面认为,《刑法》第233条中的所谓"另有规定",是指行为人实施了《刑法》分则条文规定的其他犯罪行为,虽然也由于过失造成他人死亡,符合过失致人死亡罪的构成特征,但是,因《刑法》分则另有规定,就不再依照过失致人死亡罪定罪处罚,而依照《刑法》分则有关条文的规定定罪处罚,如失火罪、交通肇事罪、重大责任事故罪。[①] 另一方面又认为,"遗弃行为过失致人重伤或者死亡的,遗弃罪与过失致人重伤害、过失致人死亡罪形成狭义的包括的一罪,从一重罪论处"。[②]

应该说,所谓"本法另有规定的,依照规定",只是指引或者提醒适用重法的注意性规定。换言之,"本法另有规定的,依照规定"是可有可无的规定,其与《刑法》分则中"同时构成其他犯罪的,依照处罚较重的规定定罪处罚"的规定,其实是一个含义。不管有没有这种规定,只要不是具有减轻根据的封闭的特权条款,[③]实施一个行为同时构成几个犯罪时,均应从一重处罚。

4. 交通肇事致一人死亡,未达到交通肇事罪立案标准,能否以过失致人死亡罪定罪处罚?

根据2000年11月15日最高人民法院《关于审理交通肇事刑事案件具体应用法律若干问题的解释》第2条规定,交通肇事致一人死亡的,只有负事故全部或者主要责任,才能以交通肇事罪立案。问题是,如果交通肇事致一人死亡,行

---

① 参见周光权:《刑法各论》(第4版),中国人民大学出版社2021年版,第20页。
② 张明楷:《刑法学》(第6版)(下册),法律出版社2021年版,第1131页。
③ 例如,伪造、变造、买卖身份证件罪,相较于伪造、变造、买卖国家机关证件罪而言,就是一个封闭的特权条款。

为人负事故的同等责任,达不到交通肇事罪的立案标准,能否以过失致人死亡罪定罪处罚?

应该说,之所以在交通肇事罪的定罪量刑中区分全部、主要、同等与次要责任,是因为作为交通参与的各方均负有一定的注意义务,相当于民法上的过错相抵原则。从这个意义上讲,相较于普通的过失致人死亡罪,交通肇事罪相当于封闭的特权条款,所以没有达到交通肇事罪的立案标准的,行为就不构成犯罪,不能反过来以过失致人死亡罪进行评价。

5. 虐待致人死亡的,能否判处低于 3 年有期徒刑的刑罚?

刑法理论通说认为,虐待致人死亡,相较于普通的过失致人死亡罪属于特别法条。按照所谓特别法优于普通法的原则,虐待致人死亡的,只能以虐待罪的加重犯定罪处罚,似乎可以判处 2 年以上 3 年以下有期徒刑的刑罚。应该说,即便是法条竞合,被排除的法条即劣位法也能发挥作用,如"轻罪的封锁作用",即适用特别法时,除非是具有减轻根据的封闭的特权条款,不能判处低于被排除的法条(一般是轻法)的最低刑。而一般认为过失致人死亡罪的基本刑是 3 年以上 7 年以下有期徒刑。所以,虐待致人死亡只能在 3 年以上 7 年以下有期徒刑幅度内量刑,而不能判处低于 3 年有期徒刑的刑罚。也就是说,所谓虐待致人重伤、死亡处 2 年以上 7 年以下有期徒刑,其中 2 年以上 3 年以下是就虐待致人重伤而言的,而虐待致人死亡的,只能处 3 年以上 7 年以下有期徒刑。

6. 如何区分过于自信的过失致人死亡与间接故意杀人?

案9:被害人阎某为摆脱李某、王某兵等人的殴打,趁其不注意跳入河中。李某、王某兵等劝其上岸,见阎某仍趟水前行不肯返回,王某兵让李某下水拉阎某一把,李某称其水性不好而未下水。为消除阎某顾虑促其上岸,李某、王某兵等人遂开车离开湖堤。后阎某的尸体在湖堤附近被发现,法医鉴定结论为溺水死亡,排除暴力致死。一审法院认为,被告人李某、王某兵殴打被害人,迫使其跳湖逃生,以致溺水死亡,二被告的行为构成(间接)故意杀人罪。二审法院认为,李某、王某兵预见到其行为可能产生的后果,却自以为是地认为在其离开后被害人会返回岸上,最终导致被害人溺水死亡,二人的行为构成过失致人死亡罪。①

应该说,从被害人落水后二被告人的表现来看,二被告人并不希望死亡结果的发生,亦未放任死亡结果的发生或者说不接受或者反对死亡结果的发生。二被告人与被害人系偶然认识,并不存在明显矛盾。虽有殴打被害人的行为,但被害人系自己跳河。在被害人跳河后,二被告人劝其上岸。二被告人离开现场,并非置被害人于水中而不顾,而是想让被害人尽快上岸脱离危险。可见,发生死亡结果并非二被告人的本意。因此,二被告人不构成(间接)故意杀人罪,而是构成过失致人死亡罪。

过于自信的过失致人死亡与间接故意杀人的相似之处在于,客观上都发生了死亡结果,行为人主观上都对死亡结果存在一定的认识,都不希望死亡结果的发生。由于二者的法定刑相差悬殊,所以有必要严格区分二者。二者的不同之处在于,从认识因素说,前者行为人虽然也认识到了死亡结果的发生,但凭借一定的条件又打消了这一念头,转而认为死亡结果不会发生,从意志因素看,前者是希望死亡结果不发生,也就是反对死亡结果的发生;而后者,从认识因素上看,已经认识到了死亡结果的发生,从意志因素上说,是接受结果的发生,也就是并不反对结果的发生。具体而言,行为人对死亡结果究竟持何种心理态度,可以着重从以下两方面进行审查判断:一是审查双方关系,是否有明显矛盾,矛盾是否达到了行为人对对方的死亡持无所谓的态度,这是确定行为人是否存在造成对方死亡结果的主观故意问题的关键;二是根据案发时的现场情况,结合行为人感知能力及当时状况,判断当时是否确实存在可能避免死亡结果发生的主客观条件,这是判断行为人对避免死亡结果发生的主客观条件是否过于自信的重要依据。

7. 如何区分疏忽大意的过失致人死亡与意外事件致人死亡?

案10:甲女从事非法经营活动,被警察带到派出所讯问。甲为了让警

---

① 参见最高人民法院刑事审判第一庭、第二庭编:《刑事审判参考》2005年第6集(总第47集),法律出版社2006年版,第12~15页。

察放过自己,就让自己的妹妹乙买一瓶农药送到派出所给自己。甲对乙说,自己只是少喝一点农药,以便吓唬警察,让他们不再查封她的店铺。乙就买了一瓶农药送给甲。结果,甲在卫生间喝农药时,不小心喝多了,警察发现甲喝农药后,立即将其送往卫生院,但甲因抢救无效死亡。某法院认定乙的行为构成过失致人死亡罪。

该案中,甲并不是故意自杀身亡,而是不小心喝多了农药死亡的。所以,乙的行为不可能属于帮助他人故意自杀(即便是帮助自杀,按照本书观点,也不应作为犯罪处理)。过失导致自己死亡的行为,不应该被评价为违法行为。而且,我国刑法并不承认过失的共犯,即便能够认定乙对甲的死亡具有过失,但在过失帮助他人过失自杀的情况下,还是不能将这种行为认定为过失致人死亡罪。这种行为在刑法理论上称为自己危险化的参与,是指被害人意识到并实施了对自己有危险的行为,而且遭受了侵害结果,但被告人的参与行为与被害人的侵害结果之间具有物理的或者心理的因果性。例如,甲虽然不希望自己死亡,但在认识到自己的行为对生命有危险的情况下,仍然对自己实施了危险行为,这是使自己危险化的行为。乙则参与了这种行为,所以,乙的行为叫作自己危险化的参与。该案中,乙不仅客观上没有实施过失致人死亡罪的实行行为,主观上也缺乏预见可能性,所以该案只能作为意外事件或者被害人自我答责处理。

案11:被害人是海洛因的持有人,让被告人将注射器给其使用,被害人利用该注射器注射海洛因,进而死亡。

这是德国发生的一起案件。德国法院以前认定这种行为成立过失致人死亡罪,但在该案中否认了过失致人死亡罪的成立。现在,不管采用什么样的理论,对于自己危险化的参与,都不能予以客观归责。该案中,被告人既没有实施过失致人死亡罪的实行行为,主观上也缺乏预见可能性,所以被告人的行为不成立犯罪。

案12:某年冬天的一个上午,顾某与被害人倪某等人在一船上游玩。其间,顾某想找点乐子。顾某想起夏天时和倪某玩过的一个游戏,即他将50元现金扔到河里,让倪某下水捞钱,钱捞到后归倪某所有。于是,顾某再次提出玩此游戏。因冬天水太冷,倪某不愿下河,顾某便提出加价至100元,倪某同意。顾某随即将100元现金扔进河中,倪某跳入冰冷的河水中捞钱,却因水太冷,溺水身亡。法院以过失致人死亡罪判处顾某有期徒刑1年。

该案中,被告人顾某唆使被害人倪某实施自己危险化的下河捞钱行为,被害人倪某虽然并不希望或者放任自己的死亡,但却实施了该危险行为。所以,被告人顾某的行为属于典型的自己危险化的参与。可以肯定的是,导致被害人倪某死亡的原因,是倪某自己跳入河中的行为(倪某自己过失地造成了自己的死亡)。但是,被害人倪某的这一行为并不符合过失致人死亡罪的构成要件。一方面,因为过失致人死亡中的"人",只能是他人而不包括自己。既然如此,被告人顾某就并未参与他人符合构成要件的违法行为。另一方面,在危险性认识的问题上,被告人顾某的认识与被害人倪某的认识并没有区别;也不能认为被告人顾某的行为在客观上对被害人倪某形成了心理或者物理的强制。也就是说,被告人顾某的行为并不符合间接正犯的成立条件。所以无论从哪个角度,被告人顾某的行为都不成立过失致人死亡罪。

案13:被告人穆某祥驾驶农用三轮车载客行驶途中,因担心被检查受罚,遂驾车左拐,驶离原路线,在村民李某华家住宅附近停车让乘客下车。因车顶碰触村民李某明从李某华家所接电线接头的裸露处,导致车身带电。乘客张某在下车时手抓挂在车尾的自行车车梁,导致触电身亡。现场勘验表明,被告人穆某祥在农用三轮车车顶上焊接有角铁行李架,致使该车实际车高235厘米,违反了该种车型最大高度应为200厘米的有关规定。另外,李某明套户接李某华家电表,套户零线、火线距地面垂直高度分别为253厘米、228厘米,且该线接头处裸露,违反了安全用电套户线对地距离最小高度应为250厘米的相关规定,故李某明所接的火线对地距离不符合安全标准。对于该案,检察院以被告人穆某祥犯过失致人死亡罪,向法院提起公诉。法院审理认为,被告人穆某祥的行为虽然造成了他人死亡的结果,但既不是出于故意也不存在过失,而是由于不能预见的原因引起的,属意外事件,不构成犯罪。[1]

---

[1] 参见最高人民法院刑事审判第一庭、第二庭编:《刑事审判参考》2002年第5辑(总第28辑),法律出版社2003年版,第31~32页。

对于该案,有观点认为,被害人确实是死于被告人穆某祥的车辆带电,但是无论是被告人穆某祥还是社会一般人,在行为人当时即便集中精神,也无法预见在停车下客时车辆会触碰到违规裸露的线头以致乘客触电身亡。因此,认定该案属于意外事件,法院的判决结论是正确的。[1] 但本书认为,该案是由于被告人穆某祥车辆超高与农户李某明套户接电超低两方面的过失的竞合造成的。也就是说,该案是由被告人穆某祥违反了车辆不得超高的交通管理法规造成的,对于因车辆超高可能碰触他物导致交通事故的结果是具有预见可能性的,应当承担交通肇事罪的刑事责任。至于套户李某明,违反规定接线超低和电线裸露,对于发生的事故也具有预见可能性,应当负过失致人死亡罪的刑事责任。

疏忽大意的过失致人死亡与意外事件致人死亡的相同点在于,都没有认识到死亡结果的发生。不同点在于,对死亡结果有无预见可能性。过失致人死亡罪的过失的本质在于,行为人精神懈怠,以致未能集中精神避免死亡结果的发生。在行为人客观上负有避免他人死亡的注意义务的前提下,行为人在主观上能否集中精神避免死亡结果,这是判断行为人是否具有主观过失的关键所在。对此,应当结合行为人的智力水平、行为本身的危险程度以及行为时的客观环境进行综合判断。即便行为人集中精神,也无法预见和避免死亡结果发生的,应认定行为人缺乏过失,系意外事件,不成立过失致人死亡罪。[2]

8. 在行为人对死亡结果具有预见可能性的情况下,不能证明行为人是否放任死亡结果发生时,能否认定成立过失致人死亡罪?

传统的"对立理论"认为,故意与过失之间是对立关系。但现在的主流观点"单一理论"认为,故意和过失之间是位阶关系,只要对结果具有预见可能性,至少成立过失犯。由此,故意杀人罪与过失致人死亡罪构成要件之间也不是对立关系,而是包容关系、高低度关系。在不能查明行为人对死亡结果是否具有故意

---

[1] 参见冯军、梁根林、黎宏主编:《中国刑法评注》(第 2 卷),北京大学出版社 2023 年版,第 2028 页。

[2] 参见冯军、梁根林、黎宏主编:《中国刑法评注》(第 2 卷),北京大学出版社 2023 年版,第 2028 页。

时,只要具有预见可能性,就至少可以肯定过失致人死亡罪的成立。或者说,在行为人对死亡结果具有预见可能性的情况下,倘若不能证明行为人是否放任死亡结果的发生,就至少可以认定成立过失致人死亡罪。

9. 应否将"处三年以下有期徒刑"确定为过失致人死亡罪的基本法定刑?

由于《刑法》第 233 条规定,过失致人死亡的,处 3 年以上 7 年以下有期徒刑;情节较轻的,处 3 年以下有期徒刑,我国刑法理论通说与实务一直以来都将"处三年以上七年以下有期徒刑"看作是过失致人死亡罪的基本法定刑,而将"处三年以下有期徒刑"看作过失致人死亡罪的减轻法定刑。也就是说,对于过失致人死亡的,首先应考虑判处 3 年以上 7 年以下有期徒刑,而不是 3 年以下有期徒刑。正如故意杀人的,首先考虑判处的就是死刑、无期徒刑或者 10 年以上有期徒刑。只有情节较轻的,才考虑判处 3 年以上 10 年以下有期徒刑。

张明楷教授指出,"基于与其他国家对过失致人死亡罪法定刑的比较,本书主张将'处三年以下有期徒刑'当作本罪的基本法定刑,将'处三年以上七年以下有期徒刑'作为本罪的加重法定刑。换言之,对于过失致人死亡的案件,一般应评价为情节较轻,通常判处 3 年以下有期徒刑。"[1]

应该说,将"处三年以下有期徒刑"作为本罪的基本法定刑、"处三年以上七年以下有期徒刑"作为本罪的加重法定刑的观点,是很有见地的。只是主要理由不应是"基于与其他国家对过失致人死亡罪法定刑的比较",而是因为我国诸多业务过失犯罪的基本法定刑均为"三年以下有期徒刑或者拘役",如交通肇事罪、重大责任事故罪、重大劳动安全事故罪、大型群众性活动重大安全事故罪、危险物品肇事罪、教育设施重大安全事故罪、消防责任事故罪、医疗事故罪等。理论上一般认为,业务上的注意义务和程度高于普通过失,业务过失犯罪的社会危害性重于普通过失犯罪,因而"过失犯罪应当根据注意义务的程度确定责任大小和量刑幅度,具有业务能力、负有相关业务上注意义务的人,其注意义务要重

---

[1] 张明楷:《刑法学》(第 6 版)(下册),法律出版社 2021 年版,第 1115 页。

于社会一般人"。① 所以,过失致人死亡罪作为普通过失犯罪,其法定刑不应高于业务过失犯罪;应将"处三年以下有期徒刑"补正解释为过失致人死亡罪的基本法定刑、将"处三年以上七年以下有期徒刑"作为加重法定刑。简言之,对于过失致人死亡的案件,首先考虑的应是判处 3 年以下有期徒刑,只有过失致人死亡情节严重的,才能考虑判处 3 年以上 7 年以下有期徒刑。

第三节　故意伤害罪

·导　读·

　　我国故意伤害罪入罪门槛不低却定罪率特别高,原因可能在三个方面:一是将正当防卫认定为故意伤害罪;二是将被害人承诺了轻伤结果的互殴中致轻伤的情形认定故意伤害罪;三是将缺乏伤害故意和伤害行为的情形认定为故意伤害罪。我国刑事司法应适当扩大故意伤害罪的成立范围,将故意造成精神伤害和轻微伤的行为认定为故意伤害罪,承认和处罚故意伤害罪的未遂。出于重伤故意实施重伤行为,因为意志以外的原因未能造成重伤结果的,应当成立故意重伤的未遂,适用故意伤害致人重伤的法定刑,同时适用《刑法》总则关于未遂犯从轻减轻处罚的规定;出于重伤故意实施重伤行为,导致轻伤结果的,成立故意重伤的未遂和故意轻伤的既遂的想象竞合,从一重处罚。我国刑法中的重伤罪是轻伤罪的一重的结果加重犯,伤害致死是轻伤罪的二重的结果加重犯;只要行为人具有伤害的故意(包括轻伤的故意),造成死亡结果的,就成立故意伤害致死;轻伤故意致人重伤的,成立故意伤害致人重伤。伤害胎儿是对母体健康生育权的侵害,构成故意伤害罪。

　　除非行为人明显具有杀人故意,实施的行为明显具有杀人性质,否则仅

---

① 参见冯军、梁根林、黎宏主编:《中国刑法评注》(第 2 卷),北京大学出版社 2023 年版,第 2030~2031 页。

043

成立故意伤害致死;只要行为具有致人伤害的危险性,即便属于"一般殴打行为",致人轻伤或重伤的,也应认定为故意伤害罪,致人死亡的,认定成立故意伤害致死。但是对于行为人明显不具有伤害的故意,行为亦不具有伤害性质的,不应认定为故意伤害致死,而应认定为过失致人死亡罪。所谓致特异体质者死亡的案件,关键不在于判断行为人对于被害人具有特异体质本身是否存在明知或者预见,而应根据打击的手段、部位、力度等看导致死亡的行为本身能否被评价为伤害行为,行为人是否具有伤害故意,对死亡结果有无预见可能性,若得出肯定结论,则应承担故意伤害致死的刑事责任;若对死亡结果缺乏预见可能性,则仅成立普通的故意伤害罪,不成立故意伤害致死;若得出否定结论,则因为不存在伤害行为与伤害故意,则既不成立故意伤害(致死)罪,也不成立普通的故意伤害罪;若对死亡结果具有预见可能性,则成立过失致人死亡罪;若对死亡结果不具有预见可能性,则属于意外事件。

故意杀人罪与故意伤害罪的区别,首先在于客观行为的性质不同,其次才是故意内容不同。行为人持杀人故意以特别残忍手段杀人,但只造成了被害人重伤与严重残疾,成立故意杀人未遂与故意伤害罪的想象竞合。故意杀人中止但造成了重伤结果的,成立故意杀人中止与故意伤害罪既遂的想象竞合。故意伤害致死与过失致人死亡罪的关键区别在于,行为人主观上有无伤害的故意,客观上实施的是否为伤害行为,死亡结果是否为伤害行为所包含的致人死亡危险的直接现实化。"本法另有规定的,依照规定",是提醒司法人员适用重法的注意性规定。无论轻伤还是重伤的承诺,都是有效的,承诺伤害的,不构成故意伤害罪。对于同时伤害,在不能查明由谁的行为造成伤害结果时,各方均只能成立故意伤害未遂。中途参与实施伤害,在不能查明重伤结果由谁的行为引起时,前行为人成立故意伤害既遂,后行为人成立故意伤害未遂。《刑法》第238条、第247条、第248条、第289条、第292条、第333条致人伤残以故意伤害罪定罪处罚的规定,是法律拟制。已满12周岁不满14周岁的人不应对拟制的故意伤害罪承担刑事责任。持刀连续刺伤多人的,不构成以危险方法危害公共安全罪,而应以故意伤害罪同种数罪并罚。身体与财物的区别在于取下后是否影响生理机能。

条文

第二百三十四条 【故意伤害罪】故意伤害他人身体的,处三年以下有期徒刑、拘役或者管制。

犯前款罪,致人重伤的,处三年以上十年以下有期徒刑;致人死亡或者以特别残忍手段致人重伤造成严重残疾的,处十年以上有期徒刑、无期徒刑或者死刑。本法另有规定的,依照规定。

实务疑难问题

1. 为何我国故意伤害罪的入罪门槛并不低,定罪率却特别高?

案1:被告人陶某在某市场摆摊卖药。徐某到其药摊试药后,拿起一盒药未付钱就离开,陶某追上徐某欲讨回药品时,双方发生拉扯打斗,徐某将被告人陶某所戴耳麦打掉在地,陶某则一拳打在徐某面部致其倒地受伤。经法医鉴定,徐某受轻伤。法院认为,被告人陶某故意伤害他人身体致人轻伤,其行为已构成故意伤害罪,犯罪事实清楚,证据确实充分,应当追究其刑事责任。

应该说,该案中陶某的行为并非故意伤害,而是正当防卫。首先,徐某的行为属于不法侵害。其次,防卫行为当然是足以造成或者已经造成不法侵害者伤害乃至死亡的行为,否则不需要通过正当防卫使其成为违法阻却事由。再次,认定犯罪应当从客观到主观,从违法到责任。陶某当然认识到徐某正在进行不法侵害,认识到自己的行为是与正在进行的不法侵害相对抗,所以不能否认陶某具有防卫意识,陶某具备了正当防卫的主观要素。又次,不管是否要求防卫意识,都不能将该案认定为相互斗殴。该案中,徐某先动手殴打陶某,并且当时徐某仍在现场,陶某基于徐某正在进行不法侵害而向徐某反击时,司法机关何以认定陶某只有斗殴行为与斗殴意识,而没有防卫行为与防卫意识呢?如同防卫行为当然包含了伤害行为一样,防卫意识当然可能包含伤害对方的意识。最后,即使司法机关认为正当防卫的成立需要防卫意识,而在难以区分行为人当时是出于斗殴意识还是出于防卫意识时,应认定为事实不明的情形。在这种情况下,必须适用事实存疑时有利于被告人的原则,因而不能将陶某的行为认定为故意伤害罪。

案2:被告人曾某某在某按摩店内,因使用卫生间遭被害人欧某某责骂而与欧某某发生争吵,后相互扭打,在扭打过程中,曾某某将欧某某的左手扭伤。经法医鉴定,欧某某的伤情为轻伤。法院判决指出,被告人曾某某故意伤害他人身体,致人轻伤,其行为已构成故意伤害罪。证人证言均证实,案发当日被告人曾某某因遭被害人责骂,在相互扭打过程中致伤被害人,故被告人曾某某的行为不符合刑法规定的防卫条件,不成立正当防卫。于是,认定被告人曾某某犯故意伤害罪,判处有期徒刑9个月。

应该说,姑且不论被告人曾某某的行为是否成立正当防卫,但就互殴而言,就意味着承诺了轻伤害的结果。而对基于被害人承诺造成轻伤害的,不应认定为故意伤害罪。所以,该案中曾某某的行为不构成故意伤害罪。

案3:被告人王某与史某某、王某某系同一村村民。一天,王某某、史某某夫妇二人在村里路口扬麦,王某以麦糠落到自家院内为由到场阻止,并与王某某夫妇发生争吵,在争吵过程中,被告人王某将史某某推翻在地,将王某某打伤。经鉴定,史某某属于轻伤,王某某的损伤不构成轻伤。被告人王某供述:"史某某过来推了我一下,我推了史某某一下,把她推翻在地。"被害人史某某陈述:"我上前拉王某的胳膊,让他去大队评理,他用手推了我一下,把我推翻在地。"法院认为,被告人王某因琐事与史某某、王某某夫妇发生厮打,致史某某受轻伤,故王某某的行为已构成故意伤害罪,判处管制一年。

应该说,该案中被告人王某的行为并不构成故意伤害罪。在通常情况下,用手将他人推一下,即使他人倒地,也不会形成轻伤;该案被害人的身体状况也没有什么特别之处。既然如此,就难以认定被告人王某具有"明知自己的行为会发生他人身体伤害的结果,并且希望或者放任他人身体受伤害"的故意。也就是说,被告人王某客观上没有实施通常能导致他人生理机能受侵害的伤害行为,主观上也没有伤害的故意。被告人王某对被害人的轻伤仅具有过失,但过失致人轻伤的行为并不成立犯罪,所以,对被告人王某的行为不应当以犯罪论处。

近年来,我国故意伤害罪(主要是轻伤害)的司法现状相当诡异:一方面故意伤害罪的成立条件也就是入罪门槛远高于国外很多国家和地区,另一方面定罪率却特别高。所谓定罪率高,一方面是指发案率高,另一方面是指司法机关对客观上造成伤害结果的行为认定为故意伤害罪的比例高。①

众所周知,我国刑法规定的故意伤害罪,以轻伤为起点,如果行为仅造成轻微伤或者更轻微的伤害,则不会认定为故意伤害罪。在司法实践中,基本见不到因为造成轻微伤而认定为故意伤害(未遂)罪的案件。就此而言,我国刑法关于故意伤害罪的规定比日本、德国刑法中故意伤害罪的成立条件更为严格。在日本,即使是造成极为轻微的伤害,也可能成立故意伤害罪。例如,使他人感染病毒、造成他人胸部疼痛、使他人出现不安或抑郁症状、使他人因精神压抑而出现睡眠障碍等,均属于伤害。在德国,胡乱剪掉被害人的头发或者以伽马射线或者X光对被害人进行辐射的,也可以成立身体伤害罪。②

我国故意伤害罪不仅立案件数逐年增长的幅度大,而且总体数量庞大。以盗窃罪为参照,与日本相比,我国的故意伤害罪的定罪数也显得异常。在日本,2009年,故意伤害罪与盗窃罪的有罪判决案件的占比为22.36%,2010年为21.26%。而在我国,2009年故意伤害案件与盗窃案件占比为65.6%,2010年为68.7%。大体可以看出,就故意伤害罪与盗窃罪的比例而言,我国故意伤害罪的有罪判决数是日本的3倍。从人口比例看,结论也相同:我国的人口大概是日本的10倍,但我国对故意伤害的定罪件数却接近日本的30倍。③

应该说,之所以我国故意伤害罪出现上述十分"诡异"的司法现状,原因可能在三个方面:一是将正当防卫认定为故意伤害罪;二是将被害人承诺了轻伤结果的互殴中致轻伤的情形认定故意伤害罪;三是将缺乏伤害故意和伤害行为的情形认定为故意伤害罪。

---

① 参见张明楷:《故意伤害罪司法现状的刑法学分析》,载《清华法学》2013年第1期。
② 参见王钢:《德国判例刑法分则》,北京大学出版社2016年版,第72页。
③ 参见张明楷:《故意伤害罪司法现状的刑法学分析》,载《清华法学》2013年第1期。

2.如何区分正当防卫与相互斗殴型故意伤害罪？

我国出现故意伤害罪入罪门槛不低却定罪率特别高这种吊诡现象的原因之一就是，司法实践中普遍将正当防卫认定为故意伤害罪。其中主要表现为两种情形。

(1)将典型的正当防卫认定为相互斗殴，进而认定为故意伤害罪

在我国基本见不到对故意伤害进行正当防卫的案件。也就是说，在司法实践中，对故意伤害的正当防卫，几乎全部被认定为相互斗殴，进而被认定为故意伤害罪。这是我国故意伤害罪发生率高的一个重要原因。实践案例存在以下几种情形。

第一类也是最典型的情形是，甲与乙基于某种原因发生争吵，甲先对乙实施暴力，乙还手将甲打成轻伤。对于这样的案件，司法机关基本上都认定乙与甲是相互斗殴，进而认定乙的行为构成故意伤害罪。如本节案1。

第二类情形是，甲与乙发生争吵时，甲试图对乙实施暴力，乙警告甲说："你不要动手，否则我对你不客气！"但甲仍然先动手对乙实施暴力，乙反击造成甲轻伤。这样的案件，基本上都被司法机关认定为相互斗殴型的故意伤害罪。

案4：黄某甲、黄某乙捡种的河滩地相邻。某日，黄某甲、黄某乙因地畔和石桩问题产生争吵并相互撕抓，被他人拉开。黄某乙便拿铁铲到河滩地中铲土以清理地畔。之后，黄某乙到公路边黄某甲门前洗手。二人再次发生口角，然后两人用手相互推挡，黄某甲手抓黄某乙头部，致使黄某乙右额头出现抓痕。黄某乙说："你再舞爪，我就是一铲子。"黄某甲一掌将黄某乙推到水沟，黄某乙用铁铲把(约1米长)打在黄某甲的腰部。黄某乙从地上捡起一砖块准备打黄某甲，后自行扔掉。法院判决认为，被告人黄某乙用铁铲把殴打自诉人身体，在主观上具有报复伤害自诉人的故意，在客观上实施殴打自诉人的行为且造成自诉人轻伤，其行为触犯了我国《刑法》第234条之规定，构成故意伤害罪。

应该说，该案中被告人黄某乙的行为属于正当防卫，不构成故意伤害罪。黄某甲与黄某乙先前的争吵，不属于需要防卫的不法侵害。但黄某甲抓黄某乙的头部，以及将黄某乙推入水沟的行为，就属于不法侵害，黄某乙当然可以防卫。

具体而言,一则,黄某乙的警告是完全正当的。在某人即将实施不法侵害时,任何人都有权发出警告。这种警告的内容既可能是不法侵害者会受到法律制裁,也可能是不法侵害者会受到防卫,甚至可能是不法侵害者会受到报应。二则,黄某乙的警告并不等于他具有相互斗殴的意识,更不属于防卫挑拨,同样也不属于报复,而是为了提醒黄某甲不要继续实施不法侵害。质言之,黄某乙的警告使得我们能够肯定其具有防卫意识,因为黄某乙在此时认识到对方是在进行不法侵害。可以说,该案的判决重点考虑了自诉人与被告人之间存在矛盾,而没有重视自诉人先对被告人实施不法侵害的事实,就断定被告人"在主观上具有报复伤害自诉人的故意",进而将黄某乙的行为认定为故意伤害罪。这显然不当。三则,黄某乙的警告内容更不影响其客观行为属于正当防卫。从该案事实看,黄某乙对防卫行为也有明显克制。一方面,黄某乙只是使用铁铲把而不是使用铁铲本身打人,而且,铁铲把也只是打在黄某甲的腰部而不是头部等身体要害部位,并且没有反复殴打。另一方面,当他发现黄某甲没有继续实施不法侵害时,便自行扔掉了捡起的砖块。这一事实也能说明,黄某乙是在防卫意识支配下制止黄某甲的不法侵害。既然如此,就应当认定黄某乙的行为属于正当防卫,而不是故意伤害。

第三类情形是,甲与乙发生争吵或者矛盾,乙得知甲将要对自己实施不法侵害后做了适当准备,在甲对乙实施侵害时,乙反击造成甲轻伤。这样的案件,也大多被司法机关认定为相互斗殴型的故意伤害罪。

案5:外省农民工袁乙、袁丙、袁丁在工作中因琐事与当地的戴乙发生口角,互不服气。之后,戴乙约戴甲,晚上到农民工宿舍挑衅,又引起争吵,被郑甲等人劝走。郑甲提醒,二人可能还来闹事。于是,同宿舍的袁甲、袁乙、袁丙、袁丁、袁戊、袁己共6人商量对策,准备了一些空酒瓶,室内还有洋铁铲等物品,并作了一定的防卫分工。戴甲、戴乙一心要报复,戴甲便打电话叫来其朋友戴丙、戴丁。戴甲携带西瓜刀,戴乙等各拿一节钢管,几人再次到民工宿舍打人。戴甲、戴乙进屋后,戴甲持刀砍向袁丁,而已有准备的袁氏方立即反击,有的用啤酒瓶、有的用洋铁铲、有的用拳头与戴氏方打斗,袁氏方关闭宿舍门,将还未进屋的戴丙、戴丁隔在屋外。打斗中,戴甲、戴乙的凶器被袁甲等人夺取,袁甲用夺得的西瓜刀砍向对方,戴乙受伤后跳窗逃出屋外,戴甲被打倒在室内。随后袁氏方报警,公安人员到现场,将戴甲、戴乙送医院救治。后经鉴定,戴甲轻伤,戴乙重伤。公安机关认为袁氏涉嫌聚众斗殴罪,检察机关引用《刑法》第292条第2款,以故意伤害罪起诉,法院认定袁氏方的行为构成故意伤害罪,同时以被害人有过错为由,判处袁甲有期徒刑3年,袁乙等5人有期徒刑1年。

应该说,该案中袁氏方的行为属于正当防卫,法院认定构成故意伤害罪是有问题的。日本判例曾经否认预期防卫,认为如果行为人预见到了侵害将要发生,那么该侵害就不是紧迫的不法侵害,对之实施防卫的,就不属于正当防卫。但后来日本判例认为,即使预见到了侵害将要发生,也不能否认该侵害事实属于紧迫的不法侵害。可以说,现在日本刑法理论通说和判例均认为,不能因为行为人预见到了不法侵害就否认不法侵害的紧迫性,否认防卫人的行为属于正当防卫。也就是普遍承认了所谓预期防卫。这是因为,正当防卫是违法阻却事由,并不是由于防卫人受到突然袭击而难以做出正确判断的责任阻却事由。该案中,郑甲提醒袁甲等人之后,倘若袁甲等人向公安机关报告,而此时戴甲、戴乙并没有开始对袁甲等人实施不法侵害,公安机关不可能对戴甲、戴乙等人采取法律措施,更不可能派人看住戴甲、戴乙等人或者安排人手24小时保护袁甲等人。结局还是需要袁甲等人做好防卫准备以保护自己的权益。另外,正当防卫以具有必要性为前提,但是,正当防卫不像紧急避险那样要求补充性,也就是,不是只有在不得已的情形下才能进行正当防卫。既然如此,就不能否认袁甲等人的行为成立正当防卫。

第四类情形是,甲与乙长期存在矛盾,某日,甲对乙实施暴力,乙反击致甲轻伤。这样的案件,也大多被司法机关认定为相互斗殴型的故意伤害罪。

案6:被告人武某柱因与被害人武某某的父亲有矛盾,武某某扬言要报复武某柱。2010年9月18日11时许,武某柱到派出所报案。2010年9月18日13时许,武某某到武某柱租房处找其理论,双方发生争执,武某某用拳头将武某柱妻子朱某某面部打伤。武某柱在与武某某厮打过程中,随手拿起身旁三轮车上铁撬杠将武某某头部打伤。随后武某柱报警,并在现场等候公安机关处理。经法医鉴定，武某某所受损伤程度为轻伤。法院认为，被告人武某柱的行为不符合正当防卫构成要件，其在与被害人徒手打斗过程中，持撬杠将被害人砸伤。被告人的行为本身是一种相互斗殴，转化成严重危害他人生命健康的不法侵害行为，故其行为不构成正当防卫，而构成故意伤害罪。但是被害人在该案中具有明显过错，故在量刑时可以对被告人酌情从轻处罚，判处拘役5个月。

应当认为，该案中武某柱行为成立正当防卫，不是所谓相互斗殴，不应构成故意伤害罪。因为武某某冲到武某柱家里先动手对武某柱的妻子朱某某实施暴力，这显然是一种不法侵害，而且没有停止不法侵害，武某柱为了保护自己妻子的合法权益，当然可以对武某某实施正当防卫。司法机关之所以认定武某柱的行为构成犯罪，其中一个重要原因可能是，武某柱与武某某的父亲宿怨已久，于是将二人的行为认定为相互斗殴。但是这样的认定并不妥当。双方有矛盾时，并不意味着任何一方存在不法侵害。更为重要的是，双方有矛盾时，并不意味着双方在发生暴力冲突时必然是相互斗殴，一方杀害另一方的，必然成立故意杀人罪。基于同样的理由，双方有矛盾时一方伤害另一方或者对另一方实施暴力行为时，就属于不法侵害，另一方当然可以进行正当防卫。所以，该案中武某柱的行为属于正当防卫，而不成立故意伤害罪。

其实，前面列举的几种情形，在旧中国与国外都会被认定为正当防卫，而不会认定为相互斗殴。在我国司法实践中，将正当防卫认定为相互斗殴，进而认定为故意伤害罪所造成的危害，可以说是相当严重的。这种做法不只增加了故意伤害罪的定罪率，更侵害了防卫人的权利，反过来助长了故意伤害行为，极大地浪费了司法资源，也产生了相当多的司法腐败，并引发了其他社会问题。比如，甲先动手对乙实施暴力，乙反击造成甲伤害后，司法机关定性为相互斗殴，并认为乙的行为构成故意伤害罪。在刑事和解过程中，甲漫天要价，乙不接受，司法人员反复分别做乙、甲的工作，在此期间，乙、甲双方会托人或者通过行贿要求司法人员为自己谋取利益或者以上访等要挟司法人员。结局是，最终处理总是使一方乃至双方不满意。例如，据统计，2006~2008年河南省汝州市共发生因群众不满司法机关对刑事案件的处理而引发的赴省进京越级上访、重访和非正常上访案件 72 件,其中轻伤害案 32 件,占上述上访案件的 44%,居各类案件之首。①

为什么出现如此之多的将正当防卫认定为相互斗殴型故意伤害罪的现象?从表面上看,是由于对暴行的防卫表现为向对方施加暴行,对伤害的防卫也会表现为伤害对方,所以,对暴行、伤害的防卫在外形上如同相互斗殴,而不像对抢劫、强奸的防卫那样容易被认定。不过,我们仍然可以找到一些真正的原因。一是,一些司法人员习惯于认为,当公民面临不法侵害时,应当报告单位或者司法机关,而不能随意伤害对方;当公民面临紧迫威胁时,也只能报告单位或者司法机关,而不能做防卫准备。这种观念显然不当。二是,一些司法人员习惯于认为,只有"单纯制止"不法侵害的行为才是正当防卫,如果超出单纯制止的范围,就属于相互斗殴,成立故意伤害罪乃至故意杀人罪。三是,一些司法人员习惯于认为,只要双方在事前与被害人有矛盾、争吵等,后来双方均动手攻击对方的,就是相互斗殴;斗殴行为导致他人轻伤的,都构成故意伤害罪。这种认识显然不妥当。四是,一些司法人员习惯于认为,因为相互斗殴是非法的,所以斗殴过程中造成他人伤害的便成立故意伤害罪。这种看法显然是错误的。没有扰乱公共秩序的相互斗殴并不是非法的。更为重要的是,司法机关将防卫人的即时反击都视为相互斗殴,而不考虑谁先动手实施暴力行为,诸多的判决书也不写明谁先动手实施暴力,只是用"相互斗殴、相互打斗"等描述一笔带过,甚至将明显的防卫行为描述为相互斗殴。五是,近年来,随着被害人的过错逐渐规范化地成为从轻处罚的量刑情节,为了顺应这一做法,司法机关便不分青红皂白地将被害人的不法侵害,当作量刑中的被害人过错考虑。

针对我国司法实践将正当防卫认定为相互斗殴进而认定为故意伤害罪的普遍现象及其原因,为了纠偏,可以考虑确立如下规则:在一般性争吵过程中,先动手对他人实施殴打等暴力行为的,属于不法侵害,后动手反击(殴打)者造成前者伤害的,应认定为正当防卫,而不应认定为相互斗殴,更不应认定后动手反击

---

① 参见刘龙海:《来自河南汝州的调查——轻伤害案件为什么易引发群众上访》,载《检察日报》2009 年 11 月 1 日,第 3 版。

者的行为构成故意伤害罪;反之,在一般性争吵中,先动手殴打者造成对方轻伤的,则应当认定为故意伤害罪。这一规则体现了正不得向不正让步的法律精神,既有利于保护公民的法益,也有利于预防故意伤害案件的发生。①

(2)将正当防卫认定为防卫过当,进而认定为故意伤害罪

我国司法实践中确实存在着大量将正当防卫认定为防卫过当进而认定为故意伤害罪的判决。从实际判例看,有以下几种情形。

第一类:过分要求手段相适应,导致将正当防卫认定为防卫过当,进而认定为故意伤害罪。特别明显的是,只要不法侵害者没有使用刀具等凶器,而防卫人使用了刀具等工具,造成不法侵害者伤害的,就以防卫过当为由认定为故意伤害罪。

案7:被告人宋某在经营小吃摊时,开车经过此处的孙某、薛某让宋某推走摊前三轮车,宋某未予理睬,为此发生争吵。孙某叫来其朋友何某、秦某及一名男子(身份不详),三人赶到后对宋某拳打脚踢。宋某遭殴打蹲在了地上,顺手从摊位上拿起一把菜刀砍、抢,将何某、秦某砍伤,经法医鉴定,二人均为轻伤。法院审理认为,被告人宋某在遭受他人不法侵害时,持刀将二人砍至轻伤,虽属正当防卫,但明显超过必要限度造成重大损害,应以故意伤害罪追究刑事责任。

该案主审法官撰文指出:"宋某的行为并不能成立正当防卫,理由有二:(1)正当防卫的立法原意应是对不法侵害的制止,本案虽能够确定宋某当时确实正在遭受不法侵害,但宋某持刀对手无寸铁的何某、秦某砍、抢已超出了'制止'的本意。(2)被害人多处部位受伤,说明宋某对被害人不只砍了一刀,其中一名被害人手指被砍掉,另一位被害人胳膊留下后遗症。从被害人受伤的部位、程度来看,宋某亦已超出正当防卫的立法本意。"②按照这种观点,被告人宋某的"标准动作"应当是举起两个拳头对抗3名被害人的6个拳头,可惜宋某双拳难敌六拳。

---

① 参见张明楷:《故意伤害罪司法现状的刑法学分析》,载《清华法学》2013年第1期。
② 纪鹏辉:《本案是否构成正当防卫》,载《人民法院报》2009年11月25日,第6版。

第二类:误解《刑法》第 20 条第 1 款与第 3 款的关系,认为只要不法侵害不属于《刑法》第 20 条第 3 款规定的情形,防卫行为造成了不法侵害者伤亡的,就应认定为防卫过当,进而认定为故意伤害罪。

案 8:程某在为朋友搬家的过程中,被害人刘某酒后伙同他人来找程某的朋友要钱。当时,刘某在门口一见程某,张口就骂,并用拳头打程某。程某被迫还手。刘某的同伙见程某还手,即用砖块、木板对程某进行殴打。情急之下,程某用随身携带的水果刀将刘某等几人捅伤。后经法医鉴定,刘某的腹部被程某捅了两下构成重伤。法院审理认为,程某的防卫行为明显超过必要限度,对不法侵害人造成了重大损害,故判处程某有期徒刑 2 年。

对于该案判决,主审法官撰文指出,该案的不法侵害者不属于正在行凶,不能适用无限防卫,应按一般防卫来权衡。"程某在遭受刘某等人无故殴打的不法侵害时,为自己的人身权利免受正在进行的不法侵害,采取制止不法侵害的行为,对不法侵害人造成损害,属正当防卫;但程某在防卫过程中,用水果刀捅了被害人刘某两下,致其重伤,并致多人受伤,其造成的损害已经远远超过了防卫行为的强度。综上……本案被告人程某防卫过当,其行为符合故意伤害罪的构成要件,应以故意伤害罪惩处。"①按照此种观点,被告人程某的"标准动作"应当是同样捡起砖块、木板与刘某及几个同伙进行对打,即便掏出随身携带的水果刀,也只能用于吓唬,在空中比画几下,而不应当用水果刀捅人。

应该说,即便认为刘某及其同伙的行为不符合《刑法》第 20 条第 3 款规定的所谓无限防卫的前提条件,也并不意味着一般正当防卫时不得造成他人重伤。众所周知,与紧急避险不同,正当防卫所造成的损害可以大于不法侵害所造成的损害。所以不可认为,只要造成重伤,而不法侵害又不属于正在进行行凶等严重危及人身安全的暴力犯罪的,就属于防卫过当。该案中,被害人刘某一方有多人,在刘某用拳头殴打程某,程某被迫还手时,刘某的同伙即用砖块、木板殴打程某。刘某及其同伙的行为,是明显足以致程某伤害的行为。在这种防卫方一人面对多人不法侵害的情形下,程某用随身携带的水果刀将刘某等几人捅伤,并致

---

① 邓克、李锋:《超过必要限度 致侵害人重伤》,载《人民法院报》2005 年 4 月 1 日,第 4 版。

刘某重伤的行为,完全在正当防卫的限度之内。此外,案件事实表明,只有刘某一人被捅成重伤,其他不法侵害者"受伤"显然是轻微的伤害,对这种轻微的伤害,不能认定为防卫过当。所以,该案中被告人程某的行为属于正当防卫,没有防卫过当,不构成故意伤害罪。

第三类:忽视抓捕过程中新的暴力侵害,仅将防卫行为及其造成的损害与不法侵害人先前的不法侵害进行对比,导致将正当防卫认定为防卫过当而认定为故意伤害罪。

案9:被害人曾某在某村涂某的住处窃取现金后,被涂某发现并追赶,曾某逃跑,后被林某发现。林某即协同村里群众寻找,被告人杜某闻讯也驾驶一辆货车与被告人陈某、黄某赶往寻找曾某。后曾某被村民发现,林某等人即上前抓捕,在抓捕过程中,曾某持匕首反抗,被告人杜某、陈某即用手中的长刀、镀锌管打中曾某背部、头部。之后,曾某逃至虾塘附近,见无路可走,便逃进虾塘中,后被人救起并送医院抢救无效死亡。经法医鉴定,死者曾某系头部及右背部创伤后溺水死亡。一审法院认为,两被告人的行为均已构成故意伤害罪。因为盗窃嫌疑人曾某虽被群众抓捕后持匕首反抗,但其当时并未对具体对象实施不法侵害,且围捕群众多达二三十人,曾某与围捕群众间数量悬殊较大,双方所持械具对比其危害性也远远小于群众方。其掏出匕首只是在起威胁作用,抗拒抓捕,故被告人实施正当防卫的条件并不存在,正当防卫的辩护意见不能成立。于是,以故意伤害罪判处被告人陈某有期徒刑7年、杜某有期徒刑6年。

应该说,一审法院的判决理由明显不能成立。其一,根据《刑事诉讼法》的规定,即使犯罪行为已经结束,公民都可以将犯罪嫌疑人抓捕扭送至司法机关。其二,在公民抓捕扭送的过程中,不法侵害人使用暴力反抗的,属于新的不法侵害,公民当然可以进行正当防卫,此时绝对不可以被认为属于防卫不适时,因而不能否认存在正当防卫的前提条件。该案中被害人曾某为抗拒抓捕而持匕首反抗,已经转化成抢劫(事后抢劫),公民可以对之进行无限防卫。其三,围捕者众多并不意味着防卫人数多,如果两位防卫人不对曾某使用暴力,就不可能抓捕扭送曾某。所以,仅以人数多少为根据判断是否存在正当防卫条件,明显不当。其四,曾某是因无路可走,而自行跳进虾塘中溺水死亡。这一死亡结果与被告人的行为之间没有因果关系。既然如此,就不可能认定被告人的行为属于防卫过当。

将正当防卫认定为防卫过当,进而认定为故意伤害罪,必然导致故意伤害罪的发生率提高。在我国司法实践中,对于不法侵害者造成防卫人轻伤,而防卫人的防卫行为造成不法侵害者重伤的案件,一般只是认定防卫人的行为构成故意伤害罪,而将不法侵害者完全视为普通被害人,而不追究其故意(轻)伤害罪的刑事责任。而且,防卫人不仅要负刑事责任,还要承担民事赔偿责任。不法侵害者造成了他人轻伤,不仅不承担刑事责任,反而能得到民事赔偿。这样的做法,反过来助长了故意伤害行为。因为人们从诸多判决中明确了如下"逻辑":我先殴打你,如果你不反击,我不必负刑事责任,你只能忍气吞声;如果我先殴打你,你反击造成我轻伤,我们属于相互斗殴,你要承担刑事责任与民事责任,我也能占到便宜;如果我对你实施轻伤害行为,你反击造成我重伤,你要承担刑事责任和民事责任,我不仅不承担刑事责任,反而能得到民事赔偿。在这种局面下,一些人当然愿意先动手殴打或者伤害他人。这是一种很奇怪的现象,也是值得司法人员反思的现象,更是需要司法人员改变观念予以纠正的现象。

鉴于我国司法实践动辄将正当防卫认定为防卫过当的现实情况,我们建议,各级检委会、审委会在讨论防卫是否过当的问题时,即使只有少数人主张正当防卫,多数人主张防卫过当,也需要倾听乃至采纳少数人的意见。因为《刑法》第20条第2款明文规定:"正当防卫明显超过必要限度造成重大损害的,应当负刑事责任,但是应当减轻或者免除处罚。"既然有少数人主张没有超过必要限度,就大体表明并不"明显"。此外,对于防卫行为造成不法侵害者轻伤的,无论如何都不应当认定为防卫过当,因为轻伤并不属于"重大损害"。①

3. 相互斗殴致人轻伤的,能否成立故意伤害罪?

我国司法实践的基本态度与一直做法是,相互斗殴是非法的,其中一方造成另一方轻伤害的,成立故意伤害罪。

---

① 参见张明楷:《故意伤害罪司法现状的刑法学分析》,载《清华法学》2013年第1期。

案10：被告人冯某某在一茶馆内因劝架与被害人韦某某发生争吵，继而发生抓扯，经旁人劝阻，双方离开。之后，韦某某返回至该茶馆门口再次与冯某某发生争执，韦某某随即从身上拿出一把水果刀欲刺冯某某，冯某某见状返回茶馆内的厨房拿出一把菜刀，韦某某便就近拿起一个铁架子，双方互相殴打的过程中，冯某某将韦某某左膝砍伤。针对被告人冯某某及其辩护人提出的"韦某某对被告人冯某某实施不法侵害行为在先，被告人冯某某的行为符合正当防卫的成立条件，不应当负刑事责任"的辩护意见，法院认为，被告人冯某某与被害人韦某某系在双方发生争执、抓扯后，经旁人劝阻，双方分开。当双方再次相遇后，被害人韦某某拿出水果刀欲刺被告人冯某某，被告人冯某某转身跑进茶馆，拿出菜刀返回现场持刀挥舞，此时双方争吵并拿出刀具比画，系相互斗殴行为。在此过程中的行为，双方都有伤害对方的故意，均不存在正当防卫的性质，被告人冯某某持刀致被害人韦某某轻伤，其行为已构成故意伤害罪。因此该辩护意见不成立，不予采信。于是，法院认定被告人冯某某犯故意伤害罪，判处拘役5个月零5日。

类似这样的案件在我国的司法实践中相当普遍。基本理由是，相互斗殴是非法的，非法行为故意致人轻伤的，当然成立故意伤害罪。不仅如此，在双方均导致对方轻伤害时，则认定双方的行为均构成故意伤害罪。

案11：被告人高某某因建筑院墙与邻居被告人朱某某夫妇发生口角，后被告人朱某某、买某某、于某某三人与被告人高某某在高某某家中相互厮打，厮打过程中造成高某某、朱某某、于某某受伤。经法医鉴定被告人朱某某、高某某的伤情为轻伤，被告人于某某的伤情为轻微伤。法院认为，被告人朱某某、买某某、于某某与被告人高某某双方因邻里矛盾纠纷发生相互厮打，故意伤害他人身体，造成被告人朱某某、高某某轻伤，被告人于某某轻微伤，其行为均已构成故意伤害罪。被告人高某某辩称其行为属于正当防卫的意见，因双方对邻里矛盾的处理均有过错，其行为也不符合正当防卫的构成要件，故不予支持。于是，法院判决被告人朱某某、买某某、于某某犯故意伤害罪，各判处管制2年；被告人高某某犯故意伤害罪，判处管制1年6个月。

姑且不论上述案例中各被告人的行为能否成立正当防卫，仅对相互斗殴致人轻伤的行为就认定为故意伤害罪的做法就存在疑问。首先必须否认"相互斗殴是非法的""相互斗殴致人轻伤是非法的因而构成故意伤害罪"这种命题。应该说,目前国内外理论的共识是,对基于被害者承诺造成轻伤害的,不应认定为故意伤害罪。换言之,被害人对轻伤害的承诺是有效的,对基于被害者承诺轻伤的,不应认定为故意伤害罪。既然相互斗殴,就意味着承诺了轻伤害的结果。也就是说,相互斗殴致人轻伤时,完全符合被害人承诺的条件,因而并不违法。所以,当一方造成另一方的轻伤害或者相互造成对方轻伤害时,因被害人承诺而阻却行为的违法性,不应以故意伤害罪论处。本节案10中的冯某某,虽然是与被害人相互斗殴,但由于被害人并非被动防卫,而是主动与行为人斗殴,故应认定被害人与被告人都承诺了斗殴行为与斗殴结果。既然存在被害人承诺,就应认定被告人冯某某的行为阻却违法性。如果认为本节案11中的各被告人的行为属于相互斗殴,也应认定各被告人对轻伤害存在承诺。既然如此,就没有值得保护的法益,各被告人的行为也不成立故意伤害罪。

我国刑法理论与实务认定相互斗殴非法,实际上是以道德评判替代了法律判断。诚然,相互约架、相互斗殴或许违反道德,但这只是道德判断,而不是法律判断。在刑法上,只要被害人承诺了轻伤害,即使被害人没有动手殴打对方,对方对其实施轻伤害的行为也是合法的。既然如此,在被害人不仅承诺了轻伤害,而且动手殴打对方时,对方对其实施轻伤的行为自然也是合法的。在相互斗殴中,由于相互同意他人的殴打,因而对方的殴打行为是基于承诺的行为,不具有侵害对方人身法益的违法性,故任何一方都不是针对不法侵害所实施的正当防卫。换言之,相互斗殴不成立正当防卫,并非因为双方缺乏防卫意识,也非因为双方都是非法的,而是因为斗殴时双方都承诺了轻伤害,放弃了法的保护,故斗殴的双方都是合法的。由于对合法行为不可能存在防卫,所以从这个意义上讲,"斗殴无防卫"。

综上,对于相互斗殴致人轻伤的案件,公安机关不必作为案件处理:既不要当刑事案件处理,也不要当治安案件、民事纠纷处理。如果相互斗殴的一方或者双方要求司法机关处理,司法机关只需要说服各自回家。[①]

[①] 参见张明楷:《故意伤害罪司法现状的刑法学分析》,载《清华法学》2013年第1期。

4. 轻微暴力或者一般殴打致人轻伤的,能否构成故意伤害罪?

案12:甲、乙均为青年人,二人发生争吵时,甲因乙的话语不当而打了乙一记耳光,打击的强度并不大,却造成了乙的轻伤。

应该说,甲的行为并不构成故意伤害罪,因为甲的行为在通常情况下不会造成轻伤结果,不是伤害行为,难以认定甲具有伤害的故意。

案13:A、B均为中年人,二人发生争吵时,A向B的小腿踢了一脚,B的身体往前倾斜,膝盖着地导致骨折形成轻伤。

应当认为,A的行为也不能成立故意伤害罪。即使B是因为膝盖着地导致轻伤,不能否认A的行为与B的轻伤之间具有因果关系,也应认为A向B的小腿踢一脚的行为在通常情况下不会导致他人轻伤,事实上B也是因为膝盖着地导致轻伤,而不是被踢伤的,所以A没有实施伤害行为。对于B膝盖着地导致轻伤是A难以预见的,因此难以认定A具有伤害的故意。

案14:被告人余某某因垫石灰坑问题与赵某某发生争执,在争夺铁锹过程中致使赵某某头部受伤,经法医鉴定为轻伤。法院认为,被告人余某某故意伤害他人身体,致人轻伤,其行为已构成故意伤害罪,判处有期徒刑1年3个月。

应该说,该案被告人余某某的行为不构成故意伤害罪。从完全吻合的证人证言与被告人的辩解来看,被告人完全没有伤害的故意,充其量仅有过失。而且,被告人与被害人之间具有亲戚关系,多少也能佐证被告人没有伤害故意。

形成上述判决的一个重要原因是,在一些司法人员看来,任何不当行为(如轻微暴力或者一般殴打)都可能致人轻伤,行为人实施行为时都明知自己的行为会发生伤害结果。既然如此,行为人却仍然实施不当行为,表明行为人希望或者放任伤害结果发生。于是,只要某种行为致人轻伤,行为人就负故意伤害罪的刑事责任。从观念上说,这种做法是结果责任的残余,即只要被害人身体受轻伤,即使行为人没有故意乃至没有过失,也要追究行为人故意伤害罪的刑事责任。从一般社会经验来看,绝大多数的轻微暴力或者一般殴打都难以致人轻伤。也就是说,轻微暴力和一般殴打行为,并不是具有类型性的导致他人生理机能受侵害的危险性的伤害行为。当行为人对特定对象实施轻微暴力或者一般殴打,特别是行为没有持续性、连续性,只是推一掌或者打一下的情况下,即使造成了轻伤,也不应当认定行为人具有伤害故意。质言之,没有实施伤害行为,不具有伤害故意的,不能构成故意伤害罪。

5. 我国刑事司法应否适当扩大故意伤害罪的成立范围?

可以说,一方面我国故意伤害罪虽然成立条件严格但定罪率却异常高,另一方面,与国外故意伤害罪的成立范围("成立范围""处罚范围"是两个概念)相比,我国故意伤害罪的成立范围却比较窄。这主要表现在三个方面:一是从伤害的范围来说,除造成精神病等情形以外,不考虑对精神的伤害,或者说,只将器质性精神障碍认定为伤害,没有将反应性精神障碍认定为伤害;二是从伤害的程度来说,根据法条关系将《刑法》第234条第1款规定的伤害理解为轻伤,同时对轻伤的认定标准过高;三是在《刑法》没有规定暴行罪的立法例下,司法机关也不认定故意伤害罪的未遂犯,导致故意伤害的未遂犯要么无罪,要么被认定为寻衅滋事等侵犯公法益的犯罪。

我国目前应当适当扩大故意伤害罪的成立范围。理由是:一则,故意伤害罪是针对人的身体的犯罪,而身体的安全是仅次于生命安全的重大法益。二则,与侵犯财产罪相比,故意伤害罪的成立范围不仅比较窄,而且处罚程度较轻,形成了明显的不均衡现象。按照最新《人体损伤程度鉴定标准》,造成他人轻微伤的行为,皆不成立故意伤害罪,而盗窃他人价值1000元以上财物的行为就可能构成盗窃罪。使用暴力或者胁迫手段抢劫他人价值几十元或者几百元的财物,即使没有造成任何伤害,也应处3年以上10年以下有期徒刑。而使用暴力造成被害人轻微伤的,被害人可能需要花费几千元进行住院治疗,反而不成立犯罪。很显然,如果不处罚故意造成他人轻微伤的行为,就会导致刑法对身体的保护强度弱于对财产的保护强度,这显然不合适。三则,故意伤害罪的发案率高,因而一般预防的必要性大,不宜限制其成立范围。如果刑法不禁止造成轻微伤的行为,就必然导致相当多的人以为自己的伤害行为不会构成犯罪,进而实施伤害行为,结果却可能导致被害人受轻伤乃至重伤。反过来说,要预防轻伤害与重伤害,首先必须禁止造成轻微伤的行为乃至一切非法暴行,否则对轻伤害与重伤害的预防效果就极为有限。四则,虽然日常生活的不谨慎也可能引起伤害结果,但故意伤害行为引起的伤害结果则明显不同。故意伤害罪一般属于暴力犯罪。在暴力伤害他人身体的案件频繁发生的环境中,国民不能安心地从事社会生活,因而也特别期待刑法保护个人的身体法益。

在我国当下,虽然刑事立法不必提高故意伤害罪的法定刑,刑事司法也不应提升对故意伤害罪的量刑幅度,但需要适当扩大故意伤害罪的成立范围。首先,由于精神伤害与肉体伤害没有本质区别,应当将故意造成精神伤害的行为认定为故意伤害罪;其次,现行的轻伤害认定标准过高,应当将故意造成轻微伤的行为认定为故意伤害罪;最后,在现行刑法没有规定暴行罪的立法例之下,应当承认故意伤害罪的未遂犯,即对以伤害(包括轻伤)故意实施伤害行为、没有造成伤害结果但存在具体危险、情节严重的情形,应当以故意伤害罪的未遂犯追究行为人的刑事责任。[1]

6. 应否将故意造成他人精神伤害的行为认定为故意伤害罪?

所谓精神伤害(或精神损伤),不是指使他人患上精神病等器质性精神障碍,而是指使他人产生反应性精神障碍,如使他人神经衰弱、抑郁、长期处于不安的状态、长期处于惊恐的状态、产生应激反应障碍、长期失眠等等。故意造成精神伤害的行为是否成立故意伤害罪,首先取决于如何理解故意伤害罪的保护法益。可以肯定的是,人的生理机能的健全是故意伤害罪保护法益,而生理机能的健全包括了精神的健全,造成他人精神伤害,就是损害了他人精神的健全性。有的国家刑法明文规定了故意伤害包括精神伤害。在刑法没有明文规定精神伤害的部分国家,虽然德国只有少数说认为伤害包括精神伤害,但奥地利、瑞士、日本以及英国的通说与判例均认为伤害包括精神伤害。而奥地利、瑞士、日本、英国等国刑法关于普通伤害罪的规定与我国刑法并无本质不同,所以我国完全可以借鉴这些国家的学说与判例,将故意造成精神伤害的行为认定为故意伤害罪。在我国,将造成精神伤害的行为认定为故意伤害罪,虽然不一定都给予刑罚处

---

[1] 参见张明楷:《身体法益的刑法保护》,载《政治与法律》2022年第6期。

罚,但必然有利于预防故意伤害行为,保护国民精神的健全性。其实,肉体伤害与精神伤害也未必具有明显的界限,对精神伤害的鉴定也并非不可能。

概言之,将造成他人精神伤害的行为认定为故意伤害罪,不存在任何立法、理论和适用上的障碍。①

7. 应否将故意造成他人轻微伤的行为认定为故意伤害罪?

案15:被告人严某伙同应某、陆某等人拦招已下班的出租车司机沈某,遭拒绝后无故对被害人沈某实施殴打,致使沈某左眼部钝挫伤,经鉴定已构成轻微伤。法院认为,被告人严某伙同他人,随意殴打他人致一人轻微伤,情节恶劣,其行为已构成寻衅滋事罪。②

应该说,类似判决呈现明显不协调的现象:对暴力行为致人轻伤的,认定为故意伤害罪,仅适用"三年以下有期徒刑、拘役或者管制"的法定刑;对暴力行为致人轻微伤的行为,认定为寻衅滋事罪,反而适用"五年以下有期徒刑、拘役或者管制"的法定刑。倘若将暴力致一人轻微伤的行为认定为故意伤害罪,则可能避免这种不协调的现象。所以,对于该案中被告人严某等人故意致被害人沈某轻微伤的行为,不应认定成立寻衅滋事罪,而应直接认定成立故意伤害罪。

案16:被告人唐某酒后未戴口罩至卫生院探视其住院的父亲。进入卫生院大门时,值班医生周某提醒其戴口罩后再进入。后周某查房时发现被告人在正在输氧的病房内抽烟,予以制止,双方发生口角。唐某先是殴打周某,后又殴打上前劝阻的院长王某以及群众姚某和唐某,并拍打卫生院内停放的多辆车辆引擎盖。经鉴定,被害人周某、王某、姚某的损伤程度均构成轻微伤。公诉机关认为,被告人唐某的行为构成寻衅滋事罪,法院也以寻衅滋事罪定罪量刑。③

应该说,基于身体法益的个人专属性,对于故意伤害多人的行为应当实行数罪并罚,而不能仅以一个寻衅滋事罪论处。该案中,应认定成立三个故意伤害罪

---

① 参见张明楷:《身体法益的刑法保护》,载《政治与法律》2022年第6期。
② 参见上海市浦东新区人民法院刑事判决书,(2010)浦刑初字第12号。
③ 参见江苏省建湖县人民法院刑事判决书,(2020)苏0925刑初字第78号。

与寻衅滋事罪的想象竞合。三个被害人均有权提起刑事附带民事诉讼。

众所周知，我国《人体损伤程度鉴定标准》将伤害程度分为重伤、轻伤与轻微伤，其中的轻微伤是指达到了一定程度的伤害但不构成轻伤的情形。《刑法》第234条第2款规定了重伤，人们据此认为《刑法》第234条第1款规定的是轻伤。可是，《刑法》第234条第1款并没有使用"轻伤"概念，其中的"伤害"，完全可能是单纯伤害或者普通伤害，而非《人体损伤程度鉴定标准》所称的"轻伤"。换言之，没有理由认为《刑法》第234条第2款规定的是重伤，第1款规定的就是轻伤，轻伤就是指《人体损伤程度鉴定标准》所规定的轻伤。因为这个推理并不符合逻辑。况且，《刑法》第234条第1款是故意伤害罪的基本法条，而不能简单地认为该款规定的就是轻伤。例如，在鉴定人对轻伤害还是重伤害存在争议的情况下，完全可以适用《刑法》第234条第1款规定的法定刑，而不可能根据所谓事实存疑时有利于被告人的原则宣告无罪。事实上，我国《刑法》总则的"其他规定"中只是明确了重伤的含义（第95条），而未明确所谓"轻伤"的含义；达到什么程度就是《刑法》第234条第1款规定的伤害，是由最高司法机关决定的。换言之，如果要限制故意伤害罪的成立范围，就可以认为《刑法》第234条第1款的伤害必须是达到了《人体损伤程度鉴定标准》规定的轻伤程度的伤害，但如果想扩大故意伤害罪的成立范围，则完全可以认为《刑法》第234条第1款规定的伤害，包括了《人体损伤程度鉴定标准》规定的轻伤与轻微伤两种程度的伤害，只有尚未达到轻微伤程度的伤害，才不成立伤害罪。

《人体损伤程度鉴定标准》规定的轻微伤，是达到了一定程度的伤害。可是，治疗轻微伤的费用也可能达到了财产犯罪的定罪起点。既然如此，就没有理由对故意造成轻微伤的行为不以故意伤害罪论处。否则，不仅与财产罪的处罚不协调，而且产生不合理的价值取向，使人们认为财产法益重于身体法益，导致一些人恣意侵害他人身体。其实，与国外的学说、判例认定的伤害相比，我国《人体损伤程度鉴定标准》所规定的轻微伤并不轻微，而是比较严重。日本、德国、奥地利、英国这些国家判例所认定的故意伤害罪中的伤害，都包括了我国《人体损伤程度鉴定标准》所规定的轻微伤，有的甚至还没有达到轻微伤的程度。

我国司法实践虽然没有将故意造成轻微伤的行为认定为故意伤害罪,但与此同时,司法解释已经将轻微伤作为认定一些犯罪的重要标准。例如,2015 年 3 月 2 日最高人民法院、最高人民检察院、公安部、司法部《关于依法办理家庭暴力犯罪案件的意见》指出,"虐待造成被害人轻微伤或者患较严重疾病"等情形,"属于刑法第二百六十条第一款规定的虐待'情节恶劣',应当依法以虐待罪定罪处罚"。又如,2005 年 6 月 8 日最高人民法院《关于审理抢劫、抢夺刑事案件适用法律若干问题的意见》以及 2006 年 1 月 11 日最高人民法院《关于审理未成年人刑事案件具体应用法律若干问题的解释》等,均将造成轻微伤作为认定犯罪或者作为区分罪与非罪的重要标准。

诚然,在上述司法解释的规定与司法实践中,并不是仅因行为造成了他人轻微伤就成立犯罪。然而,也正是因为行为给他人造成了轻微伤才成立犯罪(并且是较重的犯罪)。这说明,轻微伤是提升不法程度的重要因素。既然如此,在法定刑最低刑为管制的立法例之下(明显轻于抢劫、寻衅滋事等罪的法定刑),将故意造成他人轻微伤的行为认定为故意伤害罪,也无不妥之处。况且,在暴力行为致一人轻微伤的场合,如果否认该行为构成故意伤害罪,反而会导致对这种行为认定为寻衅滋事罪,适用更重的法定刑,如本节案 15;在暴力行为致多人轻微伤的场合,如果否认该行为构成故意伤害罪,会导致对这种行为均认定为寻衅滋事罪,也不利于保护被害人的身体法益,如本节案 16。

总之,应当将故意造成轻微伤的行为认定为故意伤害罪,只要承认故意造成轻微伤的行为成立故意伤害罪,无论是不并罚的情形还是应当并罚的情形,都可以使案件得到妥当处理。①

8.应否承认和处罚故意伤害未遂?

案 17:被告人肖某因对被害人方某民(笔名方舟子)和方某昌进行的"学术打假"不满,为报复此二人,便花 10 万元雇用被告人戴某等人对被害人进行伤害。在戴某的组织下,被告人许某、龙某手持铁管、铁锤、喷射防卫

---

① 参见张明楷:《身体法益的刑法保护》,载《政治与法律》2022 年第 6 期。

器等先后对方某昌和方某民进行殴打,并造成二人轻微伤的结果。该案中,被告人的故意内容、行为对象明确,犯罪预备行为充分,故意侵犯他人身体法益的行为性质十分明显。被告人肖某在法庭上也宣称:"我就是故意伤害,不是寻衅滋事,我根本没想通过殴打两人来让全国的质疑者闭嘴。我明明是要报复他们两个人才实施的故意伤害。"然而,一审法院以寻衅滋事罪判处肖某拘役5个半月,判处其他4名被告人拘役5个半月到1个半月不等的刑期,二审法院也维持了原判。

应该说,该案中肖某等人的行为明显不符合寻衅滋事罪的本质特征与主观要素。将该行为认定为寻衅滋事罪,可谓对寻衅滋事罪的滥用。很显然,如果将故意伤害罪的结果要素扩大到轻微伤或者承认故意伤害罪的未遂犯,就可以妥当地将肖某等人的行为认定为故意伤害罪的既遂犯或者未遂犯;如果仅将结果要素扩大到轻微伤,而不承认故意伤害的未遂犯,若该案未造成轻微伤,则仍然不能妥当处理该案及类似案件。所以,该案成立故意伤害(轻微伤)罪的既遂与故意(重)伤害未遂的想象竞合。

虽然我国司法实践中基本没有以故意伤害罪的未遂犯定罪量刑的判例,但刑法理论大多肯定故意伤害未遂的成立。应该说,故意致人重伤包括两种情形。一是轻伤害的结果加重犯,即行为人以轻伤害的故意实施伤害行为,过失造成了重伤害。这种过失的结果加重犯当然没有未遂犯。二是普通结果犯(或故意的结果加重犯),即行为人以重伤害的意图实施伤害行为,如果造成了重伤,既可以认为是普通的结果犯,也可以认为是故意的结果加重犯。普通的结果犯与故意的结果加重犯均存在未遂犯。所以从理论上说,对以重伤害的意图实施伤害行为但未造成伤害结果的,应当认定为故意伤害罪的未遂犯,只是如何适用刑罚的问题。另外,随着刑事立法与司法现状的变化,以及国民生活水平的提高,可以认为《刑法》第234条第1款存在可能构成犯罪的未遂犯,即对轻伤害未遂但存在具体危险、情节严重的,也应以未遂犯追究刑事责任。

从总体上说,故意伤害罪的不法程度并不轻于盗窃罪、诈骗罪与污染环境罪。另一方面,就侵犯个人法益犯罪的不法程度而言,故意伤害罪是仅次于故意杀人罪的犯罪。倘若让一般人在身受重伤与财产损失数额巨大之间选择,恐怕更多的人会选择后者。既然如此,就没有理由仅处罚盗窃罪、诈骗罪的未遂犯,而不处罚故意伤害罪的未遂犯。反过来说,只有处罚故意伤害罪的未遂犯,才能使刑法保持协调一致。从近几年来的司法实践来看,对于随意殴打他人没有造成轻伤的,大多会认定为寻衅滋事罪,所适用的法定刑是"五年以下有期徒刑、拘役或者管制",且按既遂犯处罚,导致处罚过于严厉。反之,如果承认故意轻伤的未遂犯,对行为以故意伤害罪的未遂犯处罚,适用"三年以下有期徒刑、拘役或者管制"的法定刑,同时适用未遂犯的规定,才更为合适,如本节案 17。可以认为,将故意轻伤未遂的行为认定为寻衅滋事罪,其实是将对个人法益的犯罪认定为对社会法益的犯罪。通过将某种行为认定为侵害公法益的犯罪来保护个人法益,并不是可行的路径。因为这种路径常常导致行为侵害数人的个人法益才成立犯罪,这便不利于保护公民的身体法益与其他个人法益。并且,这种做法必然侵害被害人的诉讼参与权利,也不利于提起附带民事诉讼。

当然,成立故意伤害罪要求行为人实施了伤害行为,并且具有伤害的故意。所以成立故意轻伤的未遂犯,首先要求行为人客观上实施了足以伤害他人身体的行为,或者说,行为人所实施的客观行为足以给他人造成伤害结果(具体危险)。其次要求行为人主观上具有造成伤害结果的故意。如果行为人仅具有使他人身体遭受暂时性肉体疼痛的故意,则不可能成立故意伤害的未遂犯。在具备上述要素的前提下,还要求未遂行为本身情节严重。具体而言,故意伤害他人未遂,除以重伤为目的的情形以外,具备下述情形之一的,应当认定为情节严重,进而以故意伤害罪的未遂犯论处:(1)携带或者使用凶器或者其他危险工具伤害他人的;(2)使用毒药或者其他危险物质伤害他人的;(3)对被害人身体的重要部位(如头部、胸部、腹部)实施伤害行为的;(4)暴力行为强度大或者连续反复使用暴力的;(5)以阴险的袭击方式实施伤害行为的;(6)二人以上共同实施伤害行为的;(7)多次对同一人实施伤害行为的;(8)行为具有造成重伤害的危险的。[1]

---

[1] 参见张明楷:《身体法益的刑法保护》,载《政治与法律》2022 年第 6 期。

9. 如何处罚故意伤害未遂？

对于故意伤害未遂，应当定罪处罚。至于如何选择法定刑，张明楷教授认为，(1)对于出于重伤害意图但没有造成任何伤害的案件，应认定为故意伤害罪的未遂，适用《刑法》第234条第1款的法定刑，同时适用《刑法》总则关于未遂犯从轻减轻处罚的规定，而不应适用《刑法》第234条第2款前段的法定刑，否则会造成量刑不均衡。因为对于重伤故意实施伤害行为但仅造成轻伤结果的，均认定为故意伤害（轻伤）罪既遂，适用"三年以下有期徒刑、拘役或者管制"的法定刑。倘若认为，对于以重伤故意实施伤害行为但没有造成伤害结果的，适用故意伤害致人重伤的"三年以上十年以下有期徒刑"法定刑，再适用《刑法》总则关于未遂犯的规定，则其处罚反而重于前者，因而明显不合适。(2)对出于重伤意图但没有造成重伤却造成了轻伤的案件，不宜认定为故意重伤的未遂，而应认定为故意轻伤的既遂，直接适用第234条第1款的法定刑，不再适用《刑法》总则关于未遂犯的规定。①

本书不赞成上述观点。如果行为人明显具有重伤故意，客观上实施的也是足以造成重伤结果的伤害行为，因为意志以外的原因未能造成重伤结果的，应该认定为故意重伤未遂，适用故意伤害致人重伤的法定刑（3年以上10年以下有期徒刑），同时适用《刑法》总则关于未遂犯从轻减轻处罚的规定；出于重伤故意实施重伤行为，仅造成轻伤结果的，成立故意重伤未遂和故意轻伤既遂的想象竞合，从一重处罚；出于轻伤故意实施轻伤行为，因为意志以外的原因未能造成伤害结果的，成立故意轻伤的未遂。张明楷教授认为故意重伤的未遂的违法性一定轻于故意轻伤的既遂，这一点过于绝对。正如不能认为故意杀人未遂的违法性一定轻于故意轻伤的既遂一样。再者，出于重伤故意实施重伤行为，仅造成轻伤结果的，是同时成立故意重伤的未遂与故意轻伤的既遂，系想象竞合，应从一重处罚。如果最高人民法院、最高人民检察院将《刑法》第234条确定为四个罪名：故意轻伤罪、故意重伤罪、故意伤害致死罪、残忍伤害罪，张明楷教授大概就会承认重伤未遂的应当适用重伤的法定刑了。而且，张明楷教授的观点导致对

---

① 参见张明楷：《刑法学》（第6版）（下册），法律出版社2021年版，第1126页。

重伤的未遂与轻伤的未遂的处罚没有区别,这也明显有失罪刑均衡。

总之,出于重伤故意实施重伤行为,因为意志以外的原因未能造成重伤结果的,应当成立故意重伤的未遂,适用故意伤害致人重伤的法定刑,同时适用《刑法》总则关于未遂犯从轻减轻处罚的规定;出于重伤故意实施重伤行为,导致轻伤结果的,成立故意重伤的未遂和故意轻伤的既遂的想象竞合,从一重处罚。

10. 轻伤故意致人死亡的,能否成立故意伤害致死?

我国刑法理论与实务认为,《刑法》第234条第1款规定的是轻伤害,第2款前段规定的是重伤害,后段规定的是故意伤害致死和残忍伤害(以下称为轻伤罪、重伤罪、伤害致死罪、残忍伤害罪)。问题是,轻伤故意造成重伤结果的,是否成立重伤罪?重伤故意仅造成轻伤结果或者未造成伤害结果的,是成立重伤罪的未遂,还是成立轻伤罪的既遂或未遂?轻伤故意致人死亡的,是否成立伤害致死罪?

有人主张,轻伤故意造成重伤结果的,仅成立过失致人重伤罪。有人认为,出于轻伤的故意而未遂的不成立犯罪,出于重伤的故意仅造成轻伤结果的,成立轻伤的既遂,未造成轻伤结果,适用轻伤的法定刑并适用总则未遂犯的规定,故意伤害致人重伤属于故意轻伤的结果加重犯。有人声称,轻伤故意造成重伤结果的,也成立故意伤害(重伤)罪,轻伤故意致人死亡的,也成立故意伤害致死,重伤故意仅造成轻伤的,成立故意伤害(重伤)罪的未遂。

本书认为,之所以存在上述争论,缘于没有正确认识故意伤害罪的结构。倘若刑法关于故意伤害罪的规定,采用数额犯(数额较大、数额巨大、数额特别巨大)与情节犯(情节严重、情节特别严重或者后果严重、后果特别严重)一样的规定模式,且规定在同一个条文中,如规定为"故意伤害他人身体的,处……;致人重伤的,处……;致人死亡的,处……",则不会有人否认轻伤罪、重伤罪与伤害致死罪之间实为递进的结果加重关系。其实,其他国家早有类似见解。例如,日本《刑法》第208条暴行罪规定"实施暴行而没有伤害他人的,处二年以下惩役、三十万元以下罚金或者拘役或者科料",第204条伤害罪规定"伤害他人身体的,处十五年以下惩役或者五十万元以下的罚金",第205条伤害致死罪规定

"伤害身体因而致人死亡的,处三年以上惩役"。由此,日本刑法理论通说认为,伤害罪是暴行罪的结果加重犯,伤害致死罪是伤害罪的结果加重犯,因此,伤害致死罪是暴行罪的二重的结果加重犯,进而,只要行为人具有暴行的故意(不具有伤害的故意)导致伤害结果的,成立伤害罪,导致死亡结果的,成立伤害致死罪。

可以认为,我国刑法中重伤罪是轻伤罪的一重的结果加重犯,伤害致死罪是重伤罪的一重的结果加重犯,故伤害致死罪是轻伤罪的二重的结果加重犯。由此我们得出结论:(1)《刑法》第234条中的"致人重伤",既包括轻伤故意致人重伤,也包括重伤故意致人重伤,因而轻伤故意致人重伤的,成立重伤罪;(2)该条中的"致人死亡",既包括重伤故意致人死亡,也包括轻伤故意致人死亡,因而轻伤故意致人死亡的,成立伤害致死罪;(3)重伤故意致人轻伤的,成立轻伤罪的既遂与重伤罪未遂的想象竞合;(4)重伤故意未造成伤害结果的,成立重伤罪的未遂,适用重伤罪的法定刑(3年以上10年以下有期徒刑),同时适用刑法总则关于未遂犯从轻减轻处罚的规定;(5)轻伤故意未造成伤害结果的,成立轻伤罪的未遂,只有情节严重的才作为犯罪处理。简言之,只要具有伤害的故意(包括轻伤的故意),造成死亡结果的,就成立故意伤害致死;轻伤故意致人重伤的,就成立故意伤害致人重伤。

11. 致胎儿伤害的,能否成立故意伤害罪?

致胎儿伤害案的问题在于,实施伤害行为时只有胎儿,没有作为故意伤害罪对象的"他人"的存在,而产生伤害结果时,没有继续实施伤害行为。对于致胎儿伤害的案件,张明楷教授提出两种解决思路:一是规范性把握故意伤害罪的"着手"。对胎儿进行伤害时因为对"人"的伤害的危险并不紧迫,还不是故意伤害罪的"着手",只有当胎儿出生为"人"时,才产生了伤害"人"的紧迫危险,随之就导致了对"人"的伤害结果,这时才是故意伤害罪的"着手"。这样就维持了"(着手)实行行为与对象同时存在原则"。二是认为行为对象不需要存在于作为物理表现的实行行为时,而是只需要存在于实行行为发挥作用或者产生影响时。例如,施工单位5年前建造房屋时降低质量标准,5年后倒塌导致2名3岁儿童死亡。虽然建造交付房屋时行为对象还不存在,但在房屋倒塌(行为发挥作用)时存在行为对象就可以了。就伤害胎儿而言,虽然实施伤害行为时还没有人存在,但伤害行为发挥作用或者产生影响时胎儿出生为人就可以了。[①]

应该说,认为在胎儿出生为人的一瞬间就开始"着手"实施伤害他人行为,过于抽象、飘忽;主张实施行为时不要求行为对象的存在,而只需要行为发挥作用或者产生影响时存在行为对象的观点具有相当的合理性。本书主张"母体伤害说",伤害胎儿是对母体健康生育权的侵害。在国外,如日本,之所以不支持"母体伤害说",是因为其国家规定有堕胎罪。我国《刑法》没有规定堕胎罪,故完全可以认为伤害胎儿是对母体十月怀胎的健康生育权的侵害,是对母体的伤害。

12. 如何认定故意伤害"致"死?

案18:甲与乙是夫妻,双方发生激烈争吵,甲手上拿了刀,乙在夺甲手上的刀时,甲以伤害的意图,用20厘米长的厨房用刀向乙的背后捅了一刀,伤约4厘米深。乙逃向阳台,惊吓间摔下死亡。甲追上前,但未能抓住乙的身体。见乙摔下去,被告人立即下楼,将乙的尸体藏到树林后逃走。

这是发生在德国的一起案件。德国一审法院认定为危险伤害罪与过失致死罪,二审改判为故意伤害致死。德国联邦最高法院指出,根据德国《刑法》第227条规定,伤害致死罪的成立,以受伤害的人的死亡是由"伤害"引起,且行为人对该死亡结果负有过失为前提。诚然,要满足这一前提条件,仅有伤害与受伤者的死亡之间具有因果关系还是不够,而是要求更为密切的关系。这是因为,只有具有导致被害人死亡的特殊危险的伤害,才属于该规定中的伤害,而且必须正是这一危险在死亡结果中实现了。但是,由于这一犯罪的特殊危险产生于伤害行为,所以,不要求伤害结果与被害人的死亡之间具有因果关系。即使在死亡的直接原因是被害者的行为所致的场合,在被害人惊慌与因恐惧死亡而逃走这样的场合,只要被害人的这种行为是对犯罪的典型反应,就可以说构成本罪的特殊的危

[①] 参见张明楷:《侵犯人身罪与侵犯财产罪》,北京大学出版社2021年版,第42~43页。

险在被害人死亡中实现了。因此,应当认定为被告人构成伤害致死罪。

德国判例并没有一概采取"致命伤说",也难以认为严格要求直接性关联,特别明显的是考虑了两点:一是被告人先前的伤害行为致人死亡的危险性大小,如果伤害行为本身导致死亡的危险性小,就难以认定伤害致死。二是被害人的介入行为以及第三者的介入行为导致被害人死亡时,要考虑介入行为是异常反应还是通常的、典型的、当然的反应。如果是对伤害行为通常的、典型的反应,就可以认为是没有思考的反射性举动,当然不能由被害人或第三者对死亡结果负责。至于如何判断被害人或者第三者的介入行为是否异常,一方面,被害人的伤害行为的样态、危险程度肯定会影响被害人的反应,另一方面,一定要考虑行为时的所有情形。例如,行为人在车辆来往很多的道路边的人行道上猛烈地打被害人耳光,被害人为了避免继续被打就一下跳到行车道上被车辆轧死了。在这样的场合,即使被害人没有受到对生命具有具体危险的伤害或者即使被害人的反射性举动或许与将要再受到的侵害相比有失均衡,也可能肯定伤害致死的归属关系。又如,人行道边上就是很深的河道或者深沟,被告人在人行道上突然袭击被害人,被害人的本能躲避导致摔到河里或者沟里淹死或者摔死的,也应当肯定伤害致死的归属关系。这样看来,所谓故意伤害致死中的伤害行为的特殊危险,不能进行一种脱离具体时空的抽象的限定;不能说在任何时候一巴掌都不可能致人死亡,所以不成立伤害致死。伤害行为的特殊危险,需要根据行为时的具体状况、被害人的心理状态等事项进行综合判断。

应该说,上述德国的判例经验对我们理解适用故意伤害"致"死具有一定的启发意义。只是德国伤害致死的法定刑是"处3年以上自由刑,情节较轻的,处1年以上10年以下自由刑"。日本刑法规定的伤害致死也只是"处3年以上惩役"。而我国《刑法》第234条第2款规定故意伤害致死处10年以上有期徒刑、无期徒刑或者死刑。这说明,对于国外的判例经验我们也不能完全照搬。由于我国故意伤害致死的法定刑与故意杀人罪几乎持平(只是刑种排序不同),而且结果加重犯本来就是结果责任的残余,我们应当更加严格限制故意伤害致死的成立范围,更加严格地认定故意伤害"致"死。

在我国,成立故意伤害致死,首先,既然是伤害致死,当然应将死亡者限定为伤害的对象,即只有导致伤害的对象死亡时才能认定为伤害致死。其次,要求伤害行为与死亡结果之间具有直接性因果关系。也就是说,要么伤害行为直接造成死亡结果,要么是伤害行为造成了伤害结果,进而由伤害结果引起死亡。这两种情形都必须是伤害行为所包含的致人死亡危险的直接现实化。对于介入行为,(1)行为人实施伤害行为后,被害人介入作用较大的异常行为导致死亡的,不能认定为故意伤害致死。但是,被害人的正常介入导致其死亡的,以及介入行为异常但对死亡结果所起作用较小的,均属于被告人的行为致人死亡危险的直接现实化,可以认定为故意伤害致死。(2)行为人在实施伤害行为的过程中,介入了自身并不异常的过失致死行为的,不影响故意伤害致死的认定。(3)行为人造成被害人重伤后,被害人在医院治疗期间,介入了医生的不当治疗行为,导致被害人死亡的,需要判断行为人的行为是否造成了致人死亡的高度危险,以及医生不当治疗行为对死亡的作用大小,从而得出妥当结论。最后,要求行为人对死亡具有预见可能性。

下面根据对象是否系特异体质者评析我国司法实务的态度。

(1)致非特异体质者死亡的情形

案19:被告人持砖头猛击被害人头部,致其颅脑损伤死亡。法院以故意伤害(致死)罪判处死缓。

应该说,持砖头猛击被害人头部,伤害故意与伤害行为性质十分明显,法院认定为故意伤害致死是正确的。

案20:被告人持木棒在被害人头部猛击一棒,致被害人倒地,当晚死亡。鉴定结论为:被害人系他人持钝器打击头部致颅脑严重损伤,脑疝形成,脑功能严重障碍而死亡。法院认定为故意伤害致死。

应该认为,持木棒猛击被害人头部,伤害故意与伤害行为性质也十分明显,法院认定为故意伤害致死是正确的。

案21:被告人持铁锹拍打被害人的头部、背部数下,造成被害人重度颅脑损伤、呼吸循环衰竭死亡。法院认定为故意伤害致死。

应该说,用铁锹拍被害人头部,显然具有伤害的故意,至少属于伤害行为,因而,认定为故意伤害致死是正确的。

案22：被告人为驱赶进入厂区垃圾场捡拾废旧金属的一群妇女，拾起数块砖块朝这群妇女方向扔去，这群妇女即往草丛中躲避并欲钻出围墙撤离，二被告人仍往草丛中这群妇女撤离的方向继续扔掷砖块。事后得知一名妇女死于垃圾堆上。经法医鉴定：被害人生前被人用砖头或石块类硬物质击打头部，致重型颅脑损伤，最终导致中枢性呼吸循环衰竭死亡。法院认定成立故意伤害致死。

应该说，虽然被告人本意在于驱赶进入厂区捡拾废旧金属的妇女，但应该想到投掷石块可能致人伤害，其具有伤害的间接故意，故认定为故意伤害致死是正确的。

案23：被告人持家中的锄头向被害人右后背等部位进行打击，后又用皮线抽打，导致被害人死亡。鉴定结论为：主要死因是右胸外伤致多发性肋骨骨折，刺伤右下肺，形成张力性气胸，两肺高度压缩，导致呼吸循环衰竭死亡；肝脏挫裂伤及右尺骨骨折是次要原因。法院认定为故意伤害致死。

应该说，行为人用锄头打人后背，虽不能肯定具有杀人故意系杀人行为，但至少具有伤害的故意，属于伤害行为，因此认定为故意伤害致死是正确的。

案24：被告人盖某等人因琐事持铁管、刀等凶器，对被害人乔某权等人进行殴打。乔某权因头部被多次打击引起蛛网膜下腔弥漫性出血，两侧侧脑室出血，致急性呼吸循环功能衰竭死亡。法院认定为故意伤害致死，判处盖某无期徒刑。

应该说，被告人系因琐事对被害人进行殴打，难以证明行为人具有杀人的故意，故以故意伤害致死论处是合适的。

案25：被告人因琐事与被害人发生纠纷，捡起一块红砖朝被害人头部连续击打了三下，见被害人脸上出了血，即扔掉红砖逃离现场回家，被害人因"被钝器（如红砖）多次打击头面部而致严重颅脑损伤"死亡。法院认定为故意伤害致死，判处无期徒刑。

应当认为，用砖头朝人头部连续击打三下，伤害故意十分明显，但难以肯定行为人具有杀人的故意、行为具有杀人的性质，因而法院认定为故意伤害致死是正确的。

案26：被告人因琐事即挥拳击打被害人的头部，将被害人打倒在地，随即又挥拳朝已倒地的被害人头部猛击，后被劝架的人拉开才罢手。被害人因被打致脑干及小脑挫伤，外伤性蛛网膜下脑出血而死亡。法院认定为故意伤害致死，判处15年有期徒刑。

应该说，若按照坚持严格区分所谓殴打故意与伤害故意、一般殴打行为与伤害行为的通说立场，则可能认为，该案被告人只具有殴打故意，实施的也只是所谓殴打行为。但是，用拳头朝人头部猛击，行为人具有伤害的故意、行为具有致人伤害的危险性，则是十分明显的，故法院认定为故意伤害致死是正确的。

案27：被告人卢某存因琐事报复被害人陈某海，其持水果刀朝被害人背部刺两刀后慌忙逃离现场。被害人系"被他人搬用锐器（如水果刀之类）暴力从右后背部刺入胸腔及肺部等致开放性血气胸，大失血"引起死亡。法院认为，被告人卢某存持27公分长的水果刀猛刺陈某海的背部，深入胸腔，致水果刀刀刃弯曲，可见力度之大，反映出卢某存对被害人报复时，主观上有明显致被害人死亡的故意。公诉机关指控被告人卢某存犯故意伤害（致死）罪，其定性不准确，应予纠正。被告人卢某存犯故意杀人罪，判处死刑，缓期2年执行。

应该说，该案属于典型的动辄捅刀、不计后果的案件，认定为故意杀人罪是合适的。

案28：被告人多次酒后持磕掉底的啤酒瓶分别刺中多名被害人的头面部及颈部，致1人死亡、1人重伤、1人轻伤。法院认为构成故意伤害致死，判处死刑。

应该说，行为人多次酒后持磕掉底的啤酒瓶刺人导致他人死伤，虽然难以肯定具有杀人的故意和杀人的性质，但至少具有伤害的故意和伤害的性质，故法院以故意伤害致死定性是正确的。

案29：多名被告人共同对被害人拳打脚踢，被害人被殴打后因无钱医治一直在家卧床不起，最终死亡。鉴定结论为：被害人的死亡原因系被他人用钝器暴力作用左腰背部、腹部等处而造成左肾挫裂伤。法院认定为故意伤害致死。

应该说,法院判决是正确的。从法医学角度讲,导致被害人死亡的伤害可以分为条件致命伤与绝对致命伤。所谓条件致命伤,是指在一定条件下(如延误抢救、医疗水平差、被害人患有疾病等)致人死亡的损伤;绝对致命伤,是指对于任何人、无论任何条件、在现有医疗水平下都会致人死亡的损伤。这样,在主观故意无法查明的情况下,绝对致命伤可以作为(间接)故意杀人罪的判断依据;条件致命伤区分情况可以作为故意伤害(致死)罪与(间接)故意杀人罪的判断依据。该案中,被害人所受的伤害显然属于条件致命伤,虽然传统观点可能认为行为人只具有所谓的殴打故意,但多人对被害人进行拳打脚踢,能够肯定伤害的故意与伤害行为性质,认定为故意伤害致死是合适的。

案30:被告人与被害人发生纠纷,冲上去打被害人一巴掌,被害人被打倒在地,头部撞在水泥地板上昏迷不醒,经医院抢救无效死亡。鉴定结论为:被害人系头部遭受钝性物体暴力作用,致颅脑损伤,导致呼吸、循环衰竭而死亡。法院认为,被告人殴打他人致死,其行为已构成故意伤害(致死)罪,判处有期徒刑15年。[①]

可以认为,该判决定性错误,应认定为过失致人死亡罪。被害人不是死于"一巴掌"本身,而是死于受掌击后跌倒、头部撞到水泥地板。朝人脸部打一巴掌的行为,难以评价为具有类型性致人伤害危险的行为,既不属于伤害行为,行为人也不具有伤害的故意,伤害乃至死亡结果的发生显然出乎行为人的预料,但具有预见的可能性,因此,不成立故意伤害致死,而是成立过失致人死亡罪。

综上,由于伤害故意与杀人故意、伤害行为与杀人行为很难准确区分,加之故意伤害致死与故意杀人罪法定最高刑相同,实践中除非能够证明行为人具有明显的杀人故意,实施的行为也明显具有杀人性质,通常仅认定为故意伤害致死。实务中通常并不严格区分所谓殴打的故意与伤害故意、一般殴打行为与伤害行为,只要行为具有致人伤害的危险性,即便属于"一般殴打行为",致人轻伤或重伤的,也认定为故意伤害罪,致人死亡的,认定为故意伤害致死。但是,对于行为人明显不具有伤害的故意,行为亦不具有伤害性质的,如打人一巴掌导致跌

[①] 参见海南省海南中级人民法院刑事附带民事判决书,(2000)海南刑初字第138号。

倒后磕死的,不应认定为故意伤害致死,而应认定为过失致人死亡罪。

(2)致特异体质者死亡的情形

刑法学视野里所谓"特异体质者",是指具有潜在致命性疾病或者具有其他足以致命的个体条件的人。特异体质者具有特定的敏感性、易感性体质,对外来刺激的反应异常剧烈,并往往会由此产生一般人身上不会发生的病理反应,该病理反应常常会迅速引起死亡。致特异体质者死亡问题的实质是,同样的行为不会导致非特异体质者死亡,却导致特异体质者死亡,能否按照正常对象处理而认定为故意伤害(致死)罪甚至故意杀人罪,就是个问题。关于致特异体质者死亡的定性,理论与实务主要有成立故意伤害(致死)罪、过失致人死亡罪与意外事件三种主张。

案31:被告人邱某林与被害人富某立发生争执,邱某林用手将被害人推倒在地并导致被害人冠心病急性发作死亡。法医鉴定证明:被害人系冠心病急性发作致心脏功能衰竭死亡。

对于该案,一审法院认为,被告人在事件中主观上有推搡被害人的故意,客观上实施了推倒被害人的行为,符合故意伤害罪的犯罪特征,且其推倒被害人的行为与被害人死亡结果的发生之间有必然的因果关系,故被告人的行为已构成故意伤害罪,应予惩处。认定邱某林犯故意伤害罪,判处有期徒刑10年。二审期间,鉴定机构鉴定意见为:被鉴定人于此次事件后出现右顶部及右耳后头皮下出血,右顶枕骨骨折。现通过文证审查分析,其头部损伤符合轻伤标准规定,被鉴定人的损伤程度属轻伤。二审法院认为,上诉人邱某林将富某立推倒在地,致其颅骨骨折,造成轻伤,其主观上有推搡富某立的故意,对其行为可能发生的危害结果持放任态度,客观上实施了推倒富某立的行为,并导致富某立轻伤,其行为已构成故意伤害罪,依法应予惩处。原审人民法院对邱某林的定罪正确,审判程序合法,但认定邱某林故意伤害致人死亡不当。现有证据证明被害人富某立死于冠心病急性发作而非邱某林伤害行为所导致的颅骨骨折,该死亡原因虽然存在外伤、情绪激动等因素诱发的可能性,但无证据证明邱某林的伤害行为与富某立死亡结果的发生之间存在必然的因果关系,且邱某林对被害人富某立冠心病急性发作心脏功能衰竭死亡结果的发生,在主观方面缺乏认识因素及意志因素,依据我国《刑法》罪刑相适应的基本原则,邱某林不应对富某立死亡结果承担法律责任,原判对原审被告人邱某林适用法律不当,量刑过重,依法应予改判。邱某林犯故意伤害罪,判处有期徒刑3年。①

本书认为,该案一审、二审判决均存在疑问。被告人推搡被害人致其倒地的行为,不是具有类型性致人伤害危险性的行为,不是伤害行为,行为人也无伤害的故意,又由于对因冠心病急性发作而死亡的结果缺乏预见可能性,因此,被告人的行为仅属于过失致人轻伤(无罪),既不成立故意伤害致死,也不成立过失致人死亡罪,还不成立故意伤害(轻伤)罪。另外,由于故意伤害致死是轻伤罪的结果加重犯,若能肯定具有轻伤的故意,则可能认定成立故意伤害致死,而该案中,被告人没有轻伤的故意,所以按照本书所主张的二重的结果加重犯立场,也不能认定为故意伤害致死。结论是,该案属于意外事件,应宣告无罪。

案32:被告人张某福与被害人丁某和发生争执而扭打在一起,其间,被告人击打被害人头部、胸腹部等多个部位数拳,导致被害人死亡。法医鉴定表明:(1)丁某和是由于腹部遭外力作用致脾脏破裂、失血性休克而死亡;(2)丁某和肝脏呈结节性硬化和多发性囊肿,双肾也有多发性囊肿形成,这些病变导致肌体凝血功能下降,虽经抢救,仍因失血过多而死亡。结论为:丁某和是由于腹部遭外力作用致脾脏破裂、失血性休克而死亡。法院认为,丁某和因遭受被告人张某福的拳击而造成脾脏破裂、腹腔大量出血,被告人张某福的行为是造成丁某和伤害的直接原因和死亡的主要原因,丁某和本身肌体病变导致肌体凝血功能下降,是死亡的原因之一,被告人张某福应当承担故意伤害他人致死的刑事责任,但可酌情从轻处罚。被告人张某福犯故意伤害罪,判处有期徒刑10年6个月。二审法院认为,虽然被害人丁某和原本肝脏硬化等病变引起凝血功能减弱,但根据法医的检验,足以反映出上诉人(原审被告人)张某福挥拳击打被害人丁某和的头部和胸腹部等处的力度之强,最终导致被害人丁某和的脾脏呈粉碎性破裂,行切除手术。由此可见,上诉人(原审被告人)张某福伤害被害人丁某和之故意明显,打击

---

① 参见北京市第一中级人民法院刑事判决书,(2000)一中刑终字第450号。

强度较大,应当以故意伤害罪追究其刑事责任。驳回上诉,维持原判。

应该说,将该案认定为故意伤害罪而不是故意伤害致死,可能更合适。该案被告人朝被害人头部、胸腹部等多个部位数拳致被害人脾脏破裂,打击力度之大,足见其有伤害的故意,行为具有伤害性质。但行为人对死亡结果缺乏预见可能性。成立故意伤害致死,要求行为人对死亡结果必须具有预见可能性。"在被害人存在特殊体质或者患有特殊疾病的情况下,由普通伤害行为引发死亡结果的,不宜认定为故意伤害致死,如果行为人对死亡有过失的,应认定为普通的故意伤害罪与过失致人死亡罪的想象竞合"①。该案中,行为人实施了可能导致伤害结果的伤害行为,主观上对伤害结果存在认识,但对被害人的死亡缺乏预见可能性,所以被告人仅对伤害结果负责,而不对死亡结果负责,其行为成立故意伤害罪,而不是故意伤害致死。

案33:被告人周某、张某兵二人受人挑拨,对被害人拳打脚踢,两被告人又先后持半截砖头砸中被害人,被害人蹲下喘气,后送往当地诊所抢救时死亡。经法医鉴定:死者张某波生前患病毒性心肌炎合并早期心肌病,因外伤等因素诱发急性心衰而死亡,外伤为主要诱因。法院认为,从法医病理学鉴定上看,被害人张某波死亡的原因,外伤是主要诱因,在该案中,死者的病患是条件,两被告人的危害行为是原因,行为作用在一个严重病患者身上,它和病患者死亡结果之间就存在着内在的合乎规律的联系。此外,故意伤害致死,并不以伤害行为直接致人死亡为限,凡是因伤害行为而死亡的,都应构成故意伤害罪。周某犯故意伤害罪,判处有期徒刑3年,宣告缓刑5年;张某兵犯故意伤害罪,判处有期徒刑3年,宣告缓刑5年。②

应该说,法院认定为故意伤害致死,结论是正确的。两被告人持半截砖头砸中被害人的行为,无疑属于伤害行为,亦具有伤害故意,导致死亡结果,应认定为伤害致死。不过,法院认为"故意伤害致死,并不以伤害行为直接致人死亡为限,凡是因伤害行为而死亡的,都应构成故意伤害罪",这种说法并不妥当。因

---

① 张明楷:《刑法学》(第6版)(下册),法律出版社2021年版,第1120页。
② 参见安徽省无为县人民法院刑事判决书,(2002)无刑初字第175号。

为故意伤害致死属于典型的结果加重犯,当然要求伤害行为与死亡结果之间具有直接性因果关联,否则难以认定为故意伤害致死。

案34:被告人与被害人发生口角,用手打击被害人头部,被害人死亡。鉴定结论表明:被害人系在患多发性脑血管畸形的基础上,饮酒和服用摇头丸,后被他人打击头部致广泛蛛网膜下腔出血脑疝形成合并吸入性窒息死亡。法院认为,被告人行为已构成故意伤害(致死)罪。同时,被害人的死亡既有外因(打击头部),也有内因(被害人患有多发性脑血管畸形,且当晚饮酒并服用摇头丸),属多因一果,对被告人可酌情从宽处罚。被告人犯故意伤害(致死)罪,判处有期徒刑12年。

应该说,法院的判决存在疑问。一般来说,赤手打击成年人的头部不至于导致死亡。也就是说,该案被告人赤手打击被害人头部,可以评价为伤害行为和具有伤害故意,但对于具有特异体质的该案被害人的死亡缺乏预见可能性。所以,将该案被告人的行为认定为故意伤害罪,而不是故意伤害致死,可能更为妥当。

案35:被告人与被害人发生争吵、撕扯,不久,被害人倒在路边的绿化带内,被告人继续对被害人进行推搡、厮打,后被他人拉开,被害人站起身走了几步便倒地昏迷,经抢救无效死亡。经鉴定,被害人系冠状动脉粥样硬化性心脏病急性发作而死亡,争吵、厮打时的情绪激动是冠心病的诱发因素。一审法院认定为故意伤害致死,判处被告人10年有期徒刑。二审改判为过失致人死亡罪,判处3年有期徒刑,缓刑4年。主审法官认为,被告人对被害人所实施的语言激怒、相互撕扯行为,属于一种低暴力行为,这种行为通常不会造成被害人伤亡结果的发生,且被告人在实施上述行为时,并没有认识到被害人患有冠状动脉粥样硬化性心脏病,也并不希望或放任被害人死亡结果的发生,因此,对被告人不能认定为故意伤害(致死)罪。但被告人与被害人系邻居,知悉被害人的大致身体情况,被告人在与被害人发生争吵和厮打,致被害人倒在路边的绿化带内后,继续对被害人进行推搡、厮打,其主观上应当预见到该行为有给身体健康状况欠佳的被害人造成严重损害甚至死亡的危险性,但因疏忽大意没有预见,主观上存在过失,其过失行为符合过失致人死亡罪的构成要件。故二审法院最终改变一审定性,认定为过失致人死亡罪是适当的。①

应该说,由于该案没有交代清楚"厮打"到什么程度,若"厮打"针对被害人要害部位,而且力度很大,达到完全可能评价为伤害行为、具有伤害故意的程度,即便是致特异体质者死亡,也能评价为伤害致死;如果只是一般性的抓扯,没有达到一定程度的暴力的,由于难以认定行为具有伤害性质、行为人具有伤害故意,又由于难以预见死亡结果的发生(即便是邻居也未必能预见),只能认定属于意外事件。所以,该案的关键并非如主审法官所言,因为系邻居而"应当预见到该行为有给身体健康状况欠佳的被害人朱某造成严重损害甚至死亡的危险性,但因疏忽大意没有预见"而具有致人死亡的过失,该案中行为人至多存在致人轻伤的过失,而过失致人轻伤无罪。故问题的关键在于,该案中被告人的行为能否评价具有伤害性质、行为人是否具有伤害故意,若得出肯定结论,即便被害人存在特殊体质,也能认定为故意伤害致死,否则只能认定为意外事件。

综上,所谓致特异体质者死亡案件,关键不在于判断行为人对于被害人具有特异体质本身是否存在明知或者预见,而在于应根据打击的手段、部位、力度等看导致死亡的行为本身能否被评价为伤害行为,行为人是否具有伤害故意,对死亡结果有无预见可能性,若得出肯定结论,则应承担故意伤害致死的刑事责任;若对死亡结果缺乏预见可能性,则仅成立故意伤害罪,而不成立故意伤害致死;若得出否定结论,则因为不存在伤害行为与伤害故意,则既不成立故意伤害(致死)罪,也不能成立故意伤害罪;若对死亡结果具有预见可能性,则成立过失致人死亡罪;若对死亡结果不具有预见可能性,则属于意外事件。

13. 能否认为故意杀人罪与故意伤害罪的区别是由故意内容决定的?

我国司法实践和传统刑法理论认为,故意杀人罪与故意伤害罪之间的区别在于行为人故意的内容不同;行为的性质是由故意的内容决定的;如果行为人想

---

① 参见聂昭伟:《轻微暴力致特异体质者死亡如何定性》,载《人民法院报》2011年9月22日,第7版。

杀人,就是杀人行为,想伤害人,就是伤害行为。① 于是,司法机关总是把精力放在查明行为人的故意内容而逼取行为人的口供上。这其实是主观主义的刑法观,是传统四要件理论的产物,不符合现在通行从客观到主观、从违法到有责认定犯罪的阶层理论的要求。

认定犯罪应当从客观到主观,犯罪性质是由客观行为决定的,而不是由主观故意内容决定。要判断一个行为是成立故意杀人罪还是故意伤害罪,应当遵循先客观后主观、主客观相结合的方法。不是想杀人就是杀人,想伤人就是伤害。即使想杀人,但客观上不是具有类型性的致人死亡危险性的杀人行为,如使人服用硫磺,就不可能成立故意杀人罪,包括未遂。

所以,故意杀人罪与故意伤害罪的区别首先是客观行为的性质不同,其次才是故意内容不同。前者是具有类型性致人死亡危险性的杀人行为,后者是只能导致他人生理机能侵害的伤害行为。区别故意杀人罪与故意伤害罪,首先看客观上实施的是杀人行为还是伤害行为;若客观上实施的是具有类型性致人死亡危险性的杀人行为,再看行为人对死亡结果有无认识和持希望或者放任态度,即有无杀人故意,有杀人故意的,成立故意杀人既遂或者未遂;没有杀人故意的,成立故意伤害罪;连伤害的故意都没有的,则成立过失致人死亡罪;对死亡结果没有预见可能性的,属于意外事件。若客观上实施的只是可能导致他人生理机能侵害的伤害行为的,即便行为人主观上有杀人的故意,也只能成立故意伤害罪的既遂或者未遂。

而判断是否存在具有致人死亡的紧迫危险的杀人行为,需要综合全部的客观事实,比如行为人使用的工具、打击的部位、打击的强度、有无节制等。而要判断有无杀人故意,看行为人在用那样的工具攻击那样的部位时,能否认识到自己的行为会导致他人死亡的结果。如果认识到,但还是决定实施那样的行为,就表明行为人具有杀人的故意。所以,认定故意杀人与故意伤害的案件,是最不需要犯罪嫌疑人的口供的。

---

① 参见高铭暄、马克昌主编:《刑法学》(第10版),北京大学出版社、高等教育出版社2022年版,第466页。

14. 行为人持杀人故意以特别残忍手段杀人,但只造成了被害人重伤与严重残疾,是成立故意杀人罪未遂还是故意伤害罪?

对于这种情况,若认定为故意杀人罪未遂,适用故意杀人罪基本犯的法定刑和《刑法》总则关于未遂犯从轻减轻处罚的规定,可能判处 10 年以上有期徒刑或者无期徒刑甚至 10 年以下有期徒刑。而如果认定为"以特别残忍手段致人重伤造成严重残疾",以故意伤害罪加重犯处刑,则应判处 10 年以上有期徒刑、无期徒刑或者死刑,而且是既遂,不用从轻减轻处罚。所以对于这种情形,应直接认定为故意伤害罪的加重犯,而不是故意杀人罪未遂。

15. 故意杀人中止但造成了重伤,是成立故意杀人罪中止还是故意伤害罪既遂?

故意杀人中止但造成了重伤结果的,当然成立故意杀人中止。由于造成了损害,应当减轻处罚,应判处 3 年以上 10 年以下有期徒刑。如果行为人采用特别残忍手段杀人,致人重伤并造成严重残疾,若认定为故意杀人中止,则判处 3 年以上 10 年以下有期徒刑,比认定为"以特别残忍手段致人重伤造成严重残疾"的故意伤害罪的加重犯处刑还轻。所以,故意杀人中止造成了重伤结果的,不能认为仅成立故意杀人中止,而应认为成立故意杀人中止与故意伤害罪既遂的竞合,从一重处罚。

16. 如何区分故意伤害致死与过失致人死亡罪?

案 36:两个老太太起纠纷,互相辱骂并扯头发,其中一人心脏病突发死亡。法院一审判决故意伤害致死,检察院成功抗诉认定过失致人死亡。

对于该案,应该说被告人只有殴打的故意,没有伤害的故意,实施的也只是殴打行为,不是伤害行为,不成立故意伤害致死。行为人对死亡结果也没有预见可能性,应属于意外事件。

案 37:甲是一名警察,在执行公务时被 3 名醉酒的人谩骂和威胁,其中一人对甲实施了暴力。于是,甲利用职务配枪殴打被害人,被害人倒地后甲仍继续殴打其头部,在殴打时枪支意外发射导致被害人死亡。

该案中,被害人不是死于甲利用职务配枪的殴打行为,而是死于殴打过程中枪支走火,不是伤害行为所包含的致人死亡危险的直接现实化,所以不成立故意伤害致死。只能成立普通的故意伤害罪。

虽然故意伤害致死与过失致人死亡罪,都是导致了被害人死亡的结果,客观行为都可谓杀人行为,但故意伤害致死的法定刑是 10 年以上有期徒刑、无期徒刑或者死刑,而过失致人死亡罪只有 3 年以上 7 年以下有期徒刑,说明区分二者很有必要。故意伤害致死,只能是行为人主观上具有伤害的故意,客观上实施了可能导致他人生理机能侵害的伤害行为,由于伤害行为所包含的致人死亡的危险现实化为死亡结果。也就是说,故意伤害致死,必须是伤害行为本身所包含的致人死亡危险的直接现实化,行为人对伤害结果是故意,对死亡结果是过失。而过失致人死亡罪,行为人主观上既没有杀人的故意,也没有伤害的故意,只是对死亡结果具有预见可能性,行为人客观上实施的通常属于日常生活行为或者一般违法行为,不能被评价为杀人行为或者伤害行为,如擦枪、殴打行为,只是偶然、意外地导致他人死亡结果的发生,如擦枪走火、殴打倒地后脑勺碰触坚硬物体死亡。总之,二者的关键区别在于,行为人主观上有无伤害的故意,客观上实施的是否为伤害行为,死亡结果是否为伤害行为所包含的致人死亡危险的直接现实化。

故意伤害致死与过失致人死亡罪之间虽然存在区别,但不能认为二者之间是对立关系。应当认为二者之间是竞合关系,成立故意伤害致死的,也必然成立过失致人死亡罪。在不能查明行为人是否具有伤害故意时,完全可以认定成立过失致人死亡罪。

17. 如何把握本条中的"本法另有规定的,依照规定"?

刑法理论通说认为,本罪中的"本法另有规定的,依照规定",是"特别法优于普通法"的特别关系法条竞合适用原则的重申。有观点认为,这种规定仅适用于法条竞合,不适用于想象竞合。

本书认为,这种规定就是提醒司法人员注意的注意性规定,故完全可以忽略。因为《刑法》分则中还存在大量包含故意伤害情节的罪名,如果其他罪名处罚更重,就适用其他罪名定罪处罚,如抢劫致人重伤、强奸致人重伤、劫持航空器致人重伤。但如果本罪处罚更重的,还是要适用本罪定罪处罚,如妨害公务致人重伤。所以,根本无须考虑是法条竞合还是想象竞合,是特别关系的法条竞合还是交叉关系的法条竞合,竞合时从一重处罚即可。

18. 伤害的承诺是否有效?

一般认为,轻伤的承诺是有效的,所以"互殴无伤害"。至于重伤的承诺,张明楷教授认为,危及生命的重伤的承诺是无效的。理由是,首先,如果法益主体行使自己决定权(承诺伤害)导致其本身遭受重大伤害时,作为个人法益保护者的国家,宜适当限制其自己决定权。其次,从与得承诺杀人的关联来考虑,经被害人承诺的杀人(包括未遂)没有例外地构成故意杀人罪,既然如此,将造成了生命危险的同意伤害(重伤)行为认定为故意伤害罪比较合适。最后,聚众斗殴的行为人可能存在对伤害的承诺,而《刑法》第292条规定聚众斗殴造成重伤的,以故意伤害罪论处,这表明对生命有危险的重伤的承诺是无效的。[1]

本书认为,上述主张重伤承诺无效的理由不能成立。首先,国家对法益主体行使承诺伤害的自己决定权进行限制的根据不足。其次,从得承诺杀人构成故意杀人罪得不出承诺伤害构成故意伤害罪的结论。因为只有生命的承诺是无效的这一点为大家所公认。又次,不能认为重伤都危及生命。最后,聚众斗殴造成重伤的以故意伤害罪论处,是拟制的伤害罪,不是保护个人法益的伤害罪,因为聚众斗殴中受伤者本人(首要分子)也可能构成故意伤害罪。此外,认为参与聚众斗殴的人都承诺了重伤结果,也很牵强。

应该说,除了生命的承诺是无效的外,包括重伤在内的伤害的承诺都是有效的,这是对公民自己决定权的尊重。如果认为重伤的承诺是无效的,也很难为医疗行为和竞技体育活动造成重伤结果找到出罪根据。只有承认重伤的承诺是有效的,才能阻却医疗行为和竞技体育活动的违法性。

---

[1] 参见张明楷:《刑法学》(第6版)(下册),法律出版社2021年版,第1119页。

19. 如何处理所谓"同时伤害"的案件？

所谓"同时伤害",是指多人没有伤害的共谋,同时对被害人实施伤害,不能查明是谁的行为导致被害人受伤的情形。日本《刑法》第207条规定："二人以上实施暴行伤害他人的,在不能辨别各人暴行所造成的伤害的轻重或者不能辨认何人造成了伤害时,即使不是共同实行的,也依照共犯的规定处断。"对此规定,有人认为是因果关系的拟制,有人主张是共犯关系的拟制。不管怎么说,这都是同时伤害按照共犯适用"部分实行全部责任原则"的拟制规定。我国《刑法》没有这种规定,对于同时伤害,因为不是共犯,不能适用"部分实行全部责任原则",在不能查明谁的行为造成伤害结果时,各方均只能成立故意伤害未遂。

20. 中途参与实施伤害,不能查明重伤结果由谁的行为引起时,如何处理？

这是承继共犯的问题。按照因果共犯论,应当坚持承继共犯否定说,中途参与者不可能对其参与之前的行为和结果负责。中途参与伤害,不能查明该重伤结果是由其参与之前的前行为人单独造成,还是参与之后的共同行为造成时,无论如何前行为人都应对重伤结果负责,成立故意伤害既遂,而中途参与者因为不能查明该重伤结果是否由其参与之后的共同伤害行为造成,根据事实存疑时有利于被告人的原则,应当认定为故意伤害未遂。

21.《刑法》第238条、第247条、第248条、第289条、第292条、第333条致人伤残以故意伤害罪定罪处罚的规定,是注意规定还是法律拟制？

我国刑法理论通说认为题述规定是注意规定,即只有当行为人具有伤害故意时才能以故意伤害罪定罪处罚。张明楷教授认为,上述规定是拟制规定,行为人实施上述行为造成法定伤害结果时,即使没有伤害故意,也应以故意伤害罪论处(根据责任主义原理,要求行为人至少对伤害结果有过失)。当然,对于拟制的故意伤害罪的量刑应当轻于典型的故意伤害罪。①

本书赞成法律拟制说。因为根本没有作出注意规定进行提醒的必要。

---

① 参见张明楷:《刑法学》(第6版)(下册),法律出版社2021年版,第1120页。

22. 已满12周岁不满14周岁的人应否对上述拟制的故意伤害罪承担刑事责任？

《刑法修正案（十一）》将故意伤害致死和以特别残忍手段致人重伤造成严重残疾的刑事责任年龄下调到12周岁。应该说，上述以故意伤害罪论处的只是拟制的故意伤害罪，在有责性上还是低于本来的故意伤害罪的。所以，从保护未成年人的角度考虑，不应让已满12周岁不满14周岁的人对上述拟制的故意伤害罪承担刑事责任。

23. 将持刀连续刺伤多人认定为以危险方法危害公共安全罪的实践做法，是否妥当？

持刀连续刺伤多人的行为，显然与放火、爆炸、决水、投放危险物质罪不具有危险的相当性。虽然受害的对象不确定，但不具有危险的不特定扩大性。所以，持刀连续刺伤多人的行为并不危害公安安全，不应被评价为"内涵不清、外延不明"的"口袋罪"——以危险方法危害公共安全罪。由于人身犯罪不能像经济犯罪、财产犯罪那样，通过数额累计计算而适用加重法定刑，以实现罪刑相适应。所以对于连续伤害多人的，只有以同种数罪进行并罚，才能充分评价行为对人身专属法益的侵害和实现罪刑相适应。

24. 如何区分身体与财物？

如果与身体相分离不影响人体机能的，则是财物，如能随时取下的假发、假牙、假肢，对之加以毁坏的，成立故意毁坏财物罪，而不是故意伤害罪。但如果与人体分离会影响人体机能的，如安装在人体内的心脏起搏器，对之加以毁坏的，成立故意伤害罪甚至故意杀人罪，而不是故意毁坏财物罪。还不能评价为人的，如试管婴儿、冷冻的精子和卵子，对之加以毁坏的，不能成立故意伤害罪，只可能成立故意毁坏财物罪。

第四节　组织出卖人体器官罪

·导　读·

《刑法修正案(八)》增设本罪,将其置于侵犯公民人身权利罪一章,旨在保护公民人格尊严和生命身体安全。立法者使用"组织"一词,意在将供体的单纯出卖与受体的单纯购买行为排除在外。除此之外的凡是参与人体器官买卖的行为,包括明知不符合人体器官移植条件还进行人体器官移植的医生,以及将人体器官走私进出境等,均可谓"组织"出卖人体器官的行为,可能成立组织出卖人体器官罪。不能将"组织他人出卖人体器官",理解为"组织他人贩卖人体器官"。本罪中的"人体器官",包括人体细胞和角膜、骨髓等人体组织。本罪中的"人体器官",应限于活体器官,不能包括尸体器官。出卖者(供体)和购买接受人体器官的人(受体),不能成立本罪的共犯。

《刑法》第234条之一的第1款、第2款之间不是对立关系。组织出卖人体器官造成他人(包括供体和受体)伤害、死亡,成立组织出卖人体器官罪与故意伤害、杀人罪的想象竞合犯。本罪未规定单位犯罪,并非立法疏漏。本罪以实际摘取人体器官为既遂标准,而不是以卖出人体器官为既遂标准。非法摘取活体器官未造成伤害结果的,也能以故意伤害罪既遂论处。"未经本人同意",意味着摘取人体器官的行为没有获得"供体"的许可。谎称摘取的器官用于捐献的目的而实际用于出售的,以及谎称摘取后捐给其近亲属,而实际上移植给他人的,成立故意伤害罪。不应将第3款中的"生前未表示同意",表述为"生前未表示不同意"。第3款规定既是注意规定,也是法律拟制。

条 文

第二百三十四条之一 【组织出卖人体器官罪】组织他人出卖人体器官的,处五年以下有期徒刑,并处罚金;情节严重的,处五年以上有期徒刑,并处罚金或者没收财产。

未经本人同意摘取其器官,或者摘取不满十八周岁的人的器官,或者强迫、欺骗他人捐献器官的,依照本法第二百三十四条、第二百三十二条的规定定罪处罚。

违背本人生前意愿摘取其尸体器官,或者本人生前未表示同意,违反国家规定,违背其近亲属意愿摘取其尸体器官的,依照本法第三百零二条的规定定罪处罚。

实务疑难问题

1. 本罪的立法目的是什么?

禁止人体器官买卖可谓全世界的通例。禁止人体器官商业化,旨在维护生命伦理,避免因为利欲熏心买卖人体器官而对供体、受体乃至普通公众的生命、身体安全形成抽象性危险。在《刑法修正案(八)》颁布之前,对于组织出卖人体器官的行为,大多以非法经营罪论处。非法经营罪系扰乱市场秩序的犯罪行为。而之所以禁止人体器官买卖,是因为侵害了人格尊严和威胁了人们的生命身体安全。所以,《刑法修正案(八)》增设本罪,将其置于侵犯公民人身权利罪一章,旨在保护公民人格尊严和生命身体安全。《刑法》将本罪规定在故意伤害罪与过失致人重伤害罪之间,意味着本罪所保护的法益与故意伤害罪相同,保护的是公民的身体健康,具体而言就是生理机能的健全。

2. 何谓"组织"出卖人体器官?

案1:甲成立了一个所谓的咨询公司,实际上是从事人体器官的买卖活动。他们从器官接收者那里收取高额费用,但仅向器官提供者给付少量现金,从中挣取高额差价。

应该说,组织出卖人体器官罪中的"组织",基本包含了一切经营人体器官买卖的行为。以招募、雇佣(供养器官提供者)、介绍、引诱等手段使他人出卖人体器官的行为,都应包括在内。该案中的甲,从事人体器官买卖活动,应当构成组织出卖人体器官罪。

一般认为,《刑法》第234条之一第1款规定表明,由于供体出卖人体器官往往是因为生活窘迫,以及受体购买人体器官往往基于求生的本能而使得其行为期待可能性较低,组织出卖人体器官罪中仅处罚组织行为,而不处罚出卖行为和购买行为。不同于其他大多数国家处罚非法买卖人体器官行为,我国仅处罚组织出卖人体器官的行为,原因不仅在于供体与受体买卖人体器官行为的有责性较低,而且因为其法益侵害性即违法性没有达到值得科处刑罚的程度。出卖自己的器官后积极组织出卖他人活体器官的,当然构成组织出卖人体器官罪。

确立组织出卖人体器官罪成立范围的关键,是对"组织"的把握。对此,张明楷教授指出,组织他人出卖人体器官,是指经营人体器官的出卖或者以招募、雇佣(供养器官提供者)、介绍、引诱等手段使他人出卖人体器官的行为。首先,法条虽然使用了"组织"一词,但本罪并不是所谓集团犯、组织犯。其次,本罪的行为不仅包括经营人体器官出卖活动,而且包括以招募、雇佣、介绍、引诱等手段使他人出卖人体器官的行为。从事人体器官买卖的中介行为的,成立本罪。换言之,只要行为人所从事的行为中包含了组织出卖的内容,即可成立本罪。又次,由于本罪的行为并不是出卖行为,而是组织出卖的行为,所以,出卖者直接将自己的器官出卖给他人的,不成立本罪。基于同样的理由,单纯购买人体器官的行为,也不成立犯罪。但是,为了购买而组织他人出卖的,依然成立本罪。最后,由于刑法将本罪规定为侵犯他人身体健康的犯罪,所以,只要对被摘取人体器官的出卖者的身体达到了伤害程度,就成立本罪的既遂。[①]

本书认为,组织出卖人体器官罪中的"组织",显然既不同于共同犯罪中的所谓组织犯(相对应的是所谓教唆犯、实行犯、帮助犯),也不同于组织黑社会性质组

---

① 参见张明楷:《组织出卖人体器官罪的基本问题》,载《吉林大学社会科学学报》2011年第5期。

织罪等所谓典型组织型犯罪中的"组织"犯,而是与组织卖淫罪、组织残疾人、儿童乞讨罪、非法组织卖血罪等仅处罚"组织"行为而不处罚被组织者行为的组织型犯罪相似。"实践中,由于器官保存和移植配型的特殊要求,非法器官移植交易常常形成包括最底端的'供体'、召集'供体'的'三线'、黑中介服务的'二线'以及直接和患者联系的'一线'在内的完整链条,应当说不论是'三线'的招募,'二线'的中介、管理、'供养',还是'一线'的联系促成,都没有溢出'组织出卖'语义范围。"①立法者使用"组织"的措辞,旨在将供体的单纯出卖与受体的单纯购买行为排除在外。质言之,除此之外的凡是参与人体器官买卖的行为,包括明知不符合人体器官移植条件还进行人体器官移植的医生,以及将人体器官走私进出境等,均可谓"组织"出卖人体器官的行为,可能成立组织出卖人体器官罪。

3. 能否将"组织他人出卖人体器官"理解为"组织他人贩卖人体器官"?

有观点认为,应将"组织他人出卖人体器官"理解为"组织他人贩卖人体器官"。从目前器官犯罪的情况看:一是"黑中介"组织他人出卖自身的器官;二是行为人主要从事收购"黑中介"所获得的器官,然后再出卖给他人;三是行为人以收购人体器官为主要活动,其收购的对象包含窃取、伤害、杀害等手段而得来的器官,意图从事出卖活动的行为。第一种行为是典型的"组织他人出卖人体器官"的行动,后两种则主要表现为"贩卖",而且后两种行为往往与前者有着密切的"黑色交易"联系。现实中,人体器官的黑市场往往是以一条黑色商业链的形式出现,有别于通常的组织犯罪。从词义上讲,"贩卖"一词较"买卖"更为专业化和理论化,无论是"买卖"、"出卖"还是"收买",在语言的表述上遵循了明确性的原则,但是失去了"弹力性"。相较于后三个词语而言,贩卖不仅更加准确地表述了犯罪行为的行为特征,而且蕴含了行为的功利性,并具有一定的弹性。②

---

① 王强:《组织出卖人体器官罪之解读——解析〈刑法修正案(八)〉第 37 条》,载《政治与法律》2011 年第 8 期。
② 转引自张明楷:《组织出卖人体器官罪的基本问题》,载《吉林大学社会科学学报》2011 年第 5 期。

应该说,上述观点存在疑问。众所周知,在《刑法修正案(八)》颁布之前,对于组织出卖人体器官的行为,大多以非法经营罪论处。但是,《刑法》第234条之一的增设,并不要求组织出卖人体器官罪表现为经营行为,只要求非法使他人出卖人体器官。所以,将组织他人出卖人体器官解释为组织他人贩卖人体器官,既可能不当扩大、也可能不当缩小本罪的处罚范围。一则,"贩卖"一词,可能是指出卖或者购买,如果将组织出卖人体器官解释为"组织贩卖",有可能将单纯购买人体器官的行为认定为本罪,这显然有悖罪刑法定原则。二则,贩卖也可能被解释为购买并出卖,但是,如果认为只有购买并出卖的行为才能构成组织出卖人体器官,则明显不当缩小了处罚范围。上述观点列举的第一种情形就只有出卖行为,但不能将这种行为排除在犯罪之外。此外,倘若将"贩卖"理解为购买并出卖,那么,上述观点列举的第三种情况反而可能仅成立组织出卖人体器官罪的预备或者未遂,这显然不合适。三则,上述观点列举的第二种、第三种情况,一般也都符合"出卖"的要件,因为行为人的行为事实上使他人出卖了人体器官。其中的第三种情形,可能分为三种情况:一是行为人虽然还没有将购买的器官出卖,但已经组织他人出卖了器官。此时当然成立组织出卖人体器官罪的既遂。二是行为人仅以窃取、伤害、杀害等手段获得人体器官,但还没有出卖人体器官。如果这种行为并不符合组织出卖人体器官的构成要件,认定为故意伤害罪、故意杀人罪即可;如果这种行为属于使用暴力、胁迫等手段使他人出卖人体器官,则同时触犯了组织出卖人体器官罪与故意伤害罪、故意杀人罪。三是行为人仅收购他人以窃取等手段获取的器官,已经出卖或者尚未出卖。如果这种行为并不符合"组织他人出卖人体器官"的构成要件,而且不成立组织出卖人体器官罪的共犯,就不能以组织出卖人体器官罪论处(依然可能成立非法经营罪),否则就违反了罪刑法定原则。①

4. 本罪中的"人体器官",是否包括人体细胞和角膜、骨髓等人体组织?

国务院2007年3月21日通过的《人体器官移植条例》第2条第1款明文规

---

① 参见张明楷:《组织出卖人体器官罪的基本问题》,载《吉林大学社会科学学报》2011年第5期。

定:"在中华人民共和国境内从事人体器官移植,适用本条例;从事人体细胞和角膜、骨髓等人体组织移植,不适用本条例。"随之而来的问题是:《刑法修正案(八)》关于人体器官犯罪中的"器官",是否包括人体细胞和角膜、骨髓等人体组织?

对此,有观点认为,既然《人体器官移植条例》明确区分人体器官与人体细胞和人体组织,而《刑法修正案(八)》仅规定了人体器官,很显然,基于罪刑法定原则应该认为,人体器官犯罪中的"人体器官"不包括"人体细胞""人体组织"。张明楷教授则认为,对于本罪中的人体器官没有必要按照行政法规解释。换言之,应当根据本罪的法益与"器官"可能具有的含义确定本罪器官的范围。只要某种人体组织的丧失会侵害被害人的身体健康,该人体组织能够被评价为"器官",就应包含在本罪的对象之内。所以,本罪中的"人体器官",不仅包括上述条例所称的器官,而且包括眼角膜、皮肤、肢体、骨头等,但血液、骨髓、脂肪、细胞不是器官。①

本书认为,对人体器官应采广义的解释,既包括《人体器官移植条例》所指称的狭义人体器官,也包括人体细胞和人体组织。理由是,世界卫生组织在《人体细胞、组织和器官移植指导原则》中非常明确地把出卖人体器官、人体组织和人体细胞齐列为原则性的禁止行为,此为其一。其二,刑法的任务与目的不完全同于行政法规等部门法,刑法虽有一定的从属性,但亦有一定的独立性,对于刑法用语的解释没有必要完全囿于相关行政法、经济法、民法的规定。其三,尽管《刑法》另外规定有非法组织卖血罪和强迫卖血罪,但并未规定强行无偿采集他人血液的行为如何处理,若认为人体器官犯罪中的人体器官不包括血液,就会构成有偿强行采集他人血液的构成强迫卖血罪,而无偿强行采集血液的反而无罪的不合理的局面(通常认为未与人体相分离的血液不能成为抢劫罪的对象)。第234条之一的第2款具有法律拟制的属性,强行采集他人血液即便未造成伤害结果,也应以故意伤害罪定罪处罚。最后,人体器官犯罪不仅可能对供体和受体的生命健康带来损害,还直接侵害了人的尊严和生

---

① 参见张明楷:《刑法学》(第6版)(下册),法律出版社2021年版,第1127页。

命伦理,也是对器官移植监管秩序的破坏。毫无疑问,针对人体细胞和人体组织实施组织出卖、非法摘取等行为,也会侵害到这些法益,故值得作为犯罪加以处罚。

5. 本罪中的"人体器官",是否包括尸体器官?

本人曾经认为,"第二百三十四条之一的第一款'组织他人出卖人体器官'中的'人体器官'既包括活体器官,也包括尸体器官。"①现在看来,这种观点存在问题。《刑法》第234条之一第1款规定的是组织"他人"出卖人体器官,这里的"他人"显然是指活人,即不可能组织一帮尸体出卖人体器官。所以说,本罪中的"人体器官",应限于活体器官,不能包括尸体器官。

6. 出卖者(供体)和购买接受人体器官的人(受体),能否成立本罪共犯?

由于本罪仅处罚"组织"他人出卖人体器官的行为,他人是本罪所保护的对象,所以出卖者(供体)不可能构成本罪的共犯。而购买接受人体器官的人(受体),因为缺乏期待可能性,即便教唆组织他人出卖人体器官给自己,也不值得科处刑罚,不能成立本罪的共犯。

7.《刑法》第234条之一的第1款、第2款之间是否为对立关系?

由于第234条之一的第2款规定的是未经本人同意摘取活体器官的刑事责任,学界普遍认为,第1款规定的组织出卖人体器官罪应限于本人同意摘取器官的情形。如果认为供体自愿与否是适用第1款还是第2款的条件,则第1款与第2款就是一种排斥对立的关系,即未经出卖者同意摘取其活体器官的构成故意伤害罪、故意杀人罪,经过出卖者同意摘取的构成组织出卖人体器官罪。这样理解的确看起来既不重叠也无处罚空隙,但却不仅不利于认识错误时的处理,而且可能形成处罚不均衡的局面。例如,行为人误以为本人同意而摘取其器官出卖的,虽然主观上有组织出卖人体器官罪的故意,但客观上并无"供体的同意"

---

① 陈洪兵:《人身犯罪解释论与判例研究》,中国政法大学出版社2012年版,第36页。

这一客观要素而不构成组织出卖人体器官罪的既遂,又因为缺乏第2款的故意,也不能以故意伤害罪处罚。这种结论显然不合理:假如存在供体的同意无疑会构成组织出卖人体器官罪,没有供体的同意而事实上违法性更重的,反而至多成立该罪的未遂。

本书认为,作为《刑法》第234条之一的第1款和第2款,因为存在不同的规范保护目的,使得两款之间并非排斥对立关系,而可能存在竞合。具体而言:(1)没有出卖的目的而未经同意摘取他人活体器官的(如为了移植给自己或亲属),仅成立故意伤害罪、故意杀人罪;(2)出于出卖的目的未经同意摘取他人活体器官的,或者非法摘取他人活体器官后产生了加以出卖的意图的,均同时成立组织出卖人体器官罪和故意伤害罪、故意杀人罪,成立想象竞合犯或者数罪并罚(指强摘后才产生出卖意图的情形);(3)得到供体的真实承诺摘取活体器官出卖的,仅成立组织出卖人体器官罪,摘取活体器官的行为具有致人死亡的危险性,承诺无效,成立组织出卖人体器官罪与故意杀人罪的想象竞合犯。

8. 组织出卖人体器官造成他人(包括供体和受体)伤害、死亡的,如何处理?

《刑法》第333条第2款规定了非法组织卖血对他人造成伤害的依照故意伤害罪定罪处罚,而组织出卖人体器官罪没有相关规定。问题是,组织出卖人体器官造成他人(包括供体和受体)伤害、死亡的,如何处理?本书认为,之所以对非法组织卖血造成伤害的进行规定,是因为被组织卖血者通常不会承诺伤害结果(抽血通常不会导致伤害结果),故对于卖血者未承诺的伤害结果,当然能以故意伤害罪追究非法组织卖血者的刑事责任。而非法组织出卖人体器官,在组织者向本人做了摘取手术的风险、术后注意事项、可能发生的并发症及其预防措施等的真实说明,则可以认为就伤害结果已经得到了本人的真实承诺,事实上造成伤害结果的,不构成故意伤害罪。

关于伤害承诺的有效性问题,有观点认为违背善良风俗的承诺无效,有观点主张危及生命的重大健康的承诺无效。本书认为,伤害承诺是张扬个人权利时代的个人自决权的表现,故伤害承诺能够阻却故意伤害罪的成立。① 若组织者隐瞒了可能造成伤害结果的事实,由于出卖人对伤害结果欠缺真实的承诺,当造成伤害结果时,成立组织出卖人体器官罪和故意伤害罪的想象竞合犯,或者评价为情节严重的组织出卖人体器官罪。此外,由于生命的承诺是无效的,不管组织者是否向出卖者做了真实的说明,出卖者的承诺都是无效的。事实上造成了死亡结果,行为人对死亡结果存在故意的,成立故意杀人罪与组织出卖人体器官罪的想象竞合犯,对死亡结果仅为过失时,评价为情节严重的组织出卖人体器官罪。

9. 本罪未规定单位犯罪是否立法有疏漏?

有观点认为,对于组织出卖人体器官罪未规定单位犯罪,系立法有疏漏,建议增设单位犯罪。②

其实,立法者未规定单位犯罪并非立法有疏漏,因为国家禁止器官买卖,单位经营人体器官业务必然属于非法业务,要么是专门为实施犯罪活动而设立的单位,实务中都是直接认定为自然人犯罪;要么是合法单位中的部分责任人员私自参与器官买卖行为,对这些合法单位中的主管人员和直接责任人员(如医院中的个别医务人员)直接以该罪定罪处罚即可。相反,若设立单位犯罪,反而意味着国家允许合法经营人体器官买卖业务。正如虽然单位也可能组织实施杀人、放火、盗窃犯罪活动,但没有哪一个国家会将杀人罪、放火罪、盗窃罪设立为单位犯罪一样。

10. 本罪的既遂标准是卖出还是摘取人体器官?

刑法理论通说认为,组织出卖人体器官罪是所谓行为犯,而不是结果犯,只要行为人组织他人出售人体器官的行为实施完毕,对《刑法》所保护的法益构成

---

① 参见陈洪兵:《同意伤害的可罚性检讨——以共犯的处罚根据为视角》,载《中国石油大学学报(社会科学版)》2008年第1期。

② 参见李建国、张建兵:《组织他人出卖人体器官罪的理解和适用》,载《中国检察官》2011年第7期。

实际的威胁,即可认定为犯罪既遂。行为人是否摘取、出卖人体器官以及是否从出卖行为获利不影响既遂的认定。① 本书认为,由于本罪所保护的法益是出卖者的身体健康,故应以实际摘取人体器官为既遂标准,而不是以卖出人体器官为既遂标准。

11. 非法摘取活体器官未造成伤害结果,能否以故意伤害罪论处?

该问题的实质是,《刑法》第234条之一第2款规定是故意规定还是法律拟制? 若认为该款是注意规定,则认定成立故意伤害罪的条件是,行为人主观上具有伤害的故意、客观上也已造成伤害结果。若认为是法律拟制,则即便行为人没有伤害的故意或者客观上未造成伤害结果,也能认定为故意伤害罪既遂。

本书认为,未经同意摘取活体器官既是对本人生命健康权的侵犯,也是对本人自决权的侵犯;即便非法摘取行为尚未造成伤害结果,也值得作为故意伤害罪既遂加以处罚。因此,该款规定属于法律拟制,即便行为人没有伤害、杀人的故意或者客观上未造成伤害、死亡的结果,也应以故意杀人罪、故意伤害罪加以处罚。当然,当非法摘取活体器官的行为完全符合故意伤害罪、故意杀人罪构成要件时,更应以故意伤害罪、故意杀人罪论处,从这个意义上讲,该款又具有注意规定的一面。

12. 如何理解"未经本人同意"摘取其器官?

"未经本人同意",意味着摘取人体器官的行为没有获得"供体"的许可。这里的"同意",必须是"供体"真实意思表示的反映,任何有瑕疵的意思表示都应当视为"未经本人同意"。例如,在受欺骗、胁迫或乘人之危的情况下"供体"作出的同意的意思表示,就不得视为本人同意。需要注意的是,"'未经本人同意'除了摘取器官遭到'本人'的拒绝以外,还应该包括摘取的器官与'本人'所承诺的内容不一致,这主要表现在:实际摘取的器官的种类与'本人'承诺摘取的器官的种类不同;实际摘取的器官的程度与'本人'承诺摘取的器官的

---

① 参见赵秉志主编:《刑法修正案(八)理解与适用》,中国法制出版社2011年版,第299页。

程度不同。"① 摘取不满18周岁的人的器官以及强迫、欺骗他人捐献器官的实质也是"未经本人同意"摘取其器官,之所以另行规定,只是为了强调、提醒人们注意而已。因此,并非如有的学者所言,未规定摘取精神病人器官的处理是立法有疏漏。② 摘取不具有同意能力的精神病人的器官的,完全符合"未经本人同意摘取其器官"要件,依照第2款规定成立故意伤害罪、故意杀人罪。

13. 何为"欺骗"他人捐献器官?

谎称摘取一个肾脏支付10万元,但最终仅支付3万元或者摘取角膜是为了移植给近亲属,但实际上移植了不相关的其他人,谎称摘取器官是用于无偿捐献的目的,但摘取后以高价卖给他人的等等,是否属于第2款中的"欺骗"而成立故意伤害罪?有学者认为,"'欺骗他人捐献器官',应判断欺骗下的被害人承诺是动机错误还是法益处置错误,若是前者(如隐瞒出卖意图劝捐的),不影响承诺效力,阻却伤害罪成立;若是后者(如摘取部位的欺骗,术后状况的隐瞒),则承诺无效,构成伤害罪。"③还有学者指出,"第一,如果捐献者对法益意义、范围产生认识错误,该同意无效。例如,对被害人谎称捐献的器官会自己再生,如果被害人因此而同意捐献,那么属于对所放弃的法益的意义(健康的意义)的认识错误,该同意无效。第二,欺骗捐献者使其同意捐献某器官,实际摘取的是另一器官,该同意无效。第三,如果捐献者只是因受骗而发生捐献动机方面的错误,该捐献器官的同意有效。例如,谎称会支付对方5万元而骗取对方同意捐献器官,实际上并未支付。由于被害人对于所放弃的器官即'伤害'的结果有明确的认识,因此不是关于法益关系的错误,该同意有效,行为人不构成故意伤害罪,但可能构成诈骗罪等其他犯罪。"④

---

① 王志祥、张伟珂:《论〈刑法修正案(八)中的人体器官犯罪〉》,载《山东警察学院学报》2011年第3期。
② 参见王志祥、张伟珂:《论〈刑法修正案(八)中的人体器官犯罪〉》,载《山东警察学院学报》2011年第3期。
③ 王强:《组织出卖人体器官罪之解读——解析〈刑法修正案(八)〉第37条》,载《政治与法律》2011年第8期。
④ 陈家林:《〈刑法修正案(八)〉器官犯罪规定之解析》,载《法学论坛》2011年第3期。

本书基本赞成后一种观点的结论,但不同意谎称支付金钱而实际并未支付的为动机错误因而不构成伤害罪的结论。因为,对于经济窘迫而被迫出卖器官的供体来说,器官能够换取数目可观的金钱是其做出放弃器官与否的重要考虑因素,而且,"非商业化"的人体器官移植原则也在一定程度上制约了同意出卖器官行为中伤害承诺的效力,因此,谎称支付对价而引诱供体同意摘取器官的,承诺无效,成立故意伤害罪。当然,只有承诺支付的金钱与实际支付的金钱相差悬殊时,才可认定为"欺骗"而成立故意伤害罪。例如,承诺支付10万元,而实际仅支付3万元,可构成欺骗。若承诺支付10万元,而实际支付了8万元的,可以不认定为欺骗,不构成故意伤害罪,但由于骗取的对象是器官而不是金钱,也难以成立诈骗罪。此外,谎称摘取的器官用于捐献的目的而实际用于出售的,以及谎称摘取后捐给其近亲属,而实际上移植给他人的,也属于重大事实的欺骗,故也应认为承诺无效,成立故意伤害罪。

可以肯定下列欺骗行为不属于《刑法》第234条之一第2款中的"欺骗"。一是与重要目的没有关系的接受方的欺骗。例如,甲欺骗乙说将肾脏捐献给一位女士,事实上捐给一位男性的,不成立故意伤害罪(如果甲欺骗乙说将肾脏出卖给一位女士,事实上出卖给一位男性的,则成立组织出卖人体器官罪)。二是与侵害程度没有关系的摘取医生的欺骗。例如,甲欺骗乙说其捐献器官时由主任医师X摘取器官,事实上是由副主任医师Y摘取器官的,不成立故意伤害罪(如果甲欺骗乙说出卖器官时由主任医生X摘取器官,事实上由副主任医生Y摘取器官的,则成立组织出卖人体器官罪)。①

14. 应否将《刑法》第234条之一的第3款中的"生前未表示同意"表述为"生前未表示不同意"?

《人体器官移植条例》第8条第2款规定:"公民生前表示不同意捐献其人体器官的,任何组织或者个人不得捐献、摘取该公民的人体器官;公民生前未表

---

① 参见张明楷:《组织出卖人体器官罪的基本问题》,载《吉林大学社会科学学报》2011年第5期。

示不同意捐献其人体器官的,该公民死亡后,其配偶、成年子女、父母可以以书面形式共同表示同意捐献该公民人体器官的意愿。"有学者据此认为,无论如何解释"违背本人生前意愿""本人生前未表示同意"都会出现处罚空隙。"可见,《刑法修正案(八)》新增之行政犯却无视相关行政法规规定而草率措辞,酿成疏漏。并且这一疏漏恐作解释也无能为力,只能在立法上作出修正:将'本人生前未表示同意'修改为'本人生前未表示不同意',这样与'本人生前未表示不同意'并列的'违背本人生前意愿'当然就是指'本人生前表示不同意'的情形,如此方能与行政法规一致,四个规则皆能涵盖在内。综上,本款行为包括:违背本人生前不同意(全部或者部分不同意)意愿摘取;本人生前无不同意表示时,违背近亲属意愿摘取(二者统称未得同意摘取);或者本人生前无不同意表示,违反国家规定摘取尸体器官三种类型。"①

本书认为,若将"违背本人生前意愿"理解为"违背本人生前表示不同意的意愿",的确"生前表示不同意"与"生前未表示不同意"就形成了既无重叠又无空隙的局面,但事实上,"违背本人生前意愿"比"生前表示不同意"涵盖的范围要广得多,二者并不能简单画等号,此为其一。其二,立法者明知《人体器官移植条例》的规定,而"故意"不表述为"生前未表示不同意",而是表述为"生前未表示同意",一则表明生前未作是否捐献的意思表示,二则表明立法者为了缓解器官供应短缺的局面而希望公众生前积极表达同意捐献的意愿,以便既能满足器官移植的需要,又能最大限度地尊重死者生前的意愿。其三,现在的表述并不至于形成处罚空隙。生前明确表示不同意而摘取其尸体器官的,属于"违背本人生前意愿摘取其尸体器官";生前明确表示愿意捐献尸体器官的,按照本人生前意愿摘取器官自然不构成犯罪;不完全按照本人生前意愿摘取器官,比如同意捐献角膜而挖掉肾脏的,或者摘取后加以出卖的,均属于"违背本人生前意愿摘取";本人生前未作同意或不同意的意思表示的,即属于"生前未表示同意",从而推定本人并不反对死后捐献器官,在有近亲属的情况下,根据全体近亲属书面

---

① 王强:《组织出卖人体器官罪之解读——解析〈刑法修正案(八)〉第37条》,载《政治与法律》2011年第8期。

同意摘取器官用于捐献,当然不构成犯罪,没有近亲属的,依照国家相关规定,进行器官捐献,自然也不构成犯罪。

15.《刑法》第234条之一的第3款规定是注意规定还是法律拟制?

若认为该款系注意规定,则非法摘取尸体器官进行移植的,只有完全符合盗窃、侮辱尸体罪(现在是盗窃、侮辱、故意毁坏尸体、尸骨、骨灰罪)构成要件时方能以该罪论处;相反,若认为属于法律拟制,则即便并不完全符合盗窃、侮辱尸体罪构成要件,也能以该罪论处。有学者认为,"构成我国刑法中的盗窃、侮辱尸体罪,客观方面必须有盗窃或侮辱尸体的行为,主观方面必须要有盗窃、侮辱尸体的故意。医生为移植而在医院摘取尸体器官,由于尸体是在医生或医院的掌握控制之下(尚未移交给死者亲属),不能成为自己窃取的对象,所以,不符合盗窃尸体的构成要件;又由于侮辱尸体是以行为人有使死者亲属受羞辱的恶意为主观要件的,而医生为移植非法摘取尸体器官,显然不具有这样的恶意,因此,不可能构成盗窃、侮辱尸体罪,只能视为违反医疗法规的一般违法行为,可酌情给予民事或行政处罚。不过,如果尸体在死者亲友的控制之下或已经埋葬,他人(包括医生)盗取尸体(或尸体器官)供移植用,则可能构成盗窃尸体罪。"[①]若这种观点成立的话,《刑法》第234条之一第3款的规定是将原本不符合盗窃、侮辱尸体罪构成要件的行为也按照盗窃、侮辱尸体罪处理,因而属于法律拟制。

应该说,上述法律拟制说存在疑问。首先,刑法用语具有相对性,因为法益与行为对象的差异,而不能用盗窃罪中一般财物占有原理来认定盗窃尸体罪的成立。为此,"法益与对象的差异,决定盗窃尸体罪与盗窃罪之'盗窃'不同,盗窃尸体之盗窃就是未得本人生前或近亲属同意取走尸体或者尸体器官的行为,尸体实际占有状态不影响本罪成立。"其次,侮辱尸体罪不以行为人有使死者亲属受羞辱的恶意为主观要件。"犯罪本质是法益侵害,无论主观上是否有使人受羞辱的恶意,只要行为人客观上造成对死者人格、亲属情感等社会风尚的侵害,主观上认识到并未得到权益人同意,可能侵害到权益人情感等,而希望或放任这一侵害发生,就足以

---

① 刘明祥:《器官移植涉及的刑法问题》,载《中国法学》2001年第6期。

成立本罪；主观上是羞辱、报复还是其他目的或动机不影响本罪成立，人为添加主观要件，只会不当限制本罪范围。""综上，未征得同意摘取尸体器官，侵害了以死者人格、亲属情感为内容的善良风尚法益，行为方式也未溢出'盗窃、侮辱'语义范围，以'盗窃、侮辱尸体罪'论处，是注意规定，而非法律拟制。"①

虽然本书原则上同意《刑法》第234条之一第3款是注意规定的观点，但由于学界对盗窃、侮辱尸体罪构成要件的解释并没有深入展开，也没有形成共识，如摘取多大的器官，算是盗窃、侮辱尸体就可能存在争议；既如此，本书认为，非法摘取尸体器官的行为无论是否符合盗窃、侮辱尸体罪的构成要件，都应以盗窃、侮辱尸体罪定罪处罚。从这个意义上讲，《刑法》第234条之一第3款也具有法律拟制的一面。

第五节　过失致人重伤罪

·导　读·

从理论上讲，过失致人重伤罪的实行行为，也必须具有类型性地导致重伤结果发生危险性的行为。过失致人重伤罪实行行为的判断，其实也是其是否违反避免他人遭受重伤结果的注意义务的判断。交通肇事致一人重伤，未达到交通肇事罪立案标准的，不能以过失致人重伤罪定罪处罚。过失致人重伤罪与故意致人重伤的区别，不仅在于行为人的认识与意志因素不同，即是否认识和接受重伤结果的发生，还在于甚至主要在于，行为人实施的行为是否属于通常可能导致伤害结果发生的行为。出于轻伤故意造成重伤结果的，成立故意(重)伤害罪，而不是过失致人重伤罪。"本法另有规定的，依照规定"，并不是所谓法条竞合时特别法优于普通法的适用原则的重申，而是指引提醒适用重法的注意性规定。除个别犯罪，如交通肇事罪外，

---

① 王强：《组织出卖人体器官罪之解读——解析〈刑法修正案(八)〉第37条》，载《政治与法律》2011年第8期。

同时构成其他犯罪的,从一重处罚即可。

条 文

第二百三十五条 【过失致人重伤罪】过失伤害他人致人重伤的,处三年以下有期徒刑或者拘役。本法另有规定的,依照规定。

实务疑难问题

1. 如何认定过失致人重伤罪的实行行为？

案1:被告人张某因丈夫宋某旷工一事,在家中与宋某发生争执,后张某从木质联邦椅上用力拽拉宋某欲使其起身去上班,致宋某腹部撞击椅子扶手,致脾脏破裂,构成重伤。法院认定被告人张某构成过失致人重伤罪。[①]

应该说,生活常识表明,用力拽拉他人可能使他人重心不稳以致撞到东西,不难认定张某在客观上创设了致使宋某重伤的危险,重伤结果只能归责于张某,且张某具有预见重伤结果发生的可能性,因此,法院认定被告人张某构成过失致人重伤罪是正确的。

从理论上讲,过失犯也有实行行为。就过失致人重伤罪而言,其实行行为也必须是具有类型性地导致重伤结果发生危险性的行为。不过,过失犯的实行行为,相对于故意犯的实行行为而言,比较缓和。行为人推搡他人,致使他人倒地触碰尖锐物品,造成脾脏破裂(重伤),属于作为方式的过失重伤行为。父母照看幼儿不当,幼儿爬高摔成重伤的,属于不作为方式的过失重伤行为。可以说,过失重伤行为的实质都是行为人违反注意义务,没有注意其行为所具有的致人重伤的危险性,以致引起他人重伤。因此,行为人是否实施过失重伤行为,关键在于行为人在客观上是否负有避免他人重伤的注意义务,对此应当根据法律法规的规定或者生活常理予以确定。只要能够认定行为人在客观上负有避免他人

[①] 参见山东省沂水县人民法院刑事附带民事判决书,(2015)沂刑一初字第65号。

重伤的注意义务,在出现重伤结果时,就能认定行为人存在过失重伤行为。反之,如果行为人在客观上并不负有避免他人重伤的注意义务,如行为人将斧头借给邻居使用,结果邻居家小孩玩耍斧头时,不小心重伤了其他小孩的,行为人就不存在过失重伤行为,因为其时行为人并无监管斧头的安全使用义务。[1] 所以,从这个意义上说,过失致人重伤罪实行行为的判断,其实也是其是否违反避免他人遭受重伤结果的注意义务的判断。

2. 交通肇事致一人重伤,未达到交通肇事罪立案标准的,能否以过失致人重伤罪定罪处罚?

案2:被告人万某驾驶无号牌两轮电动车(超标)载女儿在行驶过程中,与在其前方行走的行人陈某发生碰撞,造成陈某重伤二级,万某亦受伤,车辆受损。经交警部门认定,万某承担本起交通事故的全部责任。检察院指控被告人万某犯过失致人重伤罪。一审法院认为,被告人万某驾驶电动自行车在道路上行驶时造成一人重伤且承担本起道路交通事故的全部责任,根据特别法优于普通法适用以及刑法谦抑性原则,该案不应以过失致人重伤罪追究其刑事责任,故公诉机关指控被告人万某犯过失致人重伤罪罪名不成立。检察院抗诉认为:第一,原判以特别法优于普通法的适用原则,认定万某不构成过失致人重伤罪的判决,系适用法律错误;第二,类似万某的行为被科处刑罚,在司法实践中有判例可循;第三,以过失致人重伤罪追究万某的刑责,不违背刑法的谦抑性原则。二审法院认为,原审被告人万某驾驶电动自行车在道路上行驶时造成一人重伤且承担本起道路交通事故的全部责任,其行为不构成交通肇事罪;根据特别法条优于普通法条的适用原则,该案亦不能以过失致人重伤罪追究其刑责。[2]

应该说,法院认定被告人万某不构成过失致人重伤罪是正确的。之所以对交通事故责任人有主次责任认定和成立犯罪的要求,是因为交通肇事罪发生在

---

[1] 参见冯军、梁根林、黎宏主编:《中国刑法评注》(第2卷),北京大学出版社2023年版,第2070页。

[2] 参见安徽省黄山市中级人民法院刑事裁定书,(2017)皖10刑终83号。

公共交通领域,交通参与的各方都负有一定的注意义务,也就是存在所谓过错相抵。所以,不符合交通肇事罪成立条件,不能反过来成立法定刑可能更重的过失致人重伤罪。

2000年11月15日最高人民法院公布的《关于审理交通肇事刑事案件具体应用法律若干问题的解释》规定,交通肇事死亡1人或者重伤3人,负事故全部或者主要责任;死亡3人以上,负事故同等责任;交通肇事致1人以上重伤,负事故全部或者主要责任,并且具有下列6种情形之一的,以交通肇事罪定罪,处3年以下有期徒刑或者拘役。虽然从理论上讲,交通肇事罪作为业务过失犯罪,违法性比普通过失犯罪更高,处罚应该更重。可是,唯有交通肇事罪的定罪处罚要求分清事故的主次责任,即便致人重伤、死亡,没有达到一定条件的,也不能以交通肇事罪追究刑事责任。就是因为,交通肇事罪发生在公共交通领域,交通运输的参与方,包括行人,都负有一定的注意义务。在城市人行道上压马路和在农村乡间小道、田间地头溜达,行为人的注意义务是不同的。而且,为了保证现代生活的高效快捷,交通运输是被允许的危险,所以必须在交通参与的各方中分配责任,相当于民法上的过错相抵。应该说,有关交通肇事罪的上述司法解释规定,还是具有一定合理性的。行为不构成交通肇事罪,不能反过来以普通过失犯罪——过失致人重伤罪定罪处罚。

3. 如何区分过失致人重伤罪与故意致人重伤?

过失致人重伤罪与故意致人重伤,都造成了重伤结果。由于二者的法定刑相差悬殊,因此对二者有严格区分的必要。对此,无论理论还是实务,均从意志因素出发,看重伤结果的发生是否符合行为人的意志,符合其意志的属于故意致人重伤,否则属于过失致人重伤。至于重伤结果的发生是否符合行为人的意志,应当根据案件的起因、行为当时的条件、行为方式以及行为人对结果的事后态度等进行综合判断。[①]

[①] 参见冯军、梁根林、黎宏主编:《中国刑法评注》(第2卷),北京大学出版社2023年版,第2070页。

其实,二者的区别不仅在于行为人的认识与意志因素不同,即是否认识和接受重伤结果的发生,还在于甚至主要在于,行为人实施的行为是否属于通常可能导致伤害结果发生的行为。过失致人重伤的行为,一般属于日常生活行为,通常不具有导致伤害结果发生的危险性,如推搡、轻微暴力、一般殴打、厮打、掌掴行为。而故意致人重伤的行为,一般属于严重暴力、使用工具打击、向身体重要部位击打等行为,而通常具有导致伤害甚至重伤结果危险性。所以,区分过失致人重伤罪与故意致人重伤,应坚持从客观到主观,首先看行为人是否实施了通常具有导致伤害结果甚至重伤结果危险性的行为,然后看行为人是否认识到伤害结果的发生和接受伤害结果。若是,则构成故意(重)伤害罪;若不是,则可能构成过失致人重伤罪;若行为人对伤害结果缺乏预见的可能性,则属于意外事件。

4. 出于轻伤故意造成重伤结果的,是成立过失致人重伤罪还是故意伤害罪?

《刑法》第234条第2款前段规定的故意伤害致人重伤,是第1款规定的故意伤害罪的结果加重犯。故意伤害致人重伤,包括出于重伤的故意导致重伤结果和出于轻伤故意导致重伤结果两种情形。因此,出于轻伤故意造成重伤结果的,应成立故意(重)伤害罪,而不是过失致人重伤罪。

5. 如何理解"本法另有规定的,依照规定"?

刑法理论通说认为,"本法另有规定的,依照规定",是指因过失致人重伤的行为,在《刑法》分则中另有规定的,应按相应的罪处理,而不再适用本条定罪处罚。[1] 其实,这种规定,并不是所谓法条竞合时特别法优于普通法的适用原则的重申,而是指引提醒适用重法的注意性规定。除个别犯罪,如交通肇事罪外,同时构成其他犯罪的,从一重处罚即可。

---

[1] 参见高铭暄、马克昌主编:《刑法学》(第10版),北京大学出版社、高等教育出版社2022年版,第468页。

第六节　雇用童工从事危重劳动罪

·导　读·

《刑法》设立本罪,旨在保护未成年人的身体和身心健康。本罪中"的"的表述不当,应对本罪进行补正解释:雇用童工从事超强度体力劳动和高空、井下作业的,成立犯罪也要求"情节严重"。可将"雇用"拆解为"雇佣"和"使用(或利用)",行为人采用欺骗方法让童工从事危重劳动但不支付报酬的,也属于"雇用"童工从事危重劳动而构成本罪。雇用童工从事危重劳动同时强迫劳动的,可能成立想象竞合和数罪并罚。本罪不是单位犯罪,而是自然人犯罪。

/条　文/

第二百四十四条之一　【雇用童工从事危重劳动罪】违反劳动管理法规,雇用未满十六周岁的未成年人从事超强度体力劳动的,或者从事高空、井下作业的,或者在爆炸性、易燃性、放射性、毒害性等危险环境下从事劳动,情节严重的,对直接责任人员,处三年以下有期徒刑或者拘役,并处罚金;情节特别严重的,处三年以上七年以下有期徒刑,并处罚金。

有前款行为,造成事故,又构成其他犯罪的,依照数罪并罚的规定处罚。

实务疑难问题

1. 本罪的立法目的是什么?

一般认为,强迫劳动罪是侵犯人身自由和人格尊严的犯罪。立法者在强迫劳动罪之后紧接着规定雇用童工从事危重劳动罪,显然不是旨在保护未满16周岁的未成年人的人身自由和人格尊严,而是在于保护"未成年人的身体和身心健康权利"①。也就是说,国家之所以规定用工的年龄为16周岁以上,一方面,因为未满16周岁的未成年人正是求学的年龄,为保证他们享受九年义务教育,不允许雇佣他们从事劳动;另一方面,未满16周岁的未成年人的身体身心发育尚未成熟,不能接受高强度的体力劳动。所以,《刑法》设立本罪,主要旨在保护未成年人的身体和身心健康。

2. 如何理解本罪的几种行为类型?

本罪规定了三种行为类型:(1)雇用童工从事超强度体力劳动;(2)雇用童工从事高空、井下作业;(3)雇用童工在爆炸性、易燃性、放射性、毒害性等危险环境下从事劳动。

一般而言,所谓超强度体力劳动是指使未满16周岁的未成年人从事四级体力劳动。此外,如果雇用未满16周岁的未成年人从事非四级的体力劳动,劳动的强度已明显超出了童工的体力承受度,会给其生长发育带来较大影响的,也属于雇用未满16周岁的未成年人从事超强度体力劳动。

所谓高空作业,是指在离地较高的空间进行的作业,如高空架设线路、空中清洗、高空建筑等。根据高处作业等级规定,高处作业,是指在坠落高度基准面2米以上(含2米)有可能坠落的高处进行的作业。所谓井下作业,是指在地面以下的空间所进行的作业,如井下采煤、采矿等。

危险环境并不限于明文列举的爆炸性、易燃性、放射性、毒害性环境,还包括粉尘严重、极端低温或者高温环境、疫病流行等危险环境。危险环境既包括劳动环境本身具有爆炸性、易燃性、毒害性等危险属性,如让未满16周岁的未成年人在农药厂生产线工作等,也包括劳动本身具有爆炸性、易燃性、放射性、毒害性等危险属性,如让小学生卷鞭炮、插炮引等。实务中,行为人雇用未满16周岁的未成年人在冥纸作坊做工,后因失火造成4名未满16周岁的人死亡,以及雇用未满16周岁的人在存放易燃和具有危险性的甲苯等溶剂的仓库内工作,

---

① 参见高铭暄、马克昌主编:《刑法学》(第10版),北京大学出版社、高等教育出版社2022年版,第481页。

因未满16周岁的人操作不慎导致溶剂发生燃烧并蔓延造成受伤的,均被法院认定行为人构成这一类型的雇用童工从事危重劳动罪。①

3. 雇用童工从事超强度体力劳动和高空、井下劳动,成立犯罪是否要求"情节严重"?

有学者这样表述本罪:"雇用童工从事危重劳动罪,是指违反劳动管理法规,雇用未满16周岁的未成年人从事超强度体力劳动,或者从事高空、井下作业,或者在爆炸性、易燃性、放射性、毒害性等危险环境下从事劳动,情节严重的行为。"② 2008年6月25日最高人民检察院、公安部公布施行的《关于公安机关管辖的刑事案件立案追诉标准的规定(一)》第32条规定,违反劳动管理法规,雇用未满16周岁的未成年人从事国家规定的第四级体力劳动强度的劳动,或者从事高空、井下劳动,或者在爆炸性、易燃性、放射性、毒害性等危险环境下从事劳动,涉嫌下列情形之一的,应予立案追诉:(1)造成未满16周岁的未成年人伤亡或者对其身体健康造成严重危害的;(2)雇用未满16周岁的未成年人3人以上的;(3)以强迫、欺骗等手段雇用未满16周岁的未成年人从事危重劳动的;(4)其他情节严重的情形。

很显然,上述学者和司法解释均将"情节严重",看作是三种行为类型成立犯罪的共同要求。也就是说,雇用童工从事超强度体力劳动和高空、井下劳动,成立犯罪也要求达到"情节严重"的程度。应该说,从条文表述上("或者"前面有"的")不能得出这一结论。因为"的"是罪状表述完结的标志。根据条文表述,雇用童工从事超强度体力劳动或者高空、井下劳动就成立犯罪,而无须"情节严重",只有雇用童工在爆炸性、易燃性、放射性、毒害性等危险环境下从事劳动,成立犯罪才需要达到"情节严重"的程度。不过,一般而言,雇用童工在危险环境下从事劳动,相较于雇用童工从事超强度体力劳动和高空、井下劳动而言,可能对儿童的身心和身体健康的危害更为严重。所以,从罪刑相适应和实质的

---

① 参见冯军、梁根林、黎宏主编:《中国刑法评注》(第2卷),北京大学出版社2023年版,第2228页。

② 周光权:《刑法各论》(第4版),中国人民大学出版社2021年版,第62页。

解释的角度讲,应对本罪进行补正解释:即使雇用童工从事超强度体力劳动和高空、井下劳动,成立犯罪也要求"情节严重"。从这个角度讲,《关于公安机关管辖的刑事案件立案追诉标准的规定(一)》中司法解释的规定也是可以接受的。

4. 行为人采用欺骗方法让童工从事危重劳动但不支付报酬的,是否属于"雇用"?

应该说,不支付报酬的情形比支付报酬的情形更严重,所以,从当然解释的角度讲,不支付报酬雇用童工为其做工的,没有理由不认定为犯罪。其实"可以将'雇用'拆解为'雇佣''使用(或利用)',从而使本罪包括不支付报酬的情形"[①]。也就是说,行为人采用欺骗方法让童工从事危重劳动但不支付报酬的,也属于"雇用"童工从事危重劳动,能构成本罪。

5. 雇用童工从事危重劳动同时强迫劳动的,如何处理?

行为人如果以暴力、威胁或者限制人身自由的方法强迫未满16周岁的未成年人从事危重劳动,由于在"劳动"这一点上是重合的,所以成立本罪与强迫劳动罪的想象竞合。但如果行为人在雇用童工从事危重劳动之外,另外偶尔强迫童工劳动或者在强迫童工劳动之外,还偶尔让童工从事危重劳动,均达到了犯罪的程度,则可能以本罪与强迫劳动罪数罪并罚。

6. 本罪是自然人犯罪还是单位犯罪?

有观点认为,本罪主体是用人单位,即理论上通常认为本罪属于单位犯罪。与强迫劳动罪不同,刑法对本罪的处罚采用"单罚制"的原则,即只处罚用人单位的直接责任人员,而不对雇用童工的单位进行处罚。直接责任人员,是指雇用童工从事特定劳动的用人单位的具体决策者和直接实施者。[②] 应该说,由于本罪只处罚"直接责任人员",根据"无刑无罪"原则,不能认为本罪是单位犯罪和

[①] 张明楷:《刑法学》(第6版)(下册),法律出版社2021年版,第1179页。
[②] 参见刘宪权主编:《刑法学》(第6版)(下册),上海人民出版社2022年版,第597页。

单位是本罪的犯罪主体。如果单位雇用未满 16 周岁的未成年人从事危重劳动的,不能追究单位的刑事责任,而只能对组织、策划、实施该行为的自然人以本罪追究刑事责任。①

第七节　虐待被监管人罪

· 导　读 ·

　　本罪与虐待罪的本质相同,都是侵害身体健康的犯罪。检察院、法院的司法警察在押解被监管人的途中或者在提讯时、法院休庭时殴打或者体罚虐待被监管人的,也能构成本罪。监察机关留置场所的工作人员殴打或者体罚虐待留置人员的,能构成本罪。对被监管人实施性虐待的,成立本罪与强奸罪、强制猥亵罪的想象竞合。本条第 2 款的规定,是注意规定。监管人员指使被监管人殴打或者体罚虐待其他被监管人的,也只有情节严重,才能认定成立本罪。第 1 款后段致人伤残、死亡的依照故意伤害、杀人罪定罪从重处罚的规定属于法律拟制,只要行为人对死伤结果具有预见可能性,即便没有伤害、杀人的故意,致人伤残、死亡的,也应以故意伤害、杀人罪定罪处罚。被指使的被监管人是否构成犯罪,取决于监管人员对被指使者是否形成了物理上或者精神上的强制。

/ 条　文 /

　　第二百四十八条　【虐待被监管人罪】监狱、拘留所、看守所等监管机构的监管人员对被监管人进行殴打或者体罚虐待,情节严重的,处三年以下有期徒刑

---

① 参见冯军、梁根林、黎宏主编:《中国刑法评注》(第 2 卷),北京大学出版社 2023 年版,第 2230 页。

或者拘役；情节特别严重的，处三年以上十年以下有期徒刑。致人伤残、死亡的，依照本法第二百三十四条、第二百三十二条的规定定罪从重处罚。

监管人员指使被监管人殴打或者体罚虐待其他被监管人的，依照前款的规定处罚。

实务疑难问题

1. 本罪所保护的法益是什么？

本罪规定在刑讯逼供罪与暴力取证罪之后，虽然可以认为刑讯逼供罪和暴力取证罪侵犯的是人格尊严，但不能认为本罪也只是侵犯被监管人的人格尊严。应该说，本罪除侵犯人格尊严外，还侵犯了被监管人的身体健康和监管秩序。从某种意义上说，本罪与虐待罪的本质相同，都是侵害身体健康的犯罪。

2. 何谓"体罚虐待"？

所谓体罚虐待，是指对被监管人进行殴打以外的肉体折磨和精神摧残。如罚跪罚站、雨淋日晒、冻饿禁闭、侮辱人格、强迫长时间超负荷劳动等。一般而言，虐待包括肉体虐待与精神虐待（如经常性的辱骂、讥讽）。《刑法》第248条在此使用"体罚虐待"一词，表明纯粹精神性虐待的，如监管人员经常性地辱骂、讥讽、嘲弄被监管人而无其他殴打、体罚行为的，不构成本罪。体罚虐待既可以以作为的方式来进行，也可以以不作为的方式进行（如被害人经常被其他犯人殴打，行为人对此却不予制止）。

3. 检察院、法院的司法警察，能否构成本罪？

虐待被监管人罪，是指监狱、拘留所、看守所、拘役所、戒毒所等监管机构的监管人员对被监管人进行殴打或者体罚虐待，情节严重的行为。实践中存在检察院、法院的司法警察在押解被监管人的途中或者在提讯时、法院休庭时殴打或者体罚虐待被监管人的现象。应该说，此时司法警察也是监管人员，履行的也是监管职责，虽然是临时性的，也不妨碍将其行为认定为虐待被监管人罪。

4.监察机关留置场所的工作人员,能否构成本罪?

根据《监察法》的规定,监察机关也属于监管机构,也履行监管职责。因此,监察机关留置场所的工作人员殴打或者体罚虐待留置人员的,也能构成本罪。

5.对被监管人实施性虐待的,如何处理?

对被监管人进行性虐待也可谓体罚虐待,但实施性虐待可能同时构成强奸罪和强制猥亵罪。所以,对被监管人实施性虐待的,成立本罪与强奸罪、强制猥亵罪的想象竞合,从一重处罚。

6.本条第2款的规定是注意规定还是法律拟制?

应该说,即使没有该款的规定,对监管人员指使被监管人殴打或者体罚虐待其他被监管人的,也应以本罪论处。所以,该款规定不是法律拟制,而是注意规定。

7.适用本条第2款,是否需要情节严重?

本条第1款属于基本规定,第2款是注意规定。注意规定的适用,以行为完全符合基本规定为前提。所以,监管人员指使被监管人殴打或者体罚虐待其他被监管人的,也只有情节严重,才能认定为本罪。不过,情节严重与否,不仅要考虑"指使"行为本身是否情节严重,也要考虑被指使者的殴打、体罚虐待行为是否情节严重。

8.对于被监管人指使实施殴打、体罚虐待的被监管人(被指使者),应当如何处理?

应该说,如果指使行为达到了一定强度,可以评价为对被指使者形成了物理上或者精神上的强制,则对被指使者不应以犯罪论处。如果指使行为没有达到上述强度,被指使者的行为构成犯罪的,监管人员仍然是本罪的正犯,被指使者成立本罪的共犯。

9. 本条第 1 款后段致人伤残、死亡的依照故意伤害、杀人罪定罪从重处罚的规定,是注意规定还是法律拟制?

理论通说还是认为本规定是注意规定,即只有在行为人具有伤害、杀人故意时才能以故意伤害、杀人罪定罪从重处罚。应该说,根本没有进行注意规定的必要,而且在长期殴打或者体罚虐待中偶尔萌生伤害、杀人的故意进行造成伤残、死亡结果的,本来应当数罪并罚,所以,"注意规定说"其实又在罪数问题上进行了拟制。故此,应将之理解为法律拟制,只要行为人对死伤结果具有预见可能性,即便没有伤害、杀人故意,致人伤残、死亡的,也应以故意伤害、杀人罪定罪处罚。

第八节 虐 待 罪

· 导 读 ·

理论与实务普遍存在认识误区:认为只要发生在家庭成员间,即便符合了伤害罪、杀人罪构成要件,也仅成立虐待罪;凡是具有经常性、持续性、反复性的"虐待"行为,就只能成立虐待罪。其实,虐待行为一旦同时符合了故意伤害罪和故意杀人罪构成要件,即便对象是家庭成员和行为具有经常性、持续性、反复性,也理所当然应以故意伤害罪(包括故意伤害致死)和故意杀人罪定罪处罚,或者与虐待罪数罪并罚。

雇主虐待保姆的,也能构成虐待罪。对于家庭成员,故意不提供衣食住行等方面的必要保护的,既成立虐待罪,也成立遗弃罪,属于想象竞合,从一重处罚。"虐待",包括精神虐待。虐待罪不是继续犯,其追诉时效应从虐待罪成立之日起算。持续虐待的,也可以认为是连续犯,追诉时效从犯罪终了之日起算。虐待致人死亡,可以包括被害人自杀。虐待(过失)致人死亡的,成立虐待(过失)致人死亡,但不能判处低于过失致人死亡罪的基本犯的法定刑(3 年以上 7 年以下有期徒刑),即只能处 3 年以上 7 年以下有期徒刑。

条　文

第二百六十条　【虐待罪】虐待家庭成员，情节恶劣的，处二年以下有期徒刑、拘役或者管制。

犯前款罪，致使被害人重伤、死亡的，处二年以上七年以下有期徒刑。

第一款罪，告诉的才处理，但被害人没有能力告诉，或者因受到强制、威吓无法告诉的除外。

实务疑难问题

1. 我国刑法为何在故意伤害、杀人罪之外规定虐待罪？

案1：被告人王某宇在2008年与董某珊谈恋爱期间，就曾殴打过董某珊五六次。董某珊嫁给王某宇之后，王某宇经常虐待她。一次二人发生冲突后，王某宇将董某珊带到河北廊坊的一套公寓里关起来，在长达半个月的时间里，王某宇多次殴打虐待董某珊。之后，王某宇持续殴打董某珊。后来董某珊偷跑回娘家，娘家看董某珊伤势严重，将她送到了医院，但董某珊在医院挣扎两个多月后死亡。医院的鉴定结论是，多发伤、腹膜后巨大血肿、多脏器功能衰竭死亡。北京市朝阳区人民检察院以虐待罪起诉，北京市朝阳区人民法院以虐待致死判处王某宇6年6个月有期徒刑。该案一审法官李某表示，不同的罪名有着不同的证据标准，而现有的证据并不能证明王某宇构成故意伤害罪。[①]

应该说，上述判决至少存在三点疑问：第一，若被害人董某珊不是被告人的妻子，而是邻家女孩，是否就只能认定为过失致人死亡罪甚至宣告无罪了？第二，夫妻关系存续期间人身自由仍受到《刑法》保护，被害人遭丈夫暴行后逃回

[①] 参见吴晓杰：《虐待，还是故意伤害？》，载《检察日报》2010年12月1日，第5版。

家又多次被丈夫强行劫走,并关闭在狭小空间里,人身自由处于被剥夺的状态,被告人使用暴力致人死亡,能否适用第 238 条第 2 款后段非法拘禁中"使用暴力致人伤残、死亡的,依照本法第二百三十四条、第二百三十二条的规定定罪处罚"的规定,认定为故意杀人罪?第三,若被告人采取向被害人饮食里每天添加一定量对人体有害的微量元素,日积月累最终达到致死量的,是否因为具备长期性、经常性、一贯性因素而不能认定为故意杀人罪?

该案中,从被告人与被害人身体力量的悬殊对比,被告人殴打的次数、部位、力度,被害人的诊断书,以及公安机关关于死亡原因的鉴定结论来看,被告人变态地对妻子施以极其残忍的虐待,在主观上具有伤害的故意,客观上完全属于伤害行为,因而,残忍虐待最终导致生命丧失的行为,完全符合故意伤害(致死)罪的构成要件;毫无疑问同时构成了虐待罪与故意伤害(致死)罪构成要件,应当数罪并罚。而且,被害人虽为人妻,但仍然具有受《刑法》保护的人身自由,被告人将被害人关押在河北廊坊以及河北苟各庄的狭小空间内,完全剥夺被害人的人身自由多日,在非法拘禁的同时还对其使用暴力,致其身上多处受伤。根据《刑法》第 238 条非法拘禁罪第 2 款后段"使用暴力致人伤残、死亡的,依照本法第二百三十四条、第二百三十二条的规定定罪处罚"的规定,还成立故意杀人罪。故该案最终应以虐待罪与故意杀人罪数罪并罚。

我国《刑法》之所以在故意伤害罪、杀人罪之外专门设立虐待罪罪名,其实是因为,对于家庭成员间发生的殴打、捆绑、针扎、火烫、体罚、不给饭吃、不给治疗等肉体虐待和辱骂、咒骂、讽刺、不让参加社会活动等精神上的虐待行为本身,并未达到可以评价为故意伤害罪、遗弃罪、侮辱罪、非法拘禁罪的程度,若行为本身又具有经常性、持续性、一贯性,达到了值得科处刑罚的程度时,为了对家庭弱势成员进行特殊的保护,才专门设立虐待罪。因此,设立虐待罪绝不意味着"针对家庭成员的伤害,都只能定虐待罪"或者说虽然"虐待罪行为具有长期性和连续性特点,但并非具有这种特点的行为只能定虐待罪"[1]。

---

[1] 郑平:《家庭暴力打死妻子 定虐待罪恐有问题》,载《检察日报》2010 年 11 月 26 日,第 4 版。

虐待罪与故意伤害罪、故意杀人罪之间其实是一种竞合关系,完全可能同时成立虐待罪与故意伤害罪(包括故意伤害致死)和故意杀人罪,通常从一重处罚即可。但若伤害、杀人之外的行为还可单独评价为虐待罪,则还能数罪并罚。也就是说,"如果行为人是故意要致使被害人重伤或者死亡,而采取长期虐待的方式来实现其犯罪目的的,不应按虐待罪来进行处罚,行为人的行为构成了故意伤害或者故意杀人罪,应依照刑法关于故意伤害罪或者故意杀人罪的规定定罪处罚。"①我国立法者之所以将虐待罪的法定刑设置得明显轻于故意伤害罪、故意杀人罪,是因为立法者认为,若虐待行为符合了故意伤害罪、故意杀人罪构成要件的,相信司法人员会充分运用想象竞合与数罪并罚的原理,以故意伤害罪、故意杀人罪论处,从而做到罪刑相适应。现实中理论与实务普遍陷入认识误区,不得不说有违立法初衷。

2. 雇主虐待保姆的,能否构成本罪?

本罪的对象是家庭成员,而家庭成员并不限于有姻亲、亲属、血缘关系的人。也就是说,"共同生活的家庭成员"不限于基于法律上的婚姻家庭关系而共同生活在一起的家庭成员,也包括长年共同生活在一起、事实上已经成为家庭成员的人。② 所以,雇主虐待保姆的,也能成立本罪。当然,雇主虐待偶尔到雇主家做工的钟点工的,由于并未形成事实上的家庭成员关系,不能构成本罪。

3. 能否认为凡是具有经常性、持续性、反复性的"虐待"行为,就只能成立虐待罪?

案2:甲是6岁幼女乙的亲生母亲,甲经常打骂乙,使乙体表、体内有多处外伤导致的陈旧伤。某晚,乙腹部剧痛,甲逼迫乙躺在地板上做仰卧起坐,乙无法完成动作,甲便拉着乙的双手强制乙完成动作。其间,甲听到乙头部沉重撞击地面的声音,但仍扶起来推拉乙七八次,后乙昏迷,住院两日

---

① 熊选国、任卫华主编:《刑法罪名适用指南——侵犯公民人身权利 民主权利罪》,中国人民公安大学出版社2007年版,第64页。

② 参见周光权:《刑法各论》(第4版),中国人民大学出版社2021年版,第93页。

后死亡。鉴定结论是钝性外力多次作用头部致闭合性颅脑损伤死亡。

该案中,乙并非死于长期虐待,而是死于腹部剧痛还被甲强拉着做仰卧起坐致使乙头部沉重撞击地面而死亡。或许对于健康的成年人来说,这种行为不能算是伤害,但对于长期受虐待致"体表、体内有多处外伤导致的陈旧伤"又恰逢腹部剧痛的 6 岁小女孩而言,却是致命性的伤害行为。所以,被告人的行为成立虐待罪与故意伤害(致死)罪,应当实行数罪并罚。

刑法理论通说认为,虐待行为必须具有经常性、一贯性。一方面,轻度的、偶尔的虐待行为不应作为犯罪处理,同时虐待行为不同于故意伤害、故意杀人行为,如果一次打骂、拖延治疗、捆绑等行为而致被害人伤害、死亡的,有可能构成故意杀人、故意伤害、非法拘禁等罪,而不构成本罪。另一方面,虐待行为所造成的结果是使被害人身心遭受摧残,甚至也可能重伤、死亡。但是这一结果是长期日积月累逐渐造成的,而非其中一次虐待行为独立造成。① 可以将通说的立场概括为两点:一是只要是针对家庭成员实施的经常性、持续性、一贯性的摧残、折磨行为,即便造成了伤害、死亡结果,也只能以虐待罪最重判处 7 年有期徒刑;二是凡是成立故意伤害罪、故意杀人罪的,必须伤害、死亡结果是一次性造成的,若系多次反复持续实施而日积月累形成伤害、死亡结果的,如果受害人是家庭成员,则只能认定为虐待罪,若非家庭成员的,要么无罪,要么仅成立过失致人死亡罪(若要求过失致人死亡也必须是一次性行为所造成,则该罪也不能成立)。

理论界的上述共识(实为认识误区),显然已经深入人心。例如,承办本节案 1 "董某珊被虐致死案"的检察官就坚持认为,"虐待行为属连续犯罪,具有经常性、一贯性,表现为一种长期的或连续的折磨和摧残;而故意伤害和故意杀人不存在连续性和长期性,往往是一次性而为。虐待罪致人重伤或死亡与故意伤害罪致人重伤或死亡的加重情节类似,但引起重伤或死亡的原因却截然不同。虐待致人重伤或死亡是由长期的打骂、摧残行为导致的结果,被害人的健康因长期或经常受虐待而逐渐被损害,是日积月累的结果;而故意伤害造成的危害结果,无论多么严重,往往都是一次行为造成的。如果在虐待过程中,行为人狠下

---

① 参见刘宪权主编:《刑法学》(第 6 版)(下册),上海人民出版社 2022 年版,第 617 页。

毒手,故意把被害人杀死(如砍死、毒死)或者故意重伤被害人的,那就不能只构成虐待罪,而应另外构成故意杀人罪或故意伤害罪。"①

可是,我国《刑法》第232条、第234条关于故意杀人罪、故意伤害罪的规定中并没有表明:只有一次性造成死亡、伤害结果的,方能成立故意杀人罪、故意伤害罪;若是分多次实施,渐进性地导致死亡、伤害结果的,就不再成立故意杀人罪、故意伤害罪。若认为成立故意杀人罪、故意伤害罪,必须采用一次性行为造成死伤结果,则无疑为行为人逃避刑事打击指明了方向,只要采用慢慢折磨、长期摧残的方式最终致人死亡、伤害的,就不用承担故意杀人罪、故意伤害罪的刑事责任。这恐怕既不符合法律规定,也不利于保护法益,更有违普通人的法感觉。应该说,采取长期摧残、折磨的方式慢慢致人死伤的,比一次性致人死伤的,更残忍,应受更重的处罚。

所以,虐待罪与故意伤害、杀人罪的区别,根本不在于行为是否具有经常性、长期性、一贯性,而在于行为本身有没有致人死伤的可能性。行为本身具有致人死伤的可能性的,即便是经常、长期、持续、渐进、反复实施的,"例如,长期在被害人茶杯中放毒,被害人喝了半年后死亡的,要认定为故意杀人罪"②。

(1)国外相关判例评析

案3:被告人与79岁的老母共同生活,虽然想到老母可能会饿死,仍然在长达一个月左右的时间里不给老母饭吃,不找医生看病,而是一个人离家出走,抛下老母不管,致使老母饿死。日本地方法院认定构成杀人罪。③

案4:被告人和妻子串通后,出于杀意对妻子与其前夫所生的两岁女儿,经常施加暴行,而且在一个月左右的时间里不提供饮食,致其饿死。日本地方法院认定为故意杀人罪。④

---

① 闫彦:《承办本案的北京市朝阳区检察院检察官解释——为什么定虐待而不是故意伤害》,载《检察日报》2010年12月1日,第5版。
② 张明楷:《侵犯人身罪与侵犯财产罪》,北京大学出版社2021年版,第157页。
③ 参见[日]さいたま地判平成14年1月31日(公刊物未登載),转引自[日]十河太朗:"不作爲による殺人罪と保護責任者遺棄罪の限界",载《同志社法学》57卷6号(2006年),第293页。
④ 参见[日]さいたま地判平成15年3月12日(公刊物未登載),转引自[日]十河太朗:"不作爲による殺人罪と保護責任者遺棄罪の限界",载《同志社法学》57卷6号(2006年),第293页。

案5:被告人对其两岁的养子经常施加暴行,使其瘦弱不堪,乃至行走困难,还不提供必要的帮助和饮食,导致极度营养失调并患上器官性肺炎,最终衰弱而死。日本法院认定构成保护责任者遗弃致死罪(可处3年以上20年以下惩役)。①

案6:被告对其与前妻所生的6岁的男孩经常施以虐待,将男孩殴打致伤后,与现在的妻子共谋后决定,将受伤的男孩于严寒的冬夜置于屋外一整个晚上,导致被冻死。日本福冈地方法院认定构成保护责任者遗弃致死罪。②

案7:母亲对已经处于营养失调状态、衰弱不堪的11岁的女儿,为了让其经济上处境更为难堪,居然在长达20天时间里不提供食物和水分,女儿衰弱不堪,还放置不管,致其衰弱而死。日本法院认定构成保护责任者遗弃致死罪。③

不难看出,国外判例对于发生在家庭内虐待致死案件,即便不认定为故意杀人罪,通常也认定为法定最高刑可达20年惩役的保护责任者遗弃致死罪。然而,这类案件若发生在我国,我国实务部门通常囿于思维定式,认为发生在家庭成员间的,只能成立法定最高刑仅为7年有期徒刑的虐待罪。这显然不利于对家庭弱势成员人身权的保护,有违我国刑法专门设立虐待罪的立法初衷。

(2)国内典型判例评析

案8:被告人陈某生之母黄某英(81岁)由被告人陈某生和陈某春、陈某罗三兄弟轮流供养。被告人陈某生夫妇因怨恨黄某英经常骂他们,并且在外面讲他们的坏话,便将黄某英安排在柴间内住。之后,黄某英的手摔断

---

① 参见[日]札幌高函館支判昭和28年2月18日高刑集6卷1号128頁,转引自[日]十河太朗:"不作爲による殺人罪と保護責任者遺棄罪の限界",载《同志社法学》57卷6号(2006年),第294頁。

② 参见[日]福冈地判平成13年12月6日(公刊物未登載),转引自[日]十河太朗:"不作爲による殺人罪と保護責任者遺棄罪の限界",载《同志社法学》57卷6号(2006年),第295頁。

③ 参见[日]広島高岡山支判平成16年1月28日(公刊物未登載),转引自[日]十河太朗:"不作爲による殺人罪と保護責任者遺棄罪の限界",载《同志社法学》57卷6号(2006年),第296頁。

了,自己不能吃饭,需要喂才能吃到饭。1999年4月24日,轮到被告人陈某生供养黄某英时,陈某生将其安顿在柴房里住,每天只送早餐和中餐,将饭只放在床前的交椅上,没有喂黄某英吃过一餐饭,也不过问黄某英的情况。4月27日,同村老人龚某菊发现黄某英睡在地上,黄某英告诉龚某菊在地上躺了三天三夜,没有吃一点东西。5月2日清晨,黄某英被发现已死亡。被告人陈某生竟不知道黄某英什么时候死的。江西省高安市人民法院判决被告人陈某生犯虐待罪,判处有期徒刑3年。①

该案中,被告人明知被害人因手受伤而无法自己吃饭,不喂饭意味着被害人只能饿肚子,而且对于81岁高龄的老人不管不问,连被害人摔倒在地上三天三夜都不知道,更不能容忍的是,被告人居然都不知道被害人什么时候死亡。在被害人受伤无法自己吃饭、生病而不能生活自理的情况下,被害人的生命完全依赖于被告人的保护,这种不管不问的行为完全可以与作为的杀人行为进行等同评价,具有了杀人的实行行为性,除成立虐待罪外,还符合了不作为的故意杀人罪构成要件,应以故意杀人罪定罪处罚。法院仅认定为虐待罪,显然是忽略了该案中虐待行为还具有不作为杀人的性质,这无疑是理论通说的认识误区对司法实践的误导所致。

案9:被告人刘某财好逸恶劳,多次打骂年迈的父母,并多次将父母赶出家门,不给饭吃。虽经当地村干部警告仍不思悔过。2008年12月20日,被告人刘某财再次将父母赶出家门。其母亲只好回娘家暂住;其父亲在自家旁边的牛栏里架了一张简易铺,铺上只有一些稻草,再无其他御寒物品。由于被告人不准其父进房住,也不给饭吃,其父只能在饥寒和病困中艰难度日。2008年12月23日早晨,被告人发现其父已死在自家牛栏。经法医鉴定:被害人系因机体功能极度衰竭而死亡。湖南省衡阳县人民法院判决被告人犯虐待罪,判处有期徒刑6年。②

该案中,被告人先前多次打骂父母的行为,的确构成虐待罪,但后来不给父

---

① 参见江西省高安市人民法院刑事判决书,(1999)高刑初字第97号。
② 参见湖南省衡阳县人民法院刑事判决书,(2009)蒸刑初字第27号。

亲饭吃,不提供御寒的衣物,不让父亲进屋,并最终导致年迈的父亲于饥寒交迫中死亡的不作为,与作为的杀人行为具有等价性,可以评价为杀人的实行行为,成立不作为的故意杀人罪,应与虐待罪数罪并罚。法官仅认定为虐待罪,显然认为只要是发生家庭成员之间,就只可能成立虐待罪,而不可能成立故意杀人罪,这显然存在认识上的误区。从理论上讲,仅认定成立虐待罪的前提,是行为本身不符合故意伤害罪、故意杀人罪构成要件,若虐待罪之外还符合故意伤害罪、故意杀人罪构成要件,没有理由因为存在家庭成员关系而排除故意伤害罪、故意杀人罪的适用。

案10:被告人钟某某与贾一某同居生活,于2002年11月生女孩贾二某。因钟某某与贾一某产生矛盾,被告人钟某某为迫使贾一某回来与其共同生活,2008年5月以来,经常对其6岁的女儿贾二某殴打折磨、摧残虐待,致使贾二某肢体多处受伤,身患重病,于2008年7月29日因间质性肺炎死亡。法院判决被告人钟某某犯虐待罪,判处有期徒刑6年。①

该案中,对于仅6岁的小孩,长达几个月的殴打折磨、摧残虐待,致被害人肢体多处受伤,身患重病,最终死亡。除符合虐待罪构成要件外,完全符合故意伤害罪构成要件,成立故意伤害(致死)罪,应与虐待罪数罪并罚。不能认为,因为存在家庭成员关系,就只有成立虐待罪的余地。

案11:因儿子谢某长期在外地工作,老太太罗某便与儿媳吴某一起生活。当老人体弱多病之后,吴某便开始嫌弃老人,经常不让其吃饱,冬天让她睡竹床、盖薄被,有病也不给医治,且连打带骂。老人被逼无奈,多次外出讨饭,常常昏倒在外,两次由派出所等单位送回。可吴某非但不认错,反而加剧虐待老人。1980年5月,老太太到居委会反映自己遭受儿媳打骂虐待的情况,被送回家后,吴某竟指使儿子狠踢其祖母,并残忍地用绳子将老人绑在椅子上。直到夜里10点多,老人才挣脱了绳子,逃出家门。后老人支撑不住昏倒在地,被执勤的解放军用担架送回家,吴某又伙同其子对奄奄一息的老人连打带骂,老人终经不起折磨,1小时后含恨去世。对于该案,有

---

① 参见河南省商丘市梁园区人民法院刑事判决书,(2009)商梁刑初字第155号。

学者认为,"吴某交替使用肉体折磨方法与精神折磨方法虐待罗某,并致其死亡,构成虐待罪"。①

应该说,此前"经常不让其吃饱,冬天让她睡竹床、盖薄被,有病也不给医治,且连打带骂"的行为,的确成立虐待罪,但在被害人被人抬回后,被告人还伙同其子对奄奄一息的老人连打带骂,进行折磨,直至老人去世,之后的行为显然已经超出了虐待罪的范围,而完全符合故意伤害(致死)罪构成要件,成立故意伤害(致死)罪,应与虐待罪数罪并罚。之所以认为仅成立虐待罪,还是因为存在只要发生在家庭成员之间就只能成立虐待罪的认识误区。

案12:被告人蔡某祥与其子蔡某易(该案被害人,死亡时14岁)一起生活。因蔡某易患有先天性病毒性心抽,蔡某祥酒后经常对其进行殴打,并用烟头烫、火钩子烙身体、用钳子夹手指、冬季泼凉水等方法对其进行虐待。2004年3月8日夜,蔡某祥发现蔡某易从家中往外走,遂拳击其面部,用木棒殴打其身体。次日晨,蔡某易称腹痛不能行走,被其姑母发现后送医院治疗无效,于2004年3月17日21时许死亡。经鉴定,蔡某易生前被他人以钝性致伤物(如拳脚等)伤及腹部,致十二指肠破裂,弥漫性胸、腹膜炎、感染性中毒休克死亡;蔡某易生前十二指肠破裂的伤情程度属重伤。一审法院认为,被告人的行为已构成虐待罪,且情节特别恶劣。蔡某祥的行为同时触犯了故意伤害罪罪名,由于故意伤害罪罪名涵括在虐待罪的罪名概念中,应被虐待罪吸收,二者属法条竞合关系,故蔡某祥应以虐待罪定罪,从重处罚。判决被告人蔡某祥犯虐待罪,判处有期徒刑7年。二审法院认为,故意伤害罪与虐待罪的罪状各不相同,二罪之间并不发生法条竞合关系,一审法院以法条竞合处理原则,认定蔡某祥犯虐待罪属适用法律不当。蔡某祥用暴力手段故意伤害被害人的身体,并致其死亡,其行为已构成故意伤害罪。判决撤销一审法院的刑事判决;原审被告人犯故意伤害罪,判处有期徒刑12年。②

---

① 王作富主编:《刑法分则实务研究》(第4版)(中册),中国方正出版社2010年版,第999页。
② 参见最高人民法院刑事审判第一、第二、第三、第四、第五庭主办:《刑事审判参考》(总第52集),法律出版社2007年版,第11~13页。

应该说,该案中被告人此前"酒后经常对其进行殴打,并用烟头烫、火钩子烙身体、用钳子夹手指、冬季泼凉水等方法对其进行虐待"的行为,的确成立虐待罪,但之后的"拳击其面部,用木棒殴打其身体"导致被害人死亡的行为,则已经超出了虐待罪构成要件的范围,成立故意伤害(致死)罪。一审以轻罪虐待罪吸收重罪故意伤害罪为由,认定为虐待罪,二审认为虐待罪与故意伤害罪不存在法条竞合关系为由,认定成立故意伤害(致死)罪。应该说,二审肯定了故意伤害(致死)罪的成立这一点,是值得赞赏的。但是,除后来的行为成立故意伤害罪外,先前的虐待行为还成立虐待罪,故该案应以虐待罪与故意伤害(致死)罪数罪并罚。

案13:傅某与其前妻离婚后,经法院判决,婚生子傅某超(男,1986年11月出生)由傅某抚养。1989年被告人傅某与被告人魏某云结婚,1990年生一女傅某妍,从此魏某云对傅某超产生厌恶感,经常以打骂、罚站、不让其吃饭、不让其出屋、让傅某超自己打自己嘴巴等手段,对其进行虐待。1992年7月4日、5日两天内,魏某云连续多次用炉钩子、九排齿木梳等殴打傅某超,致使傅某超的头部、腿部留下多处伤痕。傅某为迎合魏某云,对魏某云虐待傅某超的行为不仅听之任之,而且也经常因琐事对傅某超进行打骂、罚站,甚至用皮带抽打傅某超。1992年7月5日下午,傅某见傅某超摆弄阴茎(阴茎有伤),认为傅某超顽皮,即打傅某超,然后让傅某超罚站。此后,魏某云又因傅某超抠眼睛而恼怒,用笤帚打傅某超,被其弟拉开,魏某云继续让傅某超罚站。下午4时许,傅某出差去外地,魏某云乘家中没有他人时,用九排齿木梳在傅某超头顶部狠打四五下并用笤帚殴打傅某超,用脚踹傅某超前胸,将其踹倒,头磕在组合柜上并流血。魏某云继续用脚踹傅某超,将其踹倒三四次,最后在傅某超一再求饶下,魏某云才停手。当晚9时许,连遭魏某云打骂、体罚的傅某超躺在床上向魏某云要水喝,魏某云认为傅某超折腾她,遂将其弟未喝的一杯40度的白酒递给傅某超,逼迫傅某超喝下杯中大部分白酒,约100毫升。傅某超继续要水喝,魏某云给傅某超一勺凉水,傅某超喝后便睡觉。7月6日上午9时许,魏某云见傅某超始终未醒,先给其灌醋,11时许又给其灌"醒酒露",傅某超被灌"醒酒露"后即呼吸急促,魏某云见状即同其弟将傅某超送往医院。经医生查验,被害人已死亡。法医鉴定及汇鉴纪要证明,被害人傅某超重度营养不良,发育迟缓,肝弥漫性脂肪病变,体表多处损伤及瘢痕形成。其心血乙醇含量 200.91mg/mL,对于5岁儿童已达致死量。其肺、支气管充满液态胃内物,表明死者在乙醇中毒状态下,因胃内物返逆呼吸道造成窒息性死亡。黑龙江省哈尔滨市中院一审判决:魏某云犯故意伤害罪,判处无期徒刑,剥夺政治权利终身;犯虐待罪,判处有期徒刑2年;决定执行无期徒刑,剥夺政治权利终身。傅某犯虐待罪,判处有期徒刑2年。①

应该说,该案中法院的判决基本是正确的。虽然先前的行为可以评价为虐待罪,但后来的行为明显超出了虐待罪范围,而属于故意伤害行为,成立故意伤害(致死)罪。不过,该案应以虐待罪与故意伤害(致死)罪数罪并罚。

综上,实务中普遍存在认识误区:认为只要发生在家庭成员间,即便符合了伤害罪、杀人罪构成要件,也仅成立虐待罪。《刑法》规定虐待罪是为了突出对家庭弱势成员的保护,是为了将针对家庭成员实施而未达到伤害、杀人程度的虐待行为,以虐待罪定罪处罚,绝没有排除故意伤害罪、故意杀人罪适用的意图。虐待行为一旦同时符合了故意伤害罪和故意杀人罪构成要件,理所当然应以故意伤害罪(包括故意伤害致死)和故意杀人罪定罪处罚。如此,才能做到罪刑相适应,才能有效保护家庭弱势成员的人身权益。

4. 如何区分本罪与遗弃罪?

从理论上讲,本罪的行为方式主要是作为,而遗弃罪的行为方式是不作为。但事实上难以从行为方式上区别二者。因为虐待行为也包括不给吃饭、不给看病、不给地方住、不提供御寒衣物,而遗弃也可以是作为,如把被害人带到原始森林、悬崖边上等危险境地。我国司法实践并没有严格区分二者。对于家庭成员,故意不提供衣食住行等方面的必要保护的,既成立虐待罪,也成立遗弃罪,属于想象竞合,从一重处罚。

---

① 参见黑龙江省哈尔滨市中级人民法院刑事判决书,(1992)刑初字第275号。

第一章 | 侵犯生命、健康的犯罪

5."虐待",是否包括精神虐待?

虐待罪所保护的法益是身体的不可侵犯性与精神的健全性。之所以增设虐待罪,就是将针对家庭弱势成员实施的不构成故意伤害罪、故意杀人罪的人身侵害纳入《刑法》规制的范畴。所以,对于家庭成员的精神虐待,情节严重的,也能构成虐待罪。

6. 本罪是否为继续犯?

刑法理论通说认为,虐待罪是继续犯。[①] 众所周知,我国刑法理论通说关于继续犯罪名范围的确定相当随意。继续犯的本质是法益每时每刻都受到同等程度的侵害,因而能够持续性地肯定构成要件的符合性。而虐待,不可能一直持续。虐待人通常也会休息,除非虐待人买一根电警棍,能够一直通电对被害人进行不间断的虐待。也就是说,虐待罪并不符合继续犯的本质,所以不是继续犯,其追诉时效应从虐待罪成立之日起算。持续虐待的,也可以认为是连续犯,追诉时效从犯罪终了之日起算。

7. 虐待致人死亡,是否包括被害人自杀?

由于虐待罪加重犯的法定刑并不重,而且虐待导致被害人不堪忍受而自杀,并不异常。所以,虐待致人死亡可以包括被害人自杀的情形。

8. 虐待(过失)致人死亡,能否判处低于 3 年有期徒刑的刑罚?

虐待罪与过失致人死亡罪之间是法条竞合关系。法条竞合中被排斥的劣位法也能发挥轻罪的封锁作用。也就是说,虐待(过失)致人死亡的,成立虐待(过失)致死,但不能判处低于过失致人死亡罪的基本犯的法定刑(3 年以上 7 年以下有期徒刑),即只能处 3 年以上 7 年以下有期徒刑。或者说,虐待致人重伤、死亡"处二年以上七年以下有期徒刑"中的"二年以上三年以下有期徒刑",是仅就

[①] 参见冯军、梁根林、黎宏主编:《中国刑法评注》(第 2 卷),北京大学出版社 2023 年版,第 2368 页。

虐待致人重伤和被害人自杀而言的。

第九节 虐待被监护、看护人罪

·导 读·

增设本罪，是为了周延对被监护、看护的未成年人、老年人、患病的人、残疾人等社会弱势群体人身权的保护。本罪与虐待罪之间是竞合关系，竞合时从一重处罚。虐待被监护人、看护人致人重伤、死亡，若对象是家庭成员，成立虐待致人重伤、死亡，否则仅成立本罪与过失致人重伤罪、过失致人死亡罪的想象竞合。虐待被监护人、看护人导致其自杀的，若对象是家庭成员，成立虐待致人死亡，否则仅成立本罪。本罪中的"等"，是等外等。第3款规定是注意规定。

/条 文/

第二百六十条之一 【虐待被监护、看护人罪】对未成年人、老年人、患病的人、残疾人等负有监护、看护职责的人虐待被监护、看护的人，情节恶劣的，处三年以下有期徒刑或者拘役。

单位犯前款罪的，对单位判处罚金，并对其直接负责的主管人员和其他直接责任人员，依照前款的规定处罚。

有第一款行为，同时构成其他犯罪的，依照处罚较重的规定定罪处罚。

实务疑难问题

1.本罪的立法目的是什么？

由于虐待罪的对象限于家庭成员，实践中还存在大量虐待非家庭成员的现象，如养老院虐待老人、儿童福利院虐待儿童、精神病院虐待精神病人、医院护士护工虐待病人、幼儿园老师虐待幼儿。这些对象虽不是家庭成员,但其人身权也需要《刑法》保护。而虐待这些对象,也未必能达到故意伤害、杀人罪的程度。所以,为了周延对被监护、看护的未成年人、老年人、患病的人、残疾人等社会弱势群体的人身权的保护,而增设本罪。本罪的主体是特殊主体,即对未成年人、老年人、患病的人、残疾人等负有监护、看护职责的人(身份犯),包括中小学或幼儿园教师、家里的保姆、儿童福利院、养老院、精神病院管理人员、医院护士、护工、培训机构(如武术学校、舞蹈学校、艺术学校等)工作人员等。[1]

2. 本罪与虐待罪之间是什么关系?

虐待罪的对象是家庭成员,本罪的对象是被监护、看护的未成年人、老年人、患病的人、残疾人。当被监护、看护的未成年人、老年人、患病的人、残疾人系家庭成员时,则行为同时构成虐待罪和本罪。有学者认为,本罪与虐待罪之间存在交叉关系,但不是法条竞合关系,而是想象竞合关系。[2] 其实,根本无须严格区分法条竞合与想象竞合,而且很难说当被监护、看护的人属于家庭成员时,实施虐待行为就侵害了两个法益、造成了两个结果。所以,只需认为本罪与虐待罪之间存在竞合,同时构成时从一重处罚即可。

3. 虐待被监护人、看护人致其重伤、死亡的,如何处理?

由于本罪没有规定加重犯,如果行为对象是家庭成员,虐待被监护人、看护人致其重伤、死亡的,适用《刑法》第260条第2款,成立虐待致人重伤、死亡,处2年以上7年以下有期徒刑。如果对象不是家庭成员,虐待被监护人、被看护人致人重伤、死亡,只能成立本罪与过失致人重伤罪、过失致人死亡罪的想象竞合,从一重处罚。

4. 虐待被监护人、看护人导致其自杀的,如何处理?

如果对象是家庭成员,则适用《刑法》第260条第2款,成立虐待致人死亡,

---

[1] 参见周光权:《刑法各论》(第4版),中国人民大学出版社2021年版,第94页。
[2] 参见张明楷:《刑法学》(第6版)(下册),法律出版社2021年版,第1191页。

处2年以上7年以下有期徒刑。如果对象不是家庭成员，只能成立本罪从重处罚。

5. 本罪中的"等"，是等内等，还是等外等？

本罪中的"等"，应该属于等外等，即被监护人、看护人，除了明文列举的未成年人、老年人、患病的人、残疾人之外，还包括其他需要被监护、看护的人，如醉酒的人。

6. 如何理解适用本条第3款的规定？

本条第3款规定是注意规定。也就是说，根据竞合原理，除了具有减轻根据的所谓封闭的特权条款外，不管有没有这种规定，竞合时均应从一重处罚。

第十节　遗　弃　罪

·导　读·

遗弃罪侵犯的法益是没有独立生活能力的人的受扶养权；本罪的对象是任何没有独立生活能力的人；养老院、儿童福利院、精神病院等社会福利机构的工作人员，以及使他人陷入危险状态的人，都能构成遗弃罪。我国《刑法》没有规定遗弃罪的结果加重犯，遗弃过失致人重伤、死亡的，成立遗弃罪与过失致人重伤罪、过失致人死亡罪的想象竞合。行为人先前的作为使他人法益处于危险状态的，行为人就负有救助义务，拒不救助的，可以成立遗弃罪。所以，我国《刑法》中遗弃罪的行为方式可以包括作为。经被害人有效承诺的遗弃行为，可以阻却违法性。

我国《刑法》虽然没有规定遗弃致死罪，但规定有发案率高的作为交通肇事罪加重犯的"因逃逸致人死亡"，这在一定意义上具有遗弃罪结果加重犯的功效。交通肇事后单纯逃逸的，若能证明逃逸行为与死亡结果之间具有因果关系,成立"因逃逸致人死亡",而不成立不作为的故意杀人罪。至于移置逃逸,支配死亡因果过程的是先前的肇事行为,故移置逃逸实质上是一种不作为,若能证明及时送医就极有可能避免死亡,且如果被害人的生命完全依赖于行为人的保护,则可以认为具有了杀人的实行行为性,被害人最终因得不到救助而死亡的,成立不作为的杀人既遂,先前肇事致伤行为被吸收;若被害人碰巧自救或被他人救助的,成立杀人未遂。对于肇事逃逸以外的遗弃案件,是成立遗弃罪还是不作为的故意杀人罪,通常应根据是否存在侵害被害人生命、身体危险的重大先行行为,是否存在保护的承担,是否对被害人生命法益形成排他性支配,以及是否发生侵害被害人生命的具体性危险等因素进行判断。成立不作为杀人,必须判断不作为是否达到了可与作为方式的杀人进行等价性评价的程度,从而具有了杀人的实行行为性,若达到了可以评价为杀人的实行行为的程度,又具有杀人的故意(包括间接故意),则可能成立不作为的故意杀人罪。

条 文

第二百六十一条 【遗弃罪】对于年老、年幼、患病或者其他没有独立生活能力的人,负有扶养义务而拒绝扶养,情节恶劣的,处五年以下有期徒刑、拘役或者管制。

实务疑难问题

1. 本罪的法益是"家庭成员在家庭中受扶养的权利"以及对象限于"家庭成员"吗?

案1:1996～1999年8月,被告人刘某新、田某莲、沙某丹、于某枝受乌鲁木齐市精神病福利院院长王某民指派,安排该院工作人员将精神病福利院的28名"三无"公费病人遗弃。其中只有1人安全回到家中,其他27名被遗弃的病人均下落不明。一审法院认为,被告人王某民、刘某新、田某莲、沙某丹、于某枝身为福利院的工作人员,对依赖于福利院生存、救助的"无家可归、无依无靠、无生活来源"的公费病人,负有特定扶养义务,应当依据其各自的职责,积极履行监管、扶养义务,而不应将被扶养的28名病人遗弃,拒绝监管和扶养。被告人王某民、刘某新、田某莲、沙某丹、于某枝的行为均已触犯我国《刑法》中关于对于年老、年幼、患病或者其他没有独立生活能力的人,负有扶养义务而拒绝扶养,情节恶劣的处5年以下有期徒刑的规定,构成了遗弃罪,应予惩处。二审法院也认为,这些人身为福利院的工作人员,将依赖于福利院生存救助的28名"三无"公费病人遗弃,其行为均构成了遗弃罪。①

应该说,法院的判决是正确的。要认定被告人的行为成立故意杀人罪或者其他犯罪,根本不可能。虽然被告人与被害人之间不是家庭成员关系,但被告人对被害人负有扶养义务,其拒绝履行扶养义务,没有理由不构成遗弃罪。

案2:1995年11月20日晚11时许,被告人洪某(某市出租车汽车公司司机)驾驶"的士"在大街上揽客。当行至某路口时,遇一中年男子(何某)招呼汽车,洪某即停车。何某将一大量失血并已昏迷的老人抱上洪某的汽车后座,并说是自己撞伤的老人,要求洪某驱车前往省第二医院抢救。当车行驶10分钟到达阳明路时,何某要求洪某停车稍候几分钟,称自己去附近找一熟人一并前去医院帮忙,被告人洪某应允,当即停车等候。当时已过深夜12时,被告人洪某等候约30分钟后,见情况不妙,怀疑何某已逃逸,便乘夜深无人之机,将重伤老人弃于附近大街上。第二天交通警察发现老人尸体,经法医鉴定为失血过多致死。后公安机关将何某和被告人洪某一并缉获。检察机关以故意杀人罪对何某和洪某提起公诉,法院判定何某构成故意杀人罪,洪某无罪。②

应该说,上述判决存在疑问。如果肇事司机何某将事故伤者转移抛弃于无人的荒郊野外,而且也能证明将受重伤的老人遗留在事故现场很可能得到他人

---

① 参见新疆维吾尔自治区乌鲁木齐市中级人民法院刑事裁定书,(2002)乌中刑终字第194号。
② 参见钱叶六、胡嘉金:《德日刑法中的遗弃犯罪及对我国刑法的启示——从一则案例谈起》,载《南京财经大学学报》2006年第1期。

的救助,则认定为故意杀人罪当无疑问。但该案中,肇事司机是将事故伤者遗留在出租车上,这比留在事故现场致事故伤者死亡的危险性要小,也就是说,只能相当于"因逃逸致人死亡"。所以,对于肇事司机应认定为交通肇事"因逃逸致人死亡",处7年以上有期徒刑。对于出租车司机洪某而言,由于其从事的是公共服务行业,当肇事司机将事故伤者留在其出租车上时,其具有扶养义务,即有义务将事故伤者送到医院抢救。其拒不履行扶养义务,应成立遗弃罪与过失致人死亡罪的想象竞合。

案3:2005年9月13日晚,江苏省启东市公安局民警会同久隆镇民政干部黄某冬、久隆卫生院院长季某旗将躺在本市久隆镇久西村宁启高速公路附近的一身体极度虚弱的女子送至久隆镇敬老院,由被告人陈某官负责接收。季某旗向陈某官交代如该女有发热等症状及时同医院联系。当晚,被告人陈某官帮该女换洗了衣服并安排在一屋内休息。次日上午,被告人陈某官见该女满身粪便,无自理能力,便让他人将其放在另一间小屋内,并产生将该女送至别处念头。14日19时许,被告人陈某官租用了吴某冬的三轮车将该女送到海门市三阳镇普新村一机耕路旁。15日凌晨,该女被当地群众发现后送至海门市三阳医院救治。经抢救无效,该女于当日9时许死亡。经鉴定,该女系营养不良伴感染造成感染性休克而死亡。法院认定被告人陈某官的行为构成故意杀人罪。①

应该说,法院的判决存在疑问。该案中难以认为被告人具有杀人的故意,其行为也不能被评价为杀人行为,故认定成立故意杀人罪不妥。虽然被告人与被害人之间非家庭成员关系,但被告人作为社会福利机构的工作人员,其对被害人负有扶养义务,拒不履行扶养义务的,应当构成遗弃罪。故该案被告人的行为成立遗弃罪与过失致人死亡罪的想象竞合。

即便1997年全面修订《刑法》时将遗弃罪由1979年《刑法》中妨害婚姻家庭罪"位移"到侵犯公民人身权利、民主权利罪一章,我国刑法理论通说仍然坚持认为,本罪所侵犯的客体(法益)是"家庭成员在家庭中受扶养的权利",其对

---

① 参见江苏省启东市人民法院刑事判决书,(2006)启刑初字第0046号。

象"只能是没有独立生活能力的家庭成员",即非家庭成员之间不存在遗弃问题。① 应该说,之所以绝大多数学者还是按照旧刑法(1979 年《刑法》)时代的观点进行解释,仍然要求遗弃罪必须发生在家庭成员之间,理由可能是,按照沿革解释,遗弃罪原本就限于家庭成员之间;《刑法》第 261 条关于遗弃罪的表述与1979 年《刑法》的表述完全相同;《刑法》第 261 条规定的主体是具有"扶养"义务的人,而按照当时《婚姻法》的规定,这便限于家庭成员之间。

但是,上述通说观点及理由存在疑问。首先,沿革解释并不意味着必须按照以前的理解来解释现在的法条,要是始终坚持沿革解释优先,那么刑法的修改就会变得毫无意义;而且,如果要讲沿革解释,就不能只追溯到 1979 年《刑法》,还应当再往前追溯到民国刑法,会发现 1928 年、1935 年的民国刑法并未将遗弃罪的对象限定于家庭成员之间。其次,法条的表述虽然没有变化,但法条的含义完全可能发生变化;况且,虽然《刑法》第 261 条的表述没有变化,但法条所处的位置发生了明显的变化;也就是说,遗弃罪不再属于妨害婚姻家庭的犯罪,而是侵犯公民人身权利的犯罪,所以,完全可以不按妨害婚姻家庭的犯罪来解释。最后,婚姻法上的"扶养"并不包括子女对父母的赡养,也不包括父母对子女的抚养,所以不可能按照《婚姻法》来解释《刑法》第 261 条中的"扶养";其实,扶养中的"扶",就是"扶助、扶持、援助"的意思,"养"则是抚养、赡养、养育的意思。既然不提供食物、医疗都属于拒不扶养,构成遗弃罪,就没有理由认为,在被害人的生命处于危险时不予救助的,不属于拒不扶养,不构成遗弃罪。所以,在现行《刑法》施行后,不应将遗弃罪所保护的法益限定为所谓家庭成员的受扶养权和对象限于家庭成员之间。②

2. 我国遗弃罪规定与德、日等域外国家有何差异?

我们在对遗弃罪构成要件进行本土化解释时,必须正视我国遗弃罪规定与德日等域外国家刑法至少存在三点差异:

---

① 参见刘宪权主编:《刑法学》(第 6 版)(下册),上海人民出版社 2022 年版,第 618 页;高铭暄、马克昌主编:《刑法学》(第 10 版),北京大学出版社、高等教育出版社 2022 年版,第 494 页。
② 参见张明楷:《侵犯人身罪与侵犯财产罪》,北京大学出版社 2021 年版,第 66~67 页。

第一,对象上的差异。例如,日本《刑法》第217条规定为"因年老、年幼、身体障碍或者疾病而需要扶助的人";德国1998年修改刑法时将旧刑法中限定为"年少、身体障碍、生病而无自救力"的规定删除,从而将遗弃罪的对象扩大到一般人(第221条)。域外刑法理论与判例通常认为遗弃罪是对生命或者生命、身体的危险犯,因而,没有发生对于生命、身体危险的,不成立遗弃罪。但根据我国遗弃罪规定,似乎只要拒不扶养没有独立生活能力的人,即便没有发生对于生命、身体的危险,如因被医院、福利院等及时救助而并不存在对于生命、身体的危险,也有可能成立遗弃罪。事实上,司法实践中对于只要负有扶养义务拒不履行扶养义务的,就作为遗弃罪定罪处罚。如为逃交医药费将生病的小孩留在医院而径直离去,将亲生小孩出卖给家境好但没有生育能力的家庭的,均作为遗弃罪定罪处罚了。

第二,行为类型的差异。域外刑法通常根据保护责任的有无分为单纯遗弃罪(行为是遗弃)和保护责任者遗弃罪(行为是遗弃以及不保护)。例如,日本《刑法》第217条规定了所谓单纯遗弃罪:"遗弃因年老、年幼、身体障碍或者疾病而需要扶助的人的,处1年以下惩役。"第218条规定了所谓保护责任者遗弃罪:"对于老年人、幼年人、身体障碍或者病人负有保护责任而将其遗弃,或者对其生存不进行必要保护的,处3个月以上5年以下惩役。"德国《刑法》第221条规定的是,将某人置于无助的状况或者尽管行为人保护着该人或者其他有义务帮助该人而在无助的状况下丢下不管。我国《刑法》遗弃罪规定的是"负有扶养义务而拒绝扶养"。很显然,仅从文言上看,域外刑法关于遗弃罪的规定包括了作为(移置)和不作为(消极不保护)两种行为类型。而我国似乎仅规定了不作为(拒不履行扶养义务)一种行为类型。

第三,域外刑法通常规定了遗弃罪的结果加重犯,而且法定刑很重。例如,德国《刑法》第221条规定,遗弃导致被害人严重的健康损害,处1年以上10年以下的自由刑;导致被害人死亡的,处3年以上自由刑(3年以上15年以下)。日本《刑法》第219条规定,犯单纯遗弃罪及保护责任者遗弃罪因而致人死伤的,与伤害罪比较,依照较重的刑罚处断,即单纯遗弃致伤的处1个月以上15年以下惩役,保护责任者遗弃致伤的处3个月以上15年以下惩役,单纯遗弃致死以及保护责任者遗弃致死的处 3 年以上 20 年以下惩役。我国《刑法》第 261 条没有规定遗弃罪的结果加重犯。

3. 在我国,因遗弃导致被害人重伤、死亡的,该如何处理?

有观点认为,由于我国《刑法》没有规定遗弃罪的结果加重犯,遗弃行为过失致人重伤或者死亡的,成立遗弃罪与过失致人重伤罪、过失致人死亡罪形成狭义的包括的一罪,从一重论处。① 本书认为,无论是认为成立所谓包括的一罪,还是想象竞合,从一重处罚的结果是,遗弃致人重伤的,以遗弃罪最重处 5 年有期徒刑,遗弃致人死亡的,以过失致人死亡罪最重处 7 年有期徒刑。欧洲国家已经废除死刑,日本也已经多年没有执行死刑,可以说,在这些国家遗弃致死伤的法定刑已经接近故意杀人罪、故意伤害罪的法定刑。即便行为人具有伤害的故意,以遗弃罪的结果加重犯处罚并不轻于伤害罪,即使遗弃致死与不作为故意杀人罪难以区分,以遗弃罪结果加重犯处理也能够罚当其罪。但在我国,是认定为遗弃罪还是认定为故意伤害罪、故意杀人罪,量刑上相差悬殊。因此,区分遗弃罪与不作为的故意杀人罪、故意伤害罪(重伤及伤害致死)是我国刑法理论研究的重大课题。

4. 遗弃罪是对生命的危险犯还是对生命、身体的危险犯?

生命的危险犯与生命、身体的危险犯之争关系到遗弃罪的处罚范围,立法上没有明确,理论上必然存在争议。德国 1998 年修改后的遗弃罪明确规定"因此使该人遭受死亡或者严重的健康损害的危险的",从而明确了遗弃罪的保护法益不仅包括生命而且包括身体的安全,罪质为生命、身体的危险犯,这与从前的通说相一致。奥地利《刑法》第 82 条明文规定"因而危及他人生命的",显然,遗弃罪属于对于生命的危险犯。瑞士《刑法》第 127 条遗弃罪明文规定"致使其生命受到危险或者使其健康受严重的直接的危险",很显然,遗弃罪是对生命、身体的危险犯。日本《刑法》仅在第 217 条规定"需要扶助的人"及第 218 条规定"对其生存

---

① 参见张明楷:《刑法学》(第 6 版)(下册),法律出版社 2021 年版,第 1131 页。

不进行必要保护的",没有明确规定遗弃罪的保护法益,因而在理论上存在争议。判例与通说认为,遗弃罪是对被遗弃者的生命、身体的危险犯。但现在有力说认为,遗弃罪的保护法益应限定为生命,本质是对生命的危险犯。法益之争会导致具体案件处理上的差异。

案4:母亲甲将刚刚蹒跚学步的幼儿乙独自放在家里,到附近的超市购物10分钟后返回,其间乙颠颠地走路时碰翻了椅子,所幸没有受伤。

很显然,甲独自外出将幼儿置于不受保护的状态,已经对受保护的乙的身体安全形成危险,按照生命、身体的危险犯说,已经构成保护责任者遗弃罪,而生命的危险犯说显然会认为,短时间外出不至于形成生命的危险,因而甲不构成保护责任者遗弃罪。

案5:少妇丙跟幼儿丁一起生活,其间多次外出与情人幽会而把丁独自留在家里,造成丁营养失调的状态。

按照生命、身体危险犯说,会认为已经形成身体的危险,而成立保护责任者遗弃罪。然而,生命的危险犯说可能认为,由于每次都是短时间外出,不至于使丁形成生命的危险,因而还不值得作为保护责任者遗弃罪处罚。

问题是,我国遗弃罪的法益是保护生命,还是生命、身体的安全,抑或其他?上述事例若发生在我国,能否认定为遗弃罪?我国过去及现在的通说及判例(除新疆精神病医院院长王某民遗弃案个别判例外)均认为,遗弃罪的客体(法益)是家庭成员的受抚养权、平等权或者说家庭成员间的权利义务关系,对象限于家庭成员,主体限于家庭成员中负有扶养、抚养、赡养义务的人。自1997年《刑法》将遗弃罪并入侵犯公民人身权利、民主权利罪一章之后,有学者以遗弃罪体系位置的修改(尽管罪状表述毫无变化)为契机提出,"遗弃罪的保护法益应是被害人的生命、身体的安全……显然,并非只有家庭成员之间的遗弃行为才能产生对被害人生命、身体的危险,非家庭成员但负有扶养义务的其他人的遗弃行为,也可能对被害人的生命、身体产生危险。既然如此,就不应当继续将遗弃罪限定于家庭成员之间。"[1]另外,有折中说认为,"仅以遗弃罪被归入侵犯公民人身权利、

---

[1] 张明楷:《刑法学》(第4版),法律出版社2011年版,第774页。

民主权利罪一章就断言该罪的犯罪客体从婚姻家庭关系转变为广义的人身权利,未免过于武断,也不够准确。行文至此,我们发现,遗弃罪的犯罪客体既不能理解为婚姻家庭关系,也不能概括为广义的人身权利或生命、身体的安全。那么,如何解释遗弃罪的犯罪客体呢?在笔者看来,将遗弃罪的犯罪客体界定为'被遗弃人受扶养的权利'是更为合理的。这种受扶养的权利不是广义上的人身权利,而是建立在扶养关系基础上的人身权利。也就是说,遗弃罪侵犯人身权利的前提是行为人与被害人之间存在扶养关系。这一表述不再纠缠于是否侵犯'家庭关系',而是从'扶养权利'这一更加实质的角度对遗弃罪的客体进行界定,有利于正本清源,合理解决理论和实践中的各种问题。而要明确'扶养权利'的具体含义,则不能脱离对扶养关系成立范围的界定。"①

本书赞同折中说,认为遗弃罪所保护的法益就是没有独立生活能力的人的受扶养权。首先,既然遗弃罪已"位移"到侵犯公民人身权利、民主权利罪一章,即便遗弃罪与其他5个妨害婚姻家庭罪仅位于第四章的人身权利犯罪与民主权利犯罪之后,也不可否认遗弃罪在现行《刑法》中属于侵犯公民人身权利的犯罪;既然属于侵犯人身权利的犯罪,现实生活中也的确大量存在家庭以外的如社会福利机构的遗弃案件,而且也能为遗弃罪构成要件所涵摄,家庭成员以外的被遗弃人的人身法益也应该受到《刑法》的保护,如本节案1。

其次,新说将遗弃罪的法益限定为生命、身体的安全也会导致处罚范围过于窄小。例如,父母将患重病的幼儿弃在医院病房而不复返,虽然没有形成生命、身体的危险,但毫无疑问侵害了幼儿的被抚养权,值得作为遗弃罪处罚。

案6:被告人赵某新将新生的患有多种严重疾病的孪生早产女婴送到杭州的浙江医科大学附属儿童医院住院治疗后离开,使女婴在医院滞留长达10个月之久。杭州市上城区人民法院一审及杭州市中级人民法院二审均认为,被告人(上诉人)赵某新身为婴儿的亲生父亲,却将婴儿送至医院后而不顾,致使婴儿长期滞留在医院,情节恶劣,其行为已构成遗弃罪。②

---

① 王志祥:《遗弃罪构成要件的新思考》,载《法治研究》2009年第7期。
② 参见最高人民法院中国应用法学研究所编:《人民法院案例选》(总第12辑),人民法院出版社1995年版,第55~57页。

应该说,上述判决是正确的。司法实践中,将应受其扶养的人弃置于福利院、医院、民政局等政府部门、出卖亲生儿女的行为,即便没有形成生命、身体的危险,也被广泛地以遗弃罪予以处罚。本书认为,为有效保护这些人的受扶养权利,督促履行扶养义务,弘扬尊老爱幼、扶弱济困的社会风尚,实践中的做法应当得到支持。

再次,域外刑法理论与判例之所以认为虽有遗弃或不保护行为,但没有形成对生命、身体危险的,不值得作为遗弃罪处罚,是以其社会保障制度比较成熟健全作为基础的。域外刑法理论通说认为,只是存在义务违反但对被遗弃人的生命、身体连抽象的危险都没有形成的场合,不成立遗弃罪,例如,丈夫将妻子及尚处于哺乳期的幼儿留在家里而独自从人间"蒸发"的,不构成犯罪,因为能够预料到健康的母亲会给幼儿哺乳。[①] 域外刑法之所以强调只有对被遗弃人形成了生命、身体的危险才值得作为遗弃罪处罚,一是因为源于其刑法关于保护法益的规定;二是因为这些国家和地区已经形成完备的社会扶养制度和设施,已经由家庭养老转向社会养老。但目前中国尚没有形成成熟、完备的社会保障制度。在这种社会背景下,必须要求行为人积极履行扶养义务,保障受扶养人的权利,减轻政府和社会负担。所以,即便遗弃不是发生在家庭成员之间,即使遗弃行为没有对被遗弃人产生生命、身体的危险,也有必要作为遗弃罪加以处罚。

最后,我国《刑法》之所以没有规定遗弃罪的结果加重犯,是由于遗弃罪是一种轻罪,即便没有形成生命、身体的危险,只要侵犯了受扶养人的受扶养权,也值得作为犯罪处罚,此为其一;其二,典型的遗弃致死已作为《刑法》第133条交通肇事罪的加重情节"因逃逸致人死亡,处七年以上有期徒刑"加以规定,除此之外,若行为人对死亡、重伤结果具有认识并持希望或者放任的态度,完全可以故意杀人罪、故意伤害罪定罪处罚。

5. 遗弃罪是抽象危险犯还是具体危险犯?

遗弃行为是已经对生命、身体的安全形成具体的危险,还是只要具有抽象的

---

① 参见[日]平野龍一:《刑法概説》,東京大学出版会1977年版,第165頁。

危险就成立遗弃罪,由于可能影响到遗弃罪的成立范围,故在域外刑法理论中素有争议。德国旧刑法没有明确规定遗弃罪是抽象危险犯还是具体危险犯,但理论上一般认为该罪属于具体危险犯。德国现行《刑法》第221条明文规定"因此使该人遭受死亡或者严重的健康损害的危险的",说明德国现行《刑法》明确承认遗弃罪系具体危险犯。日本《刑法》对遗弃罪也没有明确规定,理论通说持抽象危险犯说,但具体危险犯说也被有力主张。按照具体危险犯说,为了使遗弃罪的成立范围明确化,若遗弃行为尚未对被遗弃人的生命、身体形成具体的危险,还不值得作为遗弃罪处罚。例如,将幼儿放在养护设施齐全的福利机构门前后离去,由于能够期待被安全的救助而没有具体性危险,故不成立遗弃罪。抽象危险犯说则认为,考虑到被遗弃者的生命、身体法益是重大法益,为了加强对弱者法益的保护,只要遗弃行为形成了抽象性危险,就值得作为遗弃罪处罚。例如,将幼儿放在福利机构门前,幼儿在被抱走之前仍然存在一定的危险,而且,即便看到有人抱走后才离开,也难以肯定抱走幼儿的人会扶助幼儿。不过实际上两说的结论差异并不大。例如,将幼儿放在福利机构门前看到有人抱进去后才离开,以及将刚出生的婴儿放在妇产医院的产床上离去的,由于连抽象的危险都没有,两说都不会认为构成犯罪,随便放在福利机构门前就离去的,具体危险犯说通常也不会认为不构成犯罪。两说其实都要求遗弃行为必须形成一定程度的具体危险才值得作为遗弃罪处罚,实质是危险程度的判断。①

案7:张某因为贫困无力抚养小孩,将刚出生的儿子小张放在儿童福利院门前后径直离去。

应该说,将婴儿置于儿童福利院门前,几乎可以确切地预见到婴儿会得到救助而不会对婴儿的生命、身体形成具体的危险,具体危险犯说通常会否定遗弃罪的成立。但是,即便通常能预料到置于儿童福利院门前的婴儿会得到救助,也不可否认在被及时救助之前仍然存在一定的危险,而且,若不是被儿童福利院收养而是被人贩子等抱走,则仍然可能危及婴儿的生命、身体的安全,因而置于儿童

---

① 参见[日]芝原邦爾等编集:《刑法理論の現代的展開各論》,日本評論社2008年版,第20页以下。

福利院门前也会有抽象的危险,故抽象危险犯说通常会肯定保护责任者遗弃罪的成立。当然,如果行为人在远处观察,等小孩一会儿被儿童福利院工作人员抱进福利院后才"安心"离去的,就可能认为连抽象的危险都没有。

案8:王某因为与男友发生了矛盾而不愿也无力独自抚养小孩,待在妇产医院生下小孩后,将其置于该院育婴室的床上而悄然离开了医院。

应该说,将新生儿置于妇产医院的床上,通常而言对婴儿的生命、身体不会产生具体的危险,故具体危险犯说会否定遗弃犯罪的成立。而抽象危险犯说也并非认为,只要实施了遗弃行为,就拟制认为具有了对于生命、身体的危险而构成遗弃罪,而是认为只有具有一定程度的危险才值得作为犯罪处罚。将新生儿置于妇产医院育婴室的床上,几乎不会发生对生命、身体的危险,故抽象危险犯说通常也会否定保护责任者遗弃罪的成立。

案9:赵某是某工厂的打工妹,与同在该厂打工的男友同居期间不小心怀孕。赵某虽然很想将自己的亲生骨肉养大,但考虑到自己和男友的经济状况,不得已做出一个痛苦的决定。小孩出生后不久,赵某将小孩放到某市儿童福利院门口,然后躲在远处一电线杆后面观察,希望亲生骨肉能得到好心人收养。碰巧一对不能生育而又特别喜欢孩子的夫妇经过此处,将小孩抱走。

该案中,由于确认会认真抚养自己小孩的人抱走后才离开,所以连抽象的危险都没有,具体危险犯说与抽象危险犯说都会得出不构成保护责任者遗弃罪的结论。当然,如果看到有人抱走小孩就"安心"离开的,还是有可能认为存在抽象危险。

上述三个事例若是发生在我国,是否构成遗弃罪?本书认为本罪的保护法益不是生命、身体的安全,而是被遗弃人的受扶养权。我国与其他发达国家相比,属于典型的"未富先老"的老龄社会。养老扶幼的职责在相当长的时间内还必须由个人、家庭承担,不履行扶养义务,即便被遗弃人暂时被政府救助或者被真心喜欢小孩的父母收养,而对被遗弃人不至于形成生命、身体的危险,但为了促使扶养义务人及时有效地履行扶养义务,对于不履行扶养义务情节恶劣的,也值得作为遗弃罪处罚。司法实践中也是这样处理的。

案 10：2006 年 10 月，王某（腾某的儿子，被告人王某玛的弟弟，七浦路某弄某号户主）等人与某有限公司就该户动迁达成拆迁补偿货币安置协议，其中腾某获得补偿款人民币 27 万元，并于 2007 年 6 月初由王某领取，腾某则随王某一起生活。同月 19 日，未参与动迁的被告人王某玛找到王某，表示要母亲腾某与其一起生活并索要补偿款人民币 27 万元，因双方发生争执而报警。后王某在他人调解下将动迁款人民币 27 万元交给被告人王某玛，腾某则由王某玛接回家中抚养。其间，王某玛将腾某的退休工资卡、医保卡、身份证取走。之后，被告人王某玛以各种理由将腾某送回王某处，但经过多次送返后腾某仍与王某玛一起生活。2007 年 10 月 11 日 17 时许，被告人王某玛将腾某以上访为由送到本市人民广场市政府门口，丢弃后即离去。当日，闸北区某街道在接到腾某后将腾某暂时安置于辖区内的某旅社内，安排人员予以照料，同时联系被告人王某玛及腾某的其他子女要求领回腾某未果。腾某的其他子女均以腾某的动迁款已由王某玛领取为由，不愿领回腾某。腾某在友放旅社孤独生活 80 余日。2008 年 1 月 5 日 16 时许，被害人腾某在友放旅社内因突发心脏病猝死。

对于该案，一审法院认定被告人王某玛对于年老的母亲负有扶养义务而拒绝扶养，情节恶劣，其行为构成遗弃罪。二审法院维持原判。[①]

案 11：被告人刘某龙和被告人刘某虎系同胞兄弟，二人约定轮流赡养其父刘某业（出生于 1931 年 2 月 5 日）半年。刘某业在二被告人家轮流居住期间，其衣食住行均由刘某业自己打理。2009 年下半年，刘某业在刘某虎家居住时，刘某虎恼怒刘某业到法庭控告其不赡养行为，于 2009 年 7 月 23 日将刘某业赶出家门，致使刘某业生活无着落，流离失所。浚县新镇镇人民政府工作人员得知情况后，于 2009 年 7 月 25 日将无家可归的刘某业送入浚县新镇镇敬老院。此后，浚县新镇镇人民政府的工作人员多次找到刘某龙、刘某虎，规劝其二人履行赡养义务，刘某龙、刘某虎仍然拒绝接刘某业回家。法院认定被告人刘某龙、刘某虎拒绝赡养年老没有独立生活能力

---

① 参见上海市第二中级人民法院刑事裁定书，(2009) 沪二中刑终字第 99 号。

的父亲,情节恶劣,其行为构成遗弃罪。[1]

由上述两个典型判例可以看出,我国实务中认定遗弃罪情节恶劣,与其说关注的是遗弃行为本身是否给被遗弃人造成生命、身体的危险,不如说是扶养义务人拒不履行扶养义务对被遗弃人被扶养权的侵犯程度。因此,具体危险犯与抽象危险犯的讨论对于我国遗弃罪的认定,并不是主要考虑的因素。是否认定遗弃罪主要考虑的是,拒不履行义务本身是否情节严重;即便对被遗弃人的生命、身体的安全造成一时的危险,只要最终还是履行了扶养义务,通常都不会作为遗弃罪立案处理。

6. 我国遗弃罪是否包括作为方式?

域外刑法关于遗弃罪通常分为非保护责任者遗弃罪(单纯遗弃罪)和保护责任者遗弃罪,而且保护责任者遗弃罪又分为遗弃和不保护两种行为类型,由此产生遗弃与不保护之间的区分,以及单纯遗弃罪与保护责任者遗弃罪中的遗弃是何关系的争论。

德国《刑法》1998 年关于遗弃罪最意味深长的修改是关于构成要件的行为方式的修改,从旧刑法的"*Aussetzen*"修改为"*Versetzen*",将"*Verlassen*"变更为"*im Stich lassen*"。总体而言,德国《刑法》关于遗弃罪对象与行为方式的修改,使得遗弃罪的成立范围呈现出明显的扩大倾向,只要遗弃行为使得生命或者重大的身体健康产生一般性的危险,就成立遗弃罪。对于这种修改,有日本学者指出,德国旧刑法所规定的"*Aussetzen*"基本上相当于日本刑法理论中的"移置",以使被遗弃人产生场所的变化为原则,至少也要通过锁门或者构筑妨碍移动的设施使被遗弃者孤立化,也就是以使被遗弃人发生空间的、场所的环境变化为必要。但是,修改后的行为方式是比过去的"*Aussetzen*"适用范围更广的概念,遗弃行为不再限于使被害人发生场所的变更或者其他空间环境的变化,不管采用什么方式,只要能够置被害人于无助的状态即可。例如,殴打致伤不能移动、捆绑、麻醉、关闭、消除原有的保护环境、必要衣物的剥夺、饮食等救助手段的难以获

---

[1] 参见河南省浚县人民法院刑事判决书,(2010)浚刑初字第 4 号。

得、实施难以逃脱的暴行、胁迫、欺骗使得恶劣环境的维持、严寒的冬夜灌醉被害人后使其难以归家等,均可为现有遗弃罪构成要件所包括。①

日本刑法理论通说与判例认为,日本《刑法》第217条、218条中的"遗弃"是指将需要扶助者移置于一定的场所,使之产生新的危险(移置＝作为犯)或者将不给予保护就会产生生命危险的需要扶助者放置不管而离去(置去＝不真正不作为犯),但无论哪一种情形,行为者与需要扶助者之间都必须伴随有场所隔离的状态。相反,日本《刑法》第218条中的"不保护",并不要求存在这种场所隔离的状态,只要不给予需要扶助者以生存所必要的保护,就能构成这种真正不作为犯。不过通说认为,对于不作为的遗弃,只有日本《刑法》第218条中的保护责任者遗弃,才存在受处罚的可能性。② 但是现在有力说认为,无论第217条单纯遗弃罪还是第218条保护责任者遗弃罪中的"遗弃",都仅指将被遗弃者从现在的场所转移到对其生命有危险或者从现有的危险场所转移到更加危险的场所的所谓作为形式的积极移置行为。而将需要扶助者置于有生命危险的场所离去的行为(所谓置去),放任要扶助者到有生命危险的场所去的不作为,阻拦需要扶助者接近保护者的行为,以及虽没有场所上的隔离但使生存状态恶化产生危险的行为,都相当于"不保护",只有具有保护责任的人的行为才能构成不保护罪。③

案12:在严冬的某个早晨,李某开门发现自家门前躺着一个饥寒交迫、奄奄一息的高龄老人,但李某毫无同情心而放置不管,直至该老人冻死。

应该说,对于该案,除德国等规定有一般不救助罪国家之外,由于李某既没有实施恶化被害人处境的积极移置行为,也没有保护被害人使其处境好转的义务,其单纯不救助、不报告的行为不构成遗弃罪。如果李某嫌老人晦气而将老人移到他人难以发现的地方,由于其积极移置的行为使需要他人扶助的被害人陷入更加危险的境地,在规定有作为形式的遗弃罪的德国、日本、瑞士等国及我国

---

① 参见[日]酒井安行:"ドイツ刑法における遺棄罪規定の改正と遺棄概念",载《宫澤浩一先生古稀祝賀論文集》(第三卷),成文堂2000年版,第97~98页。
② 参见[日]团藤重光:《刑法綱要各論》(第3版),創文社1990年版,第453页。
③ 参见[日]西田典之:《刑法各論》(第5版),弘文堂2010年版,第30页。

台湾地区,能够构成非保护责任者遗弃罪。另外,若假定李某虽然搬动了老人,但没有使被害人的处境更加恶化,甚至使被害人处境好转,如将被害人移到邻居门前(与马路距离更近),甚至将被害人移到容易被他人发现的马路边,即便被害人最终还是因为没有得到及时的救助而死亡,由于移置行为没有增加危险,不应评价为遗弃罪。

案13:陈某发现幼儿甲不顾交通规则在车来车往的十字路口闯红灯而不予阻止,致使甲险些丧命。

对于该案,虽然在一定意义上说,陈某的不作为与带领甲闯红灯的作为方式的移置具有相同的价值,但如果陈某不是对幼儿负有保护责任的路人,其不作为还只是应受道德上的责难,因为在刑法意义上还难以将不阻止幼儿闯红灯的不作为与带幼儿闯红灯的作为等同看待,其行为显然不成立遗弃罪。若是保护责任人,在规定有保护责任者遗弃罪的国家,成立保护责任者遗弃罪,在我国,则应评价为"拒不扶养",因而成立遗弃罪。

案14:行为人甲将被害人乙可以接近自己的唯一通道上的吊桥毁掉,致使乙陷入危险的境地。

该案中,由于甲并没有实施场所改变的积极移置的行为,不成立单纯遗弃罪。若甲不负有保护责任,保护责任者遗弃罪也不能成立。可是,以积极作为的方式造成被害人处境恶化却不受处罚,结论恐怕不妥当。所以域外刑法理论认为,毁掉通道上吊桥的行为还是应评价为作为形式的遗弃,应以遗弃犯罪论处。① 这种行为若发生在我国,若甲系负有扶养义务的人,可以认为其属于"拒不履行扶养义务",可以遗弃罪论处;若没有扶养义务,不值得作为犯罪处罚。

案15:警察甲将正在哺乳婴儿的乙实施拘留,由于家中没有其他人,致使婴儿生命出现危险。

对于该案,域外有观点认为,监禁或者杀害婴儿的母亲,致使婴儿生命陷入危险的,成立单纯遗弃罪。② 本书认为,虽然甲对乙的婴儿不负有扶养义务,但

---

① 参见[日]芝原邦爾等编集:《刑法理論の現代的展開各論》,日本評論社2008年版,第29頁。

② 参见[日]小暮得雄等编:《刑法講義各論》,有斐阁1988年版,第68頁。

其行为使负有扶养义务的人不能履行扶养义务,在规定有单纯遗弃罪的国家,可以评价为单纯遗弃罪,在没有规定单纯遗弃罪的我国,要么评价为遗弃罪的间接正犯,要么等行为发生侵害被害人生命的具体危险且对具体性危险具有认识与容忍时评价为杀人罪(相当于阻止救助)。若认为遗弃罪是纯正身份犯,且认为不具有特定身份的不仅不能成立正犯(相当于实行犯),也不能成立间接正犯,则没有评价为遗弃罪间接正犯的可能,就只能认定为阻止他人救助的作为的故意杀人罪。

应该说,从我国《刑法》第261条遗弃罪中"负有扶养义务而拒绝扶养"的表述看,我国遗弃罪似乎是只能由不作为构成的所谓真正不作为犯,但这样理解显然不能周延保护法益。行为人将素不相识的残疾儿童带到茂密的原始森林里,使其处于危险之中,系典型的作为形式的遗弃,是将被害人转移到危险场所的所谓的"移置"。这个行为在域外成立单纯遗弃罪,在我们国家该如何处理呢? 应该说,在这样的场合,行为人先前的作为使法益处于危险状态,所以行为人产生对残疾儿童的"扶养义务",也就是救助义务。如果行为人不将残疾儿童带出森林,就属于拒不履行扶养义务,因而成立遗弃罪。如此解释,我国遗弃罪规定就几乎没有什么处罚漏洞了。因为凡是以作为方式实施移置行为,使他人生命、身体处于危险状态的,虽然不直接成立遗弃罪,但其先前行为产生了作为义务。[①]这样,我国《刑法》第261条规定的遗弃罪中的"拒绝扶养",应意味着使他人生命、身体产生危险,以及在他人生命、身体处于危险状态时不予救助。

具体而言,"拒绝扶养"应当包括以下行为:其一,将需要扶养的人移置于危险场所。这里的"危险场所"只是相对于特定的被害人而言。如父母将婴儿置于国家机关门前的,属于将需要扶养的人移置于危险场所。其二,将需要扶养的人从一种危险场所转移至另一种更为危险的场所。其三,将需要扶养的人遗留在危险场所,如将事故的受害人遗留在现场。其四,离开需要扶养的人,如行为人离家出走,使应当受其扶养的人得不到扶养。其五,妨碍需要扶养的人接近扶养人。其六,不提供扶助,如不提供经济供给,不给予必要照料。这些行为的实

---

① 参见张明楷:《侵犯人身罪与侵犯财产罪》,北京大学出版社2021年版,第67页。

质是使年老、年幼、患病或者其他没有独立生活能力的人不能得到扶养,使其生命、身体陷入危险状态,因而符合了遗弃罪的构成要件而构成遗弃罪。①

7. 经被害人有效承诺的遗弃行为,是否阻却违法性?

遗弃罪是侵害个人法益的犯罪,所以经被害人有效承诺的遗弃行为,一般阻却违法性。例如,老年人让其子女将其送到外地乞讨的,子女的行为不构成遗弃罪。不过,由于生命的承诺无效,若所承诺的遗弃行为具有生命危险时,则承诺无效,仍然可能构成遗弃罪甚至不作为的故意杀人罪。

8. 如何区分遗弃罪与不作为的故意杀人罪?

案16:被告人甲驾车不慎将一位70岁的老人撞倒,当时甲打算将被害人送医,也有目击者帮助甲将被害人扶上车。甲开车去医院途中,担心自己将老人送到医院后其仍会死亡,就将老人移到偏僻的地方。为了防止老人报警或者其他人查实他的身份,甲将老人的手机拿走。路人发现被害人,将其送医时,由于老人身上没有手机,无法查找老人的身份和家人,而被害人系脑创伤,没有家属同意医院不会动手术。最终被害人死亡。

该案中,被害人被甲撞伤以后,并没有立刻死亡,甲将被害人从马路移至较为偏僻的地方,并且拿走了被害人的手机,导致被害人被及时救助的可能性显著降低。或者说,被告人甲的移置和拿走被害人手机的行为,显著升高了被害人死亡的风险。事实上,也因为被害人的手机被拿走,无法联系他的家人,导致医生不能及时为被害人做手术而导致被害人死亡。所以,可以将被害人的死亡归属于甲的行为,甲的行为应当成立故意杀人罪。

我国遗弃罪条文与域外刑法相关规定存在明显差异。我国遗弃罪既不是对于生命的危险犯,也不是对于生命、身体的危险犯,只要负有扶养义务的人侵害了他人的受扶养权,就值得作为遗弃罪加以处罚。不过,即便不认为遗弃罪是对生命、身体的危险犯,也不可否认,严重的遗弃行为可能造成被遗弃人的伤害甚

---

① 参见张明楷:《刑法学》(第6版)(下册),法律出版社2021年版,第1130页。

至死亡。我国《刑法》没有如域外刑法规定作为遗弃罪加重犯的遗弃致死伤罪。当遗弃行为导致死伤结果时,行为人若对重伤、死亡结果没有认识或者有认识但不持希望与放任态度时,只能认定为遗弃罪与过失致人死亡罪与过失致人重伤罪的竞合犯,从一重处罚;由于故意伤害罪(轻伤)的法定刑(法定最高刑为3年有期徒刑)低于遗弃罪(法定最高刑为5年有期徒刑),对轻伤结果无论持故意还是过失态度,均仅以遗弃罪定罪处罚。结果是,遗弃行为过失致人轻伤或者重伤时,仅以遗弃罪进行定罪处罚;过失致人死亡时,一般以过失致人死亡罪(法定最高刑为7年有期徒刑)定罪。遗弃行为故意致人重伤、死亡时,成立遗弃罪与故意伤害罪、故意杀人罪的竞合犯,从一重处罚的结果是以故意伤害罪(重伤)、故意杀人罪定罪处罚。

应该说,在规定有遗弃罪结果加重犯的国家,即便将故意杀人认定遗弃致死,量刑上的差异也不会太大。例如,根据日本《刑法》第219条遗弃致死伤罪规定,遗弃致死的,最重可处20年惩役。日本《刑法》对于杀人罪虽然规定有死刑,但日本已经多年实际上未执行死刑。又如,德国《刑法》第221条遗弃罪规定,遗弃导致被害人死亡的,可处3年以上15年以下有期徒刑。众所周知,欧盟已经废除了死刑。但在我国,故意杀人罪的法定最高刑为死刑,而遗弃罪仅为5年有期徒刑。因此,明晰遗弃罪与不作为的故意杀人罪之间的界限至关重要。

理论界提出区分遗弃罪与不作为的故意杀人罪的标准主要有:(1)是否有杀人的故意(包括未必的故意、间接故意),或者说行为人是具有危险故意还是实害故意;(2)遗弃行为对于被遗弃人生命侵害的危险是否紧迫,是仅为抽象性危险还是已至具体性危险或者说遗弃行为是否具有杀人的实行行为性,遗弃行为本身是否具有直接导致被遗弃人死亡的危险性;(3)行为人是否对被遗弃人的生命存在事实上的接受(保护的承担),是否形成排他性支配,即被害人的生命对于行为人的依赖程度;(4)作为义务的强弱;(5)救助的可能性、容易性程度;(6)是否存在侵害被害人生命、身体安全的重大的先行行为,等等。

本书认为,理论上可以将遗弃案分为交通肇事逃逸、家庭成员间的遗弃和非家庭成员间的遗弃三种类型进行讨论。

(1)交通肇事逃逸

值得讨论的是,存在肇事致伤与逃逸行为,但不能证明及时送医是否就能避免死亡结果的发生,即不能证明肇事逃逸与死亡结果之间的因果关系时,是否成立不作为的故意杀人罪?众所周知,"为了认定不真正不作为犯的实行行为,要求必须具备这样的要件,即所期待的作为几乎确实可以防止结果的发生。如交通事故的被害人,在即便采取了救护措施但是否能够被救活并没有把握的场合,即便由于该不救助而导致了被害人的死亡,也应当将死亡的原因归于交通事故,该不救助本身并不能成为不作为犯的实行行为。"[1]换言之,"如果认为不真正不作为犯属于出于保护法益的目的的极其例外的处罚规定,在客观上并无结果回避可能性的场合,则应认为原本就不能期待行为人实施一定的作为,因此,缺少不作为犯的实行行为,并不成立未遂犯。"[2]既然不能证明逃逸行为与死亡结果之间的因果关系,就说明即便行为人实施救助行为也不肯定能够避免结果的发生,就应作有利于行为人的假定,即不作为行为人没有结果回避可能性,没有挽救法益的可能性。换言之,在不能证明因果关系的场所等同于肇事行为本身造成了不可逆性死亡的重伤结果,行为人就没有作为义务,就没有杀人的实行行为,当然也就不成立故意杀人罪(未遂)。正如,不能证明行为人开枪之前行为人是否已经死亡,就应作出开枪之前行为人已经死亡的推定,而朝尸体开枪,周围也没有其他人的,不能谓之着手杀人,当然不成立杀人未遂。在作为方式杀人的场合,成立杀人未遂是因为杀人行为本身具有致人死亡的可能性(至少存在活人对象且在射程之内);而在不作为杀人的场合,存在只要实施期待的作为就有救助他人生命、避免死亡的可能性,若不存在结果回避可能性,当然也不成立杀人未遂。

案17:2002年4月22日0时30分许,被告人丁某驾驶出租车,沿红梅新村由东向西行驶至该新村88幢附近的一座小桥下坡处时,将醉倒在此的被害人李某成碾压于车下。肇事后,被告人丁某下车查看,发现有一人躺在

---

[1] [日]大谷實:《刑法講義總論》(新版第3版),成文堂2009年版,第149頁。
[2] [日]西田典之:《刑法總論》(第2版),弘文堂2010年版,第118頁。

其车下,想将被害人从车底下拉出来,但没有拉动,被告人即用车上的千斤顶将车顶起,将被害人从车底拉出来丢弃在旁边,后驾车逃离现场。被害人李某成后被送至常州市第二人民医院,经抢救无效于当日死亡。后经法医鉴定系内脏损伤,创伤性失血性休克死亡。交警对事故现场进行勘查,认定死者李某成是趴在桥下坡约5米(桥全长14米)处偏右位置,经开车实验,该位置在汽车上桥时是不能发现的,而在汽车从桥顶下坡时,如果是夜里,就较难发现,但即便发现肯定是近距离的,根本来不及采取措施。对于该案,法院认为,"被告人丁某在发生交通事故后,作为驾驶员必须保护现场,抢救伤者,并迅速报告公安机关或执勤交通警察。而被告人丁某在事故发生后,用千斤顶将车顶起,将被害人从车底拖出,弃在路边,驾车逃离现场,没有履行法定的救助义务。被告人丁某明知自己的行为可能造成他人死亡,却不采取任何措施,来避免死亡的发生,对死亡结果的发生抱着任其自然的心态,虽然丁某不希望死亡结果的发生,但死亡结果的发生并不出乎其意料,也不违反其本意,属间接故意杀人,故被告人丁某的行为构成故意杀人罪。被告人丁某犯故意杀人罪,判处有期徒刑三年。"[1]

本书认为,上述判决存在疑问。《道路交通安全法》上的救助、报警等义务仅为行政法上的义务,不能直接评价为刑法上的作为义务。所谓逃逸而应负事故的全部责任,也只是《道路交通安全法》规定的便于事故处理的行政法及民事法律上的责任,不能直接成为认定刑事责任的根据。否则"显然是混淆了道交法责任与刑事责任的关系,直接将道交法责任等同于刑事责任。"[2]被告人正常驾车致被害人受伤,纯属意外事件,没有过错,而且被害人具有重大过错,因而不能评价为先行行为,不能产生作为义务。如正常驾驶者在没有预见的情况下将闯红灯而突然横穿马路的行人撞伤,驾驶者没有刑法意义上的作为义务,不能成立遗弃罪,更不能成立杀人罪一样。况且,该案中就算被告人对事故本身存在过错,也仅属于单纯逃逸。[3]在能够证明逃逸与死亡结果之间因果关系的情况下,

---

[1] 参见江苏省常州市天宁区人民法院刑事判决书,(2002)天刑初字第279号。
[2] 张明楷:《交通肇事的刑事责任认定》,载《人民检察》2008年第2期。
[3] 将受伤的醉汉从车下拉出来放在路边,显然没有增加危险,因而不能评价为"移置逃逸"。

成立"因逃逸致人死亡"情节的交通肇事罪,否则,仅成立交通肇事罪的基本犯。该案中,法院在被告人对事故的发生没有过错而被害人存在重大过错的情况下,居然因为事后没有救助而直接认定为故意杀人罪,这正如被害人企图自杀突然飞速撞向正常行驶的汽车导致自己重伤,司机扬长而去的也成立故意杀人罪一样荒谬。

  案18:被告人徐某强驾驶无牌照、刹车失灵、超载的131型农用运输车,于2002年3月10日17时许,由南向北行驶至北京市房山区京保路纸房菜市场口北30米处时,将行人张某娃撞伤。徐某强伙同乘坐该车的被告人刘某花将张某娃抬上肇事车带离事故现场。为逃避法律追究,二人又找到被告人杨某刚商定,将被害人掩埋。为此,杨某刚购买铁锹一把,徐某强继续驾车与刘、杨二人一起于当晚23时许,将被害人张某娃运至河北省涿州市刁窝乡东辛庄村村东大青河西岸一沙坑内掩埋。被害人张某娃因无法得到救助而死亡。一审法院认为,"被告人徐某强驾车肇事致被害人受伤后,本应积极抢救,使其尽快得到救治,但为逃避法律追究,竟伙同被告人刘某花用车将尚未死亡的被害人拉走掩埋,致其死亡;被告人杨某刚在明知徐某强、刘某花发生交通肇事将被害人撞伤并带离事故现场后,不但不阻止,且积极参与掩埋被害人,徐某强、刘某花、杨某刚故意非法剥夺他人生命,其行为均已构成故意杀人罪,犯罪性质极其恶劣,后果特别严重,社会危害性极大,依法应予惩处。"该院以故意杀人罪分别判处徐某强、刘某花、杨某刚死刑、无期徒刑、无期徒刑。另外,法医鉴定证实,"张某娃身体损伤符合车辆碾压所致;因尸体高度腐败,鉴定损伤后存活时间已失去条件,结合案情,分析张某娃所受损伤在短时间内不会造成死亡。"北京市积水潭医院出具的关于张某娃伤情与死亡关系的会诊意见结论:"综合张某娃的伤情、年龄,一般情况下不致造成伤者在短期内死亡。"二审法院维持原判。①

  本书以为,上述判决至少存在两点疑问:一是鉴定结果仅是大致推断被害人受伤不至于"短时间内""短期内"死亡,并未能够证明若及时送医是否就极有可

---

① 参见北京市高级人民法院刑事裁定书,(2002)高刑终字第628号。

能避免死亡,即不能证明移置逃逸与死亡结果之间的因果关系,故应当作出有利于被告人的假定,即死亡是肇事行为的当然结果,故结论应该是:由驾驶人徐某强承担交通肇事罪基本犯的刑事责任,刘某花承担帮助毁灭证据罪的刑事责任。二是被害人是因移置逃逸而贻误抢救时机致死,还是掩埋致死?换言之,若不能证明掩埋前被害人没有死亡,则参与掩埋的被告人杨某刚不应承担故意杀人罪的刑事责任,其并没有如两级法院判决书所称的"在明知徐某强、刘某花发生交通肇事将被害人撞伤并带离事故现场后,不但不阻止,且积极参与掩埋被害人"的阻止移置逃逸的义务。也就是说,其过错不在于没有阻止他人移置逃逸,而在于掩埋了被害人。若有证据证明掩埋前被害人还活着,则可能构成作为形式的故意杀人罪,否则,仅承担帮助毁灭证据罪的刑事责任。该案若能查明移置逃逸与死亡结果之间存在因果关系,由于先行行为、保护的承担、排他性支配的存在,可以肯定徐某强与刘某花共同承担不作为故意杀人罪的刑事责任。若能证明掩埋前被害人尚未死亡,三个被告人应承担作为形式的故意杀人罪的刑事责任,不作为故意杀人被后来的作为的故意杀人罪所吸收。

案19:由被告人宋某虎驾驶、被告人殷某军乘坐的松花江牌微型车,在北京市昌平区天通苑小区内由南向北行驶时,将横过道路的行人吴某英撞伤。宋某虎与吴某英的丈夫董某叶将被害人吴某英抬上肇事汽车送往医院,途中,宋某虎与殷某军预谋将被害人抛弃。当汽车行驶至该市顺义区后沙峪北京市丽光打火机厂门口时,宋某虎谎称医院到了,殷某军与董某叶将吴某英抬下车,放在打火机厂门口后,殷某军趁机返回肇事车,宋某虎驾车与殷某军逃逸。被害人吴某英后因创伤失血性休克合并颅脑损伤死亡。另查,被害人吴某英被遗弃时生命处于垂危状态,当地派出所民警在接到报警后虽及时赶到现场,但因被害人之夫董某叶提出要回家取钱,民警才未直接将被害人送往医院抢救,故延误救治时间约两小时。法院认为,被告人宋某虎在发生交通事故,撞伤他人后,为逃避法律追究,伙同殷某军将被害人带离现场并遗弃,致人死亡,两被告人的行为均构成故意杀人罪。①

---

① 参见北京市高级人民法院刑事判决书,(2003)高刑终字第361号。

第一章 | 侵犯生命、健康的犯罪

本书认为,上述判决存在疑问:被告人将被害人抬上车直至丢在打火机厂门口,始终有被害人丈夫在场,被告人对被害人的生命危险并没有形成排他性支配,难以肯定不作为故意杀人罪的实行行为性;尤其是警察到场后,被害人生命的危险已完全转移至警察的支配之下,是因为被害人丈夫和警察的原因才贻误抢救的;若查明被害人死亡原因是被告人没有及时送医所致,则被告人承担"因逃逸致人死亡"的交通肇事罪加重犯的刑事责任;若不能查明被害人的死亡是因为被告人未及时送医所致,就只能认为死亡是肇事行为本身造成的,只应以交通肇事罪的基本犯追究被告人宋某虎的刑事责任。被告人殷某军没有救助义务,其不应承担交通肇事罪的刑事责任。无论如何,该案以故意杀人罪追究二被告人刑事责任都是错误的。

案20:被告人驾车过程中因过失将被害人撞成重度昏迷状态,为了送到最近的医院抢救而将被害人抱到助手席上,行驶过程中因害怕罪行暴露,在认识到若不将被害人及时送医可能导致被害人死亡的情况下,仍然在不采取任何救护措施的情况下在路上漫无目标地行驶,致使被害人死于车内。日本东京地方法院以杀人罪对被告人定罪。[1]

案21:被告人驾车中因过失造成被害人需治疗3个月的伤害,出于及时送医的目的将被害人抱上助手席,之后唯恐罪行败露而改变主意,在认识到不及时送医被害人就可能死亡的情况下,当时正值霜降天气,仍在天亮之前将脸上正淌血、意识不清的被害人,丢到离最近的住户也有50~300米的距离的田间小道上后逃走。碰巧被害人自己恢复了意识而爬到最近的住户而得救。日本横滨地方法院认定被告人成立杀人未遂罪。[2]

案22:被告人驾车中因过失造成了被害人需治疗6个月的伤害,送医过程中改变主意,在认识到不及时送医被害人可能死亡的情况下,在寒冷的

---

[1] 参见日本東京地判昭和40年9月30日下刑集7卷9号1828頁,转引自[日]十河太朗:"不作爲による殺人罪と保護責任者遺棄罪の限界",载《同志社法学》57卷6号(2006年),第290頁。

[2] 参见日本横浜地判昭和37年5月30日下刑集4卷5~6号499頁,转引自[日]十河太朗:"不作爲による殺人罪と保護責任者遺棄罪の限界",载《同志社法学》57卷6号(2006年),第318頁。

深夜,将被害人放置在行人稀少的道路边的沟洼中逃走。被害人碰巧被找寻来的被害人家属发现而得救。日本东京高等法院认定被告人成立杀人未遂罪。①

案 23:被告人因过失将被害人撞伤,被害人失去意识,而且流血很多。被告人将被害人搬到人行道上后逃走,被害人稍微恢复点意识后移动时跌落到附近的沟里而溺死。日本东京高等法院认定被告人成立保护责任者遗弃致死罪。②

案 24:被告人因过失将被害人撞成需入院治疗 3 个月、不能行走的重伤,将被害人搬上车后,当时正下着雪,当行至某暗黑的路上时,谎称去叫医生而骗被害人下车,而后径直离去。被害人最后碰巧得救。日本最高法院认定被告人成立保护责任者遗弃罪。③

案 25:被告人因过失将被害人撞伤,唯恐被人发现而产生放弃救助的意思,将意识不清的被害人抱上助手席后从现场逃离,在行驶过程中被害人死亡。日本盛冈地方法院以不能肯定存在救活的可能性及被告人对此有认识为由,否定杀人罪的成立。④

从上述日本典型判例可以看出,日本法院对于交通肇事逃逸事例,认定为杀人罪(包括杀人未遂罪)是非常慎重的,尤其是在死亡结果没有发生时,绝大多数都是仅认定成立保护责任者遗弃罪。即便发生了死亡结果,若不能肯定及时送医就能救活而且行为人对此有认识时,也会否定杀人罪的成立。

应该说,对于交通肇事逃逸的处理,在规定有(保护责任者)遗弃致死罪的

---

① 参见日本東京高判昭和 46 年 3 月 4 日高刑集 24 卷 1 号 168 頁,转引自[日]十河太朗:"不作爲による殺人罪と保護責任者遺棄罪の限界",载《同志社法学》57 卷 6 号(2006 年),第 318 頁。
② 参见日本東京高判昭和 37 年 6 月 21 日高刑集 15 卷 6 号 422 頁,转引自[日]十河太朗:"不作爲による殺人罪と保護責任者遺棄罪の限界",载《同志社法学》57 卷 6 号(2006 年),第 291 頁。
③ 参见日本最判昭和 34 年 7 月 24 日刑集 13 卷 8 号 1163 頁,转引自[日]十河太朗:"不作爲による殺人罪と保護責任者遺棄罪の限界",载《同志社法学》57 卷 6 号(2006 年),第 319 頁。
④ 参见日本盛岡地判昭和 44 年 4 月 16 日刑月 1 卷 4 号 434 頁,转引自[日]十河太朗:"不作爲による殺人罪と保護責任者遺棄罪の限界",载《同志社法学》57 卷 6 号(2006 年),第 319 頁。

国家和地区,即便不认定为不作为的故意杀人罪,而仅认定为遗弃致死罪,法定刑比故意杀人罪也轻不了多少,而且域外法官在量刑上普遍存在轻刑化倾向。而在我国,由于遗弃罪没有规定结果加重犯,对于交通肇事逃逸案件,虽然理论上有成立交通肇事罪的基本犯(包括第二档次法定刑)、"因逃逸致人死亡"、故意杀人罪三种路径,但由于因逃逸致人死亡的法定最高刑可以达到 15 年有期徒刑,这与认定为不作为的故意杀人罪实际的量刑评价相当。① 从一定意义上说,我国《刑法》关于因逃逸致人死亡的规定,具有评价遗弃致死和不作为杀人的功能。无论单纯逃逸致死,还是移置逃逸致死,由于支配死亡结果发生的主要是先前的肇事行为,若能证明逃逸行为与死亡结果之间具有因果关系,即若及时救助就极有可能避免死亡,认定为"因逃逸致人死亡"即可,而不必认定为故意杀人罪。因为我国司法人员求刑量刑普遍存在重刑化倾向,若将交通肇事逃逸认定为故意杀人罪,就极有可能重判至死刑。

我国司法实践中的问题是,一方面,认定为"因逃逸致人死亡"的案件极少,使 1997 年《刑法》增设该项规定的立法目的几乎落空。另一方面,对于移置逃逸的又习惯于认定为故意杀人罪,甚至最高人民法院 2000 年 11 月 15 日公布的关于交通肇事罪的司法解释第 6 条还予以了充分肯定。② 很显然,实务及理论界存在对移置逃逸即为作为方式的杀人的误解。域外刑法之所以不厌其烦地讨论遗弃致死罪与不作为杀人罪的界限,显然主要关注的不是单纯逃逸致死的情形,而是移置逃逸致死。移置逃逸致死案件中,支配死亡结果发生的说到底还是先前的肇事行为,此后的移置逃逸行为只不过是没有阻止先前肇事行为形成的因果发展过程,没有回避死亡结果的发生,所以实质上还是一种不作为。移置逃逸之所以可能被认定为不作为的故意杀人罪,是因为相较于单纯逃逸而言,其不

---

① 由于不作为犯相较于作为犯而言,非难可能性较低。正因为此,理论上通常认为不作为犯因为只是没有阻止自然的因果发生过程,相较于支配因果过程的作为犯而言,处刑应相对较轻。德国《刑法》第 13 条甚至还专门有关于不作为犯应当减轻处罚的规定。

② 最高人民法院《关于审理交通肇事刑事案件具体应用法律若干问题的解释》第 6 条规定:"行为人在交通肇事后为逃避法律追究,将被害人带离事故现场隐藏或者遗弃,致使被害人无法得到救助而死亡或者严重残疾的,应当分别依照刑法第二百三十二条、第二百三十四条第二款的规定,以故意杀人罪或者故意伤害罪定罪处罚。"

仅自己没有及时履行救助义务,而且还阻绝了被他人救助的可能性(由于形成了排他性支配),达到了可能评价为杀人的实行行为的程度,因而才讨论是否成立不作为杀人罪的问题。与此相对,对于单纯逃逸,几乎未见有人讨论是否成立不作为杀人的问题。既然移置逃逸说到底也是一种不作为,评价为因逃逸致人死亡通常就能做到罪刑相适应。即便评价为杀人罪,也由于属于不作为杀人罪,与刀砍、枪杀等作为方式的杀人相比,因逃逸致人死亡的非难可能性还是轻一些。

(2)家庭成员间的遗弃

案26:被告人宋某祥酒后回到自己家中,因琐事与其妻李某发生争吵厮打。李某说:"三天两头吵,活着还不如死了。"被告人宋某祥说:"那你就死去。"后李某在寻找准备自缢用的凳子时,宋某祥喊来邻居叶某生对李某进行规劝。叶某生走后,二人又发生吵骂厮打。在李某寻找自缢用的绳索时,宋某祥采取放任态度不管不问不加劝阻,致使李某于当晚在其家门框上上吊自缢身亡。鉴定证实:李某系机械性窒息死亡(自缢)。法院一审认为,被告人宋某祥目睹其妻李某寻找工具准备自缢,应当预见李某会发生自缢的后果而放任这种后果的发生,在家中只有夫妻二人这样的特定环境中,被告人宋某祥负有特定义务,其放任李某自缢身亡的行为已构成故意杀人罪(不作为)。二审维持原判。[1]

本书认为,被告人宋某祥至多成立遗弃罪,不应成立不作为的故意杀人罪。被告人与被害人先前吵架的行为属于日常生活行为,既不是杀人的实行行为,也不足以评价为具有侵害他人生命、身体危险的重大的先行行为,不能成为不作为杀人的作为义务来源。成为义务来源的只是亲属法规定相互负有扶养义务的夫妻关系。从理论上讲,不给配偶吃饭、看病尚且承担遗弃责任,在配偶选择自杀危及生命安全时,理当负有救助义务。但是还应当注意,自杀行为是具有正常理性、完全能够理解自杀行为性质与意义的成年配偶自己所为,与因自己的行为或者因自然原因导致配偶生命危险存在明显差异。因此,配偶一方不阻止对方自

---

[1] 参见河南省南阳市中级人民法院刑事判决书,(1994)南刑初字第264号;河南省南阳市中级人民法院刑事裁定书,(1995)南刑终字第002号。

杀的行为,没有达到可以评价为杀人的实行行为的程度,至多认定其因拒不履行抚养义务而构成遗弃罪。

案27:自1985年起,被告人张某年与郭某凤以夫妻名义同居生活。2001年五六月间,被告人张某年与被告人戴某珍勾搭成奸。2002年6月下旬,被告人张某年将被告人戴某珍带到其与郭某凤共同生活、生产的渔船上,三人一起居住。当月29日凌晨2时左右,被告人张某年提出和被告人戴某珍同宿,郭某凤听后很生气,走出船舱舀水拌呋喃丹农药,欲行自杀,被二被告人阻止。后郭某凤又进入船舱,将拌有呋喃丹农药的茶水喝下。二被告人发觉后,即用洗衣粉和水灌郭某凤,因其拒绝而抢救未成。随后二被告人即开船送郭某凤到阜宁县城医院抢救。途中,被告人张某年产生不再将郭某凤送医院抢救的念头,遂将船继续向东行驶,开至新阜宁大桥东侧的串场河内停下。此时,被告人戴某珍告诉被告人张某年"郭某凤仍活着",并问"送不送医院?"被告人张某年讲:"不送,上医院没钱看,死掉算了。"被告人戴某珍遂不再坚持送郭某凤去医院。之后,被告人张某年将电瓶绑附在郭某凤身上,然后将船开至阜宁阜东大桥下,将郭某凤的尸体推入河中。经法医鉴定,郭某凤系呋喃丹中毒死亡。一审法院认为,被告人张某年、戴某珍明知自己的不端行为引起郭某凤服毒自杀,却不履行救助义务,放任其死亡结果的发生,其行为均构成故意杀人罪。①

本书认为,上述判决存在疑问。被告人张某年应成立遗弃罪,戴某珍仅成立帮助毁灭证据罪。首先,将事实婚姻形成的配偶关系以外的异性带到船上同宿的行为,不能评价为作为义务来源之一的先行行为。因为"先行行为成为作为义务的根据在于,由于自己的行为而导致发生结果的危险的人,处于能够防止发生结果的地位,并且,社会也期待其防止该种结果的发生,因此,其处于能够防止构成要件结果发生的危险的地位"②。质言之,先行行为必须是因此给被害人法益产生侵害危险的行为。"制造危险者,有义务消除危险。"上述被告人的同宿

---

① 参见江苏省阜宁县人民法院刑事判决书,(2002)阜刑初字第354号。
② [日]大谷實:《刑法講義總論》(新版第3版),成文堂2009年版,第151頁。

行为显然不具有法益侵害的危险性,不能成为不作为故意杀人罪的作为义务来源,被告人戴某珍不具有救助被害人生命的义务,被告人张某年的救助义务来源不是先行行为而是夫妻之间的相互扶养关系。其次,法医鉴定结论表明被害人系中毒死亡,该案中法院没有查明若被告人及时送医是否就极有可能避免被害人死亡,若不能证明此点,只能做出没有结果回避可能性的推定,行为人没有作为义务,不成立不作为犯罪。再次,若能证明不及时送医与死亡结果之间具有因果关系,由于是被害人自己选择自杀身亡,虽然被告人张某年具有救助被害人生命的义务,也难以认为与作为方式杀人的实行行为具有等价性,评价为遗弃罪即可。最后,该案没有查明将被害人抛入河中之前被害人是否已经死亡,如鉴定结果所言,被害人系中毒死亡而非溺水而亡,两被告人均不应承担作为方式的故意杀人罪的刑事责任。若能证明不及时送医与死亡结果之间具有因果关系,被告人张永年构成遗弃罪,被告人戴某珍帮助抛弃尸体应评价为帮助毁灭证据罪。结论是:若能证明及时送医就极有可能避免死亡,则被告人张某年成立遗弃罪,戴某珍成立帮助毁灭证据罪,否则,二被告均无罪。

案28:1999年3月,原审被告人李某波与女青年项某临相恋并致其怀孕。同年6月,李某波向项某临提出分手并要其做流产,项某临不同意。此后,项某临多次找到李某波表示希望和好,而李某波则不愿与其见面。项某临为此两次欲从6楼跳楼自杀。同年9月5日12时30分,李某波回到宿舍时,见项某临坐在沙发上,手上拿着一只黑色塑料袋,袋口露出一只纯净水瓶的瓶颈。因李某波不理睬项某临而发生争吵,李某波因项某临大声喊骂怕被人听见遂用打火机朝项某临扔过去,项某临则用背包打李某波,过后项某临拿着纯净水瓶到走廊上,李某波听见其将瓶子扔到水池里的声音,后项某临回到房内背靠沙发坐在地上,十几分钟后李某波见项某临仍原样坐着,歪着头定定地注视着墙壁,嘴角有鼻涕样的东西。此时,李某波见同厂女工赵某娟上楼,因怕其看见项某临在房内即把门掩上。随后,李某波将房门锁上下楼打电话叫来其朋友楼某辉,两人回到宿舍时,因打不开门,两人从气窗看见项某临还是原样坐着,嘴角有白色泡沫,李某波即与楼某辉又到朋友谢某钢家对其讲了项某临的情况,后两人返回厂得知项某临已被他人送往医院抢救。当晚9时许,项某临因抢救无效死亡。经法医鉴定,项某临系服毒药死亡。一审法院判决被告人李某波犯故意杀人罪(不作为),判处有期徒刑5年。二审法院维持原判。①

本书认为,该案判决存在诸多疑问:首先,恋爱致女友怀孕及恋爱期间的争吵行为,都不能评价为先行行为,不能作为不作为杀人罪的作为义务来源,至于对腹中的胎儿更是不负有生命救助义务。其次,如果认为男女之间恋爱并致对方怀孕已经形成社会生活上的依存关系的话,也是因为被害人自己选择自杀,行为人负有救助义务,评价为遗弃罪即可。最后,该案没有查明是否及时送医就极有可能避免死亡,若不能查明此点,只能做出没有结果回避可能性的推定,结论只能是被告人因没有作为义务而无罪。

案29:2010年11月18日22时许,被告人刘某因经济困难,决定对其和妻子王某芹共同生育于同日下午出生的一名极低体重早产女婴放弃治疗,将该女婴丢弃在一农田边。次日中午11时许,该女婴被发现,后被送至医院救治,因抢救无效而死亡。经法医学鉴定,该女婴系早产后继发新生儿硬肿症、肺出血致呼吸循环系统衰竭而死亡。法院认为,"被告人刘某对年幼没有独立生活能力的女儿,负有扶养义务而拒绝扶养,致其死亡,情节恶劣,其行为已构成遗弃罪……判决如下:被告人刘某犯遗弃罪,判处有期徒刑一年六个月,缓刑一年六个月。"②本书认为,上述判决是正确的。诚如承办该案法官在接受记者采访时指出:"本案中,被告人刘某虽然把女婴扔在郊外,但主观目的是希望女婴被人捡去收养,并无杀害女婴的企图,他始终抱着一线希望,希望有好心人可以收养、帮助女婴治疗,所以法院最后定性被告人刘某构成遗弃罪,而不是故意杀人罪。"③遗弃罪与不作为故意杀人罪在主观上存在差别,前者是危险故意,后者是实害故意,这一点是应当肯定的。

案30:被告人与79岁老母共同生活,想到老母亲可能饿死,仍然在长

---

① 参见浙江省金华市中级人民法院刑事附带民事裁定书,(2000)金中刑终字第90号。
② 参见上海市浦东新区人民法院刑事判决书,(2011)浦刑初字第414号。
③ 严剑漪、黄丹:《女儿,愿你在另一个世界里原谅父亲》,载《人民法院报》2011年4月11日,第3版。

达一个月的时间里不给饭吃,不给看病,放任不管,最终老母被饿死。日本法院以杀人罪对被告人定罪处罚。[①]

案31:被告人对两岁的养子每天施以暴行,致使被害人病弱不堪,连行走都很困难,还不提供帮扶和饮食,被害人最终因极度营养失调和支气管炎而死亡。日本札幌法院认定被告人成立保护责任者遗弃致死罪。[②]

案32:被告人在丈夫出差期间,为跟情人幽会,竟将只有4个月大小的小儿子留在家里而外出达38小时,被害人在家窒息而死。日本千叶地方法院认定被告人成立保护责任者遗弃致死罪。[③]

案33:被告人作为母亲厌倦了整天伺候14岁的长男、6岁的长女、3岁的次女和2岁的三女的生活,竟离家与情人幽会长达6个月左右。其间,被告人曾两次回家为孩子们提供了饮食方面的照顾。此外,还偶尔与长男会面或通过电话联系送些生活费。孩子们忍饥挨饿,次女患上了重度的营养失调症,三女因受到长男及其朋友的责打而死亡。日本东京地方法院认定被告人成立保护责任者遗弃罪。[④]

案34:被告人与妻子和母亲共同生活,发现母亲将妻子头部打伤,流了很多血,想到放任不管妻子可能死亡,但考虑到一直以来都恼怒于妻子与母亲的不和。此外,也是为了避免母亲罪行败露,而没有采取必要的救治措施,放置妻子不管致其最终死亡。由于不能否定即使被告人采取必要的救命措施被害人还是会死亡的可能性,不保护与死亡结果之间的因果关系还存在合理的怀疑不能排除,因此,日本札幌地方法院否定成立保护责任者遗

[①] 参见日本さいたま地判平成14年1月31日(公刊物未登载),转引自[日]十河太朗:"不作爲による殺人罪と保護責任者遺棄罪の限界",载《同志社法学》57卷6号(2006年),第293页。

[②] 参见日本札幌高函館支判昭和28年2月18日高刑集6卷1号128页,转引自[日]十河太朗:"不作爲による殺人罪と保護責任者遺棄罪の限界",载《同志社法学》57卷6号(2006年),第294页。

[③] 参见日本千葉地判平成12年2月4日判夕1072号265页,转引自[日]十河太朗:"不作爲による殺人罪と保護責任者遺棄罪の限界",载《同志社法学》57卷6号(2006年),第294页。

[④] 参见日本东京地判昭和63年10月26日判夕690号245页,转引自[日]十河太朗:"不作爲による殺人罪と保護責任者遺棄罪の限界",载《同志社法学》57卷6号(2006年),第320页。

弃致死罪,仅成立保护责任者遗弃罪。①

从以上日本判例可以看出,对于家庭内不提供饮食、不予治病,尤其是伴随有严重虐待的重大先行行为的案件,通常会认定为杀人罪。而没有杀意的,通常会否定杀人罪的成立。不能证明不救助与死亡结果之间因果关系的,也会否定遗弃致死罪的成立。

(3)非家庭成员间的遗弃

案35:被告人王某于2005年9月承包了某县老砖厂的水坯生产工作。被告人曾多次指使他人殴打职工致死。2005年11月,被告人王某再次指使别人殴打被害人王某某,后王某某数日卧床不起,吃药不见好转。2005年11月14日,被告人王某以送王某某治病为借口,指使被告人张某等人用摩托车将被害人王某某送到某县国道旁的麦地里抛弃,最后被害人王某某死亡。某市中级人民法院认定被告人王某构成故意伤害罪。②

本书认为,被告人王某应当构成不作为的故意杀人罪。被告人与被害人系雇工关系,即便没有先前的殴伤行为,在雇员生病等原因而依赖于被告人保护时,作为雇主的被告人负有扶助义务,拒不履行的构成遗弃罪。该案中,由于被告人存在殴伤被害人致被害人生命出现危险的重大先行行为,而且被害人的生命完全依赖于被告人的保护,被告人竟然指使他人将被害人遗弃在他人一时难以发现的麦地里,其不救助被害人生命的行为与作为方式的杀人具有等价性,可以评价为杀人的实行行为,主观上认识到死亡的具体危险并对之至少持放任态度,因而构成不作为的故意杀人罪。

案36:两名被告人经过共谋,对女职员施加暴行致其受伤,陷入意识不清重度昏迷状态,唯恐罪行败露,虽认识到被害人有可能死亡,但不采取任何救治措施,最终被害人死亡。日本东京地方法院认定被告人成立杀人罪。③

---

① 参见日本札幌地判平成15年11月27日判夕1159号231页,转引自[日]十河太朗:"不作爲による殺人罪と保護責任者遺棄罪の限界",载《同志社法学》57卷6号(2006年),第320页。
② 参见张婷:《浅析不作为故意杀人罪》,载《云南警官学院学报》2008年第5期。
③ 参见日本东京地八王子支判昭和57年12月22日判夕494号142页,转引自[日]十河太朗:"不作爲による殺人罪と保護責任者遺棄罪の限界",载《同志社法学》57卷6号(2006年),第296页。

案37：被告人作为幼儿园园长经常体罚入园的幼儿，一日，被告人对刚一岁的某幼儿进行殴打，负伤并出现严重意识障碍，虽然预见到该幼儿有可能死亡，但仍然不采取必要的救护措施而将该幼儿放置在幼儿园一室，最终该幼儿死亡。日本高松地方法院认定被告人成立杀人罪。①

案38：被告人甲声称自己会所谓"能量治疗法"，极力鼓动B将因脑出血、处于重度意识障碍状态、正在医院接受点滴治疗的父亲A转至其处治疗。B不顾主治医生的反对，强行将被害人A接出医院，在没有采取任何有效措施的情况下，将被害人用飞机运到被告人甲下榻的小旅馆。被告人虽认识到被害人A病情严重，若不采取有效医疗措施将有生命危险，且明知自己没有能力挽救被害人A的生命，还硬撑着为被害人A进行所谓治疗，结果被害人A很快死亡。日本东京高等法院认为，"被告人指使B等将A从医院带出来，运送到本案宾馆，由于被告人实施了上述先行行为，能够认为，被告人就应该对被运送到本案宾馆的A，承担使其立即接受维持生存所必要的医疗措施的作为义务。但是，因为可以说被告人抱有未必的杀意，怠于履行上述作为义务而导致了A的死亡，所以可以考虑被告人在自己亲眼看到了A的情况以后的行为，确认为所谓不真正不作为犯，能够追究杀人罪的责任。"另外，由于被告人B作为被害人的儿子之所以让父亲强行出院，目的是仰赖被告人甲彻底治好被害人的病而不留下后遗症。日本最高法院也认为，"原判决认为被告人甲成立不作为的杀人罪，与没有杀意的患者亲属B在保护责任者遗弃致死罪的限度内成立共同正犯是正确的。"②

案39：被告人将住在一起的患病的雇员予以解雇，强迫其离开，之后雇员死亡。日本大理院认定成立保护责任者遗弃致死罪。③

---

① 参见日本高松地判平成15年1月31日（公刊物未登载），转引自［日］十河太朗："不作爲による殺人罪と保護責任者遺棄罪の限界"，载《同志社法学》57卷6号（2006年），第296～297页。
② 参见日本最高裁判所平成17年（2005年）7月4日决定，刑集59卷6号403页。
③ 参见日本大判大正8年8月30日刑录25辑963页，转引自［日］十河太朗："不作爲による殺人罪と保護責任者遺棄罪の限界"，载《同志社法学》57卷6号（2006年），第297页。

从上述日本判例可以看出,日本在家庭成员之外也广泛承认扶助义务。若存在重大的先行行为、事实上的接受及排他性支配,达到了可以评价为杀人实行行为的程度,可以评价为不作为的杀人罪。否则,仅成立保护责任者遗弃(致死)罪。关于遗弃的处理,日本《刑法》规定有法定最高刑仅为1年惩役的单纯遗弃罪(通说认为限于作为形式的积极移置)以及法定最高刑为5年惩役的保护责任者遗弃罪(包括遗弃和不保护两种类型),此外,还规定有遗弃致死罪及保护责任者遗弃致死罪(法定刑为3年以上20年以下惩役)。我国《刑法》第261条规定的遗弃罪法定最高刑仅为5年有期徒刑,而且没有国外刑法中的遗弃致死罪之类结果加重犯规定。在我国,遗弃罪在现行《刑法》中位于侵犯公民人身权利、民主权利罪一章,为有效保护需要他人扶助的弱者的法益,不应当将遗弃罪的主体和对象限定于家庭成员间,而应认为包括敬老院、儿童福利院等社会扶助机构在内的负有扶助、养育义务的人均能成为遗弃罪的主体。本罪的法益也应解读为被遗弃人的受扶养权。

域外刑法理论与判例一直致力于遗弃致死罪与不作为杀人罪之间界限的讨论。日本刑法理论主要提出从杀人的故意、具体危险的有无、作为义务的程度(考虑重大的先行行为、保护的承担、排他性支配等)、危险的紧迫程度等方面进行考量。

对于判例所体现的立场,日本学者总结认为:"首先,在现实发生了死亡结果的场合,判例认为,虽然杀人的故意和实行行为是杀人罪的成立条件,但并非只要具备了这两个要件就直接肯定杀人罪的成立,不作为以前是否存在侵害被害人生命、身体的重大的先行行为,这是区分杀人罪与保护责任者遗弃致死罪通常不得不考虑的。一般而言,若行为人具有杀人的故意与杀人的实行行为,不作为与死亡结果之间还具有相当因果关系的话,难以否定杀人罪的成立。需要指出的是,不作为以前是否存在对于被害人生命、身体的重大侵害行为,并非杀人罪与保护责任之遗弃致死罪区别的决定性因素。另外,成立保护责任者遗弃致死罪,也以具有产生死亡结果具体危险性即实行行为为必要,这样,根据实行行为的有无也不能区分开杀人罪与保护责任者遗弃罪。两罪通常还是得根据杀人故意的有无来区别。其次,在死亡结果没有发生的场合,判例的基本立场是,具有以杀人的故意和杀人的实行行为时成立杀人未遂罪,没有杀人的故意或者没有杀人的实行行为时,成为保护责任者遗弃罪。成立杀人未遂罪,以同时具备杀人的故意和杀人的实行行为为必要,即使具有杀人故意,从被害人的状况和排他性支配等方面判断,对被害人的生命还没有发生具体性危险的场合,该不作为还不能评价为杀人的实行行为,不成立杀人未遂,仅为保护责任者遗弃罪成立与否的问题。从遗弃罪是抽象危险犯这点来看,成立遗弃罪只要具有发生死亡结果的抽象性危险就足够。"[1]

我国刑法虽然没有规定遗弃致死罪,但规定有发案率高的作为交通肇事罪加重犯的"因逃逸致人死亡"(法定最高刑为15年有期徒刑),这在一定意义上具有遗弃罪结果加重犯的功效。交通肇事后单纯逃逸的,若能证明逃逸行为与死亡结果之间存在因果关系,成立"因逃逸致人死亡",而不成立不作为的故意杀人罪。至于移置逃逸,支配死亡因果过程的是先前的肇事行为,故移置逃逸实质上是一种不作为,若能证明及时送医就极有可能避免死亡,且如果被害人的生命完全依赖于行为人的保护,则可以认为具有了杀人的实行行为性,被害人最终因得不到救助而死亡的,成立不作为的杀人既遂,先前肇事致伤行为被吸收;若被害人碰巧自救或被他人救助的,成立杀人未遂。对于肇事逃逸以外的遗弃案件,是成立遗弃罪还是不作为的故意杀人罪,通常应根据是否存在侵害被害人生命、身体危险的重大先行行为,是否存在保护的承担,是否对被害人生命法益形成排他性支配,以及是否发生侵害被害人生命的具体性危险等因素进行判断。成立不作为杀人,必须判断不作为是否达到了可与作为方式的杀人进行等价性评价的程度,从而具有了杀人的实行行为性,若达到了可以评价为杀人的实行行为的程度,又具有杀人的故意(包括间接故意),则可能成立不作为的故意杀人罪。

---

[1] 参见[日]十河太朗:"不作爲による殺人罪と保護責任者遺棄罪の限界",载《同志社法学》57卷6号(2006年),第324~325页。

第二章　侵犯性自主权的犯罪

第一节　强　奸　罪

· 导　读 ·

应对强奸罪的保护法益作出相对性解读:强奸成年妇女的,侵害的是妇女的性自主权;奸淫幼女的,侵害的是幼女的身心健康。强奸的含义具有相对性。成立非强制奸淫幼女型强奸罪,必须明知对方是幼女。"明知"包括确切地知道是、知道可能是以及不管是不是三种情形。对于奸淫幼女,也应与强奸成年妇女采取同样的既遂标准。

所谓"二人以上轮奸",在性质上属于强奸罪的共同实行犯,是指二人以上在同一时间、同一地点或者在较近的一段时间、一定场所基于共同强奸同一妇女或者幼女的故意而轮流(包括同时)实施了奸淫行为的情形。具有刑事责任能力的人与不具有刑事责任能力的人,也能成立"二人以上轮奸"。只要至少有二人完成了强奸行为,就成立轮奸既遂。轮奸没有预备、未遂和中止成立的余地。轮奸不是强奸的共同正犯,只要行为人的行为与妇女遭受轮奸的结果之间具有因果关系,即便只是教唆、帮助行为,也应承担轮奸的刑事责任。

致使幼女怀孕,属于"造成幼女伤害"。应将"造成幼女伤害"中的幼女,限定为不满10周岁的幼女。认定奸淫不满10周岁的幼女,也必须要求行为人明知对方是不满 10 周岁的幼女。《刑法》第 300 条第 3 款与第 259 条第 2 款以强奸罪定罪处罚的规定，是注意规定。强奸罪不是复行为犯。处罚婚内强奸，不存在法条上的障碍，只存在观念上的障碍。不能认为《刑法》第 236 条第 1 款的对象是已满 14 周岁的成年妇女，而第 2 款是不满 14 周岁的幼女。作为强奸罪手段的"暴力""胁迫""其他手段"与抢劫罪的"暴力""胁迫""其他方法"，含义并不相同。不能认为强奸罪中的"其他手段"包括欺骗手段。

女子为摆脱强奸而逃跑失足落水死亡的，属于强奸致人死亡。写恐吓信以及企图到宾馆强奸而在咖啡馆投迷药的，只是强奸预备。甲合理地认为 13 周岁的乙已满 18 周岁，并使用暴力、胁迫手段强行与之性交的，构成强奸罪。不应要求强奸犯罪的行为人主观上具有奸淫的目的。出于间接故意的，也能构成强奸罪。在网络上直播在私密空间的强奸过程，能够认定为"在公共场所当众强奸妇女"。多次强奸同一名妇女，不属于"强奸妇女多人"，应当认定为"强奸妇女、奸淫幼女情节恶劣"。醉酒的妇女主动要求与男子发生性关系，男子知道妇女处于醉酒状态仍与之性交的，不成立强奸罪。

在区分求奸未成与强奸未遂的界限时，要考虑行为人是否采用了暴力、胁迫等强制手段，是否适时停止自己的行为，为什么停止行为，要考察妇女的态度与举止。对于最高人民法院、最高人民检察院、公安部、司法部《关于办理性侵害未成年人刑事案件的意见》第 17 条第 2 款"对不满十二周岁的被害人实施奸淫等性侵害行为的，应当认定行为人'明知'对方是幼女"的规定，存有疑问。不能将导致被害妇女自杀认定为"致使被害人死亡"和"造成其他严重后果"。强奸妇女两人，应当以强奸罪同种数罪并罚。认定"强奸妇女、奸淫幼女情节恶劣"，要求强奸本身必须既遂。认定"强奸妇女、奸淫幼女多人"，必须每次均既遂。

条 文

第二百三十六条 【强奸罪】以暴力、胁迫或者其他手段强奸妇女的,处三年以上十年以下有期徒刑。

奸淫不满十四周岁的幼女的,以强奸论,从重处罚。

强奸妇女、奸淫幼女,有下列情形之一的,处十年以上有期徒刑、无期徒刑或者死刑:

(一)强奸妇女、奸淫幼女情节恶劣的;

(二)强奸妇女、奸淫幼女多人的;

(三)在公共场所当众强奸妇女、奸淫幼女的;

(四)二人以上轮奸的;

(五)奸淫不满十周岁的幼女或者造成幼女伤害的;

(六)致使被害人重伤、死亡或者造成其他严重后果的。

实务疑难问题

1. 奸淫幼女型强奸罪所保护的法益是什么?

案1:15周岁的男孩甲,多次将树枝强行戳入12周岁的邻家女孩乙的阴道。乙的父亲知道后报警。

如果认为奸淫幼女应限于自然意义上的性交,则该案中甲的行为是猥亵,因其未达刑事责任年龄,不能以猥亵儿童罪立案。但如果认为我国刑法并没有对强奸进行限定,强制进行非自然意义的性交也属于强奸,则甲的行为属于强奸,其达到了强奸罪的刑事责任年龄,应当以强奸罪立案。

一般认为,强奸罪的保护法益是性行为的自己决定权或者性自主权。但幼女缺乏性自主意识,不能认识性交行为的性质和意义,很难说强奸行为侵犯了其性自主权。所以奸淫幼女的,侵害的是幼女的身心健康权。《刑法》规定奸淫幼女型强奸,旨在禁止行为人通过性交行为妨碍幼女的身心健康成长。[1]

2. 强行实施口交、肛交的,是强奸还是猥亵?

案2:被告人唐某企图强迫被害人符某与其发生性关系,因符某称她有性病,唐某即要符某与其口交。之后,唐某出来告诉被告人刘某、符某有性病,不要与其性交。被告人刘某进入该房间,先让符某与其口交,后又将避孕套套上,要符某与其发生性关系。随后,被告人冯某平又进入房间,让符某与其口交。法院认为,刘某构成强奸罪,冯某平构成强制猥亵罪。[2]

应该说,上述判决是根据传统观点作出的。若认为口交、肛交也属于性交的话,则该案中唐某、冯某平强行与被害妇女符某口交的行为,也应成立强奸罪,而非强制猥亵罪。从本质主义来讲,只要行为人以满足自己的性欲为目的,使用暴力、胁迫或其他手段,违背妇女意志,强行与之发生各种形式的性交行为都可能被视为强奸。

本书主张:(1)目前宜将普通强奸(第236条第1款)中性交方式限定为狭义的性交方式,不宜包括使用身体的其他部位或者器物。对于后者,应评价为猥亵行为。(2)强奸成年妇女主要侵害的是性自主权,而与幼女性交,侵害的是幼女的身心健康,因而,男性或者女性使用身体的其他部位或者器物的行为同样会严重侵害幼女的身心健康。(3)由于"奸淫被拐卖的妇女"只是拐卖妇女、儿童罪的加重情节,而不以强奸罪论处,因此,这里的奸淫也包括男性或者女性使用身体的其他部位或者器物的行为。需要说明的是,之所以如此,是因为在强奸罪之外还有强制猥亵、侮辱罪,而认为"奸淫被拐卖的妇女"中的"奸淫"包括男性或者女性使用身体的其他部位或者器物的行为,是因为没有将猥亵被拐卖的妇女规定为加重情节,故可把猥亵行为解释进"奸淫"概念中。

---

[1] 参见张明楷:《刑法学》(第6版)(下册),法律出版社2021年版,第1133页。
[2] 参见海南省海口市振东区人民法院刘某强奸、冯某平强制猥亵妇女案刑事判决书,http://www.lawyee.net/Case/Case_Display.asp?ChannelID=2010100&keyword=%25u5F3A%25u5978&RID=25694,2012年2月2日访问。

3. 如何区分强奸与猥亵？

对强奸和奸淫做出扩张解释后，可能导致强奸与猥亵难以区分。从理论上讲，扩大强奸的范围，必然缩小猥亵的范围。强奸与猥亵的区分，一直都是困扰刑法理论与实务的难题。

有观点认为，性交的本质在于进入，而猥亵的本质在于接触。国内刑法理论通说认为，强奸未遂同强制猥亵、侮辱罪区分的关键在于行为人主观上有无奸淫的目的。

强奸与猥亵是一种竞合关系，因此，区分强奸与猥亵关键在于以下两点：一是清楚界定性交的含义；二是行为人的主观目的（是否有"进入"的意图）。当难以证明行为人的主观目的时，实践中的通常做法是，只要没有插入的，仅认定为强制猥亵既遂，而极少认定为强奸未遂。

4. 成立非强制奸淫幼女型强奸罪，是否需要明知对方是幼女？

在该罪中，"幼女"属于构成要件要素行为人必须对此有认识。2003年1月17日公布的最高人民法院《关于行为人不明知是不满十四周岁的幼女双方自愿发生性关系是否构成强奸罪问题的批复》[以下简称《奸淫幼女问题批复》(已失效)]曾经指出："行为人明知是不满十四周岁的幼女而与其发生性关系，不论幼女是否自愿，均应依照刑法第二百三十六条第二款的规定，以强奸罪定罪处罚；行为人确实不知对方是不满十四周岁的幼女，双方自愿发生性关系，未造成严重后果，情节显著轻微的，不认为是犯罪。"

对于该《批复》，其前半段"行为人明知是不满十四周岁的幼女而与其发生性关系，不论幼女是否自愿，均应依照刑法第二百三十六条第二款的规定，以强奸罪定罪处罚"的规定，旨在表明，不满十四周岁的幼女的同意、承诺无效，在行为人"明知"的情况下具有了主观故意，就应以强奸罪定罪处罚；后半段"行为人确实不知对方是不满十四周岁的幼女，双方自愿发生性关系，未造成严重后果，情节显著轻微的，不认为是犯罪"的规定，旨在强调，虽然得到幼女的承诺与其性交的行为具有客观的违法性，但在行为人确实不知对方是幼女时，行为人因为不具有主观故意而不符合强奸罪的主观有责构成要件，因而不成立强奸罪。也就是说,这一批复的后段并不意味着"行为人确实不知对方是不满十四周岁的幼女,双方自愿发生性关系,造成严重后果,情节严重的,以强奸罪论处";而宜理解为:行为人确实不知对方是不满14周岁的幼女,双方自愿发生性关系,造成严重后果的,按照后果的性质与责任形式,以相应的犯罪(如故意伤害罪、过失重伤罪)论处。①

5. 如何认定"明知"对方是幼女?

在幼女同意、承诺性交的情况下,成立强奸罪以行为人"明知"对方是幼女为前提,但何谓"明知",则需要具体判断。从理论上讲,"明知"包括确切地知道是、知道可能是以及不管是不是三种情形。诚如学者所言,"对于年龄的认识错误,可适用与过失犯注意义务相同的标准。当然这并不是说它是过失犯罪,而只是适用过失犯中规定注意义务理论解决故意犯罪中规范性构成要件要素的认识错误问题。我们应该根据社会一般人观念判断行为人对年龄的认识错误是否合理。但是对于那些负有特定义务的人,如对幼女有监护关系、教养关系或其他信任关系,那么他们那个群体注意义务要高,因此无论如何,他们对于同一年龄的错误认识都是不合理的,不能排除行为人的故意"。②

6. 关于强奸罪既遂标准,应否对成年妇女对象采"插入说"而对幼女采"接触说"?

我国刑法理论通说认为,针对已满14周岁妇女的强奸,既遂与否以"插入说"为宜,针对不满14周岁的幼女,则以两性性器官发生接触即为既遂,即采"接触说"。③ 对强奸幼女的既遂标准采"接触说"的理由是,"奸淫幼女犯罪的客体则是幼女的身心健康。行为人即使没有插入行为,仅仅是性器官的接触就

---

① 参见张明楷:《刑法学》(第6版)(下册),法律出版社2021年版,第1138页。
② 罗翔:《论对同意的认识错误——以性侵犯罪中的假想同意切入》,载《清华法学》2010年第1期。
③ 参见高铭暄、马克昌主编:《刑法学》(第10版),北京大学出版社、高等教育出版社2022年版,第471页。

足以使幼女遭受严重而持久的心理伤害,扭曲其正常的性心理、性人格、性伦理观,影响未来的异性关系和婚姻生活,同时,犯罪人试图插入的行为(即使未能成功)往往还会导致幼女遭受严重的身体创伤。因此,以接触说作为奸淫幼女犯罪的既遂标准不仅科学而且非常有现实必要"①。

本书赞成对于奸淫幼女与强奸成年妇女采取同样的既遂标准,即采"插入说"。因为"奸淫幼女也表现为性交行为,单纯的性器官接触并没有完成性交行为;接触说使奸淫幼女的既遂标准过于提前,导致较轻犯罪(猥亵儿童罪)的基本行为成为较重犯罪(奸淫幼女)的既遂标准(如同将伤害结果作为杀人罪的既遂标准),也不利于正确处理奸淫幼女与猥亵儿童罪的关系;接触说不利于鼓励行为人中止犯罪,也不利于保护被害人的名誉;对奸淫幼女案件的既遂标准采取结合说,也不会降低对幼女的特殊保护;更不能因为'难以插入'而对奸淫幼女的既遂标准采取接触说"②。

7. 何谓"轮奸"及其加重处罚根据?

关于"轮奸",理论上有以下代表性观点:(1)轮奸,是指二人以上在较短时间内先后轮流强奸同一妇女或者幼女。(2)轮奸是指两个以上的行为人基于共同强奸犯罪的故意,在同一时间内对同一女性实施强奸的行为。(3)所谓"轮奸",是共同犯罪的一种形式,一般是指两个以上男子基于共同强奸的故意,在相隔短暂的时间内,先后轮流强奸同一妇女(幼女)。构成轮奸以二人以上具有轮奸的故意为前提(包括事先经过预谋和临时起意)。如果两个人先后强奸同一妇女(幼女),但主观上没有共同强奸的故意或二人预谋强奸同一妇女(幼女),但分别在不同的时间和地点独自进行,都不能认为是轮奸。另外,轮奸应是两个以上直接的实行犯(正犯),一个帮助犯一个实行犯,不能算轮奸,而只是一般的共犯。

张明楷教授指出,轮奸是指二男以上在同一段时间内,共同对同一妇女(或

---

① 周折:《奸淫幼女犯罪客体及其既遂标准问题辨析》,载《法学》2008年第1期。
② 张明楷:《刑法学》(第6版)(下册),法律出版社2021年版,第1142页。

幼女)连续地轮流或同时强奸(或奸淫)的行为。轮奸是强奸罪的一种特殊形式(实行共同正犯)。1979 年《刑法》第 139 条第 4 款规定:"二人以上犯强奸罪而共同轮奸的,从重处罚。"据此,轮奸是共同正犯类型的强奸。但现行《刑法》将"二人以上轮奸"规定为加重类型,因此,继续将轮奸限定为共同正犯类型的强奸,似乎缺乏文理根据。在此,首先需要明确的是,刑法对轮奸加重刑罚的根据是什么。如果认为加重刑罚的根据是使妇女连续遭受奸淫,那么,当甲强奸妇女离开现场后,与甲没有通谋的乙立即强行奸淫该妇女的,也属于轮奸。但是,在这种情况下,不可能认定甲的行为属于轮奸。既然如此,乙一个人的行为就明显不属于《刑法》所规定的"二人以上轮奸"。而且,如果将这种观点彻底化,一个人连续奸淫妇女的也属于轮奸,这显然不当。应当认为,《刑法》之所以对轮奸加重处罚,不仅因为被害人连续遭受了强奸,而且还因为轮奸的行为人既要对自己的奸淫行为与结果承担责任,也要对他人的奸淫行为与结果承担责任。所以,应当将轮奸限定为共同正犯类型的强奸,上述乙的行为不属于轮奸。[①]

本书认为:(1)在我国现行《刑法》中"二人以上轮奸的"不是从重处罚的情节,而是一种加重处罚情节,最重能判处死刑,若只有一人实际实施奸淫行为,根据罪刑相适应原则,不宜认定为"轮奸"。(2)适用轮奸的法定刑,不仅被害女性客观上遭受了轮流奸淫的法益侵害,而且因为轮奸行为人往往存在意思的沟通、强化和行为的分担,使得行为人更加胆大妄为,强奸行为也更易得逞。因此,成立"轮奸"不仅要求被害女性客观上遭受了轮奸的法益侵害,而且要求行为人具有共同强奸的故意(而不必要求一开始就具有轮奸的故意)。(3)认定是否属于轮奸,不能仅凭时间的长短,而要考察时间的连续性。两名或多名男子具有轮流奸淫同一妇女的共同故意,在较长时间内对一名妇女实施控制,即使时间间隔较长,甚至不在同一地点实施奸淫行为,只要对妇女实施奸淫的时间是连续性的,也应视为在同一时间段内的轮奸行为。(4)若维持传统上对"强奸"的界定,则需要至少有两名的男子亲自实施奸淫行为,方可能成立轮奸,但如果我们借鉴其他国家和地区的做法,则轮奸的主体应否限定为至少具有两名男子,完全取决于

[①] 参见张明楷:《刑法学》(第 6 版)(下册),法律出版社 2021 年版,第 1140 页。

对"强奸"的界定。(5)即便没有共同强奸的故意,只要行为人支配了轮奸的犯罪事实,仍有可能认定为轮奸。例如,行为人甲不仅本人奸淫了被害女性,还同时利用不具有刑事责任能力的男精神病人乙奸淫该被害人的,甲的行为也不失为"轮奸"。同样,女行为人丙利用两名男精神病人轮流或同时奸淫被害女性的,对丙也能认定为轮奸。(6)简单地认为"二人以上轮奸"属于强奸罪的共同正犯未必妥当,因为将共犯人分为正犯(包括直接正犯、间接正犯、共同正犯)与狭义的共犯(教唆犯和帮助犯)是以分工分类法为基础的德国、日本等大陆法系国家的分类,而我国共犯人是以作用分类法为基础分为主犯、从犯与胁从犯,与采用正犯/共犯的二元犯罪参与体系具有明显的不同,而且,正犯与共犯的区分日益呈现出实质化的倾向,不仅未参与实行行为的所谓共谋共同正犯能认为是正犯,而且望风等传统意义上的典型帮助犯行为,也极有可能评价为正犯。从一定意义上讲,其正犯已经相当于我国共犯人中的主犯,而未必就是实行犯。因此,与其说"二人以上轮奸"属于共同正犯类型的强奸,倒不如说是一种共同实行犯类型(至少有两名共同实行犯)的强奸。

综上,我们可以大致认为所谓"二人以上轮奸",在性质上属于强奸罪的共同实行犯,是二人以上在同一时间、同一地点或者在较近的一段时间、一定场所基于共同强奸同一妇女或者幼女的故意而轮流(包括同时)实施了奸淫行为的情形。

8. 具有刑事责任能力的人与不具有刑事责任能力的人,能否成立"二人以上轮奸"?

案3:被告人李某(时龄15周岁)伙同未成年人申某某(时龄13周岁)将幼女王某领到玉米地里,先后对王某实施奸淫。一审法院认为,被告人李某伙同他人轮奸幼女,其行为已构成奸淫幼女罪,且系轮奸;李某犯罪时不满16周岁,依法可予减轻处罚;被告人李某犯奸淫幼女罪,判处有期徒刑8年。二审法院维持了轮奸的认定,将上诉人李某以强奸罪改判有期徒刑6年。①

---

① 参见黑龙江省哈尔滨市中级人民法院李某强奸案刑事判决书,http://www.lawyee.net/Case/Case_Display.asp? ChannelID =2010100&keyword =&RID =46447,2012 年 2 月 2 日访问。

应该说,法院认定轮奸,进而对具有刑事责任能力的被告人李某适用轮奸的法定刑,是完全正确的。因为共同犯罪是一种违法形态,具有刑事责任能力的人与不具有刑事责任能力的人能够在违法性意义上成立强奸罪的共犯,进而属于轮奸。

这个问题,涉及我国刑法理论通说在共同犯罪成立条件上的主张,即认为"共同犯罪的主体,必须是两个以上达到刑事责任年龄、具有刑事责任能力的人或单位……一个达到刑事责任年龄的人和一个未达到刑事责任年龄的人,或者一个精神健全有刑事责任能力的人和一个由于精神障碍无刑事责任能力的人共同实施危害行为,不构成共同犯罪"[①]。按照通说的立场,具有刑事责任能力的人与不具有刑事责任能力的人因为不符合成立共同犯罪的主体条件,而不能成立强奸罪的共犯,进而也无法认定为轮奸并适用轮奸的法定刑。其实,"共同犯罪是一种违法形态,共同犯罪的立法与理论只是解决违法层面的问题,而不解决责任层面的问题……十六周岁的甲与十三周岁的乙共同轮奸妇女丙,传统的共同犯罪理论也难以解决这样的问题。只要意识到共同犯罪是一种违法形态,就会得出二人成立共同正犯的结论,即属于轮奸(乙只是因为没有责任能力而不对之定罪量刑)。因此,对甲应当适用轮奸的法定刑,而不是适用一般强奸罪的法定刑"。[②]

本书认为,具有刑事责任能力的人与不具有刑事责任能力可以成立轮奸的共犯,进而对具有刑事责任能力的人适用"轮奸"的法定刑。

9. 是否应当承认"片面轮奸"?

案4:甲正在树林里对被害人丙实施强奸,被经过此地、与丙素有仇怨的乙看见。乙便躲在树后,打算等甲奸淫完之后再强奸丙。待甲离开现场之后,乙便上前对丙实施了强奸行为。甲对在其行为之后实施的强奸行为毫不知情,因而只能属于强奸罪的基本犯,应在3年以上10年以下有期徒

[①] 高铭暄、马克昌主编:《刑法学》(第10版),北京大学出版社、高等教育出版社2022年版,第162页。

[②] 张明楷:《共同犯罪是违法形态》,载《人民检察》2010年第13期。

刑的幅度内量刑,这一点毫无疑问。存在疑问的是:对乙的行为是否应以轮奸论处?

对于该案,有学者认为,"对于行为人乙,由于其在明知甲对丙实施了奸淫之后,为了报复丙,再次对丙实施了奸淫的行为,客观上已对受害人造成了轮奸的危害,社会危害性极大;主观上在他人遇到强奸犯罪的伤害时,不仅不予以协助,反而更甚一步,再次对受害人实施轮奸,主观恶性极深,符合轮奸情节的主客观要件,应当追究其轮奸的责任,提升强奸罪的法定刑。况且,从被害人的角度来看,被害人在自己毫不知情的情况下,连续被两个陌生的男人强奸,这种连续、轮流强奸行为的社会危害性不亚于事先有通谋的轮奸行为。另外,正如上所述,轮奸是一种事实行为,而不是一种规范行为,是一种客观违法,而不是一种主观违法,轮奸的成立不需要以共同犯罪为前提,在这种情况下,承认片面轮奸就不会与共同犯罪理论相冲突"[1]。另有学者认为,"尽管乙在主观上确实具有与甲轮流强奸丙的故意,而且,事实上被害人受到的是两次强奸即所谓'轮奸'的伤害效果,但由于乙并未分担或者加担甲实施的强奸实行行为,缺乏共同犯罪的成立在客观上要求有'共同的犯罪行为'这一要件,因而属于在同一时间或者近乎同一时间、同一地点对同一对象实施的同一犯罪,在性质上属于同时犯,而非共同犯罪。为此,对上述案例中的乙也应以强奸罪的基本犯追究刑事责任"[2]。

张明楷教授对"片面轮奸"持肯定态度,认为虽然客观上二名以上的男子连续对同一妇女实施了强奸行为,但完全可能只对其中一人适用轮奸的法定刑。例如,甲使用暴力使丙女丧失反抗能力并奸淫丙女,随后让没有参与前行为的乙强奸没有反抗能力的丙女。不管乙是否知情,乙都不能对甲的强奸负责,但甲应当对乙的强奸承担共同正犯的责任。所以,对甲应适用轮奸的规定,对乙仅适用普通强奸罪的规定。但是,如果前行为人对后行为人的强奸结果仅负教唆或者帮助责任,则不能对前行为人适用轮奸的规定。例如,甲乘丙女熟睡之机强奸丙女,在丙女睡醒后甲又唆使乙强奸丙女,乙接受教唆使用暴力强奸丙女。甲虽然

---

[1] 吴情树、苏宏伟:《强奸罪中"轮奸"情节的司法认定》,载《中华女子学院学报》2009年第2期。

[2] 钱叶六:《"轮奸"情节认定中的争议问题研讨》,载《江淮论坛》2010年第5期。

要对乙的强奸行为负教唆犯的责任,但不承担轮奸的责任。[①]

　　本书认为,无论是单独犯罪还是共同犯罪,让行为人对法益侵害结果承担责任均是因为自己的行为与法益侵害结果之间存在心理或者物理的因果性,轮奸也不例外。让行为人对轮奸结果负责、承受轮奸的刑罚,也必须是行为人的行为与轮奸的结果之间具有物理或者心理的因果性。很显然,案4中的乙对于被害人遭受甲奸淫的结果不具有心理或物理的因果性,乙的行为仅与自己实施的奸淫结果具有因果性,因而,乙仅应承担单独强奸的责任,而不是轮奸的刑责。

　　案5:甲奸淫丙女,乙在帮忙望风时并无强奸的意图,甲也没有轮奸的意图,乙待甲完成强奸行为离开后,临时起意又单独奸淫了丙女。

　　应该说,由于乙的行为与丙女两次遭受奸淫的结果之间均具有因果关系,故乙应承担轮奸的责任、适用轮奸的法定刑。但甲在乙奸淫丙女时没有提供心理或物理上的帮助,其与丙女遭受乙奸淫的结果之间不具有因果性,故甲不应承担轮奸的责任,只要适用强奸罪的基本法定刑即可。只要行为人的行为与妇女实际遭受轮奸的结果之间具有因果性,无论实施的是教唆、帮助行为还是实行行为,都应承担"轮奸"的刑事责任。上述张明楷教授所举的教唆的例子,都应认定为"二人以上轮奸"和承担"轮奸"的刑事责任。

　　综上,让行为人承担"轮奸"刑事责任的条件是,其行为与轮奸的结果之间必须具有心理的或者物理的因果性,而无论行为人实施的是强奸的实行行为,还是教唆、帮助强奸行为。

10."轮奸"是否有预备、未遂与中止?

　　案6:2005年9月3日下午,被告人王某、高某、袁某、武某、魏某五人聚在一起,预谋轮奸一女中学生(1990年11月9日出生),当晚,被告人武某、袁某、王某、高某先后强行与被害人发生性关系。五被告人与被害人同宿一晚后,次日清晨,魏某把被害人拉到外间,强行与她发生了性关系。一审法院认定,被告人王某、高某、袁某、武某的行为系轮奸;被告人袁某在犯罪过

[①] 参见张明楷:《刑法学》(第6版)(下册),法律出版社2021年版,第1140~1141页。

程中,因其意志以外(身体)的原因而未能得逞,系未遂;被告人武某在犯罪过程中,因其意志以外(身体)的原因而未能得逞,系未遂;被告人魏某受袁某指使,看守被害人,在共同犯罪中起次要作用,系从犯,且其未参与轮奸而是单独实施强奸行为。二审维持原判。后该案经二审法院审判委员会讨论后决定进行再审。再审认为,被告人武某、王某、高某、袁某、魏某违背妇女意志,采取胁迫手段强行与被劫持的妇女发生性关系,其行为均已构成强奸罪;五被告人在同一地点、同一时间段内对同一被害人实施奸淫,系轮奸。上述五被告人在共同犯罪中均积极主动地追求犯罪结果的发生,均系主犯与犯罪既遂;被告人魏某受袁某指使,在不同地点紧紧跟踪屡次欲借上厕所之机脱身的被害人,致被害人未能返家而遭五被告人共同侵害的结果发生,魏某在同一地点,同一时间段内在明知被害人已被武某等四被告人强奸的情况下,仍对强奸犯罪结果的继续发生持积极追求和放任的态度,显系主犯,其犯罪行为显系轮奸。[①]

该案即便如一审法院所认定的,被告人袁某与武某因身体原因而未得逞,也不可否认其行为与被害人遭受的轮奸结果(遭受王某、高某奸淫)之间的因果关系,根据"部分实行全部责任"原则,二人也应承担轮奸既遂的责任;被告人魏某虽然是在次日凌晨单独奸淫被害人,但不可否认其前后行为与被告人遭受的轮奸结果之间的因果性,故应认定为轮奸,因为对轮奸负责的根据在于行为与轮奸结果之间具有物理或心理的因果性。

案7:被告人王某亮、马某凤与齐某继在一出租房内,经事先预谋并购买避孕套,使用暴力手段对前来找人的被害人牛某某(女,17岁)实施奸淫,其中被告人王某亮、马某凤先后与被害人牛某某发生了性关系,被告人齐某继因意志以外原因未能与被害人牛某某发生性关系。一审法院认为,三被告人的行为属于轮奸;被告人齐某继虽未能与被害人发生性关系,但其与被告人王某亮、马某凤属于共同犯罪,同样应承担犯罪既遂的法律责任。二审法院认为,王某亮、马某凤与齐某继的行为已构成强奸罪,且系轮奸,但齐某

---

① 参见安徽省淮北市中级人民法院刑事判决书,(2006)淮刑再终字第003号。

继在强奸过程中因意志以外的原因而未逞,应当认定为犯罪未遂。①

应该说,二审改判存在疑问。该案中被害人实际上已经遭受了轮奸的结果(被王某亮和马某凤奸淫),被告人齐某继参与了轮奸的预谋,至少说明其行为与轮奸结果之间具有心理的因果性,因而应对轮奸结果负责;既然是共同犯罪,根据"部分实行全部责任"原则,有两人轮奸既遂,故被告人齐某继也应成立轮奸既遂,对于其实际未完成奸淫行为的事实,可以根据其在轮奸犯罪中所起作用的大小,认定主从犯,若认为属于从犯,完全可能对其予以减轻处罚。

案8:被告人许某虎伙同李某哲、李某某在李某哲家以殴打、威胁等手段,先后对被害人许某实施奸淫。李某哲实施奸淫以后,被告人许某虎、李某某因意志以外(身体)的原因而未得逞。一审法院认为,被告人许某虎伙同他人违背妇女意志,以暴力、威胁等手段,轮流奸淫妇女的行为,已构成强奸罪,且属共同犯罪。被告人许某虎在共同犯罪中其个人奸淫目的未能得逞,且起辅助、次要的作用,系从犯,且认罪态度较好,依法减轻处罚,判决被告人许某虎犯强奸罪,判处有期徒刑3年6个月。②

该案中三人虽然企图轮奸,但因为意志以外(身体)的原因只有被告人李某哲一人得逞,由于被害人实际上并未遭受轮奸的结果,故全案不应认定为轮奸,只能根据"部分实行全部责任"原则,全案认定为普通强奸罪的既遂;对于奸淫未得逞的被告人许某虎与李某某也应认定为强奸罪既遂,同时根据二人在强奸共同犯罪中所起作用的大小,认定主从犯,适用3年以上10年以下有期徒刑法定刑幅度(减轻时可在法定刑以下判处刑罚)。

案9:被告人林某明伙同吕某飞、林某忠企图轮奸智障少女林某。因林某激烈反抗而未能得逞。后被告人林某明将林某带到林某忠家,采用暴力手段强行实施了奸淫行为。一审法院认为,被告人林某明第一次行为属于轮奸未遂,第二次的行为单独构成强奸罪,以强奸罪判处林某明有期徒刑7年。一审宣判后,林某明不服,提起上诉。二审法院认为,上诉人第一次强

---

① 参见北京市海淀区人民法院刑事判决书,(2009)海刑初字第2011号;北京市第一中级人民法院刑事判决书,(2009)一中刑终字第3212号。

② 参见吉林省珲春市人民法院刑事判决书,(2006)珲刑初字第53号。

奸时由于意志以外的原因未能得逞,属未遂,可以从轻处罚,原判认定其系轮奸行为依据不足,因此,原判以上诉人的行为系属轮奸行为并适用相应法律条款处罚不当,应予纠正,但总体上原判量刑适当,故维持原判。①

该案中,三人企图轮奸但均未得逞,因为被害人实际未遭受轮奸的侵害,故不应认定为轮奸(包括轮奸未遂),此后被告人单独实施的强奸行为,认定为强奸罪的基本犯即可。

案10:被告人龙某毅、梁某荣、钟某杰、蒋某在大排档喝酒,见女服务员黄某长得漂亮,在蒋某提议下,四人决定让黄某服下含有"安定"成分的粉状药物,如黄某服药后出现迷晕现象就带其去宾馆奸淫。被害人服药后出现醉酒状态,四人便带其去了宾馆,后龙某毅、钟某杰将黄某的衣服脱光,四人均欲与之发生性关系。但此时黄某并未完全昏迷,尚能反抗和哭泣。四被告人害怕事情闹大,未敢奸淫,便离开了现场。法院认为,被告人龙某毅、梁某荣、钟某杰、蒋某违背妇女意志,用麻醉的方法奸淫妇女,他们的行为触犯了《刑法》第236条第3款第4项(轮奸)的规定,构成了强奸罪。四被告人在犯罪过程中自动放弃犯罪,是犯罪中止,依法应当减轻处罚。四被告人主观上具有共同奸淫黄某的故意,客观上实施了施药麻醉等犯罪行为,进入了轮奸的犯罪过程,该案属于轮奸中止而不是一般的强奸中止。依照《刑法》第236条第3款第4项(轮奸),第24条(犯罪中止),第26条第1款、第4款(共同犯罪)之规定,以强奸(中止)罪分别判处被告人龙某毅、梁某荣、钟某杰、蒋某有期徒刑2年6个月、2年6个月、2年和2年。②

该案中由于被害人实际上并未遭受轮奸的法益侵害,四被告人虽有轮奸的故意,也不成立轮奸,不应适用轮奸的法定刑,应当以强奸罪的基本刑(3年以上10年以下有期徒刑)为基础刑减轻处罚,从而判处3年以下的刑罚。法院既认定为轮奸中止,又减轻到3年以下刑罚,违背了减轻通常应减轻一格的惯例。正确的做法是,首先认定为普通强奸中止,然后减轻处罚到3年以下。

---

① 参见福建省泉州市中级人民法院刑事裁定书,(2004)泉刑终字第011号。
② 参见广西壮族自治区蒙山县人民法院刑事判决书,(2007)蒙刑初字第37号。

11. 致使幼女怀孕,是否属于"造成幼女伤害"?

由于幼女尚未发育成熟和奸淫幼女型强奸罪所保护的法益是幼女的身心健康成长,所以致使幼女怀孕的可以评价为"造成幼女伤害"和"造成其他严重后果"。

12. "造成幼女伤害"中的幼女,是不满 10 周岁,还是不满 14 周岁?

《刑法修正案(十一)》将"奸淫不满十周岁的幼女或者造成幼女伤害的"增设为强奸罪的加重情节之一。这里的"造成幼女伤害的"中的"幼女",是特指前面的不满 10 周岁的幼女还是不满 14 周岁的幼女,必然产生争议。

本书认为,应将这里的"幼女"限定为不满 10 周岁的幼女。一是紧跟着"奸淫不满十周岁的幼女"进行的规定,而不是作为单独一项规定的;二是对于其他不满 14 周岁的幼女的伤害,完全可以评价为《刑法》第 236 条第 3 款第 6 项的"致使被害人重伤、死亡或者造成其他严重后果";三是由于没有明确这里的"伤害"是指轻伤还是重伤,很容易扩大加重犯的处罚范围,所以要严格限定这里"幼女"的范围。

13. 认定奸淫不满 10 周岁的幼女,是否要求行为人明知对方是不满 10 周岁的幼女?

由于这里的"不满十周岁的幼女"属于特定对象,是客观构成要件要素,根据责任主义的要求,客观构成要件要素具有所谓的故意规制机能,成立本项犯罪,要求行为人主观上必须明知是不满 10 周岁的幼女。当然,这里的"明知",包括确切地知道女方一定是不满 10 周岁的幼女、明知对方可能是不满 10 周岁的幼女,以及不管女方是否不满 10 周岁的幼女而执意与其发生性关系。

14.《刑法》第 300 条第 3 款与第 259 条第 2 款以强奸罪定罪处罚的规定,是注意规定还是法律拟制?

案 11:一位农村妇女总是生活不顺,于是找甲算命,甲说"需要我送点功力给你,你以后的生活才会顺利",妇女问怎么送功力,甲就说是发生性关系,妇女同意了。案发后,妇女反复说自己是自愿的,不要认定被告人的行为构成强奸罪。结果法院还是认定被告人的行为构成强奸罪。

或许法院定罪的逻辑是,即使妇女事后说是愿意的,但其实她是因为受迷信欺骗,而不能自主地作出决定。从这个意义上说,似乎也可以认定为强奸罪。但是,该案中的妇女可能虽然文化层次不高,但无疑属于精神正常的人,被告人虽然存在欺骗行为,但这种欺骗行为也没有达到"强制"的程度。妇女的认识错误也只是动机的错误,对于发生性关系存在清楚的认识,没有陷入所谓法益关系的错误。即使认为妇女因为受欺骗导致其承诺无效,但被告人的行为本身就不符合强奸罪的行为手段特征。强奸罪中的被害人承诺是在行为符合强奸罪的构成要件之后在违法性阶段判断的问题。没有实施强奸罪的手段行为,行为不符合强奸罪的构成要件的,不能以缺乏有效的承诺为由,而肯定强奸罪的成立。因而,该案中被告人虽然利用了所谓迷信方法,但因为没有违背妇女意志,不能构成强奸罪。

案12:一名农村妇女得了妇科病,不去正规医院,找到非法行医的被告人乙。乙说要将一种药抹到下体内才能治好。妇女问怎么抹,被告人乙说:"将药放在我的性器官上,然后帮你往里面抹。"妇女就同意了。法院认定乙构成强奸罪。

该案中,被害妇女虽然愚昧无知,但精神完全正常,完全明白用男性生殖器往自己阴道送药的行为性质,即知道是在进行性交活动,所以不能说被告人乙采用了"强制"手段,被告人乙的行为不符合强奸罪的构成要件,不构成强奸罪。

15. 强奸罪是否与抢劫罪一样,是所谓复行为犯?

我国刑法理论通说认为,强奸罪与抢劫罪一样都是所谓复行为犯。其实,强奸罪中所谓"暴力、胁迫或者其他手段"的手段行为,不是必须具备的,其只是判断性交行为是否违背妇女意志的一种资料。如果有证据表明是违背妇女意志的性交,如利用妇女处于昏睡、昏迷、醉酒、卧病在床不能反抗的状态,冒充妇女的丈夫、情人发生性交的,虽然没有实施所谓的手段行为,也不妨碍强奸罪的成立。而之所以强调成立抢劫罪必须实施"暴力、胁迫或者其他方法",是因为成立抢劫罪必须足以压制对方的反抗,单纯的不作为不能成立抢劫,单纯利用对方处于昏睡、昏迷、醉酒状态取走其身上的财物的,成立盗窃罪而不是抢劫罪。但强奸罪之外并没有类似盗窃、诈骗、敲诈勒索罪的罪名,所以只能评价为强奸罪。

16. 应否承认所谓"婚内强奸"?

从我国《刑法》第236条"强奸妇女"的表述来看,并没有排除婚内强奸。也就是说,处罚婚内强奸,不存在法条上的障碍,只存在观念上的障碍。我国司法实践中,将处于离婚诉讼期间、因各种纠纷分居期间,丈夫强行与妻子发生性交的行为作为强奸罪处理。但从严格意义上说,即便婚姻处于离婚诉讼期间或者分居期间,也还是存在合法婚姻关系的,婚姻关系正常与否,不能成为丈夫是否构成强奸罪的标准;婚姻关系是否正常,不可能成为丈夫是否实施了强制手段的判断资料,不是判断性交行为是否违反妻子意志的判断资料与判断标准,也不是判断丈夫是否认识到性交行为违反妻子意志的判断资料与判断标准。虽然从理论上应当肯定丈夫也能强奸妻子,但考虑到中国的现实和人们的观念,对于丈夫强奸妻子以强奸罪定罪处罚还是应当特别慎重。

17. 能否认为《刑法》第236条第1款的对象是已满14周岁的成年妇女,而第2款是不满14周岁的幼女?

如果认为《刑法》第236条第1款的对象是已满14周岁的成年妇女,而第2款是不满14周岁的幼女,就是把《刑法》第236条的第1款与第2款看作一种排他的择一关系。这是一种典型的"互斥论",会导致处罚漏洞。例如,甲误将13周岁的幼女当作成年妇女,而强行与其发生性关系。按照这种"互斥论",既不能适用该条第1款,因为客观上不是成年妇女,也不能适用该条第2款,因为没有奸淫幼女的犯罪故意,而形成处罚漏洞。又如,行为人误以为15周岁的对象为幼女,而强行与其发生性关系,也是既不能适用该条第2款,因为客观上不是幼女,也不能适用该条第1款,因为没有强奸成年妇女的犯罪故意,而形成处罚漏洞。其实这种"互斥论"无疑就是为行为人避重就轻,甚至逃避刑事处罚指明了方向。

应该说,只要是强行与女性发生性关系的,至少可以适用《刑法》第 236 条第 1 款认定为强奸罪;当对象是不满 14 周岁的幼女,行为人没有使用强行手段,即幼女自愿与其发生性关系的,只有当行为人明知对方是不满 14 周岁的幼女时,才能构成强奸罪。

18. 作为强奸罪手段的"暴力""胁迫""其他手段"与抢劫罪的"暴力""胁迫""其他方法",含义是否相同?

刑法用语的含义具有相对性。取得型财产犯罪是一组罪名,包括抢劫罪、盗窃罪、诈骗罪、敲诈勒索罪等。而强制性交的犯罪只有强奸罪一个罪名,所以不同于抢劫罪,强奸罪中的强制手段不要求足以压制被害人的反抗,只要是使被害人不能反抗、不知反抗、不敢反抗、难以反抗,或者利用被害人不能反抗、不知反抗、不敢反抗、难以反抗的状态与其发生性关系的行为,都能评价为强奸罪。也就是说,所谓"偷奸""诈术性交""恐吓性交",都可能认定为强奸罪。而偷、诈、恐吓取财,不能成立抢劫罪,而是成立盗窃罪、诈骗罪、敲诈勒索罪。

19. 能否认为强奸罪中的"其他手段"包括欺骗手段?

《刑法》没有对强奸罪中的"其他手段"进行限定,采用欺骗手段也属于"其他手段"。在我国司法实践中,有不少案件是行为人采取欺骗手段与对方性交,对方也知道是性交行为却仍然同意,也被认定为强奸罪。也有人认为,"既然骗钱都是犯罪,骗奸怎么可能无罪?"这其实是对强奸罪手段的误解。虽然强奸罪的手段不要求像抢劫罪一样达到足以压制对方反抗的程度,但根据同类解释规则,强奸罪中的"其他手段",只能是强制手段。就欺骗行为而言,只能是欺骗行为导致具体的被害人不能自主地作出决定时,才能认为具有强制性。或者说,由于强奸罪的本质是违背妇女意志发生性交,只要能够说明或者证明是违背妇女意志的性交,就可谓强奸罪的强制手段行为。就利用迷信与妇女发生性交而言,只有当被害妇女当时确实以为如果不与行为人性交,就可能遭受更严重的灾难时,才可以将行为人的欺骗评价为利用迷信的强制手段。

总之,不能将被害人受欺骗承诺的有效与否,同被告人的行为本身是否符合强奸罪的构成要件混为一谈。如果行为本身不符合强奸罪的构成要件,尤其是不符合强奸罪的行为手段要求,那么,不管被害人的承诺是否有效,都不可能成立强奸罪。只有当行为符合强奸罪的客观构成要件,才需要讨论被害人的承诺是否有效。例如,行为人与处于无力反抗的重病中的妇女发生了性关系,可以认为符合强奸罪的构成要件。在这种情况下,才需要讨论被害人有无承诺以及承诺有无效力。

20. 如何处理以强奸的故意实施致人死亡的暴力的案件?

案13:某晚,甲把A女灌醉,趁着A女处于严重醉酒的状态强奸了A女。甲随后用冷水洗A女的身体时,A女惊醒逃跑,甲在后面追赶以便再实施强奸行为。追赶过程中,A女掉在水里。甲没有施救,径自走开,A女溺水身亡。

该案存在一连行为的问题。甲先前已经实施了强奸行为,后来追赶A女也是为了再次实施强奸行为,将强奸行为与追赶行为看成是一连行为的话,就完全可以将A女的死亡归责于一连行为中的追赶行为,就能认定为强奸致人死亡。被告人追赶A女的危险行为导致A女掉进水里,被告人具有救助义务。所以,该案被告人的行为构成强奸致人死亡与不作为的故意杀人的想象竞合,从一重处罚。

案14:某日凌晨1时许,犯罪嫌疑人甲酒后在其租房内想强奸住在隔壁的被害人B女,遂撬门将B女强行拖至自己的租房,欲实施强奸。B女大声喊叫并乱抓甲的双手,甲便更加用力地掐着B女的脖子。几分钟后,甲发现B女的双手双脚一直发抖,后来整个人一动不动了,于是松开了双手,奸淫了B女。之后,甲发现B女还是一动不动的,就用大拇指掐B女的人中,并对其做人工呼吸,但是B女还是没有醒过来,甲随后逃离现场。但事后无法确定,B女是在被强奸之前死亡还是在被强奸之后死亡。

从理论上讲,该案定罪存在多种可能性:(1)认定为强奸致人死亡;(2)认定为故意杀人罪与强奸罪,实行并罚;(3)认定为强奸致人死亡与侮辱尸体罪,实行并罚;(4)认定为故意杀人罪与侮辱尸体罪,实行并罚。应该说,该案中甲的行为肯定成立强奸致人死亡。如果甲在奸淫时以为 B 女还没有死亡，即使甲客观上实施了侮辱尸体（奸尸）的行为，也不能另认定为侮辱尸体罪，因为甲没有侮辱尸体罪的故意。如果甲在实施所谓奸淫行为时，B 女确实已经死亡，也能认定为强奸（未遂）致人死亡。如果认为甲前面的行为同时触犯（间接）故意杀人罪，则是强奸致人死亡与故意杀人罪的想象竞合，从一重处罚。

强奸罪中的暴力手段，是指对被害妇女行使有形力的手段，即直接对被害妇女采取殴打、捆绑、堵嘴、卡脖子、按倒等危害人身安全或人身自由，使妇女不能反抗、难以反抗的手段。这种暴力手段，既可以是故意致人重伤程度的暴力，也可以是致人死亡的暴力。问题仅在于在被害妇女死亡之前实施奸淫行为的，成立强奸（既遂）致人死亡与故意杀人罪的想象竞合，在被害妇女死亡之后实施所谓奸淫行为的，成立强奸（未遂）致人死亡与故意杀人罪的想象竞合，同时成立侮辱尸体罪，与前行为数罪并罚。

具体而言，存在以下几种情形：(1) 如果行为人先故意杀害妇女，然后再实施所谓奸尸或者其他侮辱行为，即使行为人在杀害妇女时就具有所谓奸尸的意图，也不宜认定为强奸罪（强奸罪的对象必须是活体），而应认定为故意杀人罪与侮辱尸体罪，实行数罪并罚；(2) 如果行为人为了强奸以杀人的故意对妇女实施足以致人死亡的暴力，在妇女死亡后奸尸或者对尸体实施其他侮辱行为，那么，前行为是故意杀人罪与强奸（未遂）罪的想象竞合，后行为成立侮辱尸体罪，与前行为实行数罪并罚。(3) 如果行为人为了强奸妇女以杀人的故意对妇女实施足以致人死亡的暴力，在妇女昏迷期间奸淫妇女，不管妇女事后是否死亡，都应认定为故意杀人罪与强奸（既遂）致人死亡的想象竞合，从一重处罚。

21. 女子为摆脱强奸而逃跑失足掉到河里淹死的，是否属于强奸致人死亡？

如果能将追赶行为认定为已经对女子的性自主权形成紧迫危险性的着手强奸行为，则追赶导致女子失足淹死，属于强奸致人死亡。否则，只能认定为强奸预备与过失致人死亡罪的想象竞合。

22. 写恐吓信以及企图到宾馆强奸而在咖啡店投迷药的，是成立强奸预备还是未遂？

案 15：甲男打算在宾馆房间强奸乙女，约乙女在宾馆一楼咖啡店喝咖啡时，趁机将迷药投在乙女咖啡杯中。乙女正准备饮用时，被店员委婉劝阻。

该案中，甲男是打算迷倒乙女后扶到宾馆房间强奸的，而不是在咖啡厅强奸，所以，在一楼咖啡厅喝咖啡时投放迷药，奸淫的危险还不紧迫，只是强奸罪的预备。如果甲男已经开好房间，在房间请乙女喝咖啡时趁机投放迷药，可以认为奸淫的危险已经很紧迫，应肯定强奸罪的着手。

案 16：被告人将女孩往车上拉，准备拉到另一个地方强奸。

对于该案，日本裁判所认定为强奸未遂，认为把女孩往车上拉，就是强奸罪的着手。理由是，女孩被困在车里面，实际上已经不能反抗了，出现了被奸淫的紧迫危险。

是强奸罪的预备还是着手，要看是否形成奸淫的紧迫危险。例如，通过第三者胁迫或者书面胁迫时，由于不存在奸淫的紧迫危险，还不能认定强奸罪的着手，只是强奸罪的预备。再如，行为人以强奸的故意通过电话、短信等方式胁迫被害人前往宾馆某房间的，还不是强奸罪的着手；被害人基于恐惧心理到达宾馆房间后，行为人还没有进一步实施暴力、胁迫等手段，随后被害人乘行为人进入卫生间之机逃走的，也不能认定为强奸罪的着手，只能认定为强奸预备。

23. 甲合理地认为 13 周岁的乙已满 18 周岁，并使用暴力、胁迫手段强行与其性交的，是否构成犯罪？

使用暴力、胁迫手段强行与女性性交的，不管对方是幼女还是成年妇女，都能构成强奸罪。只有在未使用强制手段，对方自愿与其发生性关系时，才需要行为人明知对方是幼女，否则不成立强奸罪，包括奸淫幼女型强奸罪。

24. 应否要求强奸犯罪的行为人主观上具有奸淫的目的？

强奸罪的故意内容为明知自己以暴力、胁迫等手段与妇女性交的行为，会发生侵害妇女的性自主权的结果,并且希望或者放任这种结果的发生。我国传统观点在强奸罪的故意之外,要求行为人主观上还必须具有所谓奸淫的目的。应该说,这种表述容易导致将通奸行为认定为强奸罪,因为通奸往往也具有所谓奸淫目的。

25. 出于间接故意的,能否构成强奸罪?

我国刑法理论通说认为,强奸罪只能由直接故意构成,不能由间接故意构成。其实直接故意与间接故意都是故意,根据故意的统一性原理,凡是可以由直接故意构成的犯罪,都不能排除由间接故意构成。事实上,也存在行为人不能肯定被害妇女是否同意,而不管不顾强行实施奸淫的案件,行为人主观上就是放任结果发生的间接故意。

26. 如何处理奸淫女精神病患者的案件?

如果明知对方是没有判断和承诺能力的精神病患者,而与其发生性关系,即便没有采取强制手段,也能构成强奸罪。不过,如果行为人已经与精神病患者结婚,或者形成事实婚姻关系,或者长期共同生活的,可以不作为强奸罪处理。

27. 如何区分强奸与通奸?

是强奸还是通奸,关键看是否违背妇女意志。如果刚开始是通奸,但后来妇女不愿意与其继续保持通奸关系而拒绝与其发生性关系,行为人采取暴力手段强行与其发生性关系,不妨碍强奸罪的成立。第一次是强奸,后来多次自愿发生性关系的,也不能否认第一次行为成立强奸罪。

28. 如何把握求奸未成与强奸未遂的界限?

案17:某日傍晚突然下雨,甲喊邻居妇女乙收拾晾晒的衣物,但乙没有听见。由于乙家院门、房门敞开,于是甲直接进入乙家。后甲发现乙正在睡觉。甲想拍醒乙并与她发生性关系。乙被拍醒后见甲赤身裸体坐在床边,就问"二哥,你想干什么?"甲说"二哥没出息",穿上衣服就走了。法院认定甲构成强奸罪(未遂)。

很显然,甲拍醒乙,不是强奸罪的强制手段,而是为了跟乙商量,意在求奸。法院认定甲构成强奸罪未遂,显然是将这种行为认定为强奸罪的着手了,但这种行为连犯罪预备都不能评价。

在区分求奸未成与强奸未遂的界限时,要考虑行为人是否采用了暴力、胁迫等强制手段,是否适时停止自己的行为,为什么停止行为;要考察妇女的态度与举止。特别需要注意的是,不能把求奸过程中的拉扯行为认定为强奸中的暴力手段;也不能将以暴力、胁迫等手段要求妇女同意性交的行为,认定为求奸行为。总之,只能从是否着手实施强奸、是否违背妇女意志方面进行判断。

29. 如何把握利用职权的强奸与基于相互利用的通奸的界限?

两者区分的关键在于是否利用职权进行胁迫、是否违背妇女意志。基于相互利用的通奸行为没有违背妇女意志,而利用职权从属关系,迫使妇女同意与其发生性关系的,属于违背妇女意志的性交行为,构成强奸罪。

30. 如何处理与染有淫乱习性的幼女发生性关系等特殊的奸淫幼女案件?

即便是染有淫乱习性的幼女,只要行为人明知对方是幼女,与其发生性关系的,还是构成强奸罪。只有行为人不明知对方是幼女,在幼女主动引诱与其发生性关系的,才不构成强奸罪。

31. 在网络上直播在私密空间的强奸过程,能否成立"在公共场所当众强奸妇女"?

案18:甲男把乙女骗到自己家封闭的卧室里后,使用暴力强奸乙女,同时又在网上直播强奸过程。

该案讨论的是,网络空间是否属于公共场所,甲男的行为是否属于在公共场所当众强奸妇女。应该说,之所以加重处罚在公共场所当众强奸妇女的行为,是因为这种行为严重侵害妇女的性的羞耻心。强奸行为虽然发生在私密空间,但通过网络直播强奸的过程,与白天在广场当众强奸妇女没有什么不同,且网上直播影响更深远。所以,从法益保护角度考虑,对该案中甲男的行为应当认定为在公共场所当众强奸妇女。

应该说,只要在不特定或者众人可能看到、感觉到的公共场所强奸妇女,如公共厕所,就属于在公共场所当众强奸妇女,即便事实上没有被人看到、听到。"当众强奸"中的"众",不应包括行为人和同伙。

32. "在公共场所当众强奸妇女",有无预备、未遂与中止?

案19:3月的某个凌晨,行为人在某高速路服务区的公共厕所外企图强奸某中年妇女。在将该中年妇女往厕所里拽的过程中,该中年妇女用力挣脱后跑到人多的地方。行为人只好作罢。

对于该案,检察院以被告人"在公共场所当众强奸妇女"未遂提起公诉。该案中,虽然公共厕所系公共场所,行为人也打算在公共场所当众强奸妇女,但行为人并没有打算在公共厕所外实施强奸,所以把被害妇女往公共厕所里边拽的行为并未对妇女的性自主权法益形成具体、现实、紧迫的危险,所以至多成立"在公共场所当众强奸妇女"的预备,而非"在公共场所当众强奸妇女"的未遂。

在公共场所当众强奸妇女,属于加重的犯罪构成,从理论上讲有预备、未遂与中止成立的余地。行为人着手在公共场所当众强奸妇女,因为意志以外的原因未得逞的,成立加重犯的未遂。主动放弃强奸的,成立加重犯的中止。事实上,很难成立在公共场所当众强奸妇女的预备或者预备阶段的中止。

33. 多次强奸同一名妇女,是否属于"强奸妇女多人"?

多次强奸同一名妇女的,不属于"强奸妇女多人",只能以强奸罪的基本犯同种数罪并罚。

34. 醉酒的妇女主动要求与男子发生性关系,男子知道妇女处于醉酒状态仍与其性交的,成立强奸罪吗?

案20:甲女与乙男出去喝酒,大醉,乙男将甲女送回家。乙男准备离开时,甲女不让乙男离开,坚决主动执意要求与乙男发生性关系。乙男便与甲女发生了性关系。甲女醒酒后表示想嫁给乙男,遭拒绝,于是甲女愤而告发乙男强奸。

该案中如果是乙男利用甲女酒醉不醒的状态,主动和甲女发生性关系,当然构成强奸罪。但该案中是甲女强烈要求乙男与其发生性关系。甲女虽然醉酒,但仍是个有正常判断能力的人,其主动要求与乙男发生性关系,乙男期待可能性较低,而且乙男也不会认为自己的行为违背妇女意志,所以不成立强奸罪。

35. 最高人民法院、最高人民检察院、公安部、司法部《关于依法惩治性侵害未成年人犯罪的意见》指出,对不满 12 周岁的被害人实施奸淫等性侵害行为的,应当认定行为人"明知"对方是幼女,有无疑问?

这种观点可能过于绝对。即便对方是不满 12 周岁的幼女,也可能因为早熟而看起来很成熟。行为人只要不明知对方是幼女,没有采用强制手段的,还是不能认定成立强奸罪。

36. 能否将导致被害妇女自杀认定为"致使被害人死亡"或者"造成其他严重后果"?

由于"致使被害人死亡"作为强奸罪的加重情节能处 10 年以上有期徒刑、无期徒刑或者死刑,所以不符合缓和的结果归属的条件。从罪刑相适应考虑,只能将被害妇女自杀作为强奸罪基本犯的从重处罚情节处理,即在基本法定刑幅度范围内从重处罚。

通说认为,作为强奸罪加重犯的"造成其他严重后果",是指因强奸引起被害人自杀、精神失常以及其他严重后果。[①] 应该说,由于"造成其他严重后果"作为强奸罪的加重犯,能处 10 年以上有期徒刑、无期徒刑或者死刑,将引起被害妇女自杀认定为"造成其他严重后果",明显罪刑不相适应。从罪刑相适应考虑,只能将引起被害妇女自杀作为强奸罪基本犯的从重处罚情节对待。

---

① 参见高铭暄、马克昌主编:《刑法学》(第 10 版),北京大学出版社、高等教育出版社 2022 年版,第 471 页。

37. 强奸两名妇女的,应当如何处理?

《刑法》第 236 条将强奸妇女、奸淫幼女多人规定为强奸罪的加重情节,一般认为这里的"多人"是指三人以上。强奸罪侵害的是作为个人专属法益的所谓成年妇女的性自主权或者幼女的身心健康权的犯罪,所以强奸妇女两人,应当以强奸罪同种数罪并罚。

38. 认定"强奸妇女、奸淫幼女情节恶劣",是否要求必须强奸既遂?

可能有人认为,成立强奸妇女、奸淫幼女情节恶劣无须强奸本身既遂。但本书认为,强奸罪是侵害成年妇女的性自主权和幼女的身心健康权的犯罪,若强奸本身没有既遂,就很难认为达到了情节恶劣的程度。所以,认定"强奸妇女、奸淫幼女情节恶劣",要求强奸行为本身必须已经既遂。

39. 认定"强奸妇女、奸淫幼女多人",是否必须每次均既遂?

从强奸罪所保护的法益来看,若强奸妇女、奸淫幼女没有既遂,即便强奸多人,也没有达到评价为强奸罪加重犯的程度,而且如果认为包括所谓的预备、未遂与中止,也会导致整体的犯罪形态难以确定。所以,所谓"强奸妇女、奸淫幼女多人",必须每次均既遂,该项相当于强奸罪同种数罪并罚的规定。

第二节　负有照护职责人员性侵罪

· 导　读 ·

负有照护职责人员性侵罪的保护法益是已满 14 周岁不满 16 周岁的未成年女性(以下称为"少女")的身心健康的权利。应将本罪中的"发生性关系"限定为狭义的性交行为,只要插入,就构成本罪的既遂。课外补习班教师与已满 14 周岁不满 16 周岁的女生发生性关系,不构成本罪。负有照护职责人员与误以为是少女的幼女发生性关系的,构成本罪。

成立本罪不要求违背未成年女性的意志。负有照护职责的人员多次与已满14周岁不满16周岁的未成年女性发生性关系,与多名已满14周岁不满16周岁的未成年女性发生性关系,导致已满14周岁不满16周岁的未成年女性怀孕,过失导致已满14周岁不满16周岁的未成年女性伤害和死亡等,都可以认定为本罪中的"情节恶劣"而适用加重法定刑。成立本罪要求行为人认识到对方系"已满十四周岁不满十六周岁的未成年女性"。已满14周岁不满16周岁的未成年女性主动与负有照护职责的成年男性发生性关系,也能构成本罪。本条第2款的规定是注意规定。负有照护职责的人员猥亵已满14周岁不满16周岁的未成年女性的,不构成犯罪。本罪没有未遂成立的余地。

条 文

第二百三十六条之一 【负有照护职责人员性侵罪】对已满十四周岁不满十六周岁的未成年女性负有监护、收养、看护、教育、医疗等特殊职责的人员,与该未成年女性发生性关系的,处三年以下有期徒刑;情节恶劣的,处三年以上十年以下有期徒刑。

有前款行为,同时又构成本法第二百三十六条规定之罪的,依照处罚较重的规定定罪处罚。

实务疑难问题

1. 本罪的立法目的是什么?

刑法理论通说认为,《刑法修正案(十一)》增设本罪,是为了加强对未成年女性的保护。因为未成年女性的生殖器官、智力和思维能力依旧处于未完全成熟状态,对社会行为的利害情况缺乏识别能力,无法完全认识性行为可能带来的后果。在实务中,未成年女性由于生活在负有照护职责人员的照护之下,与其形成了特殊的生活依赖关系。我们有理由认为,当未成年女性面临负有照护职责人员的性侵时,更容易被迫同意发生性关系。因此,《刑法修正案(十一)》设定负有照护职责人员性侵罪本质上将此情形下的性同意年龄提升至16周岁,强化对处于负有照护职责人员照护下的未成年女性的人身权利的保护。具有刑事责任能力的人都能够认识到,与未满16周岁的未成年女性发生性关系,必然会对其性权利造成侵害。[1]

对于通说的观点可能存在以下疑问:为什么非特殊职责人员实施时性同意年龄是14周岁,而负有照护职责人员实施时性同意年龄却是16周岁?应该说,负有照护职责人员性侵罪的保护法益并非少女的性行为自主权或者性行为的自己决定权,而是少女的身心健康成长不因负有照护职责人员对其实施的性行为而受到妨碍。也就是说,负有监护、收养、看护、教育、医疗等特殊职责的人原本是保护少女健康成长的人,所以他们与少女发生性关系的行为对少女身心健康成长的妨碍,相较于其他人而言更为严重,于是刑法将这种行为规定为犯罪。[2]

2. 何谓"发生性关系"?

虽然从理论上说,实施猥亵也可谓发生性关系,但由于本罪成立的前提是得到已满14周岁不满16周岁的未成年女性的同意,所以应限制其处罚范围,应将"发生性关系"限定为狭义的性交行为。一方面,《刑法》将本罪设立在强奸罪之后、强制猥亵罪之前;另一方面,根据社会的一般观念,发生性关系仅是实施狭义的性交行为。

3. 本罪的既遂标准是什么?

由于本罪中的"发生性关系"限于狭义的性交行为,所以只要插入时,就构成本罪的既遂。

---

[1] 参见刘宪权主编:《刑法学》(第6版),上海人民出版社2022年版,第575页。
[2] 参见张明楷:《张明楷刑法学讲义》,新星出版社2021年版,第302页。

4. 课外补习班教师与已满 14 周岁不满 16 周岁的未成年女性发生性关系，能否构成本罪？

案 1：一对夫妻不放心 15 周岁的女儿独自在家，就请朋友甲在方便时照看一下女儿。在这期间，女孩自愿与甲发生了性关系。

该案中，由于甲对女孩没有实质性的照护职责，只是临时性的日常生活意义上的帮忙，女孩对甲也没有形成依赖关系，所以甲的行为不构成本罪。

本罪的行为主体仅限于对少女负有监护、收养、看护、教育、医疗等照护职责的人。这里的负有照护职责并不限于法条明文列举的几种。例如，狱警对被收监的少女也负有看护、教育等特殊职责，也可能成为本罪的主体。不过，不能随意扩大本罪的主体范围（处罚范围），并不是说只要存在看护、教育、医疗等行为外观，就能成为本罪的行为主体。只有那些对少女的身心健康成长负有实质性的管护、指导等职责的人员，才能成为本罪的行为主体。所谓实质性的职责，应当限定为只有当依法、依规对少女的健康成长具有某方面的"职责"，使少女在相关领域对行为人形成比较稳定的依赖关系时，行为人才能成为本罪的主体。如果少女的生活等较长时间依赖于特定的行为人，那么行为人就可以成为本罪的行为主体。例如，15 周岁的少女主动要求与男教师发生性关系的，如果少女是在课外的临时性补习班学习期间，自愿与补习班教师发生性关系，那么男教师不构成本罪。但中小学教师在法律上对学生负有照护职责，其便可以成为本罪的主体，其行为构成本罪。又如，少女身体不舒服，去过一两次医院后，自愿与医务人员发生了性关系。这时，医务人员的行为也不构成本罪，但是如果少女患有某种疾病，在较长时间内依赖于特定医务人员的治疗，对医务人员形成了依赖关系，这时她与男医务人员发生性关系，男医务人员的行为就应当成立本罪。

5. 负有照护职责人员与误以为是少女的幼女发生性关系的，是否无罪？

行为人误以为对方是已满 14 周岁不满 16 周岁的少女，而没有认识到对方是不满 14 周岁的幼女，双方自愿发生性关系的，由于行为人没有奸淫幼女的故意，显然不能构成强奸罪。如果认为负有照护职责人员性侵罪中的"已满十四周岁"是必须具备的客观要素，则因为对方不满 14 周岁而不符合本罪的客观要件,只能宣告无罪。可是,无罪的结论无论如何不能让人接受。如果负有照护职责的人员明知对方是15周岁的少女,且双方自愿发生性关系,那么负有照护职责的人员的行为完全符合本罪的构成要件,应当认定为本罪。如果负有照护职责的人员与不满14周岁的少女自愿发生性关系反倒不认定为本罪,这显然既不利于对幼女的保护,也不符合逻辑。

应当认为,本罪中的"已满十四周岁"其实只是一个划分界限的要素、表面的构成要件要素,而不是一个为违法性和有责性提供根据的真正的构成要件要素。换言之,如果负有照护职责的人员与不满14周岁的幼女发生性行为,但确实误以为对方已满14周岁,就不能认定为奸淫幼女型强奸罪,但应当认定为负有照护职责人员性侵罪。

6. 成立本罪是否要求违背未成年女性的意志?

本罪的法定刑比要求必须违背妇女意志的强奸罪的法定刑要轻得多,如果认为成立本罪也要求违背未成年女性的意志,则本罪的规定就纯属多余,而且也导致明显的不协调:强行与已满16周岁的妇女发生性关系的,成立最高刑可达死刑的强奸罪,而强行与已满14周岁不满16周岁的少女发生性关系,却只成立法定最高刑仅为10年有期徒刑的本罪。所以,成立本罪不需要违背少女的意志,即不需要行为人积极利用特殊职责与少女发生性关系,更不需要行为人采用暴力、胁迫等强制手段。所以,即使少女同意,甚至主动要求与行为人发生性关系,也不影响本罪的成立。或者说,如果负有照护职责的人员使用强制手段与少女发生性关系,则应当直接认定为强奸罪。例如,负有照护职责的人员利用职责进行要挟达到胁迫的程度,或者利用少女孤立无援的境地,即行为人的行为符合强奸罪的暴力、胁迫或者其他手段的要求时,就应当按强奸罪处罚。

7. 何谓"情节恶劣"?

本罪没有像强奸罪那样明确加重处罚的情节,结合本罪所保护的法益,可以认为"情节恶劣"具体包括但不限于以下情形:(1)多次与少女发生性关系,或者与多名少女发生性关系;(2)与严重残疾或者精神智力发育迟滞的少女发生性关系;(3)造成少女怀孕、感染严重性病、罹患创伤后应激障碍、中度以上精神抑郁等精神损害;(4)导致少女轻伤或者过失导致少女重伤、死亡;(5)将与少女发生性关系的过程进行网络直播或者制成视频后向多人扩散传播的;等等。①

8. 成立本罪是否要求行为人认识到对方系"已满十四周岁不满十六周岁的未成年女性"?

已满14周岁不满16周岁是本罪的客观要素,根据构成要件的故意规制机能和责任主义,应当要求行为人认识到对方系已满14周岁不满16周岁的未成年女性。如果以为对方已满16周岁,双方自愿发生性关系,则因为没有本罪的故意,不成立本罪。如果误将已满14周岁不满16周岁的少女误以为是不满14周岁的幼女而双方自愿发生性关系,由于客观上不存在幼女,行为人又没有使用强制手段,所以不能成立强奸罪,还是只能成立本罪。

9. 未成年女性主动与负有照护职责的成年男性发生性关系,该成年男性"忍受"的,是否构成本罪?

应该说,由于行为人负有照护职责,当未成年女性主动与负有照护职责的成年男性发生性关系的,负有照护职责的成年男性负有阻止的义务,其不阻止而被动接受的,可以成立本罪。

10. 本条第2款的规定是注意规定还是法律拟制?

本条第2款的规定显然是注意规定。也就是说,成立本罪不需要违背少女意志,违背少女意志的当然成立强奸罪。负有照护职责人员强制猥亵少女的,当然成立强制猥亵罪。

---

① 参见冯军、梁根林、黎宏主编:《中国刑法评注》(第2卷),北京大学出版社2023年版,第2118页。

11. 负有照护职责的人员猥亵少女的,是否构成犯罪?

由于本罪仅规制负有照护职责的人员与少女发生性关系的行为,所以未使用强制手段猥亵少女的,不是刑罚处罚的对象,不构成犯罪。

12. 本罪是否有未遂成立的余地?

既然猥亵少女的行为不构成犯罪,而所谓本罪的未遂其实就是猥亵行为,故虽然从理论上讲本罪有未遂成立的余地,但由于处罚本罪的未遂其实就是变相处罚猥亵行为,所以本罪没有未遂成立的余地。

第三节 强制猥亵、侮辱罪

· 导 读 ·

猥亵行为只能是与性有关系的,侵犯他人的性行为自己决定权或者性自主权的行为。《刑法修正案(九)》对《刑法》第237条的修改,未能达到预期效果。不应也不能区分所谓"侮辱"与"猥亵",因为本罪中的"侮辱"其实也是"猥亵"。"猥亵"也能包括性交行为。"猥亵"的含义具有相对性。妇女构成强制猥亵罪的范围与男子不一样。强制猥亵、侮辱罪不是所谓倾向犯,成立本罪不需要行为人具有寻求刺激或者满足性欲的内心倾向。强制猥亵罪与强奸罪之间不是对立关系,而是特别关系。不应将侵害妇女的性的羞耻心作为本罪的成立条件。猥亵行为具有变易性。不应将强制猥亵致人轻伤认定为"有其他恶劣情节"。本罪中的"聚众"相当于"二人以上轮奸",应限定为二人以上共同实施强制猥亵、侮辱行为。

捉奸行为人将配偶情人的衣服当场扒光的,构成强制猥亵罪。在非公共场所隔着衣服触摸女性胸部、臀部的行为,不构成强制猥亵罪和猥亵儿童罪。行为人趁他人熟睡时将精液射在他人身体上的,不构成犯罪。行为人以胁迫手段迫使他人向自己发送其裸照等淫秽图片的,不构成犯罪。单纯偷拍他人隐私部位、偷看他人裸体的，不构成犯罪。对于强制猥亵过失致人重伤、死亡的，可以直接评价为"其他恶劣情节"。对于强制猥亵故意致人重伤、死亡的，成立强制猥亵罪的加重犯（其他恶劣情节）与故意伤害罪、故意杀人罪的想象竞合，从一重处罚。网络直播私密空间的猥亵过程，属于"在公共场所当众"强制猥亵、侮辱。在公共场所当众实施仅属于违反《治安管理处罚法》的一般违法行为的猥亵行为，不构成加重犯，只能成立基本犯。可以将强制猥亵多人评价为"有其他恶劣情节"。

条 文

第二百三十七条 【强制猥亵、侮辱罪】以暴力、胁迫或者其他方法强制猥亵他人或者侮辱妇女的，处五年以下有期徒刑或者拘役。

聚众或者在公共场所当众犯前款罪的，或者有其他恶劣情节的，处五年以上有期徒刑。

实务疑难问题

1. 何谓"猥亵"行为？

案1：被告人谭某财、罗某栋在某水库边持刀对在此谈恋爱的蒙某某、瞿某某（女）实施抢劫后，又威逼二人脱光衣服，强迫二人发生性关系。蒙某某因害怕而无法进行性交。谭某财等人又令二人进行口交。针对强迫性交行为，一审法院认为，二被告人在抢劫过程中，违背妇女意志，使用暴力、胁迫手段，强迫他人与妇女发生性关系，其行为已构成强奸罪。一审宣判后，被告人谭某财、罗某栋不服，上诉称其强迫蒙某某与瞿某某发生性关系的目的是寻求刺激、调戏取乐，只是观看，没有强奸的故意和目的，原审法院认定强奸罪有误。二审法院认为，原审被告人谭某财、罗某栋持刀胁迫二人性交，后又强迫二人进行口交，其主观上是寻求精神上的刺激、调戏取乐，没有强奸的目的，客观上没有强奸行为，原审法院认定该行为构成强奸罪不当,应以强制猥亵罪论处。最终,二审法院撤销一审法院关于二人构成强奸罪的判决,以强制猥亵罪分别判处谭某财、罗某栋有期徒刑各3年。①

强奸罪不是倾向犯,成立强奸罪也无须行为人主观上具有奸淫的目的。如果认为强制进行口交也属于强奸,则二被告人的行为成立强奸既遂的间接正犯;若认为强制进行口交不是强奸,则二被告人的行为成立强奸未遂的间接正犯和强制猥亵罪(强制口交)。二被告人强迫被害人脱光衣服,属于强制猥亵行为。所以,该案中二被告人的行为构成强奸罪与强制猥亵罪,应当进行数罪并罚。

案2:一男子有怪癖,他跟踪女生到家后就使用暴力脱下她的打底裤。女生以为行为人要实施强奸行为就拼命反抗,行为人说"我只是要你的打底裤",然后就逃走了。行为人在一个垃圾桶附近闻了好久该打底裤后,将其扔进了垃圾桶里。

该案中,由于女生的打底裤价值极为低廉,不能成为抢劫罪的对象,该男子的行为不能构成抢劫罪。既然强行与女生搂抱、接吻都属于强制猥亵,而强行脱掉女性打底裤的行为,实际上接触了女性的隐私部位,所以该案中行为人的行为可以认定为强制猥亵罪。

猥亵行为只能是与性有关系的、侵犯他人的性行为自己决定权或者性自主权的行为。对猥亵行为大致可以进行以下分类:

第一种是性进入行为。性进入行为具体包括:(1)行为人性器官进入被害人的肛门、口腔内。这一行为在许多国家和地区已经被归到强奸罪或者强制性交罪中了,但在我国刑法理论与司法实践中,仍然属于猥亵行为。不过在我国,女性强行与男性发生性交的,以及成年妇女与男童发生性交的,也分别成立强制猥亵罪与猥亵儿童罪。本书认为,男子将阴茎插入幼女口腔、肛门的,应当认定为强奸罪。(2)行为人将手指或者异物插入被害人的阴道、肛门、口腔。这一行为中有相当一部分在许多国家和地区中属于强奸罪或者强制性交罪。由于奸淫幼女型强奸罪所保护的法益是幼女的身心健康,所以将手指或者异物插入幼女

---

① 参见陈兴良、张军、胡云腾主编:《人民法院刑事指导案例裁判要旨通纂》(第2版)(下卷),北京大学出版社2018年版,第777~778页。

的阴道、肛门、口腔的,可以认定为强奸罪,而不是猥亵儿童罪。(3)女性强制男性与自己实施性交行为。这在许多国家和地区大多也是构成强奸罪,但在我国还是属于强制猥亵罪。

第二种是性接触行为。这是指性器官的接触行为。具体包括:(1)直接接触被害人的性的部位或者器官。(2)使被害人的身体接触自己的性的部位或者器官。(3)隔着衣服触碰、触摸被害人的性的部位或者器官。(4)接触被害人的性的部位以外的部位。

第三种是在场但不接触。这是指人在现场,但身体部位不接触。具体包括:(1)强行观看被害人的性部位或者性行为。(2)强迫对方观看自己的性部位或者性行为。(3)强迫他人观看淫秽物品。(4)强制他人听自己讲淫秽语言或者强迫他人为自己讲淫秽语言。

第四种是利用网络电信的猥亵(不在场不接触)。这是所谓"隔空猥亵"。随着网络电信的发展,利用网络电信实施的猥亵行为也不断增加,主要有两类:(1)行为人使用胁迫手段,强迫对方在与自己视频时暴露性器官或者实施淫秽动作或者强迫对方在视频上观看自己的性器官或者淫秽动作。(2)行为人给被害人打电话,胁迫对方听自己讲淫秽语言、听淫秽录音或者强迫对方给自己讲淫秽语言或者给儿童打色情电话。

2.《刑法修正案(九)》对《刑法》第 237 条的修改,是否达到预期效果?

《刑法修正案(九)》将强制猥亵的对象"妇女"修改为"他人",保留了"侮辱妇女"的规定。对此修改,立法机关工作人员说明指出:"妇女、儿童虽然是猥亵行为的主要受害群体,但实践中猥亵男性的情况也屡有发生,猥亵十四周岁以上男性的行为如何适用刑法并不明确,对此,社会有关方面多次建议和呼吁,要求扩大猥亵罪适用范围,包括猥亵十四周岁以上男性的行为,以同等保护男性的人身权利。因此,《刑法修正案(九)》将第一款罪状中的'猥亵妇女'修改为'猥亵他人',使该条保护的对象由妇女扩大到了年满十四周岁男性。"[①]可是,上述"辩

[①] 郎胜主编:《中华人民共和国刑法释义》,法律出版社 2015 年版,第 389 页。

解"明显自相矛盾。一个简单的疑问是,为什么在侮辱问题上,男女就不平等,只限于对妇女的保护呢?为什么猥亵儿童构成猥亵儿童罪,而侮辱儿童的构成侮辱罪呢?既然要平等保护男性的人身权利,为什么针对男性实施的所谓"侮辱"行为,如向男性身上泼洒腐蚀物、涂抹污物,不处以相同的刑罚?很显然,这种修改自相矛盾很不彻底。只有同时删除"侮辱妇女"的规定,才能很好地说明和处理上述问题。

3. 应否区分"侮辱"与"猥亵"?

立法机关工作人员指出,"本款(《刑法》第 237 条第 1 款——引者注)规定的'侮辱妇女',主要是指对妇女实施猥亵行为以外的,损害妇女人格尊严的淫秽下流、伤风败俗的行为。例如,以多次偷剪妇女的发辫、衣服,向妇女身上泼洒腐蚀物、涂抹污物,故意向妇女显露生殖器,追逐、堵截妇女等手段侮辱妇女的行为"。[①]

很显然,上述说明站不住脚。其一,认为侮辱妇女是"损害妇女人格尊严的淫秽下流、伤风败俗的行为"而不同于猥亵,也与其与"强制猥亵他人"并列规定并适用同样法定刑的体例位置不相符合。侮辱妇女也只能是侵害妇女的性行为自己决定权的行为。其二,"多次偷剪妇女的发辫、衣服,向妇女身上泼洒腐蚀物、涂抹污物"的行为,只是普通的侵害妇女名誉的侮辱行为,没有侵害妇女的性行为自主权,不可能与强制猥亵相提并论,只能认定为法定最高刑仅 3 年有期徒刑的《刑法》第 246 条的侮辱罪。其三,"故意向妇女显露生殖器",没有使用暴力、胁迫等强制方法强迫妇女观看的,只是一种公然猥亵行为,按照我国《刑法》规定根本不构成犯罪。其四,"追逐、堵截妇女",属于《刑法》第 293 条明文规定的寻衅滋事行为。倘若将追逐、堵截妇女的行为认定为侮辱妇女,意味着追逐、堵截不同对象将构成不同的犯罪:追逐、堵截妇女的,构成强制侮辱妇女罪;追逐、堵截男子的,构成寻衅滋事罪。这显然不合适。其五,若认为"追逐、堵截

[①] 臧铁伟、李寿伟主编:《中华人民共和国刑法修正案(九)条文说明、立法理由及相关规定》,北京大学出版社 2016 年版,第 96 页。

妇女"的行为构成强制侮辱妇女罪,则意味着因为属于"在公共场所当众"侮辱妇女,而应"处五年以上有期徒刑",这显然不符合罪刑相适应原则。其六,如果偷剪妇女衣服、向妇女身上泼洒腐蚀物导致妇女身体裸露,当然可能构成强制猥亵罪。总之,上述观点所归纳的所谓"侮辱妇女"的行为,要么属于侮辱罪、寻衅滋事罪的行为,要么属于强制猥亵行为,要么不构成犯罪。事实上,上述观点是以有关流氓罪的司法解释为根据的。

成熟的刑法解释学和刑事立法之间应该是一种良性循环,刑法解释学做得不好直接会对刑事立法产生不利影响。1997年《刑法》第237条规定了猥亵与侮辱两种行为,此后,刑法理论就试图解释猥亵与侮辱的区别。比如,通说教科书写道:"猥亵行为,主要是指为满足、发泄、刺激性欲而行为人利用自己或他人的身体或其他工具,直接接触妇女的身体,明显带性行为色彩又不属于奸淫的行为。如行为人强行搂抱、亲吻、抠摸妇女肉体等行为,而侮辱妇女,则是行为人以淫秽语言、下流动作损害妇女人格、尊严,伤害妇女性羞耻心的行为。如以下流语言辱骂、调戏妇女,向妇女身上抛撒污物、向妇女显露生殖器等。两者虽然表现形式不一样,但本质是相同的,都是损害妇女人格尊严的行为。"[1]在《刑法修正案(九)》修改本罪之后,通说教科书还在区分所谓"侮辱妇女"与"猥亵"。例如,通说教科书指出,"猥亵,是指除奸淫以外的能够满足性欲和性刺激的有伤风化、损害他人性心理、性观念,有碍其身心健康的性侵行为。侮辱妇女,是指实施具有挑衅性有损妇女人格或者损害其性观念、性心理的行为。如公开追逐或者堵截妇女、强行亲吻、搂抱等。"[2]

正是因为刑法理论一直明确区分所谓"侮辱"与"猥亵",所以,《刑法修正案(九)》仅将本罪中的猥亵对象修改为"他人",但没有删除侮辱妇女的规定,也没有将作为侮辱对象的"妇女"修改为"他人"。据此,有些属于侵害妇女性自主权的侮辱行为不能归入猥亵行为,有些属于侵害男性的性自主权的侮辱行为依然

---

[1] 王作富主编:《刑法分则实务研究(中)》(第5版),中国方正出版社2013年版,第770~771页。

[2] 高铭暄、马克昌主编:《刑法学》(第10版),北京大学出版社、高等教育出版社2022年版,第472页。

不能认定为强制猥亵罪。从立法论上来说,这一修改存在明显的缺陷。

4. "猥亵"是否包括性交行为?

不能认为猥亵行为不包括性交行为。强迫他人观看其性交的,当然构成强制猥亵罪。成年妇女与男童性交的,也成立猥亵儿童罪。丈夫当众强奸妻子的,即使否认婚内强奸,也能肯定强制猥亵罪的成立。

5. 如何理解"猥亵"含义的相对性?

"猥亵"的含义具有相对性。男子强行与妇女性交的,构成强奸罪。女性强行与男子性交的,构成强制猥亵罪。成年男子与幼女性交的,构成强奸罪。成年妇女与男童性交的,构成猥亵儿童罪。男子强行亲吻妇女嘴唇、触摸妇女胸部、臀部的,构成强制猥亵罪,但女子强行亲吻男子嘴唇,女子强行亲吻女子嘴唇,女子触摸男子胸部、臀部,男子触摸男子胸部、臀部,一般不会被评价为猥亵。

6. 妇女构成强制猥亵罪的范围是否与男子一样?

由于性的羞耻心的差异,妇女构成强制猥亵罪的范围明显窄于男子。例如,虽然男子强行亲吻妇女嘴唇、触摸妇女胸部、臀部,构成强制猥亵罪,但反过来,妇女强行亲吻男子嘴唇、触摸男子胸部、臀部,却很难认定为猥亵。

7. 强制猥亵、侮辱罪是倾向犯吗?

不管行为人是出于报复的动机还是寻求性的刺激和满足,对被害妇女的法益侵害没有什么不同。若认为出于报复动机,则只能成立侮辱罪;若不是公然实施,则只能宣告无罪,这显然不利于保护法益。而且,对于被害妇女而言,性自主权是比名誉更重要的权利,行为侵害了妇女的性自主权时,应当首先考虑评价为强制猥亵、侮辱罪,而不是评价为法定刑要轻得多的侮辱罪。

没有任何人认为强奸罪除了故意之外,还需要性的刺激或者满足的倾向,也就是说,即便出于报复的目的强奸妇女,也毫无疑问认定为强奸罪。之所以要求强制猥亵罪具有所谓性的刺激或者满足的倾向,也就是为了将医生的治疗行为等排除在犯罪之外。可是,排除医生的有关行为构成犯罪,根本不需要从主观方面限制,只要看客观上有没有必要就足够了。如果女性牙痛,医生却去检查人家的隐私部位,从客观上看就可以知道这是猥亵行为,如果具有强制性,肯定成立强制猥亵罪。反过来,如果男性医生在妇产科为孕妇实施分娩,即便男性医生内心有刺激或者满足性欲的"邪念",也不可能将其为孕妇实施的分娩行为评价为猥亵行为。所以,根本不需要从主观方面排除犯罪。主张强制猥亵罪是倾向犯,通常是行为无价值论或者二元论学者的立场,主张结果无价值论和法益保护主义的学者不会认为强制猥亵罪是倾向犯。

总之,不应承认强制猥亵、侮辱罪是倾向犯,只要行为人客观上实施的是强制猥亵行为,主观上有猥亵的故意,就应肯定强制猥亵、侮辱罪的成立。

8. 强制猥亵罪与强奸罪之间是否为对立关系?

如果认为强制猥亵罪与强奸罪之间是对立关系,则当行为人是否具有所谓奸淫目的难以证明时,既不能构成强奸罪,因为不能证明有奸淫的目的,也不能认定为强制猥亵罪,因为不能证明行为人没有奸淫的目的。其实,强制猥亵罪与强奸罪之间是一种包容竞合关系,或者说是一种特别关系的法条竞合。凡是符合强奸罪构成要件的,必然符合强制猥亵罪的构成要件。行为人实施了强制猥亵行为,至少构成强制猥亵罪,证明行为人有所谓奸淫目的时,进而成立强奸罪。行为人实施强奸因为意志以外的原因未得逞的,既成立强奸未遂,也成立强制猥亵既遂,形成竞合,从一重处罚。在公共场所当众强奸妇女未遂,除成立在"公共场所当众强奸妇女"未遂外,还成立"在公共场所当众强制猥亵"既遂。按照"在公共场所当众强奸妇女未遂"处理,可能判处3年或4年有期徒刑,而按照"在公共场所当众强制猥亵妇女既遂"处理,将被判处5年以上有期徒刑。所以,应当承认在公共场所当众强奸妇女未遂的,还成立在公共场所当众猥亵妇女既遂,从一重处罚,才能做到罪刑相适应。若认为强制猥亵罪与强奸罪之间是对立关系,就可能罪刑不相适应。

9. 应否将侵害妇女的性的羞耻心作为本罪的成立条件？

如果将侵害妇女的性的羞耻心作为本罪的成立条件，则强制猥亵卖淫女的可能因为卖淫女没有性的羞耻心，不能构成强制猥亵罪。这显然不妥。所以，不应将侵害妇女的性的羞耻心作为本罪的成立条件，只要强制猥亵行为侵害了他人的性行为自己决定权，就成立强制猥亵罪。

10. 能否将强制猥亵致人轻伤认定为"其他恶劣情节"？

故意伤害致人轻伤的法定最高刑只有3年有期徒刑，过失致人轻伤的不构成犯罪，而强制猥亵罪基本犯的法定刑是5年以下有期徒刑或者拘役，具有"其他恶劣情节"的"处五年以上有期徒刑"。如果将强制猥亵致人轻伤认定为"其他恶劣情节"，必然导致罪刑不相适应或者形成间接处罚而不可取。

11. 如何认定"聚众"强制猥亵他人、侮辱妇女？

张明楷教授认为："聚众"是指由首要分子纠集多人实施猥亵、侮辱行为，但不要求参加者均亲手实施猥亵、侮辱行为；一人亲手实施猥亵、侮辱行为其他参加者围观起哄的，也属于聚众实施本罪。[1]

本书认为，"聚众"应限定为二人以上共同实施强制猥亵、侮辱行为。理由是：在非公共场所一人亲手实施猥亵、侮辱行为而其他参加者只是围观起哄的行为的法益侵害性，显然与"在公共场合当众"实施猥亵、侮辱行为不相当；《刑法》也只是将"二人以上轮奸"规定为强奸罪的加重犯，而没有将所谓"一人亲手实施强奸其他参加者围观起哄"规定为加重犯，说明"一人亲手实施而其他参加者围观起哄"与"二人以上轮奸"的法益侵害性不具有相当性。

12. 捉奸的行为人将配偶情人的衣服当场扒光的，是否构成犯罪？

虽然实践中一般认为，捉奸的行为人将配偶情人的衣服当场扒光不是出于所谓性的刺激或者满足而不构成强制猥亵罪，但从法益保护的角度讲，这种行为

---

[1] 参见张明楷：《刑法学》（第6版）（下册），法律出版社2021年版，第1150页。

无疑严重侵害了他人的性行为自己决定权,应以强制猥亵罪定罪处罚。

13. 隔着衣服触摸女性胸部、臀部的行为,是否构成强制猥亵罪?

应该说,在通常情况下(如仅实施一次),可以否认犯罪的成立,但如果行为人多次或者在公共场合当众强行隔着衣服触摸女性胸部、臀部,应认定为强制猥亵罪。也就是说,虽然猥亵行为不严重,但将强制猥亵罪的加重情节作为基本犯的构成要件事实予以评价,使猥亵行为的不法程度达到可罚程度时,则可以认定为犯罪。当然,由于加重情节已经变更评价为基本犯的构成事实,故只能对强制猥亵行为按基本犯处罚,而不能适用加重法定刑。

14. 行为人趁他人熟睡时将精液射在他人身体上的,是否构成犯罪?

这种行为虽可谓猥亵行为,但因为没有使用强制性手段,不能认定为强制猥亵罪。

15. 行为人以胁迫手段迫使他人向自己发送其裸照等淫秽图片的,能否构成本罪?

案3:甲男在网上认识了乙女后,通过和乙女聊天,掌握了乙女的私人信息。随后,甲男胁迫乙女自拍裸照和淫秽图片发给自己,乙女照做。乙女自拍时为一个人,无人在场。

该案中,甲男并没有实施强制猥亵的行为,因为其只是强迫乙女自己拍摄裸照、淫秽图片,乙女在给自己拍摄裸照、淫秽图片的过程中,甲男并没有观看到。所以甲男并没有强制猥亵乙女。不能将事后观看他人淫秽图片、裸照的行为认定为强制猥亵罪。但如果甲男是通过网络即时观看乙女实施上述行为,显然可以将甲男强迫乙女自己猥亵自己,甲男即时观看的行为认定为强制猥亵罪。

应该说,只要不是强迫他人当面、当场(包括通过网络)拍摄裸照、录制淫秽视频的,都不能评价为强制猥亵。散布他人发的裸照、淫秽视频的,构成传播淫秽物品罪。强迫他人与自己进行网上裸聊的,构成强制猥亵罪。

16. 单纯偷拍他人隐私部位、偷看他人裸体的，是否构成犯罪？

偷拍他人隐私部位、偷看他人裸体，虽然也利用了被害人不知反抗的状态，但这种行为不能评价为强制猥亵行为。在宾馆房间装摄像头的，也不可能认定为强制猥亵罪。

17. 强制猥亵他人致人重伤、死亡的，如何处理？

强制猥亵罪没有规定致人重伤、死亡的结果加重犯，只规定了"处五年以上有期徒刑的""其他恶劣情节"，对于强制猥亵过失致人重伤、死亡的，可以直接评价为"其他恶劣情节"，处"五年以上有期徒刑"。对于强制猥亵故意致人重伤、死亡的，成立强制猥亵罪的加重犯（其他恶劣情节）与故意伤害罪、故意杀人罪的想象竞合，从一重处罚。在被害人死亡之前实施猥亵行为的，成立强制猥亵罪既遂，在死亡之后开始实施猥亵行为的，除成立强制猥亵（未遂）罪加重犯与故意伤害罪、故意杀人罪的想象竞合外，还成立侮辱尸体罪，实行数罪并罚。

18. 如何认定"在公共场所当众"强制猥亵他人、侮辱妇女？

在校园、游泳馆、儿童游乐场、公共厕所等不特定或者多数人可以出入的场所实施强制猥亵、侮辱行为，即便事实上没有被人看到、听到，也不影响"在公共场所当众"强制猥亵、侮辱的认定。

19. 网络直播私密空间的猥亵过程，是否属于"在公共场所当众"强制猥亵、侮辱？

如果将公共场所限定为人的身体可以出入的物理空间，则在网络空间直播私密空间的猥亵过程，不属于"在公共场所当众"强制猥亵、侮辱。但如果认为网络空间也是公共场合，则会认为在网络空间直播私密空间的猥亵过程，属于"在公共场合当众"强制猥亵、侮辱。本书认为，网络空间也属于公共场合，将通过网络直播私密空间的猥亵过程，认定为"在公共场所当众"强制猥亵、侮辱，符合该罪加重犯的立法目的。

20. 在公共场所当众实施仅属于违反《治安管理处罚法》的一般违法行为的猥亵行为，是否构成加重犯？

案 4：在公交车上，一个不满 14 周岁的女孩坐在靠过道位置，她的姐姐坐在靠窗位置，被告人看到姐姐睡着了，就把手伸到小女孩的内衣里。小女孩吓了一跳，但因为姐姐睡着了不敢吭声。到站后小女孩告诉了姐姐，姐姐就报警了。检察院以猥亵儿童罪起诉，法院判了被告人 1 年有期徒刑。检察院认为，被告人是在公共场所当众猥亵儿童，要处 5 年以上有期徒刑。

该案被告人的行为如果不是在公共场所实施，一般只会作为违反《治安管理处罚法》的一般违法行为处理，但在公共场所当众实施，如果认定为猥亵儿童罪的加重犯，则处刑太重。可以考虑将加重情节变更评价为猥亵儿童罪的基本犯的构成事实，处 5 年以下有期徒刑。法院判处被告人 1 年有期徒刑，是合理的。

按照刑法理论通说的观点，成立加重犯的前提是行为符合基本犯的构成要件。成立强制猥亵、侮辱罪的加重犯，也必须行为本身符合强制猥亵、侮辱罪基本犯的构成要件。如果不考虑在公共场所当众实施的因素，行为本身只是违反《治安管理处罚法》的一般违法行为不构成基本犯，直接认定为加重犯，有违加重犯原理。这时可以考虑将加重情节变更评价为基本犯的构成事实，认定为强制猥亵、侮辱罪的基本犯，适用基本犯的法定刑，而不能适用加重法定刑。

21. 强制猥亵多人，是同种数罪并罚，还是评价为"有其他恶劣情节"？

由于性自主权属于一身专属法益，强制猥亵多人的，应当同种数罪并罚。但考虑到本罪规定了"有其他恶劣情节"的加重犯，将强制猥亵多人评价为"有其他恶劣情节"，就能够做到罪刑相适应，无须同种数罪并罚。

第四节　猥亵儿童罪

> **·导　读·**
>
> 　　猥亵儿童罪旨在保护儿童的身心健康权。猥亵儿童罪中的"猥亵",与强制猥亵罪中的"猥亵"含义并不完全一样。猥亵儿童罪中的"猥亵",也能包括性交行为。成年妇女与男童性交的,成立猥亵儿童罪。"在公共场所当众猥亵儿童,情节恶劣"的规定,与强制猥亵罪加重情节的规定存在一定的不协调。
> 　　邻家幼女抚摸成年男子的生殖器,成年男子不制止的,不能构成猥亵儿童罪。"猥亵儿童多人或者多次",不能包括猥亵未遂的情形。多次实施仅属于违反《治安管理处罚法》的"猥亵"行为的,不能认定为"猥亵儿童多人或者多次"。应将"聚众猥亵儿童"限定为多人亲自实施猥亵儿童的情形。为了实现罪刑均衡,应将"造成儿童伤害"限定为造成了轻伤或者重伤的情形,不能包括轻微伤和残忍伤害的情形。所谓"造成其他严重后果",应该是造成轻伤、重伤以外的严重后果,如造成幼女怀孕,猥亵儿童过失造成儿童死亡。对《刑法》第237条第3款第2项的"情节恶劣"与第4项的"恶劣情节"在程度上不能作等同解释。

/条　文/

　　第二百三十七条第三款　【猥亵儿童罪】猥亵儿童的,处五年以下有期徒刑;有下列情形之一的,处五年以上有期徒刑:
　　(一)猥亵儿童多人或者多次的;
　　(二)聚众猥亵儿童的,或者在公共场所当众猥亵儿童,情节恶劣的;
　　(三)造成儿童伤害或者其他严重后果的;

（四）猥亵手段恶劣或者有其他恶劣情节的。

实务疑难问题

1. 猥亵儿童罪、强制猥亵罪和奸淫幼女型强奸罪的保护法益是否相同？

案1：甲每次在家中浏览淫秽视频网站时，都让自己10岁的女儿一同观看。

在该案中，甲是10岁女童的父亲，其带着自己10岁的女儿观看淫秽视频的行为，无疑侵害了儿童的身心健康，因而可以评价为"猥亵儿童"。实施"猥亵"行为并不一定要有身体的接触，比如在强制猥亵罪中，行为人强迫妇女观看自己的性器官、性活动等，也可以被评价为强制猥亵的行为。在猥亵儿童的情况下，儿童要比成年妇女更加脆弱，随意让他们观看淫秽视频，当然可以评价为猥亵儿童。

案2：甲利用网络胁迫不满14周岁的乙猥亵了一名15周岁的少年。

在该案中，不满14周岁的乙表面上是加害人，但他同时也是受害人，让一个不满14周岁的人猥亵他人，同时也是对这名儿童的猥亵，这种行为无疑伤害了儿童的身心健康。

虽然一般认为强制猥亵罪保护的法益跟强奸罪一样，都是侵害妇女或者他人对自身性行为的自己决定权或者性自主权，但由于儿童尚未发育成熟，缺乏自主意识，不能完全理解性行为的性质和意义，所以《刑法》规定猥亵儿童罪主要不是为了保护儿童的所谓性自主权，而是旨在保护儿童的身心健康权。从这个角度讲，猥亵儿童罪所保护的法益不完全等同于奸淫幼女型强奸罪，后者所保护的法益是幼女的身心健康，比猥亵儿童罪的保护范围要窄。

2. 猥亵儿童罪中的"猥亵"与强制猥亵罪中的"猥亵"含义是否相同？

强制猥亵罪的保护对象是成年人，所侵害的法益是成年人的性行为的自己决定权或者性自主权；而猥亵儿童罪的保护对象是不满14周岁的儿童，儿童心智不成熟，不能理解性行为的性质和意义，其所侵害的法益并不是性自主权，而是儿童的身心健康。因此，猥亵儿童罪中的"猥亵"，应该比强制猥亵罪中的"猥亵"的范围要广,凡是可能侵害儿童的身心健康成长的与性有关的行为,都可能被评价为"猥亵"。例如,让成年妇女自拍裸照或者淫秽视频后发给行为人观看,因为并没有当面当场强制他人拍摄裸照或淫秽视频,所以不能成立强制猥亵罪;但如果对象是儿童,则因为这种行为伤害了儿童的身心健康,所以应当评价为"猥亵"儿童。又如,让儿童跟自己一起观看淫秽视频,或者照护人不阻止儿童观看淫秽视频,或者给儿童讲黄色段子,或者让儿童给自己讲黄色段子,因为损害了儿童的身心健康,所以可以认定为"猥亵"儿童。再如,对着他人露阴的,或者情侣、夫妻在公共场所性交的,只要没有强制其他成年人观看,就只是违反《治安管理处罚法》的公然猥亵行为,不可能构成强制猥亵罪;但如果对着儿童露阴,或者当着儿童的面进行性交活动,即便没有强制儿童观看,也因为侵害了儿童的身心健康,而能被认定为"猥亵"儿童。

3. 能否认为猥亵儿童罪中的"猥亵"不包括性交行为?

案3:35岁的妇女甲,多次勾引邻家13岁的男童乙与其发生性关系,并威胁乙不许告诉大人,导致乙患上抑郁症而辍学。

如果认为猥亵儿童罪中的"猥亵"不包括性交行为,则甲的行为不构成猥亵儿童罪。可是,成年妇女与男童性交的行为,相对于接吻、触摸生殖器等行为而言,更为淫秽下流,对男童的身心健康成长的侵害也更为严重,因而没有理由不认定为猥亵儿童罪。

"猥亵"的含义具有相对性。因为存在奸淫幼女型强奸罪,所以猥亵幼女中的"猥亵"不包括男子与幼女发生性交的行为,但让幼女观看自己与他人之间的性交行为,还是可以评价为猥亵儿童罪。成年妇女与男童性交,是比接吻、触摸生殖器等行为对男童的身心健康侵害更为严重的行为,当然可以评价为猥亵儿童罪。因此,不能认为猥亵儿童罪中的"猥亵"不包括性交行为。

4. "在公共场所当众猥亵儿童,情节恶劣",是否与强制猥亵罪加重情节的规定不相协调?

《刑法》第237条第2款规定,在公共场所当众犯强制猥亵、侮辱罪的,或者有其他恶劣情节的,处 5 年以上有期徒刑;第 3 款规定,在公共场所当众猥亵儿童,情节恶劣的,处 5 年以上有期徒刑。对此,有学者批评指出,这里存在明显不均衡之处:在公共场所当众猥亵成年人的,应当加重处罚,而在公共场所当众猥亵儿童的,其危害比猥亵成年人的危害更大,反而不能立即加重处罚,还需具备"情节恶劣"的要件时才能加重处罚。就解释论而言,要消除这一不均衡现象,实现在公共场所当众猥亵儿童即能判处 5 年以上有期徒刑的效果,此时可降低对"情节恶劣"的把握,即《刑法》第 237 条第 3 款第 2 项中的"情节恶劣"不同于《刑法》第 237 条第 2 款中的"有其他恶劣情节",对前者可作相对宽松的把握。①

之所以强调在公共场所当众猥亵儿童的,也必须"情节恶劣"才能认定为猥亵儿童罪的加重犯,是因为虽然是在公共场所猥亵儿童,但是有可能猥亵行为本身并不严重,甚至只是一般违法行为,为了防止罪刑失衡,而要求在个案中具体判断是否"情节恶劣"。虽然从表述上看《刑法》第 237 条第 2 款和第 3 款的规定不相协调,但即便是适用第 2 款"在公共场所当众犯强制猥亵侮辱罪"的规定,也需要在个案中进行实质判断。如果猥亵行为本身并不严重,甚至只是违反《治安管理处罚法》的一般违法行为,也不能直接认定为强制猥亵、侮辱罪的加重犯而判处 5 年以上有期徒刑。从一定意义上说,《刑法修正案(十一)》在修订猥亵儿童罪时强调在公共场所当众猥亵儿童,也需要"情节恶劣"才能适用加重法定刑,就是对 1997 年《刑法》和《刑法修正案(九)》关于强制猥亵、侮辱罪加重犯规定的匡正。

5. 邻家幼女抚摸成年男子的生殖器,成年男子不制止的,是否构成猥亵儿童罪?

案 4:某日,甲男一人在家时,邻家幼女乙来甲男家玩,甲男穿着短裤坐在沙发上看电视。乙掏出甲男的生殖器把玩,甲男没有实施任何动作,也没有制止。几分钟后,乙的父亲来喊乙回家吃饭,发现了这一幕。

---

① 参见冯军、梁根林、黎宏主编:《中国刑法评注》(第 2 卷),北京大学出版社 2023 年版,第 2137 页。

在该案中,如果认为甲男对幼女身心健康负有保护义务,则甲男应当制止乙的行为,不予制止的,构成猥亵儿童罪。但如果认为甲男既不负有法益保护义务,也不负有危险源监督义务(难以认为穿着短裤的男性是危险源),则不能追究甲男不作为的猥亵儿童罪的刑事责任。

案5:一男子在家里看淫秽影片时,邻居的两名小孩进来了,他就让两个小孩观看。看了一会之后,男子说他去做饭了,让两个小孩继续看。后来,小孩的爷爷来喊小孩吃饭,发现小孩在看淫秽影片。

在该案中,不是男子主动邀请或者唆使邻居的两名小孩一起观看淫秽影片,而是邻居的两名小孩自己进来观看的,则因为男子既不负有法益保护义务,也不能将家里看作危险源,因而男子也不负有危险源监督义务,所以行为人不具有阻止小孩的义务。即使不予阻止,也不能构成猥亵儿童罪。但如果是男子主动邀请或者唆使邻居两名小孩观看,则成立作为形式的猥亵儿童罪。

对于案4,张明楷教授认为,当他人法益的危险发生在行为人的支配领域内时,行为人就有保护义务。幼女虽然是主动实施的行为,但这本身也是对幼女的法益的危险,这个危险发生在甲的支配领域,既发生在甲的住宅内,也发生在甲的身体上,因此,甲有阻止义务。① 本书认为,除非行为人是儿童的保护人,负有照护义务,否则不能认为行为人具有法益保护义务,同时也因为穿着裤子的男性难以被评价为危险源,所以行为人也不负有危险源监督义务,不阻止儿童对自己实施猥亵行为的,不能构成猥亵儿童罪。若认为只要法益的危险发生在行为人的支配领域内,行为人就具有法益保护义务,则意味着奄奄一息的重病患者突然闯入行为人的院子内,行为人就负有救助义务,不予救助的,就构成遗弃罪,这显然是不能被人接受的。当然,如果是负有照护义务的人,如孩子的父亲或者不穿裤子的男性,则负有阻止的义务,不加阻止的,构成猥亵儿童罪。

6. "猥亵儿童多人或者多次",是否包括猥亵未遂?

有观点认为,无论猥亵儿童是既遂还是未遂,被害人都应计算在人数之内。

---

① 参见张明楷:《刑法的私塾》,北京大学出版社2014年版,第356页。

如行为人猥亵儿童甲、乙既遂,某日猥亵儿童丙未遂,行为人属于猥亵儿童多人。就猥亵儿童的次数而言,是否应将猥亵儿童未遂也计入猥亵儿童的次数,可能有不同看法。犯罪的既遂、未遂与犯罪的次数是两个不同的问题,不应混为一谈。猥亵儿童未遂,如有追究刑事责任必要,应将其计入猥亵儿童的次数中。[①]

本书认为,如果认为猥亵儿童多人或者多次,包括猥亵未遂的人次,即猥亵儿童既有既遂也有未遂时,也能认定为猥亵儿童多人或者多次,那整体是认定为猥亵儿童多人或者多次的既遂还是未遂呢?这显然难以回答。虽然每次都是未遂,整体认定为猥亵儿童多人或者多次的未遂还算可行,但对于将每次均未遂的猥亵行为认定为猥亵儿童多人或者多次的未遂的情况,是否要适用猥亵儿童罪的加重法定刑,同时适用《刑法》总则关于未遂犯从轻减轻处罚的规定,必然会存在争议。若猥亵行为两次既遂、一次未遂,或者一次既遂、两次未遂,整体是认定为猥亵儿童多人或者多次的既遂还是未遂,必然争议更大。因此,本书认为,为实现罪刑均衡和避免争议,宜将猥亵儿童多人或者多次限定为每次均既遂,将存在未遂情形的,作为同种罪名数罪并罚处理。

7. 多次实施仅属于违反《治安管理处罚法》的"猥亵"行为,能否认定为"猥亵儿童多人或者多次"?

由于"猥亵儿童多人或者多次"是猥亵儿童罪的加重犯,因此为了实现罪刑均衡,应当将"猥亵儿童多人或者多次"限定为每次行为都构成猥亵儿童罪的情形。猥亵行为本身仅属于违反《治安管理处罚法》的一般违法行为的,不能认定为"猥亵儿童多人或者多次",至多认定为普通的猥亵儿童罪。例如,多次在室内隔着衣服触摸幼女胸部或者臀部的,应认定为普通的猥亵儿童罪,而不应认定为"猥亵儿童多人或者多次",适用猥亵儿童罪的加重法定刑。这是将"猥亵儿童多人或者多次"的加重情节变更评价为基本犯的构成事实。

[①] 参见冯军、梁根林、黎宏主编:《中国刑法评注》(第2卷),北京大学出版社2023年版,第2137页。

8. 应否将"聚众猥亵儿童"限定为多人亲自实施猥亵儿童行为?

有观点认为,"聚众"猥亵儿童,其含义与"聚众"犯强制猥亵、侮辱罪的含义相同,即聚众犯猥亵儿童罪,不要求所有参加者都亲自实施猥亵儿童行为,只要首要分子一人实施猥亵儿童行为,其他人员围观起哄,也属于"聚众"猥亵儿童。[①]

本书认为,若只有首要分子一人实施猥亵儿童行为,而其他人员只是围观起哄,对儿童身心健康权的侵害根本不值得以加重犯进行评价。可以说,之所以对于猥亵儿童罪没有像强奸罪那样规定"二人以上轮奸"的加重处罚,是因为可以同时进行猥亵,而无须轮流猥亵。或者说,所谓聚众猥亵儿童,其实就相当于"二人以上轮奸"的规定。之所以强奸罪加重犯仅规定"二人以上轮奸",而没有规定所谓聚众强奸,就是因为只有首要分子一人强奸而其他人员围观起哄的,根本不能与"二人以上轮奸"的法益侵害性相提并论而值得以加重犯进行评价。因此,本书认为,应将"聚众"猥亵儿童理解为数人亲自实施猥亵儿童行为,即只有至少3人亲自实施了猥亵儿童行为的,才值得以猥亵儿童罪的加重犯科处刑罚。

9. 何谓"造成儿童伤害"?

由于猥亵儿童"造成儿童伤害"的处5年以上有期徒刑,因此为了实现罪刑均衡,应将"造成儿童伤害"限定为造成了轻伤或者重伤,而不能包括轻微伤。当然,如果行为人很变态,以特别残忍手段进行猥亵,致儿童重伤造成严重残疾,则成立猥亵儿童罪与故意伤害罪(残忍伤害)的想象竞合。

10. 何谓"造成其他严重后果"?

所谓"造成其他严重后果",应该是造成轻伤、重伤以外的严重后果,如造成幼女怀孕,猥亵儿童过失造成儿童死亡。不能将猥亵儿童过失造成儿童死亡的

---

① 参见冯军、梁根林、黎宏主编:《中国刑法评注》(第2卷),北京大学出版社2023年版,第2136~2137页。

认定为普通的猥亵儿童罪与过失致人死亡罪的想象竞合，否则会导致量刑的不均衡。猥亵儿童故意致儿童死亡的，也不能认定为"造成其他严重后果"，而应认定为猥亵儿童罪的普通犯与故意杀人罪的想象竞合。如果在猥亵后故意杀死儿童，则应当以猥亵儿童罪与故意杀人罪数罪并罚。

11. 能否对《刑法》第237条第3款第2项的"情节恶劣"与第4项的"恶劣情节"在程度上作等同解释？

《刑法》第237条第3款第2项的"情节恶劣"是"在公共场所当众猥亵儿童"成立猥亵儿童罪加重犯的要求，也就是说，在公共场所当众猥亵儿童的，只有情节恶劣的才能认定为猥亵儿童罪的加重犯；而第4项中的"恶劣情节"显然是独立的加重处罚情节。因此，二者的定位不同，不能对二者在程度上作同等解释。例如，行为人在公共场所当众将手指或者异物插入幼女阴道的，就应当直接评价为第2项的"情节恶劣"，也不需要评价为第4项的"恶劣情节"。反之，如果行为人在公共场所当众隔着衣服触摸幼女胸部或者臀部，则不能直接评价为第2项的"情节恶劣"，也不能评价为第4项的"恶劣情节"。但是，如果行为人多次在公共场所当众隔着衣服触摸儿童胸部或者臀部，则可以适用第2项的规定，当然也有可能仅适用第1项"猥亵儿童多人或者多次"的规定。

第三章 侵犯人身自由的犯罪

第一节 非法拘禁罪

> ·导 读·
>
> 最高人民法院、最高人民检察院将《刑法》第238条的罪名确定为"非法拘禁罪"并不准确,应为"非法剥夺人身自由罪"。我国非法拘禁罪所侵害的是身体的场所移动自由(身体移动自由),具体包括从甲地移动到乙地的自由,从场所外移动到场所内的自由,从场所内移动到场所外的自由,停留在原地、停留在原场所内的自由,以及以多快的速度、以什么方式进行场所移动的自由。非法拘禁罪所保护的法益是被害人现实地活动身体时就可以活动的自由。只要不是明显因被害人自伤、自杀行为导致死伤结果,而是在拘禁过程中导致死伤,包括拘禁手段本身致人死伤,以及被拘禁者为逃脱拘禁状态而逃跑致死伤,均应认定为非法拘禁致人重伤、死亡。适用非法拘禁致人重伤、死亡的规定,不以拘禁行为本身既遂为前提。非法拘禁使用暴力致人伤残、死亡的成立故意伤害罪、故意杀人罪,不需要行为人主观上具有伤害、杀人故意。
>
> 　　成立索债型非法拘禁罪,仅限于当事人之间存在合法的债务,而且在债务数额范围内向债务人本人索债的情况。为索取高利贷、赌债、青春损失费等法律不予保护的债务,以及因存在其他所谓的私人纠纷(但不存在正常

的债权债务关系),而非法扣押、拘禁所谓债务人,旨在向本人索要财物的,构成抢劫罪,旨在向第三人勒索财物的,构成绑架罪。《刑法》第238条第1款后段"具有殴打、侮辱情节的,从重处罚"的规定,可以适用于第2、3款。非法拘禁时故意对被拘禁人实施伤害、杀人、侮辱、强奸等犯罪行为的,应当数罪并罚。行为人绑架他人后使用暴力过失致人死亡的,应定故意杀人罪。司法工作人员超期羁押的,构成非法拘禁罪。

条 文

第二百三十八条 【非法拘禁罪】非法拘禁他人或者以其他方法非法剥夺他人人身自由的,处三年以下有期徒刑、拘役、管制或者剥夺政治权利。具有殴打、侮辱情节的,从重处罚。

犯前款罪,致人重伤的,处三年以上十年以下有期徒刑;致人死亡的,处十年以上有期徒刑。使用暴力致人伤残、死亡的,依照本法第二百三十四条、第二百三十二条的规定定罪处罚。

为索取债务非法扣押、拘禁他人的,依照前两款的规定处罚。

国家机关工作人员利用职权犯前三款罪的,依照前三款的规定从重处罚。

实务疑难问题

1.《刑法》第238条的罪名确定为"非法拘禁罪",是否准确?

将该条罪名确定为"非法拘禁罪",是不准确的。"非法拘禁他人"只是非法剥夺他人人身自由的一种例示,正如《刑法》第239条绑架罪中的"以勒索财物为目的绑架他人"虽是绑架他人作为人质的一种常见情形,但《刑法》并未将第239条罪名确定为绑架勒索财物罪。或许正因如此,在1997年《刑法》颁行之初,许多学者都将1997年《刑法》第238条的罪名概括为非法剥夺人身自由罪。而且,按照《现代汉语词典》的解释,拘禁是指"把被逮捕的人暂时关起来"。而所谓非法剥夺他人人身自由,显然并不限于把人关押在某个狭小的空间,而是包括妨害他人自由进行场所移动的一切行为。因此,《刑法》第238条的罪名应为"非法剥夺人身自由罪"更准确。

2. 阻止他人进入某个场所、强制他人离开某个场所,是否构成非法拘禁罪?

我国《刑法》为保护各种自由权利已经规定有多种罪名,如为保护性自由规定有强奸罪,强制猥亵、侮辱罪和猥亵儿童罪,为保护意志自由规定有抢劫罪、敲诈勒索罪,为保护交易自由规定有强迫交易罪。之所以在这些犯罪之外专门规定非法拘禁罪,显然旨在保护身体本身的"场所移动自由"(以具有移动的意思、移动的能力为前提),即每个人都具有按照自己的意志进行场所的移动,移动到什么场所,以多快的速度进行场所的移动,以及继续停留在现在的场所等的自由,这些都可谓身体本身的"场所移动自由"的内容。在界定我国非法拘禁罪侵犯的法益时,应当注意到其他国家和地区因为规定有暴行罪、胁迫罪、强制罪,侵害他人身体移动自由的行为,即便不评价为非法拘禁罪,也可能以这些罪名进行评价而有效保护法益。我国仅规定了具体的暴行、胁迫、强制性的罪名,如抢劫罪、伤害罪、敲诈勒索罪、绑架罪,而没有规定作为基本罪名的暴行罪、胁迫罪、强制罪,若不对非法拘禁罪的法益和行为方式作宽于其他国家和地区的解释,就可能对人身自由保护不力。例如,给人戴上脚镣、手铐,被害人虽能移动,但只能极其缓慢地移动,在规定有暴行罪的国家,会认为因为行为人还有场所移动的可能性,所以评价为暴行罪就足够。我国没有暴行罪可以评价,若不评价为非法拘禁罪,就只能是无罪,而无罪的结论未必合适。因为每个人都具有按照自己的意志在不受束缚的情况下快速进行场所移动的自由,上述行为无疑侵害了被害人的身体移动自由,值得作为非法拘禁罪进行评价。又如,规定有强制罪(也称强要罪)的国家和地区一般认为,阻止他人进入一定场所,以及使待在某场所的原本打算继续留在该场所的人强制离开,该行为因为可谓"妨害他人行使权利",而可能被评价为强制罪。但我国没有强制罪罪名,对于这种行为若不评价为非法拘禁罪,就只能宣告无罪,而无罪的结论显然不利于保护法益。

阻止他人进入一定的场所,在一定意义上也是对身体的场所移动自由的侵害,强迫他人离开原来的场所也是如此。因为公民有按照自己的意志移动到法律所允许的任何场所(私人住宅、军事禁区除外)的自由,也具有继续待在本来的场所的自由,所以侵害这种自由的行为值得作为犯罪处理,但在我国《刑法》中只能以非法拘禁罪进行评价。例如,他人上班辛苦了一整天,本想慢慢溜达回家,结果行为人拿着杀猪刀在后边穷追不舍,致使他人被迫以比刘翔还快的速度飞奔回家。这在其他国家和地区,可能被评价为胁迫罪或强制罪,但在我国,唯能以非法拘禁罪进行评价,否则无罪。毫无疑问,每个人都有按照自己的意志、以自认为合适的速度进行场所移动的自由,因被追赶而被迫快速移动,也是对场所移动自由的侵犯。此外,假定他人从荒郊野外赶往城区的唯一的交通工具是一辆自行车,行为人有意破坏其自行车,或者天色将晚,只有唯一的一辆公交车通过,行为人阻止他人上车,使得他人被迫步行直到后半夜才得以回到城中家里,只要行为人认识到毁坏他人自行车、阻止他人上公交车的行为,会导致他人只能徒步回到城中家里,这也是对他人场所移动自由的侵害,也值得作为非法拘禁罪进行处罚。

综上,我国非法拘禁罪侵犯的法益,应当是身体的场所移动自由(身体移动自由)。具体而言,包括从甲地移动到乙地的自由,从场所外移动到场所内的自由,从场所内移动到场所外的自由,停留在原地、停留在原场所内的自由,以及以多快的速度、以什么方式进行场所移动的自由。给人戴上脚镣、手铐,虽然被害人想去哪里还是可以去哪里,但无疑侵害了被害人按照自己的意志进行快速移动的自由,所以还是侵害了被害人的身体移动自由。

3. 趁他人熟睡时锁门又在他人醒来前开门的,是否构成非法拘禁罪?

非法拘禁罪所保护的法益是所谓的场所移动自由,那么,这里的"自由"是指现实的自由还是可能的自由? 可能的自由说认为,非法拘禁罪保护的法益是被害人只要想活动身体就可以活动的自由。而现实的自由说认为,非法拘禁罪保护的法益是在被害人打算现实地活动身体时可以活动的自由。相对而言,现实的自由说更为合理。也就是说,非法拘禁罪所保护的法益是在被害人打算现实地活动身体时可以活动的自由。因为非法拘禁罪不是危险犯,而是实害犯,所以只有对法益造成了实际损害,才能成立该罪。

案1:被害人喝醉了酒,在房间里睡觉,A在其睡觉期间将房间反锁住了,但在被害人酒醒之前,就把门打开了。

根据可能的自由说,A的行为构成非法拘禁罪,因为被害人随时可能醒来移动自己的身体。但是根据现实的自由说,最多只能成立非法拘禁罪的未遂。如果A每时每刻都在观察被害人的举止,一旦被害人酒醒了就立即开锁,连未遂也不能成立。

案2:B威胁被害人说:"你在这个屋子里待一天,不能出去,否则我就杀了你。"可是,被害人本来就想在这间屋子里待一天。

案3:B1欺骗被害人说:"家外面有炸弹,绝对不能出去!"可是,被害人根本没有想过出去,就想一天到晚待在家里。

上述两个案例,一个采取的是威胁行为,另一个采取的是欺骗方式。如果采取可能的自由说,二人的行为都构成非法拘禁罪,因为虽然被害人原本没有想出门,但不排除中途改变想法要出门的可能。但按照现实的自由说,只要被害人后来确实愿意待在家里,没有出门的想法与举止,就不构成非法拘禁罪。这个结论与行为人采取了什么手段没有直接关系。

案4:C和被害人乘坐电梯的时候,为了拘禁被害人,就冒充自己是电梯的检测员,谎称电梯有故障,存在紧迫的危险,需要关闭电梯进行检测,被害人信以为真,就只好一直在电梯里面待着。

对于该案,无论是采取可能的自由说还是现实的自由说,都会认定成立非法拘禁罪。一方面,没有人会愿意一直待在电梯里,也就是说,C的行为不仅侵害了可能的自由,而且侵害了现实的自由。另一方面,被害人的同意是无效的,只有当被害人有选择余地的时候做出的同意决定才是有效的。C的欺骗行为使得被害人没有选择的余地,这就表明被害人不是基于自己意志自由做出的决定。因此,C的行为构成非法拘禁罪。

案5:东航民航机长D因对公司不满,载乘客从上海飞往昆明上空后,谎称昆明机场不能降落而又折返上海。

在该案中,乘客虽然没有认识到机长D对自己实施了非法拘禁行为,但只要认识到自己的自由被剥夺了,无论是持可能的自由说还是现实的自由说,都会认为机长 D 的行为成立非法拘禁罪。

案 6：张三隐瞒了自己要强奸被害人的意图，谎称开车送被害人回家，在被害人发现方向不对要求下车时，张三立即停车让被害人下了车。

可以肯定的是，如果在被害人要求下车时，张三仍不停车，肯定属于非法拘禁。但案情是，在被害人要求下车时，张三就让被害人下车了。需要讨论的是，在被害人下车之前的那段时间是否属于非法拘禁，这主要涉及被害人的承诺是否有效的问题。有人认为这是动机的错误，因而被害人的承诺是有效的；有人主张这是法益关系的错误，因而被害人的承诺是无效的；有人声称，无论什么错误被害人的承诺都是无效的。本书倾向于认为，如果被害人知道真相肯定不会上张三的车，因此还是认定属于法益关系的错误为宜，被害人的承诺无效，张三的行为成立非法拘禁。

案 7：李四晚上把被害人的门反锁了，被害人发现门被反锁后，心想反正也到了平时睡觉的时间了，就睡觉了，没有出门。被害人第二天早上醒来时，李四已经把锁打开了。

按照可能的自由说，李四的行为构成非法拘禁罪。不过，主张现实的自由说的学者，也都认为李四的行为构成非法拘禁罪，因为被害人是在认识到自己不能外出的情况下，才放弃外出的想法而决定睡觉的，所以李四的行为依然侵害了被害人的现实的自由。这与本节案 1 的情况明显不同，在案 1 中被害人在没有意识到自己被拘禁时就决定在家睡觉。

案 8：王五晚上 6 点将被害人反锁在房间，直到第二天晚上 6 点才开锁，被害人平时每晚睡觉 8 小时。问题是，是否要将这 8 个小时的睡觉时间排除在非法拘禁的时间之外？

如果排除睡觉的 8 个小时，非法拘禁时间就只有 16 个小时，在我国一般不构成非法拘禁罪。持可能的自由说的学者批评指出，在这 8 个小时里，李四没有侵犯被害人的现实的自由，如果按照现实的自由说要扣掉这 8 个小时，但要扣除这 8 个小时明显不合理。主张现实的自由说的学者也不同意扣除这 8 个小时，否则可能意味着吃饭、上厕所的时间都要扣除。应该说，被害人是因为不可能移动身体而放弃移动念头的，而不是不想移动才睡觉。也就是说，当被害人基于不可能移动身体的认识而不产生移动身体的意志,因而留在原地睡觉时,不能认为这是基于自由意志而留在原地睡觉,只是不得不忍受而已,因此,被害人的现实的自由仍然受到了侵害。

4. 被拘禁人自伤、自杀、逃跑致死伤的,是否成立非法拘禁致人重伤、死亡?

《刑法》第238条第2款前段规定:非法拘禁致人重伤的,处3年以上10年以下有期徒刑;致人死亡的,处10年以上有期徒刑。非法拘禁致人重伤、死亡显然是本罪的结果加重犯,但何为致人重伤、死亡,理论上存在一定的分歧:(1)"致人重伤""致人死亡",是指行为人因实施非法拘禁行为而过失地造成被害人重伤或死亡,包括被害人自杀等情形。(2)"致人死亡",应当是指非法拘禁行为本身直接导致被害人的死亡,如因长时间捆绑而使被害人身体生命体征消失进而死亡,或者由于过失致使被拘禁人冻、饿、病而死亡,或者被拘禁人不堪忍受自缢或跳楼自杀死亡等。也就是说,非法拘禁行为与被害人死亡之间应当具有直接因果关系,而不包括因非法拘禁行为引起的被害人死亡的情形,如在非法拘禁过程中,被拘禁人心脏病突发衰竭死亡,被拘禁人为脱逃在跳楼时摔死,被拘禁人因抽烟、生火引发火灾烧死他人等。因为这种死亡后果的出现与非法拘禁行为并无一般意义上的必然、直接的因果关系,所以不应当认定为非法拘禁"致人死亡",而只应当认定为非法拘禁"引起他人死亡",将该后果作为一个犯罪情节来认定。(3)非法拘禁致人重伤、死亡,是指非法拘禁行为本身致被害人重伤、死亡(结果加重犯),重伤、死亡结果与非法拘禁行为之间必须具有直接的因果关系(直接性要件)。行为人在实施基本行为之后或之时,被害人自杀、自残、自身过失等造成死亡、伤残结果的,因缺乏直接性要件,不宜认定为结果加重犯。但是,由于非法拘禁会引起警方的解救行为,故正常的解救行为造成被害人伤亡的,具备直接性要件,应将伤亡结果归责于非法拘禁者,成立结果加重犯。

上述观点的主要分歧在于,被拘禁人自伤、自残导致伤亡,被拘禁人逃跑导致死亡(如跳楼逃跑时被摔死),能否认定为非法拘禁致人重伤、死亡,以及应否区分所谓非法拘禁致人重伤、死亡与非法拘禁引起他人重伤、死亡?需要指出的是,凡是规定有非法拘禁罪的国家和地区,都规定了非法拘禁罪的结果加重犯。

其他国家和地区的刑法理论与判例认为,死伤结果必须源于非法拘禁的事实以及非法拘禁手段本身。例如,被害人被装在后备箱里因发生汽车追尾事故而死亡,被害人为了从高速行驶的汽车中逃跑而奋不顾身跳车以致摔死,被拘禁的被害人因为恐惧而从窗户跳下摔死,为了拘禁被害人而实施殴打行为导致被害人受伤等,判例都认定为非法拘禁致伤、致死。① 我国司法实践有如下典型判例:

案9:1997年上半年,被告人唐某涛、唐某生等人为索取债务将债务人陈某平用出租车从江苏句容市押往湖北大冶市,途中被害人陈某平死亡。一、二审法院均认定被告人构成非法拘禁致人死亡。二审法院认为,该规定对致人死亡的原因,犯罪行为人的主、客观等方面没有附加任何限制条件,因此,只要被害人在被非法拘禁的过程中死亡,所有实施犯罪的行为人均要在有期徒刑10年以上处刑。②

案10:被告人张某国、覃某春非法将被害人周某某、吴某某捆绑在家里,被害人相互自行解开绳索后,周某某用电线系在阳台的窗柱上,在从阳台沿电线逃离时坠楼死亡。法院认为,被害人周某某为了摆脱拘禁,自行解开捆绑,用电线系在阳台的窗柱上逃跑,不慎坠楼死亡,其死亡系二被告人意志以外的原因造成,与二被告人非法拘禁行为无直接的因果关系,不应作为二被告人处刑时的加重情节……被告人张某国犯非法拘禁罪,判处有期徒刑1年,被告人覃某春犯非法拘禁罪,免予刑事处罚。③

案11:被告人吴某苏、李某明知自己不是警察,还对被害人李某义连夜实施审讯,凌晨6时许,李某义跳楼致头部受伤,在送往医院途中死亡。一审法院认为吴某苏犯非法拘禁罪,免予刑事处罚。二审法院认为,被告人吴某苏明知自己不是警察,仍采用非法审讯的方式,非法限制剥夺他人人身自由的行为已构成非法拘禁罪,应当受到《刑法》的处罚,但因受害人采用跳

---

① 参见[日]前田雅英:《刑法各論講義》(第5版),東京大学出版会2011年版,第121页。
② 参见江苏省镇江市中级人民法院刑事裁定书,(2006)镇刑一终字第43号。
③ 参见湖北省宜昌市西陵区人民法院刑事判决书,(2000)西刑初字第191号。

楼致自身死亡的错误行为,故应减轻对被告人的处罚……驳回上诉,维持原判。①

案12:被告人张某雷系代课教师,任一年级班主任,1999年10月23日12时许,该校放学后,被告人张某雷将本班学生张某斌(生于1993年7月14日)锁在教室内补做作业,将门锁钥匙交于本班值日学生刘某后离去。13时许,该校学生发现张某斌的书包系在教室南侧中间窗户的钢筋护窗上,张某斌已缢颈死亡。鉴定结论为,张某斌系缢颈致窒息性死亡。法院认为,"被告人张某雷身为教师,因被害人未做完作业而采取非法手段剥夺人身自由,造成被害人死亡的严重后果,其行为构成非法拘禁罪……被告人张某雷犯非法拘禁罪,判处有期徒刑十年"②。

案13:被害人刘某新坐上被告人冯某忠的卡车后中途要求下车,但被告人置之不理继续驾车前行,车在行驶中,被害人自己打开车门,跳车而下,致头部受伤,昏迷过去,被告人连忙刹车,将被害人送医抢救,后经多家医院抢救,被害人虽脱离了生命危险,但留下偏瘫后遗症,损伤程度属重伤。一、二审法院均认定冯某忠构成过失致人重伤罪,免予刑事处罚。③

从实务判例来看,对于被害人因逃脱拘禁状态而死亡的,通常没有认定为非法拘禁致人死亡,但在拘禁过程中导致被害人死亡的,认定成立非法拘禁致人死亡。

本书认为,只要不是明显属于被害人自伤、自杀行为导致死伤结果,而是在拘禁过程中导致被害人死亡(拘禁行为之外使用暴力致人伤残、死亡的,另当别论),包括拘禁手段本身致人死亡,以及被拘禁者为逃脱拘禁状态而逃跑死亡,均应认定为非法拘禁致人死亡。因为人被拘禁后孤注一掷选择逃生的举动并不异常,行为人对此也不难预见。至于被拘禁人选择自伤、自杀,由于不符合缓和

---

① 参见四川省广元市中级人民法院刑事裁定书,(2000)广刑终字第127号。
② 河南省唐河县人民法院刑事附带民事判决书,(2000)唐刑初字第070号。
③ 参见冯某忠过失致人重伤案,新疆维吾尔自治区哈密市中级人民法院刑事判决书,载中国法律资源库,http://www.lawyee.net/Case/Case_Display.asp?ChannelID=2010100&keyword=&RID=26959,2011年12月8日访问。

的结果归属的条件,只能作为基本犯立案的条件或者基本犯从重处罚的情节对待,而不能认定为非法拘禁致人重伤、死亡。在实践中,对非法拘禁致人重伤、死亡掌握过严,不利于保护法益,应予纠正。

5. 适用非法拘禁致人重伤、死亡的规定,是否以非法拘禁行为本身既遂为前提?

理论与实务普遍认为非法拘禁罪作为继续犯,只有在非法拘禁行为持续一定时间才能成立非法拘禁罪的既遂。虽然张明楷教授一直主张,成立加重犯以行为符合基本犯的构成事实或者说满足基本犯的成立条件为前提,但认为适用非法拘禁致人重伤、死亡的规定,不以非法拘禁行为既遂为前提,因为结果加重犯的成立并不以基本犯既遂为前提,只要行为人着手实行基本犯的构成要件行为,并且该行为造成加重结果,就成立加重犯。[①]

本书认为,成立加重犯并不以行为符合基本犯的成立条件为前提。只要单独评价加重情节认为达到了值得以加重犯科处刑罚的程度,就可以肯定加重犯的成立。例如,只要交通肇事致一人重伤后逃逸导致受害者死亡,就能成立"因逃逸致人死亡"的交通肇事罪加重犯,而无须交通肇事致一人重伤的事实本身符合交通肇事罪基本犯的成立条件。[②] 非法拘禁罪作为继续犯,虽然就基本犯的成立而言,必须要求非法拘禁行为本身持续一定时间,但对于加重犯而言,只要非法拘禁行为本身引起被害人重伤、死亡,就值得以加重犯进行处罚,即成立非法拘禁罪的加重犯,不以非法拘禁行为既遂为前提。

6. 非法拘禁使用暴力致人伤残、死亡的成立故意伤害罪、故意杀人罪,是否需要行为人主观上具有伤害、杀人故意?

《刑法》第238条第2款后段规定,使用暴力致人伤残、死亡的,依照故意伤

[①] 参见张明楷:《刑法学》(第6版)(下册),法律出版社2021年版,第1156~1157页。
[②] 2000年最高人民法院公布的《关于审理交通肇事刑事案件具体应用法律若干问题的解释》第2条第2款规定,交通肇事致1人重伤,负事故全部或者主要责任,并且具有"酒后、吸食毒品后驾驶机动车辆"等6种情形之一的,以交通肇事罪定罪处罚。

害罪、故意杀人罪的规定定罪处罚。对此规定,有两种代表性观点:一种可谓通说的观点认为,如果行为人在剥夺他人自由过程中故意使用暴力致人伤残、死亡,在对伤残或者死亡结果具有故意时,转化为故意伤害罪或者故意杀人罪。通说显然是将该规定理解为注意规定,而可谓注意规定说。另一种观点则认为,为了维护罪刑之间的协调与均衡,必须承认《刑法》第238条第2款后段是法律拟制,其拟制内容是,将不具有伤害与杀人故意但客观上致人伤残、死亡的行为拟制为故意伤害罪与故意杀人罪。一方面,不能认为《刑法》第238条第2款后段的规定属于注意规定,认为只有非法拘禁的行为人具有伤害、杀人故意时,才能将致人伤残、死亡的行为认定为故意伤害罪、故意杀人罪;另一方面,不能将《刑法》第238条第2款后段的规定,解释为将数罪按一罪论处的拟制规定。该主张可谓法律拟制说。

本书原则赞成法律拟制说,但同时认为该规定也具有注意规定的一面。之所以说其具有注意规定的一面,是因为完全没有进行注意规定的需要,而且在非法拘禁行为之外另外使用暴力,即便行为人对死伤结果仅具有过失,其法益侵害性也与故意伤害罪、故意杀人罪相当,具有进行法律拟制的实质基础。此外,将该规定把握为法律拟制,还有利于减轻控方的证明负担。

之所以认为该规定还具有注意规定的一面,也是因为在非法拘禁之外使用暴力故意致人伤残、死亡的,原本就应在非法拘禁罪之外另定故意伤害罪、故意杀人罪,并进行数罪并罚。国外刑法理论认为,"对于逮捕、监禁之机而实施暴行,由此所导致的死伤结果,就不成立逮捕、监禁致死伤罪,而是另外成立伤害罪或伤害致死罪,与逮捕、监禁罪构成并合罪"[①]。上述法律拟制说认为:在非法拘禁行为之外故意杀人的,以非法拘禁罪与故意杀人罪数罪并罚;没有杀人故意的,根据《刑法》第238条第2款后段的规定,仅认定为故意杀人罪一罪。本书认为,《刑法》第238条第2款后段的规定与罪数的处理没有关系,既然使用的是超出拘禁行为所需范围的暴力,说明行为人是在拘禁行为之外实施了新的行为,在侵害被拘禁人身体移动自由权之外,又侵害了有别于身体移动自由权的生命、健

[①] [日]山口厚:《刑法各论》(第2版),有斐阁2010年版,第88页。

康法益。因此,在拘禁行为之外又使用暴力致人伤残、死亡的,完全符合非法拘禁罪和故意伤害罪、故意杀人罪(拟制的故意伤害罪、故意杀人罪)的构成要件,为有效保护法益,没有理由不数罪并罚。需要说明的是,这里所谓的拟制,只是把在非法拘禁行为之外使用暴力过失导致伤害的拟制为故意伤害,过失导致死亡的拟制为故意杀人,并没有评价拘禁行为对被拘禁人身体移动自由权的侵害,否则,也会形成不合理的结论:非法拘禁行为本身过失致人重伤,根据《刑法》第238条第2款前段的规定,适用3年以上10年以下有期徒刑,而在非法拘禁行为之外又使用暴力致人重伤,依照《刑法》第234条第2款后段的规定,也适用3年以上10年以下有期徒刑;同样,非法拘禁行为导致轻伤,属于具有殴打情节的非法拘禁,在非法拘禁罪基本法定刑3年以下从重处罚,在非法拘禁行为之外又使用暴力致人轻伤的,依照《刑法》第234条第1款故意伤害(轻伤)罪的规定,也只能在3年以下处刑,而且还没有法定从重的理由。因此,本书认为,在非法拘禁行为本身之外又使用暴力,无论导致被拘禁人轻伤、重伤还是死亡,均应以非法拘禁罪与故意伤害罪、故意杀人罪数罪并罚。关于《刑法》第238条第2款后段的适用,我国司法实践中有如下一些典型判例:

案14:被告人为追讨赌债,将被害人拘禁在某宾馆,其间,被告人薛某用手拍打被害人的后脑勺,被告人许某兵用脚踢被害人腹部一脚,最终导致被害人死亡。鉴定结论为:被害人生前患有肝硬化、晚期肝癌,在一定外力作用下致腹部肝癌肿块破裂,引起失血性休克死亡。一审法院认为,对被告人许某兵可以减轻处罚,以非法拘禁罪判处其有期徒刑6年,依法报请最高人民法院核准后生效。二审法院认为,上诉人许某兵犯故意伤害罪,判处有期徒刑6年,依法报请最高人民法院核准后生效。省高院发回重审,法院重审后认为,被告人许某兵为索要赌债非法拘禁他人,并采用暴力致人死亡,其行为构成故意伤害罪,判处有期徒刑10年。[1]

案15:被告人为讨回被骗货款,密谋劫持被害人李某庆,多名被告人强

---

[1] 参见孙晋琪:《非法拘禁罪结果加重犯与转化犯的区分及量刑》,载《人民司法》2009年第12期。

行将被害人拉上面包车开往广东东莞市常平镇,其间,被告人张某辉等人为控制李某庆,对李某庆采取了扼颈、用毛巾堵口等行为,途中,张某辉等人发现李某庆已经死亡。鉴定结论为:被害人李某庆是被他人扼颈而机械性窒息死亡。法院一审判决被告人张某辉犯故意杀人罪,判处无期徒刑。二审维持原判。①

案16:被告人因为债务纠纷绑架被害人徐某山,在拘禁期间,被告人对徐某山多次实施殴打,致使徐某山全身多处损伤,经法医鉴定为轻伤。法院以非法拘禁罪判处被告人有期徒刑1年,缓刑1年。②

很显然,在本节案14中,各级法院均把《刑法》第238条第2款后段的规定理解为注意规定,只有在行为人具有杀人故意时才能成立故意杀人罪。而在本节案15中两级法院均理解为法律拟制,即便行为人没有杀人的故意也能成立故意杀人罪。在本节案16中的立场是在非法拘禁之外使用暴力致人轻伤的,成立非法拘禁罪与故意伤害罪(轻伤)的想象竞合犯,只能从一重处罚。

应该说,写明规定是法律拟制,即便没有伤害、杀人故意,也能以故意伤害罪、故意杀人罪定罪处罚;在非法拘禁之外使用暴力致人伤害、死亡的,原则上都应以非法拘禁罪与故意伤害罪、故意杀人罪数罪并罚。

7. 为索取高利贷、赌债等非法债务而扣押、拘禁他人的,是否仅成立非法拘禁罪?

《刑法》第238条第3款规定,为索取债务非法扣押、拘禁他人的,依照非法拘禁罪定罪处罚。学界通常将该种类型非法拘禁罪称为索债型非法拘禁罪。非法拘禁罪与绑架罪法定刑相差悬殊。非法拘禁罪的基本法定刑仅为3年以下有期徒刑、拘役、管制或者剥夺政治权利,而绑架罪的基本法定刑为10年以上有期徒刑或者无期徒刑,《刑法修正案(七)》增设了5年以上10年以下有期徒刑的减轻法定刑幅度。可见,对于所谓为索取债务而非法扣押、拘禁他人的,是定非

---

① 参见胡鹏、杜新春:《非法拘禁罪中暴力情节转化的适用》,载《人民司法》2008年第4期。
② 参见河南省新野县人民法院刑事判决书,(2000)新刑初字第048号。

法拘禁罪还是绑架罪,在处刑上可谓天壤之别,故正确区分所谓索债型非法拘禁罪与绑架罪具有重要的现实意义。

在增设绑架罪减轻法定刑幅度之前,由于绑架罪的起点刑即为10年有期徒刑,为限制绑架罪成立范围,2000年最高人民法院《关于对为索取法律不予保护的债务非法拘禁他人行为如何定罪问题的解释》规定,"行为人为索取高利贷、赌债等法律不予保护的债务,非法扣押、拘禁他人的,依照刑法第二百三十八条的规定定罪处罚",即为索取非法债务而扣押、拘禁他人的,成立非法拘禁罪,而不是绑架罪。在《刑法修正案(七)》对绑架罪增设减轻法定刑幅度的现状下,这种司法解释是否具有合理性,学界对索债型非法拘禁罪条款的传统理解是否依然正确,具有重新审视的必要。

应该说,《刑法》第238条第3款只是一种注意规定,应对其解释和适用进行限制,不能将原本符合绑架罪构成要件的行为以存在该款规定为由按照非法拘禁罪从宽发落,而放纵犯罪。当行为人与被扣押人、被拘禁人之间存在合法的债权、债务关系,扣押、拘禁债务人索要相当于债务数额(可以包括必要的追讨费用)的财物时,由于没有侵害被害人的财产权,故不成立抢劫罪,但采用的手段本身侵害了债务人的人身自由,符合了非法拘禁罪的构成要件。当债权人扣押、拘禁的不是债务人本人(包括共同债务人),而是第三人(如债务人的近亲属),则非法扣押、拘禁行为不仅侵害了被扣押人、被拘禁人的人身自由,还侵害了其财产权。若是直接向被扣押人、被拘禁人本人索要财物,没有侵害第三人的自决权的,构成抢劫罪;若向第三人索要财物(包括债务人),由于侵害了第三人的自决权,构成的是绑架罪。简而言之,只有非法扣押、拘禁的是债务人本人,而且向债务人本人索要债务范围内的财物,由于仅侵害债务人的人身自由权,故仅符合非法拘禁罪构成要件;若扣押、拘禁的是债务人以外的人,向该人索要财物的,构成抢劫罪,向被扣押人、被拘禁人以外的人索要财物(包括债务人)的,构成绑架罪;即便扣押、拘禁的是债务人本人,但若向第三人索要财物,由于侵害了第三人的自决权,构成绑架罪,向债务人本人索要的财物明显超出债务数额的,超出部分构成抢劫罪。

总之,所谓索债型非法拘禁,考虑到债权人非法讨债行为具有某种自救行为的性质,期待可能性较低,只有行为本身仅符合非法拘禁罪构成要件时,才仅以非法拘禁罪论处;一旦超出了非法拘禁罪范围,符合了抢劫罪、绑架罪构成要件的,理当以相关犯罪定罪处罚。

案17:徐某庆委托被告人罗某新向湖南宝丰实业有限公司收回600万元(后经查证宝丰公司实欠徐某庆的广东花都市狮岭永盛隆石材厂460万元货款)欠款。罗某新与宝丰公司副总经理王某取得联系后,虚构了向王某定购大理石的事实,将王某骗至衡东县自己家中关押。之后罗某新以关押王某为要挟,分别打电话给宝丰公司合伙人吴某东和张某索要债款。后来,罗某新见索要债款无望,便将王某放回。王某在被关押期间受到殴打,经法医鉴定为轻微伤。法院一审认为,被告人罗某新以勒索财物为目的绑架他人作为人质,其行为构成绑架罪。二审法院则认为,上诉人罗某新的行为构成非法拘禁罪,因此改判为非法拘禁罪。①

案18:河北省保定地区外贸定州出口商品加工厂(简称定州加工厂)欠客户杨某和货款17万余元。杨某和多次找到时任定州加工厂厂长的该案被害人李某军索要欠款未果。为将钱追回,杨某和找到被告人方某武等人,提出让被告人方某武等人绑架李某军,并答应按李某军所欠货款的40%支付绑架费用。后杨某和伙同被告人方某武等人将李某军骗出并绑到孟州。被告人方某武因担心杨某和要回钱后不分给他,决定抛开杨某和等人,自己向李某军索要钱款。之后,被告人方某武雇佣被告人宋某星、袁某国轮流看管李某军。这期间,被告人方某武先是威胁李某军交17万元,让李某军给其妻子孙某兰和表哥郑某来打电话准备钱,还让李某军写了内容由其口述的两张条子,说明李某军系自愿到孟州清算欠款和办理其他业务,并自愿拿出8万元作为支付方某武到保定要账的费用,此项费用不计算在欠杨某和货款之内。之后,被告人方某武又亲自给郑某来打电话催要上述费用。一审法院认定,被告人方某武使用暴力、胁迫手段绑架他人作为人质,勒索财

---

① 参见湖南省长沙市中级人民法院刑事判决书,(1999)长中刑终字第222号。

物,其行为已构成绑架罪。二审维持原判。①

案19:1998年5月5日,被告人付某光纠集王某富等人,为帮助康某明讨债,将张某秋劫持、关押,并对张某秋进行殴打,逼迫其归还6万元债务。在王某富等人到预定地点取钱时,被公安人员抓获归案。1998年8月中旬,被告人赵某有、程某建雇佣被告人付某光帮忙向黄某收讨债,并由付某光纠集了被告人康某良等人。后经赵某有、程某建二人带路,被告人付某光等人将黄某收抓住、关押起来。其间,被告人付某光等人以拳脚殴打黄某收,令其与家中联系筹集10万元欠款。数日后,黄某收的亲属苗某立等人将7万元交予被告人赵某有。付某光等人将苗某立扣留,放走黄某收,令黄某收继续筹集剩余3万元欠款。数日后,黄某收将3万元交予赵某有,被告人付某光等人遂将苗某立放走。1998年底,被告人王某军找到被告人康某良,要求康某良帮助其向李某祥讨债。后康某良纠集了付某光等人。经王某军带路,被告人康某良、付某光、赵某和等人将李某祥抓住、关押起来。其间,被告人付某光对李某祥进行殴打并令其与家中联系筹集钱款。后李某祥亲属将6万元交予付某光等人,李某祥被放回。二审法院认为,"被告人付某光、康某良、赵某和受他人雇佣讨债,并非法关押债务人,其行为均已构成非法拘禁罪……被告人赵某有、程某建、王某军雇佣他人采取非法关押债务人的手段要债,其行为均已构成非法拘禁罪"②。

以上三个均为受雇佣讨债并非法拘禁他人的判例。关于受雇讨债的定性问题,一种观点认为,行为人是为获取非法利益,采用非法扣押、拘禁债务人的手段,侵犯了被害人的财产所有权和人身权,故构成绑架罪;另一种观点则认为,由于行为人与债权人之间是一种代理关系,行为人代理债权人索要债务,也就不存在侵犯债务人的财产所有权,而只是由于行为人实施的非法扣押、拘禁债务人行为,侵犯了债务人的人身权,故仅成立非法拘禁罪。

---

① 参见方某武绑架,宋某星、袁某国非法拘禁案,河北省保定市中级人民法院刑事裁定书,载中国法律资源库,http://www.lawyee.net/Case/Case_Display.asp?ChannelID=2010100&keyword=&RID=46325,2011年12月5日访问。

② 天津市高级人民法院刑事裁定书,(1999)高刑终字第129号。

本书认为,不仅受雇讨债人而且包括雇佣人,只要现实地侵害了第三人的自决权,就可能成立绑架罪。索债型非法拘禁罪条款的立法目的在于,当合法债权人采取扣押、拘禁债务人本人的方式索要债务范围内的财物时,具有某种自救行为的性质,期待可能性较低,而且没有侵害债务人的财产权,也没有侵害第三人的自决权,而是仅侵害了债务人的人身自由权,故仅成立非法拘禁罪。但是,雇佣他人帮忙讨债,以及受雇佣讨债,期待可能性并不低,而且侵害到了第三人的自决权,符合绑架罪的三面关系,应当以绑架罪定罪处罚,以遏制民间日益蔓延的带有黑社会性质的严重侵犯他人人身权的受雇讨债之歪风。结论是,上述3个受雇讨债案,不仅受雇讨债人而且雇佣人,均应以绑架罪定罪处罚。符合绑架罪"情节较轻"法定刑适用条件的,可以在5年以上10年以下幅度内量刑。

案20:被告人高某明让方某通等人帮助其向沈某良、史某明、高某来追讨"损失费",并商定以关押沈某良等3人的方法追讨。后被告人高某明将与其并无经济纠纷的沈某良、史某明、高某来3人骗出,并伙同方某通等人强行将该3人带至由被告人郭某杭事先找好的一小屋内,后又转移至其他地方关押。在此期间,高某明等人采用暴力、胁迫的方法,向3被害人共索得人民币20.03万元。被告人郭某杭明知方某通等人在为高某明追讨生意上的"损失费",仍为高某明等人送饭或负责看管3被害人。一审法院判决高某明犯绑架罪,判处有期徒刑12年;郭某杭犯非法拘禁罪,判处有期徒刑1年6个月。二审维持原判。[1]

案21:被告人朱某发婚后发现其妻子梁某在婚前与被害人黄某有过不正当男女性关系后,要求梁某向黄某索要赔偿"青春损失费"。某天,朱某发找到黄某,采取恐吓的手段,让黄某写下欠梁某6万元的欠单。后朱某发多次以6万元欠单向黄某索钱未果,便纠集被告人施某上等人,称黄某欠其6万元未还,将黄某捉住,并将其关押至宾馆。其间,被告人朱某发等人对黄某多次恐吓、殴打,朱某发自己或通过黄某多次打电话至黄某单位领导及家属,要求交8万元赎金才放人。之后,被告人朱某发等人因黄某家属不肯

---

[1] 参见浙江省绍兴市中级人民法院刑事裁定书,(2000)绍中刑终字第263号。

交钱,害怕被公安机关抓获而将黄某放回家。法院认定,朱某发与被害人之间并没有债的存在,其借所谓索债之名,纠集他人以勒索钱财为目的绑架被害人,其行为构成绑架罪。被告人施某上出于帮朋友追债的目的,两次参与非法拘禁他人,其行为构成非法拘禁罪。①

案 22:被告人李某、袁某京、胡某珍、东某预谋绑架被害人石某清勒索钱财。袁某京以帮助他人讨债为由,纠集被告人燕某峰、刘某、刘某荣、刘某某参与作案。李某、燕某峰等人携带事先准备的作案工具,冒充公安人员强行将石某清绑架至一处住房。李某、袁某京指派燕某峰、刘某、刘某荣、刘某某就地看押石某清。尔后,李某等人分两次向石某清的家属勒索赎金人民币 80 万元。之后,燕某峰、刘某、刘某荣、刘某某在与石某清交谈中,得知石某清与被告人李某等人根本不存在债务关系。石某清请求燕某峰等人放了自己,并承诺给予好处,燕某峰等人经商议,将石某清放走。其后,燕某峰等人多次打电话向石某清催要钱款,石某清因害怕再次遭到他们的报复,便向燕某峰等人指定的账户内打入人民币 6 万元。法院重审后认为,被告人李某、袁某京、胡某珍、东某以勒索财物为目的强行绑架他人,其行为已构成绑架罪。被告人燕某峰、刘某、刘某荣、刘某某事先并未与被告人李某、袁某京、胡某珍、东某合谋实施绑架犯罪,是在袁某京的纠集下,误认为是帮助他人索取债务,并基于该目的而实施了非法扣押、拘禁他人的犯罪行为。故燕某峰、刘某、刘某荣、刘某某的行为不构成绑架罪的共同犯罪,而应当依照刑法第 238 条第 3 款的规定,以非法拘禁罪定罪处罚。燕某峰、刘某、刘某荣在将被害人石某清放回后,又伙同刘某以胁迫手段向石某清索取巨额钱款,其行为构成敲诈勒索罪,应依法予以处罚。②

以上 3 个均为误以为是在帮他人讨债的非法拘禁判例。即便存在正常的债权债务关系,帮人讨债的行为也因为期待可能性并不低,在侵害了第三人自决权

---

① 参见广东省阳江市中级人民法院刑事裁定书,(2004)阳中法刑一终字第 30 号。
② 参见李某、袁某京、胡某珍、东某绑架,燕某峰、刘某、刘某荣敲诈勒索、非法拘禁,刘某非法拘禁案,天津市高级人民法院刑事裁定书,载中国法律资源库,http://www. lawyee. net/Case/Case_Display. asp? ChannelID =2010100&keyword =&RID =151616,2011 年 12 月 5 日访问。

的场合,违法性与有责性均达到了值得科处绑架罪刑罚的程度,应以绑架罪而不是非法拘禁罪定罪处罚;误认为他人之间存在债权债务关系而帮忙讨债的,违法性与有责性比存在真实的债权债务关系的情形更重,根本不符合索债型非法拘禁罪的适用条件,理当与委托人成立绑架罪的共犯。

案 23:被告人高某鸽、张某玉和高某鸽之三姐高某红在张某玉租房处,被告人高某鸽提起以前在其大姐高某贞家中曾被其姐夫马某明强奸之事,并提出把外甥女高某杰抱到郑州,迫使马某明赔偿其被强奸后的经济损失,高某红不同意。高某鸽又以想高某杰为由预谋通过高某红把高某杰从马某明处抱出,交给自己和张某玉,带高某杰到郑州过儿童节。按照预谋,高某红到其大姐高某贞家,乘其大姐不备,将高某杰抱出,并交给高某鸽和张某玉带到郑州,后高某鸽、张某玉在郑州给马某明回传呼并索要人民币 20 万元,威胁如不给钱就自己养高某杰。后马某明及家人报案。在交钱赎人时,被告人被公安人员抓获。法院认定,被告人高某鸽、张某玉以偷盗幼儿的方法,勒索他人财产,其行为均构成绑架罪。①

案 24:雷某飞与戴夫·罗西因生意纠纷产生矛盾后,雷某飞找到吴某群,吴某群又纠集尹某良等人预谋采用劫持戴夫·罗西的方法,向戴夫·罗西索要债务。之后,雷某飞、吴某群、尹某良等人将戴夫·罗西骗出,对其进行扣押、威胁,强迫戴夫·罗西打电话让其公司经理取出戴夫·罗西办公室抽屉内的美元 4000 元及护照等物交给自己等人。雷某飞等人还让戴夫·罗西多次给其亲属打电话索要 25 万美元,后又要求付给自己等人 15 万美元。一审法院认为,被告人雷某飞、吴某群、尹某良以勒索财物为目的绑架他人,其行为均构成绑架罪。二审法院则认为,上诉人雷某飞与他人因经济纠纷产生矛盾后,与上诉人吴某群、原审被告人尹某良采用非法扣押、拘禁他人的手段索取债务,根据最高人民法院《关于对为索取法律不予保护的债务非法拘禁他人行为如何定罪问题的解释》,应构成非法拘禁罪。②

---

① 参见河南省平顶山市卫东区人民法院刑事判决书,(2000)卫刑初字第 43 号。
② 参见北京市高级人民法院刑事判决书,(2003)高刑终字第 98 号。

案 25:被告人张某与被害人黄某刚曾是恋爱关系。恋爱期间,被告人张某支出了大部分的恋爱费用。因被害人提出终止恋爱关系,故被告人张某心中不平。被告人张某便与被告人黄某伟、布某春及同伙李某东预谋,由该三人向被害人催讨张某在恋爱期间为谈恋爱所支出的费用人民币 2 万元,被告人张某同意将催讨得款的 20% 归被告人黄某伟等人所有,若催讨得多余的钱款全部归被告人黄某伟等人所有。之后,被告人黄某伟等人经事先预谋,将被害人约出,随后被告人黄某伟等人采用殴打等暴力手段,劫持被害人,以被告人张某怀孕等为由,向被害人索要人民币 3.5 万元,并迫使被害人出具欠条。随后,被告人黄某伟又迫使被害人打电话给其母,要求其母送钱赎人。当被害人之母等人赶至现场后,被告人黄某伟等人又用持刀恐吓等手段威胁,使被害人母亲被迫同意让人马上送 3 万元。法院认为,被告人黄某伟、布某春、张某等结伙,非法拘禁他人,剥夺他人人身自由,其行为均已构成非法拘禁罪,应依法分别处罚。①

以上三个均为因存在一定纠纷而非法拘禁他人的判例。在实践中,往往只要事出有因,当事人之间存在某种私人纠纷,即便并不存在值得法律保护的债权债务关系,行为人非法扣押、拘禁所谓的债务人,并向第三人勒索财物,既侵害了人质的人身自由与安全,也侵害了第三人的自决权和财产权,完全符合绑架罪构成要件,法院也多仅以非法拘禁罪对行为人"从宽发落"。或许,在《刑法修正案(七)》增设绑架罪减轻法定刑幅度以前,因为绑架罪起点刑 10 年有期徒刑偏重,所以"不得已"避重就轻以非法拘禁罪论处。但从坚持罪刑法定原则,有效保护法益,全面评价行为人的法益侵害事实的角度考虑,在现行法框架下重新审视实务中的做法,不得不承认存在一定的偏颇。正确的做法是,只要不存在受法律保护的债务,以向第三人勒索财物为目的而非法扣押、拘禁他人的,原则上都应以绑架罪定罪处罚;已经现实地侵害了第三人的自决权的,更应以绑架罪而不是非法拘禁罪论处。否则,无疑是告诉人们,只要存在所谓的纠纷,就可任意扣

---

① 参见黄某伟、布某春、张某三人非法拘禁案,上海市宝山区人民法院刑事判决书,载中国法律资源库,http://www.lawyee.net/Case/Case_Display.asp?ChannelID=2010100&keyword=&RID=14286,2011 年 12 月 5 日访问。

押、拘禁他人以索取财物,这显然不利于保护法益、维护秩序。

案26:被告人黄某杰等人在乌石埔碰到"阿施"、石某情,并谈好一起到"阿施"暂住处与"阿施"、石某情进行嫖宿。后被告人黄某杰等人与"阿施"因嫖资发生纠纷。"阿施"、石某情下楼后又同"狗哥"一起过来。被告人黄某杰等人要离开现场时,"狗哥"拿了一把刀追上将黄某杰的手臂砍伤。之后,被告人黄某杰等人找"狗哥"解决被砍伤的事,但未找到。此后,被告人黄某杰等人遇见石某情,为了通过石某情向"狗哥"索要医药费,便打了石某情两巴掌,并强行将石某情劫持、看押。然后黄某杰等人又纠集10余名同伙,并叫石某情打电话给砍伤黄某杰的人,要对方赔偿医疗费。石某情就用黄某杰的手机给其男友孙某勇打电话,被告人黄某杰等人要孙某勇拿2000元作为医药费。孙某勇在接到电话后报警。一审法院认为,被告人黄某杰伙同他人为索取债务而采用暴力手段非法扣押、拘禁他人4小时,严重侵犯了他人的人身权利,其行为构成非法拘禁罪。二审法院维持原判。①

案27:被告人黎某仲在郑某利、郑某军兄弟班组打工约2个月,被郑某利克扣工资不发,黎某仲多次索要未果。之后,黎某仲到该工地找郑某利索要工钱时,见郑某军年仅1岁2个月的儿子郑某在独自玩耍,顿起偷抱婴儿索要工资之念。黎某仲趁四周无人将郑某偷抱走,然后以交还婴儿为条件向郑某利索要人民币2000元,郑某利被迫表示同意。当被告人黎某仲到约定地点附近取款时,被公安干警当场抓获。法院认为,被告人黎某仲索要其劳动应得的工资,理应采用合法手段,但黎某仲却采用偷抱他人婴儿的方法,以交还婴儿为条件索取债务,其行为构成非法拘禁罪。该案经检察院抗诉后又撤回抗诉。②

以上两个均为拘禁非债务人本人的判例。应该说,只有为索取正常合法的债务而非法扣押、拘禁债务人本人,才因为期待可能性较低,而不评价为绑架罪。为索取所谓债务而扣押、拘禁债务人以外的人,违法性与有责性均达到了值得科

---

① 参见福建省厦门市中级人民法院刑事裁定书,(2002)夏刑终字第309号。
② 参见海南省海口市中级人民法院刑事裁定书,(1998)海中法刑终字第52号。

处绑架罪刑罚的程度,符合了绑架罪构成要件,不应仅因为事出有因而评价为非法拘禁罪,而是应当以绑架罪定罪处罚。

综上,在《刑法修正案(七)》增设绑架罪的减轻法定刑幅度后,认为为索取高利贷、赌债等非法债务而扣押、拘禁他人也应评价为非法拘禁罪的司法解释规定,以及学者提出对绑架罪成立条件应进行限制解释的立场,都有重新审视的必要。我们现在不应对绑架罪构成要件进行限制解释,而是应对所谓索债型非法拘禁罪的适用范围进行限制,还索债型非法拘禁罪本来面目。具体而言:第一,索债型非法拘禁罪仅适用于当事人之间存在合法的债务,而且限于在债务数额范围内索债的情形;为索取高利贷、赌债、青春损失费等法律不予保护的债务,以及因存在其他所谓的私人纠纷(但不存在正常的债权债务关系),而非法扣押、拘禁所谓债务人,旨在向本人索要财物的,构成抢劫罪,旨在向第三人勒索财物的,构成绑架罪。第二,即便存在法律保护的债务,非法扣押、拘禁债务人,旨在以债务人为人质向第三人勒索财物的,因存在绑架罪的三面关系,成立绑架罪,向本人索要明显超出债务数额的财物的,超出部分成立抢劫罪,与非法拘禁罪数罪并罚。第三,即便存在合法的债务,雇佣他人帮忙讨债的,由于期待可能性并不低,无论雇佣者还是受雇者,违法性与有责性均达到了值得评价为抢劫罪(指向本人索取财物)和绑架罪(指向第三人勒索财物)的程度,应以抢劫罪或者绑架罪论处。第四,误认为委托人与他人存在债权债务关系,而帮忙讨债的,由于违法性和有责性并不低,应当评价为抢劫罪或绑架罪。第五,即便存在正常的债权债务关系,扣押、拘禁的对象不是债务人本人,而是其他人(如债务人的近亲属)的,由于期待可能性并不低,违法性与有责性达到了评价为抢劫罪或绑架罪的程度,应当以抢劫罪或者绑架罪定罪处罚。

8.《刑法》第238条第1款后段"具有殴打、侮辱情节的,从重处罚"的规定,能否适用于第2、3款?

《刑法》第238条第1款是一项基本规定,第1款的规定除法定刑外,仍然适用于第2款和第3款的规定。不过,第一,在行为人非法拘禁他人使用暴力致人伤残、死亡的情况下,由于已经评价了暴力行为,所以不能再适用"具有殴打……情节的,从重处罚"的规定。第二,在行为人非法拘禁他人使用暴力致人伤残、死亡的情况下,是否适用"具有……侮辱情节的,从重处罚"的规定,应具体分析。如果侮辱行为表现为暴力侮辱,原则上不能再适用该规定,否则便违背了禁止重复评价的原则;如果侮辱行为表现为暴力以外的方式,则应适用该规定。第三,侮辱行为不需要达到《刑法》第237条的强制猥亵、侮辱罪的要求。也就是说,如果行为人在非法拘禁过程中对被害人实施强制猥亵、侮辱行为,应当实行数罪并罚。第四,不要求"殴打"达到伤害程度,否则应当以非法拘禁罪与故意伤害罪数罪并罚。第五,不要求侮辱行为符合《刑法》第246条的侮辱罪的构成要件,否则,也应当以非法拘禁罪与侮辱罪数罪并罚。

9. 在非法拘禁中故意对被拘禁人实施伤害、杀人、侮辱、强奸等行为,是从一重还是应数罪并罚?

在非法拘禁中另外实施伤害、杀人、侮辱、强奸等行为,符合了故意伤害罪、故意杀人罪、侮辱罪、强奸罪等罪构成要件的,应当以非法拘禁罪与故意伤害罪、故意杀人罪、侮辱罪、强奸罪等罪数罪并罚。

10. 行为人绑架他人后使用暴力致人死亡的,是定绑架罪还是故意杀人罪?

《刑法修正案(九)》删除了犯绑架罪致使被害人死亡处死刑的规定,但是,对绑架过失致人死亡的行为按绑架罪的基本犯或者情节较轻的情形处理明显不合适。当然,将绑架过失致人死亡与绑架杀人或者绑架故意伤害致人重伤或者死亡适用同一法定刑也不合适。因在非法拘禁中使用暴力致人死亡的,按照《刑法》第238条第2款后段的拟制规定,应当以故意杀人罪定罪处罚。而绑架行为完全可以评价为非法拘禁行为,将绑架过程中另外使用暴力致人死亡的,评价为非法拘禁使用暴力致人死亡定故意杀人罪,就完全可以避免上述两方面的缺陷,实现处理协调和罪刑相适应。

11. 为何普遍认为非法拘禁罪是继续犯的典型?

继续犯的本质是被害人的法益每时每刻都受到同等程度的侵害,因而可以持续性肯定构成要件的符合性。而非法拘禁,从开始拘禁到释放期间,因为被害人的人身自由每时每刻都受到同等程度的侵害,所以可以持续性地肯定构成要件的符合性,可以持续肯定非法拘禁行为。

12. 超期羁押是否构成非法拘禁罪?

司法机关超期羁押,既是滥用职权,也是一种非法拘禁行为,没有理由不追究司法人员非法拘禁罪的刑事责任。

第二节 绑 架 罪

·导 读·

绑架罪保护的法益首先是人质的生命、身体的安全,其次是身体的场所移动自由。绑架罪的实质就是使被害人处于行为人或者第三者的实力支配下。绑架罪存在三面关系:绑匪、人质与关心人质安危的第三人。利用合法行为,也能成立绑架罪。将人质控制在本来的生活场所,也能构成绑架罪。绑架罪的实行行为是单一行为,即以暴力、胁迫或者其他手段非法将他人置于自己的实力支配之下的行为。只要将人质非法置于自己的实力支配之下就为既遂。只要可能对人质的安危产生忧虑,或者说可能关心人质安危的人,都可能成为绑架罪中的第三人。行为人出于其他目的、动机以实力支配他人后才产生勒索财物的意图进而勒索财物的,也能成立绑架罪。《刑法》第239条第3款的规定是注意规定。第三人在他人绑架人质后打勒索财物的电话,不能构成绑架罪的共犯。

当着第三人的面暴力挟持人质勒索财物的,应成立绑架罪,而不是抢劫罪。绑架行为之外使用暴力过失致人死亡的,可以评价为《刑法》第238条第2款后段的非法拘禁使用暴力致人死亡,以故意杀人罪定罪处罚。对于为了索取法律不予保护的债务或者单方面主张的债务,在以实力支配、控制被害人后,以杀伤被害人相威胁的,应认定为绑架罪。绑架杀人未遂的,应当认定为"杀害被绑架人",同时适用未遂犯从轻减轻处罚的规定。"故意伤害被绑架人,致人重伤、死亡",不包括未遂。完全可以将《刑法》第239条第1款中的情节较轻的情形理解为基本规定。

条 文

第二百三十九条 【绑架罪】以勒索财物为目的绑架他人的,或者绑架他人作为人质的,处十年以上有期徒刑或者无期徒刑,并处罚金或者没收财产;情节较轻的,处五年以上十年以下有期徒刑,并处罚金。

犯前款罪,杀害被绑架人的,或者故意伤害被绑架人,致人重伤、死亡的,处无期徒刑或者死刑,并处没收财产。

以勒索财物为目的偷盗婴幼儿的,依照前两款的规定处罚。

实务疑难问题

1. 绑架罪的保护法益是什么?

案1:几名行为人使用欺骗的方法与被害人赌博,导致被害人输了300万元,被害人写了一个欠条。然后,几名行为人把被害人关起来,并且对被害人家属说,被害人欠他们300万元,如果不还钱就要杀人。

在该案中,前面的行为属于赌博诈骗,成立财产性利益的诈骗罪;后面的行为因为侵害了被害人的行动自由与身体安全,所以另外成立绑架罪,应当与前面的诈骗罪数罪并罚。

关于绑架罪的保护法益(犯罪客体),国内目前代表性观点有:(1)本罪的客体是复杂客体,包括他人的人身自由权利、健康权利、生命权利及公私财产所有权利;(2)犯罪客体是他人的人身自由和财产及其他个人、社会法益;(3)本罪侵犯的客体是复杂客体,即不仅侵犯了他人的人身权利,同时还侵犯了他人的财产权利;(4)本罪的法益是被绑架者的身体安全和其亲权者的保护监督权,有的情况下还包括他人的财产权;(5)绑架罪侵犯的客体应该是人质的生命、身体安全及人身自由权和第三人的自决权。国外刑法理论上也存在争议,认为绑架罪犯罪客体为:(1)被绑架人的自由;(2)监护权或者人与人之间的保护关系;(3)被绑架人的自由以及监护权;(4)被绑架人的自由及其安全。

  绑架罪的保护法益的确定,意味着绑架罪处罚范围的确定。例如,婴儿能否成为绑架对象?亲生父母能否成为绑架儿童的行为主体?绑架罪的成立是否要求行为人使被绑架人离开原本的生活场所?这些都是在确定绑架罪的保护法益时必须考虑的问题。其一,由于我国《刑法》将绑架罪置于人身犯罪一章中,显然不能认为本罪保护的主要法益是财产。虽然在绑架罪罪状中存在"以勒索财物为目的"的规定,但这不过是主观的违法要素,亦是主观的超过要素。而且,我国刑法理论通说认为,绑架罪是所谓的单行为犯,以绑架行为的完成、将人质置于自己的实力支配下为既遂,不必等到勒索行为完成、勒索财物的目的实现才既遂。换言之,即便是勒索财物型绑架罪,也只是具有侵害他人财产法益的可能性,并不必然侵害他人的财产法益,因此,不能认为"他人的财产权利"也是绑架罪的保护法益。其二,若认为本罪的保护法益还包括"亲权者的保护监督权",则此论一方面导致绑架罪与拐骗儿童罪的法益相重叠,另一方面导致具有监护权的人不能成为本罪的主体。这显然既不符合事实,也不利于保护未成年人的权益。其三,若认为本罪保护的主要法益是被绑架人的自由,则一方面导致立法者在非法拘禁罪之外专设绑架罪条文显得多余(保护法益存在重叠),另一方面导致没有行为意思与行动能力的幼儿与高度精神病患者不能成为本罪的对象(通说认为这类人不能成为非法拘禁罪的对象),既有悖于《刑法》第239条将以勒索财物为目的偷盗婴幼儿的行为以绑架罪定罪处罚的明文规定,又不利于保护不能成为非法拘禁罪对象的这类人的生命、身体安全。其四,认为本罪还保护社会法益也不妥当。虽然绑架罪可能引起一定的社会恐慌,但这不过是绑架罪行的反射效果而已,正如杀人行为也会引起一定的社会恐慌,但并没有人因此认为杀人罪也是侵害社会法益的犯罪。

  张明楷教授认为,绑架罪的保护法益是被绑架人在本来的生活状态下的行动自由以及身体安全(择一关系)。绑架婴儿的行为,虽然没有侵犯其行动自由,但使婴儿脱离了本来的生活状态,侵害了其身体安全;父母绑架未成年子女将其作为人质的行为,也侵害了子女在本来的生活状态下的身体安全或行动自由;绑架行为虽然没有使他人离开原本的生活场所,但如果以实力控制了他人,使其丧失行动自由或者危害其身体安全的(如2002年的俄罗斯人质案)同样成立绑架罪。即使经过监护人同意,但如果绑架行为对被绑架者的行动自由或身体安全造成侵害,也成立绑架罪。至于征得被绑架者本人同意但违反监护人意志,使被绑架者脱离监护人监护的案件,如果本人的同意是有效的,被告人的行为不成立绑架罪;如果本人的同意是无效的,则被告人的行为成立绑架罪。①

应该说,立法者之所以将绑架罪置于人身犯罪一章并位于非法拘禁罪之后,而且配置了远高于非法拘禁罪,甚至高于抢劫罪的法定刑,很显然,是因为立法者认为:绑架罪侵害的主要法益不是财产法益,而是人身权法益;虽然一般伴随对人身自由权法益的侵害,但比人身自由权更重要的,那就是被绑架人的生命、身体的安全。因此本书认为,绑架罪的法益首先是生命、身体的安全,其次是身体的场所移动自由权(非法拘禁罪所保护的法益),即生命、身体的安全与身体的场所移动自由(以下简称安全与自由)。

2. 绑架罪的实质是什么?

案2:甲通过朋友了解到乙实施过盗窃石油等违法行为,甲便准备了几个假的警察证,带着丙、丁等人冒充警察闯入乙的家中,将正在睡觉的乙从床上拖起来带到某宾馆。到达宾馆后,甲谎称自己是执行逮捕任务的警察,因为乙涉嫌盗窃罪所以将其逮捕,并声称如果乙的家人能够交纳3万元的取保候审保证金,乙就可以回家。于是乙打电话给自己的家人,要求家人为其筹款3万元将其保出去。后家人报案。

在该案中,甲等人出于勒索财物的目的控制了乙,侵害了乙的行动自由或者身体安全,被害人是乙,故成立绑架罪的既遂。另外,冒充警察进行恐吓欺骗,被害人是乙的家属,故被告人甲等人的行为还成立敲诈勒索罪与招摇撞骗罪的想

---

① 参见张明楷:《绑架罪的基本问题》,载《法学》2016年第4期。

象竞合。由于存在两个行为、两个被害人,所以应以绑架罪与敲诈勒索罪或者招摇撞骗罪数罪并罚。

绑架罪的实质就是使被害人处于行为人或者第三者的实力支配下。换言之,只要行为人出于勒索财物或者满足其他不法要求的目的,控制了人质,就侵害了人质的安全与自由,就成立绑架罪的既遂。绑架不要求被害人离开本来的生活场所,只要以实力控制了被害人,就成立绑架罪的既遂。

3. 绑架罪的构造是什么?

绑架罪存在三面关系:绑匪、人质与关心人质安危的第三人。绑架罪法定刑之所以重,就是因为其以控制人质为手段要挟第三人,侵害了人质的行动自由以及人身安全。

4. 利用合法行为,是否也能成立绑架罪?

案3:脱逃的死刑犯乙被行为人甲绑架了,甲找死刑犯乙的家属索要100万元,声称:如果给100万元,就放掉乙;如果不给100万元就把乙交给公安机关。乙的家属给了甲100万元,甲将乙放走了。

在该案中,虽然甲将脱逃的死刑犯乙加以控制后扭送至公安机关属于合法行为,但甲无权将乙作为人质向乙的家属勒索钱财,这种行为无疑侵害了乙的行动自由与人身安全,所以依然构成绑架罪。

即使是利用所谓合法行为,如公民扭送犯罪分子,只要将他人作为人质加以控制,就侵害了他人的生命、身体的安全和行动自由,无碍绑架罪的成立。

5. 将人质控制在本来的生活场所,是否能构成绑架罪?

案4:被告人甲欠了丙一笔巨额债务,无钱归还,便到当地富翁乙的家中,控制了乙的妻女。其间,甲携带了刀具,但是没有使用也没有显示所带刀具,甲要求乙的妻子给乙打电话,让乙为甲准备470万元人民币。后乙为了救自己的妻女,就交付给了甲470万元,但甲给乙写了一张借470万元的借条。

在该案中,虽然乙的妻女没有离开本来的生活场所,但甲控制乙的妻女的行为无疑侵害了乙的妻女的行动自由与人身安全,所以不妨碍绑架罪的成立。

案5:2002年10月的一天,40多名车臣绑匪闯入莫斯科轴承厂文化宫大楼剧院,将此处看音乐剧的700多名观众、100多名演员和文化宫的工作人员扣为人质。绑匪头目要求俄罗斯政府在一周之内撤出车臣共和国,否则他就要引爆莫斯科轴承厂文化宫大楼。

在该案中,犯罪分子并未在劫持人质后将人质送到某个地方藏起来,而是直接将其就地控制在文化宫。这种将人质扣留在本来的生活场所的行为,也侵害了人质在本来的生活状态下的行动自由和生命、身体的安全,所以仍然成立绑架罪。

应该说,虽然绑架罪的常态案件是将人质带离本来的生活场所,但由于绑架罪的本质是通过实力支配控制人质的方法来达到勒索财物或者满足其他不法要求的目的,从而侵害了人质在本来的生活状态下的行动自由和生命、身体的安全。因此,是否将人质带离本来的生活场所,不是问题的本质,即便是就地扣押人质,只要侵害了人质在本来生活状态下的行动自由以及生命、身体的安全,就无碍绑架罪的成立。

6. 绑架罪是否为"绑架+勒索"的复行为犯?

绑架罪是单一行为还是复合行为,即在实施控制人质的行为之外,是否还需要发出勒索财物的要求或提出其他不法要求(以下一般仅以勒索财物型绑架罪为例讨论),甚至还需要勒索到财物,这些争论也与本罪所保护的法益有关。只要行为人将人质置于自己的实力支配之下,就已经侵害了绑架罪所保护的法益——人质的安全与自由。因此,绑架罪的实行行为只能是绑架行为,而无须在控制人质行为之外进一步实施发出勒索要求甚至取得赎金的行为。诚然,成立绑架罪以行为人主观上存在"以勒索财物为目的"为主观要件,但这只是一种主观的超过要素。绑架罪属于刑法理论上的短缩的二行为犯,即勒索财物的目的不需要现实化,换言之,只要行为人具有这种目的,即使客观上没有对被绑架人的近亲属或其他人勒索财物,也成立绑架罪而且既遂。

立法者之所以一方面规定特定的目的,另一方面又不需要存在与之相对应的客观事实,是因为:立法者要么认为,若没有这种目的,行为的违法性与有责性就达不到值得科处刑罚的程度,因而要求特定目的,旨在限制《刑法》的处罚范围,如高利转贷罪中的"以转贷牟利为目的"、走私淫秽物品罪中"以牟利或者传播为目的"以及违规制造、销售枪支罪中"以非法销售为目的"的规定。要么认为,具有某种目的才使行为的违法性与有责性达到值得科处重罪的程度。例如,行为人主观上若出于勒索财物的目的实施拘禁他人的行为,一方面,可能侵害关心人质安危的第三人的自决权,另一方面,行为人若具有将被拘禁人作为人质借以要挟第三人的目的,通常意味着被拘禁人的生命、身体的安全受到了现实的威胁,在第三人不满足行为人的要求时,行为人往往会杀害人质,而在这一点上显然不同于单纯剥夺他人身体的场所移动自由的非法拘禁罪。又如,在主观上具有牟利目的通常会促使行为人大量地传播淫秽物品,因此,"以牟利为目的"传播淫秽物品的行为的违法性与有责性都重于单纯传播淫秽物品的行为,这正是传播淫秽物品牟利罪法定刑(法定最高刑为无期徒刑)远重于传播淫秽物品罪(法定最高刑为2年有期徒刑)的原因。

因此,绑架罪的实行行为是单一行为,即以暴力、胁迫或者其他手段非法将他人置于自己的实力支配之下的行为。

7. 绑架罪是否以勒索到财物或者实现了不法要求为既遂?

案6:甲原本打算偷到婴儿后向婴儿父母勒索财物,但偷到后觉得婴儿特别可爱,就决定自己抚养,没有向孩子父母勒索财物。

应该说,绑架罪中的"以勒索财物为目的",只是一种主观的超过要素,不需要有对应的客观事实,只要行为人将人质置于自己的实力支配或者控制下,就成立绑架罪的既遂。在绑架婴儿的场合,只要婴儿离开了父母,父母就产生了重大担忧,因而侵害了第三者精神上的自由。在该案中,甲已经偷到了婴儿,侵害了婴儿的生命、身体的安全,因而应当成立绑架罪的既遂。

绑架罪既遂标准的确定,与其实行行为是单一行为还是复合行为直接相关,同时也与本罪的法益有联系。单一行为论者通常主张有效控制人质就既遂;复合行为论者主张只有提出了勒索要求,甚至只有勒索到财物或者不法要求得到满足才能算是既遂。本书主张单一行为论,认为只要将人质非法置于自己的实力支配之下就为既遂,不需待提出不法要求,更无需不法要求的实现。

在司法实践中,对于在控制人质后、勒索财物前或者勒索财物后主动释放人质的,都是认定成立绑架罪的既遂,而不认为成立犯罪中止;[1]在着手绑架后因为意志以外的原因而未能有效控制人质的,认定为犯罪未遂;[2]在为绑架做准备的过程中,因为意志以外的原因而未能着手实施绑架的,认定为犯罪预备。[3]

8. 恋人是否是关心人质安危的第三人?

"绑架罪的罪质特征在于绑架他人作为人质,利用第三方对人质安危的忧虑,迫使第三方作或不作某种行为。"[4]哪些是关心人质安危的第三人,对于绑架罪成立范围的确定具有重要影响。关于第三人的范围,日本理论与判例存在不同观点:(1)认为是指近亲属或者其他的对被绑架者的安危持有忧虑的人,不包含只是有点同情的第三者,但不管有无亲属关系,即便只是同村的乡亲、住店店员的老板等也包含其中;(2)认为应当作更狭义的理解,只限于与被绑架者有事实上的保护关系的人;(3)认为应当作更广义的理解,不限于亲戚朋友,即使是其他对被绑架者的安危持有忧虑的人,也都包含在内;(4)应当考虑由如下两方面要素来决定,即忧虑被绑架者的安危之紧密人际关系的事实要素与忧虑被绑架者的安危之社会观念上当然的规范要素。从日本近年来的判例立场来看,第三人范围有无限扩大的趋势。德国理论通说与判例认为,被勒索人的忧虑,非指对于被绑架人生命、身体安全的急切担忧,而是泛泛的不安,是对于人质的身体与心理健康的不安;人质与被勒索者不需有亲属、雇佣或朋友的关系,只要人质

---

[1] 参见广东省梅州市中级人民法院刑事裁定书,(2002)梅中刑终字第58号;河南省洛阳市孟津县人民法院刑事判决书,(2000)孟刑初字第38号。

[2] 参见福建省龙岩市中级人民法院刑事裁定书,(1999)岩刑终字第188号。

[3] 参见浙江省嵊州市人民法院刑事判决书,(2007)嵊刑初字第146号。

[4] 谢治东:《绑架罪构成要件认定新解——兼论绑架罪限制性解释之废止》,载《湖北社会科学》2009年第10期。

的处境可能引起人道关怀,就可以成立绑架罪;没有任何关系的人,都可能是被勒索的对象,包括政府;劫持公车乘客,向政府部门勒索巨款,挟持银行顾客,要挟银行给钱,依德国联邦最高法院立场,也成立绑架罪。

从我国司法实践来看:

被告人因为经济纠纷拘禁了被害人,迫使被害人用手机与其朋友的妻子联系,要求其朋友拿9000元赎人,两审法院认定为绑架罪。①

被告人在法院干警、区委副书记、副乡长等人向其送达民事判决书时,因对判决不服而扣押数名法院干警及区委副书记,并让副乡长回去带话,要求政府支付2000余万元后才放人,两审法院认定构成绑架罪。②

被告人因失恋到医院购买安眠药企图自杀,但遭到医师与护士的拒绝,遂用尖刀顶住一位护士相要挟,逼迫医生提供安眠药,并支付了一定数额的现金作为药费。对于该案的定性存在绑架罪、非法拘禁罪、寻衅滋事罪、强迫交易罪的分歧,若认为成立绑架罪,就涉及医院是否系关心护士安危的第三人的问题。③

北京科技大学2003级学生黎某潜进该校一中国银行内,突然拿出一把刀,劫持一名正在办理储蓄业务的女孩,用刀抵住女孩的脖子,要求银行工作人员"拿钱"。为了保证人质安全,银行只好拿出10万元交予犯罪嫌疑人,后嫌疑人逃出银行,5小时后被抓获。另一起银行人质案案情是:商某在北京市丰台区中国建设银行北京分行洋桥支行内持水果刀劫持该银行一保洁员乔女士,要求银行工作人员拿出14万元人民币,并声称如若不然就杀死人质。在拿到14万元后,犯罪嫌疑人商某挟持着乔女士从银行西侧后门逃走,后在逃走路上被公安人员抓获。对于这两起发生在北京的通过劫持人质当场向银行工作人员索要钱款的案件的定性,存在抢劫罪说、绑架罪说,存在着前一案例认定构成绑架罪而后一案例认定

---

① 参见福建省高级人民法院刑事裁定书,(2002)闽刑终字第163号。
② 参见四川省高级人民法院刑事裁定书,(2000)川刑一终字第118号。
③ 参见乐绍光等:《挟持他人强买处方药自杀应如何处理》,载《人民检察》2006年第8期。

构成抢劫罪的分歧。①

被告人蔡某峰因其女友叶某春(厦门市第三医院见习护士)提出断绝恋爱关系而心有不甘,追到医院将叶某春堵在更衣室里,并掏出事先藏于身上的一把水果刀朝叶某春的左手臂上划了一刀,踢了叶某春一脚,尔后将叶某春挟为人质(判决书中称"人质"),后与接到报警赶到现场解救叶某春的民警形成对峙,对峙6小时后被害人被强行解救。一审法院以绑架罪判处被告人10年有期徒刑,二审予以维持。② 可是,该案似乎没有"第三人"。与警察对峙时,将被害人挟为"人质",不过是为了避免自己被警察抓到,就是否存在不法要求与第三人,存在疑问。

从上述案例可以看出,在实践中对于第三人的认定范围是很广的,不仅包括事实上存在人身保护关系的亲属,还包括社会一般观念上通常不会坐视不管的规范意义上的紧密共同体,如男女朋友、单位(与职工)、商家(与顾客)、学校(与学生)、政府(与百姓)等。

本书认为,由于中国现在基本上是核心家庭,家庭关系简单,社会关系有限,若将第三人限定为具有亲属关系的父母、子女、兄弟姐妹,就会导致绑架罪的成立范围过窄而不利于保护法益。因而,只要可能对人质的安危产生忧虑,或者说可能关心人质安危的人,都可能成为绑架罪中的第三人,如男女恋人、堂表兄弟姐妹、姑姨叔舅、领导、师生、客户等。

9. 行为人出于其他目的、动机以实力支配他人后才产生勒索财物的意图进而勒索财物的,是否构成绑架罪?

其他国家对于勒索财物目的产生于控制人质之前还是之后通常予以分别规定。例如,日本《刑法》第225条之2第1款规定:"利用近亲属或者其他对被掠取者或者被诱拐者的安危表示忧虑者的忧虑,以使之交付财物为目的,掠取或者诱拐他人的,处无期或者3年以上惩役。"而第225条之2第2款规定:"掠取或

---

① 参见付强:《劫持人质后向银行索要财物如何定性——兼论区分抢劫罪与绑架罪需要注意的三个问题》,载《检察日报》2010年5月16日,第3版。
② 参见福建省厦门市中级人民法院刑事裁定书,(2005)厦刑终字第177号。

者诱拐了他人的人,利用近亲属或者其他对被掠取者或者被诱拐者的安危表示忧虑者的忧虑,使之交付财物或者要求交付财物的,与前款同。"

我国《刑法》似乎没有规定上述准绑架罪,但是,我国刑法理论一方面将绑架罪定义为利用被绑架人的近亲属或其他人对被绑架人安危的忧虑,以勒索财物或满足其他不法要求为目的,使用暴力、胁迫或者麻醉方法劫持或以实力控制他人的行为,另一方面又认为,对以下两种行为也应以绑架罪论处:其一,行为人在出于其他目的、动机以实力支配他人后,才产生勒索财物意图进而勒索财物的;其二,收买被拐卖的妇女、儿童后,以暴力、胁迫手段对其进行实力控制,进而向其近亲属或有关人员勒索财物或提出其他不法要求的。①

为什么利用事前被拘禁状态勒索财物或提出不法要求的能够以绑架罪定罪处罚?上述观点均是只有结论而没有论证,不能让人信服。正如,转贷牟利的目的必须产生在套取银行信贷资金之前或者同时,在取得银行信贷资金后转贷牟利的,不可能成立高利转贷罪。同样,依法被指定、确定的枪支制造企业、销售企业,只有在制造无号、重号、假号的枪支之时就具有非法销售的目的的才能以违规制造、销售枪支罪论处,否则,在制造了无号、重号、假号的枪支之后才产生非法销售目的的,不能以违规制造、销售枪支罪论处。还有,只有在走私淫秽物品时就具有牟利或者传播的目的的,才能构成走私淫秽物品罪;在走私淫秽物品进境之后才产生牟利或传播目的(如为了自己欣赏而走私进境),并进行牟利或者传播的,也不可能构成走私淫秽物品牟利罪。

本书赞成利用事前状态勒索财物或者提出不法要求也能成立绑架罪。绑架罪的本质就是利用他人处于自己的实力支配下的状态(人质状态),向第三人勒索财物或提出不法要求。虽然非法拘禁罪的结果也是使他人处于自己的实力支配下,但由于不具有将被拘禁人作为人质加以利用的目的,一方面不会侵害到第三人的自决权,另一方面被拘禁人一般也没有生命、身体的安全之忧,而一旦行为人具有将被拘禁人作为人质加以利用的目的,则既会侵害第三人的自决权,也会给被拘禁人带来性命之忧。勒索财物的目的或满足其他不法要求的目的的产生

---

① 参见张明楷:《刑法学》(第6版)(下册),法律出版社2021年版,第1162页。

的时间不是本质性的东西,只要打算利用控制下的被害人作为人质向第三人提出不法要求,行为的违法性就超出了非法拘禁罪所能评价的范围,达到了绑架罪的程度。"绑架他人作为人质"这种不同于"以勒索财物为目的绑架他人"的表述恰好说明了,其强调的是将他人作为人质加以利用的绑架罪的本质。换句话说,出于其他动机在控制被害人后才产生将被害人作为人质加以利用以向第三人勒索财物的行为,也应评价为"绑架他人作为人质";只不过为了限制处罚范围,也为了使所谓利用事前状态型绑架罪与通常的绑架罪(即目的产生在控制人质之前)的违法性相当,应该强调行为人必须已经向第三人提出了勒索财物的要求或者其他不法要求,才值得作为绑架罪处罚。

10. 诱骗控制精神病人后向其亲属勒索财物的,能否构成绑架罪?

《刑法》第239条第3款规定,以勒索财物为目的偷盗婴幼儿的,依照绑架罪定罪处罚。问题是,出于满足其他不法要求的目的偷盗婴幼儿作为人质的,以及引诱高度精神病患者或者偷盗植物人作为人质的,能否成立绑架罪?问题的实质在于,该款规定是注意规定还是法律拟制。有观点认为,偷盗婴幼儿的行为,只有在出于勒索财物的目的时,才构成绑架罪,出于利用他人对婴幼儿人身安全的忧虑而向其提出勒索财物以外其他要求的,不构成绑架罪。相反观点则认为,行为人偷盗婴幼儿虽然不以"勒索财物为目的",但如果其以婴幼儿为人质,以胁迫第三方为或不为某种行为,虽然不属于《刑法》所规定的绑架罪第三种情形,但同样也可构成绑架罪。

本书认为,《刑法》第239条第3款规定属于注意规定。非出于勒索财物而是出于满足其他不法要求的目的偷盗婴幼儿作为人质的,完全符合"绑架他人作为人质"型绑架罪构成要件,至于诱骗高度精神病患者、偷盗植物人之类作为人质的,也同样符合绑架罪构成要件,应当作为绑架罪定罪处罚。

11. 扣留岳母以要求妻子早日从娘家返回的,能否构成绑架罪?

根据《刑法》第239条第1款规定,可以将绑架罪分为勒索财物型绑架罪与不法要求型绑架罪两种类型,就不法要求型绑架罪而言,何谓"不法要求",值得讨论。有学者指出,在扣押人质后提出其他轻微不法要求的,不宜认定为绑架罪。例如,行为人借岳母来访之机,不准岳母回家,要求妻子早日从娘家返回的,只能认定为非法拘禁罪。另有学者指出,绑架罪在主观上应当是以勒索巨额赎金或者其他重大不法要求为目的,方能达到值得科处绑架罪刑罚的程度。

在我国司法实践中:(1)被告人从外地打工回来,发现以前与其同居的女友已与人结婚,后了解到是被害人何某光的母亲做的媒,于是拘禁被害人,要求被害人打电话将其母亲找来,但其母亲知道后并没有赶来,法院以非法拘禁罪判处被告人有期徒刑2年;①(2)被告人为报复韦某省,在找不到韦某省后非法拘禁韦某省的朋友黄某广,要求黄某广把韦某省找来,两审法院均认定构成绑架罪;②(3)被告人以被害人曾经拐卖其母女为由,抱走了被害人的小孩,企图让被害人找回自己被被害人拐卖的孩子,两审法院均认定构成绑架罪;③(4)被告人为了能与被害人继续非法同居,而非法拘禁了被害人之弟,要求被害人前来见面,两审法院均认定构成绑架罪;④(5)被告人因欠赌债而被他人逼债,为摆脱逼债而持刀挟持无关的第三人作为人质,要求警察安排其与家人在派出所见面,法院认定构成绑架罪。⑤

本书认为,一方面,由于《刑法修正案(七)》增设了绑架罪的减轻法定刑幅度(5年以上10年以下有期徒刑),因此,没有必要再将绑架罪构成要件中的"不法要求"限定为重大不法要求;另一方面,行为人提出的是容易满足的轻微的不法要求,而且人质并没有生命、身体安全之忧的,尤其是发生在亲属、邻里等熟人之间的,一般不宜认定为绑架罪,因为即便是绑架罪的减轻法定刑幅度的最低刑5年也比非法拘禁罪的最高刑3年要重得多。因此,是定非法拘禁罪还是绑架

---

① 参见胡某斌挟持他人作人质非法拘禁案,湖南省邵阳市北塔区人民法院刑事判决书,载中国法律资源库,http://www.lawyee.net/Case/Case_Display.asp?ChannelID=2010100&keyword=&RID=14641,2011年12月12日访问。
② 参见广西河池地区中级人民法院刑事附带民事裁定书,(2000)河地刑终字第67号。
③ 参见河北省衡水市中级人民法院刑事判决书,(2000)衡刑终字第55号。
④ 参见河南省开封市中级人民法院刑事裁定书,(2000)汴刑终字第20号。
⑤ 参见陈海燕:《"不法要求"并非人质型绑架罪的构罪条件》,载《检察日报》2009年8月28日,第3版。

罪,不能仅看是否提出了不法要求,是否侵害了第三人的自决权,主要还是要考虑不法行为对人质的生命、身体安全的威胁程度,对第三人自决权的侵害程度,综合判断是否达到了值得科处绑架罪刑罚的程度。

12. 第三人在他人绑架人质后受邀打勒索财物的电话,能构成绑架共犯吗?

案7:甲在绑架了乙之后,甲要求丙向乙的亲属传话,如果乙的亲属不交出10万元,就会杀害乙。丙照办。甲的行为肯定构成绑架罪,问题是,丙的行为是否成立绑架罪的共犯?

对此,张明楷教授曾经认为,绑架罪是持续犯,在持续过程中,共犯依然有成立的余地。在该案中,丙的行为当然触犯了敲诈勒索罪,问题是,能否认定为绑架罪的共犯? 张明楷教授认为,因为丙帮忙传话的行为,对于甲继续绑架乙起到了心理上的帮助作用,因而对其后的绑架行为具有心理的因果性,所以,丙同时也成立绑架罪的共犯。① 张明楷教授最近认为,只是单纯协助勒索财物的,不应认定为绑架罪的承继的共犯;但如果协助勒索财物的行为促进或者强化了正犯继续以实力支配被害人的心理,则构成绑架罪的承继的共犯。②

本书认为,绑架罪的实行行为只有绑架,未参与绑架行为,仅在他人绑架既遂后参与勒索财物的(如受邀打勒索财物的电话),不仅对绑架行为没有贡献,而且是降低风险的行为,因为越早打勒索财物的电话,人质往往能越早得到释放。因此,第三人在他人绑架人质后受邀打勒索财物的电话,只能与"绑匪"成立敲诈勒索罪的共犯,而不能成立绑架罪的共犯。

13. 当着第三人的面暴力挟持人质勒索财物的,是抢劫还是绑架?

案8:乙女牵着自己的幼儿走路,甲突然抱起幼儿,以摔死幼儿相威胁,要求乙女给钱。

对于这种案件,一般认为既符合抢劫罪构成要件,也符合绑架罪的构成要

---

① 参见张明楷:《刑法的私塾》,北京大学出版社2014年版,第375页。
② 参见张明楷:《刑法学》(第6版)(下册),法律出版社2021年版,第1162页。

件,二者之间是想象竞合,从一重处罚。① 但是应该认为,这比将幼儿带离母亲对母亲的威胁更大,因为危险迫在眉睫,所以评价为绑架罪可能更合理一些。

当着第三人的面挟持人质勒索财物的,是定绑架罪还是抢劫罪? 一种观点认为,关键是根据被控制人与利害关系人的关系的紧密程度,来判断被勒索的利害关系人有没有选择的余地,即"如果被劫持的人与被勒索的利害关系人的关系相当密切,如父母与子女关系、夫妻关系等,那么,行为人对被劫持者使用暴力,正如对利害关系人使用暴力一样,可以视为直接对利害关系人本人当场进行的胁迫,行为人并未给利害关系人留下选择的余地,这种情况应认定为抢劫罪;但是,如果被劫持人与被勒索的利害关系人的关系并不那么紧密,比如某歹徒劫持了一名职员到其老板家中,声称老板若不付赎金就把该职员杀死,那么,在这种情况下,被勒索的利害关系人尚有一定的选择余地,并不能视为对该利害关系人自身直接的暴力胁迫,因而不符合抢劫罪的构成要件,只符合绑架罪的犯罪构成"②。这种观点的确具有一定的新意,但是关系的紧密程度如何把握,并不明确;而且,即便在一般人看来关系比较疏远,在个案中也可能并没有选择的余地,所以这种标准不具有可操作性;关系密切的成立法定刑较轻的抢劫罪,关系疏远的却成立法定刑较重的绑架罪,这恐怕也不合理。另一种观点认为,在被实施暴力或以暴力相威胁的对象即被害人与被迫交出财物的人不是同一个人时,由于暴力或以暴力相威胁的行为不仅侵害了被害人的人身权利,还侵害了第三人对财物的处分权,如果认定为抢劫罪则不能对该行为的社会危害性进行完整的评价,因而认定为绑架罪更为科学。因此,对绑架罪并不要求控制被害人与向被害人以外的第三人索要财物必须在空间上分离。③

本书认为,必须回到两罪的罪质或者法益上进行考虑。抢劫罪虽然也是既侵害财产权又侵害人身权的犯罪,但毕竟抢劫罪被置于侵犯财产罪一章,因而抢

---

① 参见张明楷:《刑法学》(第6版)(下册),法律出版社2021年版,第1164页。
② 黄嵩:《论非法拘禁罪与绑架罪认定中的若干难点——从王文泉非法拘禁案的认定谈起》,载《法学评论》2004年第4期。
③ 参见付强:《劫持人质后向银行索要财物如何定性——兼论区分抢劫罪与绑架罪需要注意的三个问题》,载《检察日报》2010年5月16日,第3版。

劫罪侵犯的主要法益还是财产权,而且仅涉及两面关系,只有单一受害人;而绑架罪所保护的法益是人质的安全与自由,涉及三面关系,存在两面受害人,因此违法性重于抢劫罪,这也是绑架罪的法定刑(基本法定刑就是10年以上有期徒刑或者无期徒刑)重于抢劫罪(基本法定刑为3年以上10年以下有期徒刑)的原因。因此,两罪的实质差别还是在于违法性。当着第三人的面挟持人质,被害人往往没有选择的余地(而且来不及报警),比非当着第三人的面进行挟持的违法性更重,也对人质的生命、身体安全的威胁更具有现实性,[①]因而认定为绑架罪更能准确评价行为的违法性,故本书倾向于定绑架罪而不是抢劫罪。

14. 有关行为人在绑架过程中又以暴力、胁迫等手段当场劫取被害人财物的从一重处罚的司法解释规定,有无疑问?

2001年最高人民法院《关于对在绑架过程中以暴力、胁迫等手段当场劫取被害人财物的行为如何适用法律问题的答复》指出,行为人在绑架过程中,又以暴力、胁迫等手段当场劫取被害人财物,构成犯罪的,择一重罪处罚。

应该说该答复存在疑问。根据绑架罪的构造,只要出于勒索财物或者满足其他不法要求的目的控制了人质就成立绑架罪的既遂,之后又以暴力、胁迫等手段当场劫取人质随身携带的财物的,因为这与绑架行为的主要部分并不重合,所以另外成立抢劫罪,应当以绑架罪与抢劫罪数罪并罚。正如绑架后对人质进行强奸、强制猥亵的一样,应当数罪并罚。

15. 在《刑法修正案(九)》删除了犯绑架罪致使被害人死亡适用死刑的规定后,对于绑架过失致人死亡的案件,如何处理?

对于绑架过失致人死亡的案件,有如下几种处理方案:(1)绑架行为本身过失致人死亡的,成立绑架罪与过失致人死亡罪的想象竞合;(2)在绑架后看管人质过程中过失致人死亡,如没有提供充分的饮食起居条件,人质饿死、冻死、病

---

① 当然,也可能认为非当着第三人的面挟持的,因为第三人无法掌控人质的安全状况而对人质的生命、身体安全的威胁性更大,也对第三人自决权的侵害更严重。因此,违法性的轻重可能取决于观察问题的角度。

死,看管人质的人吸烟引起火灾烧死人质的,虽然从理论上讲可以认定为绑架罪与过失致人死亡罪数罪并罚,但评价为绑架罪基本犯的从重处罚情节,可能更能做到罪刑相适应;(3)在绑架行为之外使用暴力过失致人死亡的,可以评价为《刑法》第 238 条第 2 款后段的非法拘禁使用暴力致人死亡,以故意杀人罪定罪处罚。

16. "绑架他人作为人质",意味着什么?

应该说,以勒索财物为目的绑架他人,也属于"绑架他人作为人质",只是勒索财物型绑架罪是绑架罪的常见情形,所以特别列举规定。其实,仅规定"绑架他人作为人质",也不影响绑架罪处罚范围的确定。

17. 15 周岁的人绑架杀人,故意伤害被绑架人致人重伤、死亡的,如何处理?

15 周岁的人绑架杀人、伤害被绑架人,因未达到绑架罪的刑事责任年龄,不能评价为绑架罪,但完全可以认定成立故意杀人罪、故意伤害罪。

18. 15 周岁的人在绑架他人后使用暴力致人重伤、死亡,既没有杀人故意,也没有伤害故意的,如何处理?

15 周岁的人在绑架他人后使用暴力致人伤残、死亡,不能认定为绑架罪,但可以适用《刑法》第 238 条第 2 款后段的规定,认定为非法拘禁使用暴力致人伤残、死亡,定故意伤害罪、故意杀人罪。

19. 行为人在直接杀害被害人后,谎称被害人在其手上向被害人家属勒索财物的,如何处理?

行为人直接杀害被害人,定故意杀人罪,之后谎称被害人在其手上向被害人家属勒索财物的,成立敲诈勒索罪与诈骗罪的想象竞合,与故意杀人罪数罪并罚。

20. 行为人实施绑架行为,因未勒索到财物或者出于其他原因杀害被绑架人,再次掩盖事实勒索赎金的,如何处理?

绑架撕票的,成立绑架杀人,之后掩盖事实勒索赎金的,成立敲诈勒索罪与诈骗罪的想象竞合,与前面的绑架杀人数罪并罚。

21. 绑架罪与非法拘禁罪是对立关系吗?

二者不是对立关系,而是特别关系的法条竞合。凡是符合绑架罪构成要件的,都成立非法拘禁罪(不考虑拘禁时间)。只要非法剥夺了他人人身自由,就至少成立非法拘禁罪,若进而查明行为人是以勒索财物或者满足其他不法要求的目的控制被害人的,则成立绑架罪。不具有勒索财物的目的,或者不知道他人具有勒索财物的目的,而共同非法拘禁他人的,仅成立非法拘禁罪的共犯,不成立绑架罪的共犯。

22. 绑架并勒索到财物的,是否需要数罪并罚?

虽然绑架罪是单行为犯,勒索财物的另成立敲诈勒索罪,但考虑到绑架罪法定刑很重,对绑架后勒索财物的,只评价为绑架罪一罪也是可以接受的。

23. 何谓短缩的二行为犯?

所谓短缩的二行为犯,是指"完整"的犯罪行为原本由两个行为所组成,但《刑法》规定,只要行为人以实施第二个行为为目的实施了第一个行为,就以犯罪既遂论处,不要求行为人客观上一定要实施第二个行为。相反,若不以实施第二个行为为目的实施第一个行为,则不能构成本罪,只能构成其他犯罪。短缩的二行为犯的实行行为是第一个行为,以第一个行为的完成为既遂。例如,绑架罪可谓短缩的二行为犯,只要行为人以勒索财物或满足其他不法要求为目的,通过暴力、胁迫或麻醉等方法实施了劫持或者以实力控制他人的行为,绑架罪就既遂,不要求行为人真的实施了勒索财物或满足其他不法要求的行为。走私淫秽物品罪也是短缩的二行为犯,只要行为出于牟利或者传播目的走私淫秽物品进境,就成立犯罪既遂。走私淫秽物品进境后贩卖传播的,另成立贩卖、传播淫秽物品牟利罪,实行数罪并罚。

24. 何谓主观的超过要素?

所谓主观的超过要素,就是不要求有的相应的客观事实相对应的主观要素。绑架罪中的勒索财物的目的就属于主观的超过要素,不要求实施和实现勒索财物的目的。只要行为人出于勒索财物的目的实施了绑架行为,就成立绑架罪的既遂。

25. 在以实力控制被害人后,让被害人隐瞒被控制的事实向亲属打电话索要财物的,是否构成绑架罪?

由于不存在三面关系,不能成立绑架罪,只能成立抢劫罪。

26. 对于为了索取法律不予保护的债务或者单方面主张的债务,在以实力支配、控制被害人后,以杀伤被害人相威胁的,是应认定为非法拘禁罪还是绑架罪?

对于为索取法律不予保护的债务或者单方面主张的债务,在以实力支配、控制被害人后,以杀伤被害人相威胁催讨所谓债务的,行为完全符合绑架罪构成要件,应以绑架罪,而不是非法拘禁罪定罪处罚。应该说,催讨非法债务,除成立绑架罪之外,还能成立抢劫罪,二者属于想象竞合,以绑架罪一罪处罚即可。

27. 行为人为了索取债务而将他人作为人质,所索取的数额明显超出债务数额的,如何处理?

将他人作为人质,索取明显超过债务数额的"债务",由于没有合法的根据,就不仅成立非法拘禁罪,还能成立抢劫罪、敲诈勒索罪、绑架罪,以绑架罪一罪进行评价即可。

28. "杀害被绑架人"属于何种犯罪类型?

在理论上,"杀害被绑架人"属于结合犯,即将两个罪名结合为一个罪名。作为拐卖妇女、儿童罪加重犯的"奸淫被拐卖的妇女",也属于结合犯。

29. 绑架后杀人未遂的,如何处理?

关于绑架杀人未遂,张明楷教授主张以绑架罪与故意杀人未遂数罪并罚,理由是:(1)只有数罪并罚才能与轻伤、强奸、强制猥亵被绑架人数罪并罚的处理相协调;(2)考虑到绑架杀人预备、中止的只能数罪并罚,对绑架杀人未遂的也应数罪并罚;(3)将绑架杀人限定为既遂,也与"杀害"一词通常含义相符合。[①]

本书认为,绑架杀人未遂的,应当认定为"杀害被绑架人",同时适用未遂犯从轻、减轻处罚的规定。"杀害被绑架人"是结合犯,而结合犯的既未遂取决于后罪的既未遂。认定为杀害被绑架人未遂,并没有否认行为同时成立绑架罪的基本犯既遂与故意杀人未遂,因此,即使认定为绑架杀人未遂,也不至于判处比认定为绑架罪与故意杀人未遂数罪并罚更低的刑罚,不会导致罪刑不相适应的结果。至于轻伤、强奸、强制猥亵被绑架人,因为《刑法》没有规定,当然应当数罪并罚。对于绑架杀人预备与中止,认定为绑架杀人的预备与中止,只要承认同时成立绑架罪的既遂,就不至于导致罪刑不相适应的结果。也就是说,即便作为数罪并罚处理,也不能避免实际量刑中可能出现的罪刑不相适应的结果。

30. 没有参与绑架的人在他人绑架既遂后参与杀害被绑架人的,是否成立绑架杀人?

杀害被绑架人是结合犯,根据结合犯和承继共犯的原理,没有参与绑架的人在他人绑架既遂后参与杀害被绑架人的,因为对绑架没有贡献,所以仅成立故意杀人罪的共犯,不能成立"杀害被绑架人"的共犯。

31. 绑架犯以轻伤的故意造成被绑架人重伤结果的,该如何处理?

应该说,故意伤害被绑架人致人重伤,既包括出于重伤的故意造成重伤结果,也包括出于轻伤的故意造成重伤结果。绑架犯以轻伤的故意造成被绑架人重伤结果的,应当认定为"故意伤害被绑架人,致人重伤",适用绑架罪的结果加重犯的法定刑。

---

① 参见张明楷:《刑法学》(第6版)(下册),法律出版社2021年版,第1162~1164页。

32. 绑架杀人未遂,仅造成轻伤或者重伤结果的,如何处理?

绑架杀人未遂但造成轻伤结果的,应该认定为绑架杀人未遂,适用绑架罪的加重法定刑,同时适用未遂犯从轻、减轻处罚的规定。绑架杀人未遂但造成重伤结果的,应认定为"故意伤害被绑架人,致人重伤"的既遂,适用绑架罪的加重法定刑。

33. 绑架杀人预备或中止的,如何处理?

按照张明楷教授的观点,绑架杀人预备、中止的,成立绑架罪与故意杀人罪的预备、中止,数罪并罚。本书认为,应当认定为"杀害被绑架人"的预备、中止,同时成立绑架罪既遂与故意杀人罪的预备与中止,想象竞合从一重。

34. "故意伤害被绑架人,致人重伤、死亡",是否包括未遂的情形?

故意伤害被绑架人致人重伤、死亡的,不包括未遂。也就是说,只有故意伤害被绑架人实际造成重伤、死亡结果的,才能认定为绑架罪的结果加重犯,适用加重法定刑。如果故意伤害被绑架人,没有造成伤害结果,应当认定为绑架罪与故意伤害罪未遂,数罪并罚。故意伤害被绑架人造成轻伤结果的,既成立绑架罪与故意伤害罪未遂,数罪并罚,也成立绑架罪与故意伤害(轻伤)罪,数罪并罚。

35. 能否将本罪中情节较轻的情形理解为基本规定?

1997年《刑法》对绑架罪的法定刑规定得太重,《刑法修正案(七)》增加了情节较轻的处5年以上10年以下有期徒刑的规定。应该说,除了绑架时间长,严重虐待被绑架人,造成伤害或者死亡结果,已经向第三者勒索到财物等情形外,一般都属于情节较轻的情形。其实,完全可以将《刑法》第239条第1款中的情节较轻的情形理解为基本规定。也就是说,对犯绑架罪的,首先考虑的就是判处5年以上10年以下有期徒刑,而不是10年以上有期徒刑或者无期徒刑。[1]

---

[1] 参见张明楷:《侵犯人身罪与侵犯财产罪》,北京大学出版社2021年版,第132页。

第三节　诬告陷害罪

·导　读·

诬告陷害罪的法益是人身权利,自我诬告、承诺诬告、诬告虚无人、向外国司法机关诬告外国人的,均不构成诬告陷害罪。本罪是单行为犯,实行行为是虚假告发,不是"捏造事实＋虚假告发"。写一封诬告信同时诬告陷害多人的,成立同种数罪,应当并罚。诬告没有达到法定年龄、没有责任能力的人犯罪的,构成诬告陷害罪。行为人诬告单位犯罪,能构成诬告陷害罪。只要利用自己或者他人捏造的事实进行了虚假的告发,就能构成本罪的既遂。本罪是具体危险犯,不是抽象危险犯,也不是实害犯。所告发的事实偶然符合客观事实的,不成立犯罪。诬告他人实施了一般违法行为的,不构成犯罪。诬告他人犯重罪,旨在使司法机关追究他人轻罪刑事责任的,不构成犯罪。

从利益衡量的角度考虑,应当要求行为人对所告发的虚假犯罪事实必须具有确定的认识,也就是说,应将本罪的责任形式限定于直接故意。"意图使他人受刑事追究",并不等同于意图使他人受刑罚处罚。诬告陷害导致他人被错判死刑的,成立故意杀人罪的间接正犯。只有国家机关工作人员在进行诬告陷害时因利用了职务上的便利,而增加了行为的违法性的,才能从重处罚。伪证罪与诬告陷害罪的关键区别在于主体和发生的阶段不同。虚假告发致使犯轻罪的人受重罪的刑事追究、犯一罪的人受数罪的刑事追究,也能构成诬告陷害罪。报案时故意夸大犯罪事实的,也能构成诬告陷害罪。陷害他人利用第三人进行告发的,能构成诬告陷害罪。诬告陷害罪不能由不作为构成。

条文

第二百四十三条 【诬告陷害罪】捏造事实诬告陷害他人,意图使他人受刑事追究,情节严重的,处三年以下有期徒刑、拘役或者管制;造成严重后果的,处三年以上十年以下有期徒刑。

国家机关工作人员犯前款罪的,从重处罚。

不是有意诬陷,而是错告,或者检举失实的,不适用前两款的规定。

实务疑难问题

1. 自我诬告、承诺诬告、诬告虚无人、向外国司法机关告发外国人的,是否构成诬告陷害罪?

案1:东北的冬天很冷,甲家里没有暖气,又渴望享受暖气,于是跑到派出所"自首",声称自己盗窃了他人价值1万元的手表。果然如他所愿,被法院以盗窃罪判处拘役6个月,正好来年春暖花开的时候被释放。

在该案中,甲自我诬告犯了盗窃罪。如果认为诬告陷害罪的法益是国家的司法作用,就可能认为自我诬告行为也侵害了该法益。但是,由于我国《刑法》第243条第1款将诬告陷害罪限定为诬告陷害"他人",故不管在诬告陷害罪在法益问题上是采人身权利说还是司法作用说,自我诬告行为在我国都不可能成立犯罪。因此,该案中甲的行为不构成犯罪。

案2:张三好吃懒做,没工作没饭吃,于是请李四帮忙到派出所告发自己偷了李四家的一台彩电。李四照办。结果张三被以盗窃罪判处有期徒刑1年,从而解决了1年的吃住问题。

该案属于承诺诬告。如果认为诬告陷害罪的法益是人身权利,则因为李四的诬告行为得到了张三的承诺,所以没有侵害张三的人身权利。但如果认为诬告陷害罪的法益是国家的司法作用或者司法机关的正常活动,则李四的行为还是构成诬告陷害罪。

案3:乙向公安机关报警称,春秋战国时代的孔子偷了他家一台彩电,接警的恰巧是位不懂历史的警察,其听信乙的报警后迅速展开立案侦查工作。

该案属于诬告虚无人案件。如果认为诬告陷害罪的法益是司法机关的正常活动,则乙的行为构成诬告陷害罪,但如果认为诬告陷害罪的法益是人身权利,则诬告虚无人的行为因未侵害他人的人身权利,而不构成诬告陷害罪。

案4:丙闲极无聊,某天突发奇想,向美国的司法机关举报美国的特朗普偷了拜登一台彩电。结果美国法院以盗窃罪判处美国公民特朗普1年有期徒刑。

该案属于向外国司法机关诬告外国人的案件。无论在诬告陷害罪的法益问题上主张人身权利说还是司法作用说,都不可能构成诬告陷害罪。

案5:丁向美国司法机关告发其中国籍朋友偷了他家一台彩电。结果其中国籍朋友被美国法院以盗窃罪判处1年有期徒刑。

该案属于向外国司法机关告发中国公民犯罪的案件。如果认为诬告陷害罪所保护的法益是国家的司法作用,则丁不构成犯罪,但如果认为诬告陷害罪所保护的法益是中国公民的人身权利,则该案丁的行为构成诬告陷害罪。

关于诬告陷害罪的法益,理论上有人身权利说、司法作用说、择一说和并合说。人身权利说认为,《刑法》规定诬告陷害罪是为了保护被诬陷人(中国公民)的人身权利(个人法益说)。司法(审判)作用说认为,《刑法》规定诬告陷害罪是为了保护国家的司法作用,尤其是审判作用或司法机关的正常活动(国家法益说)。择一说认为,《刑法》规定诬告陷害罪既是为了保护公民的人身权利,也是为了保护国家的司法作用,只要诬告陷害行为具有其中一种性质,就成立诬告陷害罪。并合说认为,只有既侵犯了公民的人身权利,又侵害了司法机关的正常活动的行为,才能成立诬告陷害罪。按照人身权利说,上述设例中只有向外国司法机关诬告中国公民犯罪的案5才构成诬告陷害罪。按照司法作用说,自我诬告、承诺诬告、诬告虚无人均构成诬告陷害罪。按照择一说,上述设例中只有向外国司法机关诬告外国人的案4不构成犯罪,其他都构成诬告陷害罪。按照并合说,上述设例均不构成诬告陷害罪。

应该说,由于我国《刑法》第243条将诬告陷害罪置于《刑法》分则第四章侵犯公民人身权利、民主权利罪一章,这说明《刑法》规定本罪旨在保护中国公民的人身权利;《刑法》没有将本罪规定在《刑法》分则第六章第二节的"妨害司法罪"中,说明立法者规定本罪不是为了保护国家的司法作用。因此,关于我国诬告陷害罪的保护法益应采人身权利说,而不能采司法作用说、择一说与并合说。故而,自我诬告、承诺诬告、诬告虚无人的案件,因为没有侵害中国公民的人身权利,所以不能构成诬告陷害罪。向外国司法机关诬告外国人的,因为没有侵害中国公民的人身权利,所以也不能构成诬告陷害罪。向外国司法机关诬告中国公民的,因为侵害了中国公民的人身权利,所以构成诬告陷害罪。

2. 诬告陷害罪的实行行为是否为"捏造+诬告"?

我国刑法通说教科书认为,"捏造犯罪事实和进行告发,是诬告陷害行为不可缺少的组成部分"[①];"行为人必须具有捏造犯罪事实的行为"[②]。很显然,在通说看来,诬告陷害罪是复行为犯,实行行为是"捏造+诬告"。应该说,本罪是单行为犯,即向公安、监察、司法等机关作虚假告发。条文之所以强调"捏造事实"诬告陷害他人,旨在强调本罪只能由故意构成,无论是自己捏造事实后进行告发,还是明知是他人捏造的事实而进行告发,都成立诬告陷害罪。若认为捏造是本罪的实行行为,则意味着不自己捏造事实而利用他人捏造的事实进行告发的不构成犯罪,这显然不利于保护法益;若将捏造视为本罪的实行行为,意味着只是捏造事实(撰写诬告信)的行为就因已经着手实行诬告陷害,而能够成立诬告陷害罪的未遂,这显然导致本罪处罚时间过早,而过于侵入公民的内心思想领域,这也意味着公民写日记、在电脑上写文章、编短信、发微信的行为,都可能被作为犯罪处理。因此,从法益保护和人权保障平衡的角度考虑,应当将本罪的实行行为限定为以捏造的事实进行虚假告发,而不是捏造事实并进行虚假告发的复行为;单纯捏造事实而不告发的,不构成犯罪。

---

① 高铭暄、马克昌主编:《刑法学》(第10版),北京大学出版社、高等教育出版社2022年版,第480页。

② 刘宪权主编:《刑法学》(第6版)(下册),上海人民出版社2022年版,第622页。

3. 写一封诬告信同时诬告陷害多人的,是成立一罪还是同种数罪并罚?

诬告陷害罪属于侵害个人专属法益的犯罪,即便行为人只写了一封信,但若同时诬告陷害多人,因为侵害多个人的人身权利,所以应当在规范性意义上认定存在多个行为,而成立多个诬告陷害罪,应以诬告陷害罪同种数罪并罚,而不应认定为想象竞合从一重。

4. 诬告没有达到法定年龄、没有责任能力的人犯罪,是否构成诬告陷害罪?

诬告没有达到法定年龄或者没有责任能力的人犯罪的,虽然司法机关在查明真相后不会对他人科处刑罚,但因为行为人的诬告司法机关还是可能将他人作为刑事侦查的对象,使他人卷入刑事诉讼,因而还是侵犯了他人的人身权利,所以还是能构成诬告陷害罪。

5. 诬告单位犯罪的,能否成立诬告陷害罪?

刑法理论通说认为,对于单位犯罪有所谓单罚制和双罚制。其实,所谓的"单罚制"因为没有规定单位的刑事责任,所以根本就不是所谓的"单位"犯罪,如《刑法》第137条的工程重大安全事故罪。所谓的单位犯罪,都是双罚制的。也就是说,只要是单位犯罪,都会同时追究单位主管人员或者其他直接责任人员即自然人的刑事责任。行为人诬告单位犯罪,形式上诬告的只是单位,其实都会让自然人卷入刑事诉讼,所以能构成诬告陷害罪。

6. 是否只有司法机关根据告发材料启动追诉程序并限制了被害人人身自由的,才成立诬告陷害罪的既遂?

案6:被告人于某琼与刘某合谋,决意陷害于某琼的丈夫王某。某晚,于某琼将部分冰毒偷放入粥中让王某等人服下,并将剩余的9.49克冰毒偷放于王某车内。随后,刘某向警方举报王某吸食并贩卖毒品。民警前来伺机抓捕王某,但考虑到现场处于居民楼内,可能伤及群众,便先行撤离。后王某在其车内发现一小袋白色可疑晶体,即向公安机关报案。对于此案,辩护人辩称,被告人属于诬告陷害未遂。法院经审理认为,被告人刘某、于某琼已经共同实施了捏造事实诬告陷害他人的行为,公安机关也根据被告人刘某的报警而出警,二被告人所实施的行为已经干扰了司法机关的正常活动,构成犯罪既遂。①

从判决可以看出,法院似乎既未以完成诬告陷害行为作为犯罪既遂标准,也未以被诬陷者实际被追究刑事责任作为犯罪既遂标准,而是以完成诬告陷害行为并达到情节严重的程度(已经干扰了司法机关的正常活动)作为犯罪既遂的标准。其实,犯罪既遂与作为犯罪成立条件的"情节严重"不是一个层面的问题。犯罪既遂与否只是说犯罪是否已经完成,至于犯罪完成之后值不值得科处刑罚,很多时候还应考虑情节严重与否。质言之,既遂与否是行为是否完成的问题,而"情节严重"与否是是否值得科处刑罚的问题。

有观点认为,本罪属于具体危险犯,仅将告发材料转送、邮寄司法机关或有关单位,后者因此而准备启动相应追究程序的,为本罪的着手。事实上,有关机关根据告发材料启动追诉程序并限制了被害人的人身自由的,是本罪的既遂。这主要是考虑本罪是侵害公民人身权利的犯罪,将告发材料交给有关机关,相关人员实际阅读该材料后开展侦查等追诉活动,被害人被盘查、讯问、留置、拘留时,其人身权利才会受到现实侵害。如果有关机关根本不为所诬告的事实所动,或者启动的仅仅是内部审批程序,被害人的人身权利仅仅有被侵害的危险,有的还停留在抽象危险层面,则诬告陷害行为不符合犯罪既遂的客观特征。②

本书认为,诬告陷害罪是具体危险犯,而不是实害犯,只要诬告行为足以引起公安、监察、检察、法院的追诉活动,产生追诉的具体危险,就要认定为"情节严重",成立本罪的既遂。也就是说,只要利用自己或者他人捏造的事实进行了虚假的告发,就能构成本罪的既遂。③ 当然,只有当虚假的告发材料到达了司法工作人员的案头上,才能肯定本罪的既遂。若是诬告信因为邮寄过失而未能到达司法工作人员的案头上,可以认定为本罪的未遂。行为人将诬告信投到街头

---

① 参见河北省保定市莲池区人民法院刑事判决书,(2017)冀0606刑初592号。
② 参见周光权:《刑法各论》(第4版),中国人民大学出版社2021年版,第60页。
③ 参见高铭暄、马克昌主编:《刑法学》(第10版),北京大学出版社、高等教育出版社2022年版,第480页。

邮箱里后又撬开邮箱撤回诬告信的,可以认定为诬告陷害罪的中止,不作为犯罪处理。

7. 诬告陷害罪是具体危险犯还是抽象危险犯?

因为只有在行为人的虚假告发行为足以引起公安、监察等司法机关的刑事追究活动时,才能肯定诬告陷害罪的成立,所以可以认为诬告陷害罪是具体危险犯,而不是抽象危险犯。至于是否存在具体危险,应从告发方式与告发内容两个方面进行判断。虽然不要求告发的内容具有详细情节与证据,但仅向司法机关声称"某人是罪犯",或者向110报警称"某地有人犯罪"的,不能成立诬告陷害罪。当然,所谓足以引起公安、监察等司法机关的刑事追究活动,既可能是就具体案件而言,也可能是就具体人而言的。只要足以引起司法机关启动刑事追诉程序,就能肯定具有侵犯他人身权利的具体危险而成立诬告陷害罪。

8. 所告发的事实偶然符合客观事实的,是否成立诬告陷害罪?

虽然行为人具有诬告陷害的故意,但若所告发的事实碰巧符合客观事实,则因并未侵害他人的人身权利,而不应作为犯罪处理。

9. 诬告他人实施了一般违法行为的,能否构成犯罪?

因为《刑法》第243条第1款规定成立诬告陷害罪必须是"意图使他人受刑事追究",所以只是诬告他人实施了一般违法行为的,如公然猥亵行为,因为不可能使他人受到刑事追究,所以不能构成诬告陷害罪。

10. 诬告他人犯重罪旨在使司法机关追究他人轻罪刑事责任的,是否构成诬告陷害罪?

他人本来只犯有轻罪,行为人向司法机关告发,司法机关不立案、不受理,于是诬告他人犯重罪,旨在使司法机关追究他人轻罪的刑事责任的,因为行为人诬告重罪的目的不是为了使司法机关追究他人重罪的刑事责任,而是为了使司法机关能追究他人轻罪的刑事责任,所以行为人主观上并无诬告陷害的故意,不宜认定为犯罪。

11. 本罪能否由间接故意构成？

案7：一个国有工厂，厂里很穷，但厂长很富。工厂的几个员工没有任何证据，但就是怀疑厂长贪污了工厂的财物，于是就向检察机关控告。检察机关还真查出一个贪污案来了。

应该说，在该案中几名员工只有间接故意，员工的行为是在行使《宪法》所赋予的对国家工作人员的控告、检举的权利，所以在这样的案件中，即使没有查出厂长的贪污事实来，也不宜作为犯罪处理。

张明楷教授认为，为了保障公民检举控告的权利，行为人对所告发的是虚假的犯罪事实要有确定的认识，而不得是间接故意或者未必的故意，但对于构成要件的其他要素，则可以是未必的认识、间接故意。也就是说，如果行为人认为，自己告发的犯罪事实既可能是真实的也可能不是真实的，那么，即使所告发的事实是虚假的，也不成立诬告陷害罪。只有当行为人确定或者确切地知道自己所告发的事实是虚假的事实时，才成立诬告陷害罪。[①]

应该说，任何人发现犯罪事实都有权进行告发。我国《宪法》第41条前两款规定，中华人民共和国公民对于任何国家机关和国家工作人员，有提出批评和建议的权利；对于任何国家机关和国家工作人员的违法失职行为，有向有关国家机关提出申诉、控告或者检举的权利，但是不得捏造或者歪曲事实进行诬告陷害。对于公民的申诉、控告或者检举，有关国家机关必须查清事实，负责处理。任何人不得压制和打击报复。《刑法》第243条第3款也规定，不是有意诬陷，而是错告，或者检举失实的，不适用前两款的规定。从利益衡量的角度考虑，应当要求行为人对所告发的虚假犯罪事实必须具有确定的认识，也就是说，应将本罪的责任形式限定于直接故意。对所告发的虚假事实没有确定的认识，或者说对所告发的事实具有一定根据，如本节案6，尤其是检举控告国家工作人员的，只要不是完全的无中生有、凭空捏造，即便行为人对发生侵害他人人身权利的后果

[①] 参见张明楷：《侵犯人身罪与侵犯财产罪》，北京大学出版社2021年版，第147~148页。

持放任态度,也不宜作为犯罪处理。

12. "意图使他人受刑事追究",是否等同于意图使他人受刑罚处罚?

应该说,"意图使他人受刑事追究",并不等同于意图使他人受刑罚处罚。行为人虽然明知自己的诬告行为不可能使他人受刑罚处罚(比如属于法定的免除处罚的情形),但是明知自己的行为会使他人被刑事拘留、逮捕等,意图使他人成为犯罪嫌疑人,而被立案侦查的,也应认定为"意图使他人受刑事追究"。质言之,只要认识到自己的虚假告发行为会引起司法机关启动刑事司法程序,就可谓"意图使他人受刑事追究"。

13. 诬告陷害导致他人被错判死刑的,能否成立故意杀人罪?

从立法论上来说,规定诬告反坐(我国古代刑法和1979年《刑法》)和对诬告陷害规定相对确定的法定刑,各有利弊。对诬告陷害规定相对确定的法定刑,虽然贯彻了罪刑法定所要求的明确性原则,但有时可能出现罪刑失衡。例如,行为人通过伪造"确实、充分"的证据向司法机关进行虚假告发,导致他人被法院错判和执行死刑。如果按照以前诬告反坐的规定,就能对诬告者以故意杀人罪判处死刑。在规定了相对确定的法定刑后,反而不能以诬告陷害罪判处死刑。不过,既然行为人是通过伪造"确实、充分"的证据向司法机关作虚假告发,其实就是将司法人员作为工具加以利用,所以完全可以将诬告者的行为认定为故意杀人罪的间接正犯,从而罚当其罪。

14. 行为人在行为足以引起司法机关的追诉活动后,又将真相告诉司法机关的,是否成立诬告陷害罪的中止?

应该说,只要行为人的虚假告发行为足以引起司法机关的刑事追究活动,就成立本罪的既遂。即便之后又将真相告诉司法机关,也因犯罪已经既遂,而不能认定为犯罪中止,只是可以在量刑时酌情从轻处罚。

15. 对国家机关工作人员犯诬告陷害罪的从重处罚,是否要求必须利用职务上的便利进行诬告陷害?

本书认为,国家机关工作人员也只是一个普通职业。《刑法》第 4 条明文规定"对任何人犯罪,在适用法律上一律平等",所以,只有国家机关工作人员在进行诬告陷害时因利用了职务上的便利,而增加了行为的违法性的,才能从重处罚。

16. 如何区分诬告陷害罪与伪证罪?

案 8:某公安机关在侦查胡某涉嫌故意伤害案件过程中,被告人金某以证人身份,在接受侦查人员询问时,两次作出虚假证言,证明自己看见胡某殴打王某脸部两拳,导致胡某先后被刑事拘留、逮捕,并被移送起诉。后金某在接受检察人员询问时,推翻了以前关于自己看见胡某殴打王某的证言,承认自己在公安机关侦查期间做了伪证。法院审理认为,金某在刑事诉讼过程中,对于案件有重要关系的情节故意作虚假证明,意图陷害他人,其行为构成伪证罪。

应该说,法院认定金某的行为构成伪证罪是正确的。因为金某是证人,而且法院已经启动针对涉嫌故意伤害的胡某的刑事追诉程序,不是因为金某的告发才启动针对金某的刑事追诉程序,所以金某的行为构成伪证罪,而不是诬告陷害罪。

本书认为,诬告陷害罪与伪证罪的关键区别在于两点:一是伪证罪的主体是特殊主体,其中的证人必须是了解案件情况的人,而诬告陷害罪的主体为一般主体;二是诬告陷害罪是因为行为人的虚假告发才启动刑事追诉程序,而伪证罪是已经启动了刑事追诉程序,证人作虚假证明。当然,诬告陷害罪与伪证罪构成要件之间也不是对立关系,二者完全可能竞合。例如,在进入刑事诉讼程序后证人作虚假证明,致使他人受到他罪或者更重罪的刑事追究的,就既成立伪证罪,也成立诬告陷害罪,属于想象竞合,从一重处罚。

17. 虚假告发致使犯轻罪的人受重罪的刑事追究、犯一罪的人受数罪的刑事追究,是否构成诬告陷害罪?

案9:在甲因为涉嫌盗窃被公安机关立案侦查以后,乙主动向公安机关举报甲抢劫了自己1万元的事实,但这一事实完全是虚假的。

在该案中,虽然甲已因涉嫌盗窃被公安机关立案侦查,但乙的虚假告发行为使甲面临受抢劫罪的刑事追究的危险,所以乙的行为构成诬告陷害罪。

应该说,即使被害人已经处于被追究刑事责任的过程中,他人也可能再对之实施诬告陷害行为。《刑法》第243条中的"意图使他人受刑事追究",并不限于意图使完全无辜的人受刑事追究,而是包括使犯轻罪的人受重罪的刑事追究,使犯一罪的人受数罪的刑事追究。

18. 报案时故意夸大犯罪事实的,能否构成诬告陷害罪?

案10:蔡某在被告人金某家盗走人民币5000元。案发后,金某伙同其妻赵某向公安机关谎报被盗人民币65200元,并指使他人为其作伪证。一审法院认为,被告人金某在其数额较大的钱财被他人盗窃后,为图报复,与他人共谋,故意捏造数额巨大的钱财被盗,向公安机关作虚假告发,意图使他人受到更为严厉的刑事追究,情节严重,其行为已构成诬告陷害罪。检察院提起抗诉称,被告人金某的行为构成伪证罪,不构成诬告陷害罪。二审法院认为,被告人金某为报复他人,用捏造出的夸大的犯罪事实,向司法机关作虚假告发,意图加重他人的刑事处罚,情节严重,其行为已构成诬告陷害罪。[①]

应该说,两审法院认定构成诬告陷害罪是正确的。金某等人扩大盗窃犯罪事实,意图使他人受到更重的刑事追究,无疑侵害了他人的人身权,所以构成诬告陷害罪。

诬告陷害罪中的"捏造事实",并不需要完全的无中生有。也就是说,无

[①] 参见最高人民法院刑事审判第一庭、第二庭:《刑事审判参考》(总第15辑),法律出版社2001年版,第34~38页。

是全部捏造，还是部分捏造从而可能加重他人的刑事责任，均属于诬告陷害罪中的"捏造事实"，都能构成诬告陷害罪。

19. 陷害他人利用第三人进行告发的，能否构成诬告陷害罪？

案11：甲为报复乙，故意在机场安检口将一包海洛因塞入乙的双肩包里。安检时被查获，安检人员当即报警，乙被抓获，最终被法院以非法持有毒品罪判处5年有期徒刑。

对此种案件，有观点认为不构成诬告陷害罪，因为不存在捏造犯罪事实的行为。[①] 应该说，将毒品塞入他人包中就是通过举动捏造犯罪事实，然后利用安检人员告发被诬陷者犯有毒品犯罪，其行为符合诬告陷害罪的构成要件，所以本案中甲的行为构成诬告陷害罪。

案12：被告人邹某决意报复潘某，先后在银行以潘某的名义申请办理了5张银行卡，将银行卡汇款单附在恐吓信里，分别向当地9个民营企业负责人投寄，以炸毁厂房相要挟，要求上述人员在收信当天将5万元人民币汇到潘某的银行卡账户上，以此诬陷潘某，以达到追究潘某刑事责任的目的。一个企业在收到恐吓信后，向公安机关报案。法院经审理认为，虽然被告人邹某在主观上具有诬告陷害潘某的直接故意，但是在客观上被告人没有向国家机关或者有关单位作虚假的告发，其不构成诬告陷害罪，被告人邹军只构成妨害信用卡管理罪。

应该说，这一判决并不妥当。首先，被告人邹某构成妨害信用卡管理罪并不妨碍同时构成其他犯罪。其次，被告人虽然自己不去虚假告发，但是利用他人去进行虚假告发，从而达到诬告陷害的目的，同样侵害了他人的人身权利。最后，实际告发者因为没有犯罪故意，只是被利用的工具，不能被追究刑事责任，只有追究利用者诬告陷害罪的刑事责任才能保护法益。因此，该案中被告人邹某的行为应该构成诬告陷害罪。

[①] 参见龚培华、肖中华：《刑法疑难争议问题与司法对策》，中国检察出版社2002年版，第487页。

虽然诬告陷害一般来说是由本人直接到司法机关进行虚假告发,但通过"设计"虚假的事实,利用不知情的他人向司法机关进行虚假告发,导致他人被进行错误的刑事追究,同样会侵害他人的人身权利,与本人进行虚假告发在侵害他人人身权上没有什么不同。所以,将不知情的他人作为工具,利用他人进行虚假告发的,同样能够成立诬告陷害罪。

20. 诬告陷害罪是否可以由不作为构成?

案13:被告人黄某尧认定水某是骗走自己钱财的人,欲报案,又觉得没有证据,便拿出一张写有黄金重量、价格的纸条,趁水某不备塞进其行李袋中。黄某尧报案后,民警从水某的行李袋中搜出黄某尧塞进的纸条。水某坚称自己清白,在场的黄某尧也发现水某并非骗者,但其为了掩盖自己的过错,仍然指认水某就是诈骗者,导致水某被收容审查3个多月。法院判决被告人黄某尧犯诬告陷害罪。[1]

有观点认为,诬告陷害通常表现为作为,但也可以由不作为的方式诬告陷害,即行为人发现自己的刑事举报失实后,本可及时澄清事实使他人恢复自由,却不予澄清事实的,也属于诬告陷害。在该案中,被告人黄某尧构成诬告陷害罪,原因不在于其将记有黄金重量和价格的纸条偷偷塞入被害人的行李袋中,而在于当被告人已经发现自己认错了人,明知水某并非骗财者时,却不予纠正,以不作为的方式诬告陷害,以致被害人被剥夺人身自由达3个多月之久,其行为构成诬告陷害罪。[2]

应该说,不能盲目扩大不真正不作为犯的处罚范围,不能认为凡是可以由作为构成的犯罪,都可以由不作为构成。就诬告陷害而言,难以认为不揭露真相的所谓不作为与作为的虚假告发具有等价性。在该案中,被告人黄某尧发现水某并非骗财者"仍然指认水某就是诈骗者",其实就是一种作为行为,既构成诬告

---

[1] 参见最高人民法院中国应用法学研究所编:《人民法院案例选》(刑事卷·上),中国法制出版社2002年版,第590~593页。

[2] 参见冯军、梁根林、黎宏主编:《中国刑法评注》(第2卷),北京大学出版社2023年版,第2215页。

陷害罪，也构成伪证罪，属于想象竞合，应当从一重处罚。

第四节　强迫劳动罪

·导　读·

本罪的保护法益是公民不被强迫劳动的自由，即劳动自由。以剥夺人身自由的方法强迫他人劳动的，应以强迫劳动罪与非法拘禁罪数罪并罚。"限制人身自由"不同于"剥夺人身自由"。本罪以被害人开始从事其不愿意从事的劳动为既遂。强迫他人进行脑力劳动、无偿劳动、非法劳动的，也能构成本罪。强迫他人无偿从事可量化的有价值的劳动的，能构成抢劫罪。成立本罪第244条第2款规定的犯罪，必须被招募、运送的人员实际被强迫劳动。强迫劳动本身过失致人重伤、死亡的，成立强迫劳动罪的结果加重犯。强迫劳动导致被害人自残、自杀、精神失常的，可以评价为本罪的基本犯。以剥夺人身自由的方法强迫劳动致人重伤、死亡的，成立非法拘禁致人重伤、死亡。强迫劳动之外使用暴力故意致人重伤、死亡的，以本罪与故意伤害罪、故意杀人罪数罪并罚。以剥夺人身自由的方法强迫劳动又另外使用暴力过失致人伤残、死亡的，成立故意伤害罪、故意杀人罪；故意致人伤残、死亡的，成立强迫劳动罪与非法拘禁罪的想象竞合，再与故意伤害罪、故意杀人罪数罪并罚。

／条　文／

第二百四十四条　【强迫劳动罪】以暴力、威胁或者限制人身自由的方法强迫他人劳动的，处三年以下有期徒刑或者拘役，并处罚金；情节严重的，处三年以上十年以下有期徒刑，并处罚金。

明知他人实施前款行为，为其招募、运送人员或者有其他协助强迫他人劳动行为的,依照前款的规定处罚。

单位犯前两款罪的,对单位判处罚金,并对其直接负责的主管人员和其他直接责任人员,依照第一款的规定处罚。

实务疑难问题

1. 强迫劳动罪的保护法益是什么?

刑法通说教科书认为,本罪的客体是劳动者的休息权、健康权和人身自由权利。[1] 这种观点可能存在争议。首先,强迫劳动未必会侵害劳动者的休息权,例如让劳动者保持"朝九晚五"的工作状态,就未必侵害了劳动者的休息权。其次,对劳动者进行军事化管理,每天工作之余强制要求劳动者强身健体的,也未必会侵害到劳动者的健康权。《刑法》第244条第1款规定的只是"限制人身自由",而不要求剥夺人身自由,所以对劳动者的人身自由权利的侵害也未必严重。

《宪法》第42条第1款规定,中华人民共和国公民有劳动的权利和义务。这说明,公民有劳动的权利,也有不劳动的自由。强迫劳动罪显然侵害了公民按照自己的意志选择劳动与不劳动的自由,也就是侵害了劳动者的劳动自由,在国外构成强制罪。我国没有规定强制罪,只好规定这些较为琐碎的不具有类型性的罪名。简单地讲,本罪的保护法益是公民不被强迫劳动的自由,即劳动自由。

2. 以剥夺人身自由的方法强迫他人劳动的,如何处理?

一般认为,如果行为人采取剥夺人身自由的方法(如将他人长时间关闭在车间里)强迫他人劳动,则成立非法拘禁罪与本罪的想象竞合。[2] 的确,从自然性意义上来看,这似乎只有一个行为,但是,剥夺自由的行为本身,侵害的是劳动者的场所移动自由,单纯地将员工关在一个狭小的空间,不让做任何事情,就因

---

[1] 参见高铭暄、马克昌主编:《刑法学》(第10版),北京大学出版社、高等教育出版社2022年版,第481页;刘宪权主编:《刑法学》(第6版),上海人民出版社2022年版,第596页。

[2] 参见周光权:《刑法各论》(第4版),中国人民大学出版社2021年版,第61页。

为侵害了员工的场所移动自由而成立非法拘禁罪,同时强迫员工劳动的,无疑又侵害了员工的劳动自由。因此,从规范性意义上来讲,或者从客观事实上来讲,其实存在两个行为,一个是剥夺自由的行为,一个是以暴力、威胁的方法强迫劳动的行为,所以不是成立想象竞合,而是应当数罪并罚。

3. 如何界分剥夺自由与限制自由?

立法者为了使本罪区别于非法拘禁罪的剥夺人身自由,而在本罪中表述为"限制人身自由",这说明"剥夺人身自由"不同于"限制人身自由"。所谓"限制人身自由",说明被害人还有一定的人身自由,是指将他人的人身自由控制在一定范围、一定限度内,如不准他人外出,不准他人参加社交活动等。比如疫情期间,不让他人离开某个小区,不准大学生出校门,都可谓"限制人身自由",但不让居民出家门或者出某个楼道,或者将人隔离在宾馆房间里,就可谓"剥夺人身自由"。

4. 强迫劳动罪的既遂标准是什么?

应该说,只有强迫他人实际从事劳动,才能侵害他人的劳动自由,所以,本罪以被害人开始从事其不愿意从事的劳动为既遂。

5. 强迫他人进行脑力劳动、无偿劳动、非法劳动,是否构成强迫劳动罪?

本罪的劳动没有限制,无论强迫他人从事体力劳动还是脑力劳动,有偿劳动还是无偿劳动,合法劳动还是非法劳动,都成立强迫劳动罪。当然,强迫他人锻炼身体的,难以评价为强迫"劳动",但对于体育运动员而言,可能锻炼也是劳动,所以强迫运动员训练、表演、比赛,都可能被评价为强迫劳动。

6. 强迫无偿劳动,能否构成抢劫罪?

如果劳动本身具有可量化的价值,如强迫他人无偿送快递、出租运输、工地搬砖,有可能除成立强迫劳动罪之外,还能成立财产性利益的抢劫罪,属于想象竞合,从一重处罚。

7. 成立强迫劳动罪第 244 条第 2 款规定的犯罪,是否必须被招募、运送的人员实际被强迫劳动?

案 1:甲虽知道乙的私人工厂在强迫职工劳动,但仍为乙招募、运送 50 名员工。结果,乙称工厂已满员,不能接收甲为其招募、运送的 50 名员工。

如果认为《刑法》第 244 条第 2 款的规定是所谓帮助犯的正犯化,就会认为甲为乙招募、运送人员就已经完成了正犯行为,即便所招募、运送的人员实际未被接收强迫从事劳动,也能构成本罪。但如果认为本罪不是帮助犯的正犯化,而是帮助犯的量刑规则,就可能认为只有被招募、运送的人员实际被接收并被强迫劳动了,才能认定成立本罪。在该案中,甲为乙招募、运送的人员实际未被乙接收强迫劳动,所以不能构成本罪。

《刑法》第 244 条第 2 款规定,明知他人实施前款行为,为其招募、运送人员或者有其他协助强迫他人劳动行为的,依照前款的规定处罚。对此规定,有人认为这是关于拟制正犯的规定,其成立要求行为人明知他人有强迫劳动的行为,且实施了招募、运送人员或其他协助行为。如果没有本款规定,实施这些协助强迫劳动行为的行为人,应当被认定为强迫劳动罪的帮助犯。[1] 这种观点实际上是将本款规定看作帮助犯的正犯化。有人声称,这一类型的犯罪表面上是帮助犯的正犯化,但实际上只是帮助犯的量刑规则(或只是量刑的正犯化)。换言之,成立这一类型的犯罪仍以被害人被他人强迫劳动为前提。如果行为人以欺骗、利诱等方法将被害人招募、运送至特定地点,但被害人没有被他人强迫劳动,由于没有侵害被害人的人身自由,不应认定为本罪。[2]

本书认为,所谓帮助犯的正犯化与帮助犯的量刑规则之争的实质,在于是否要坚持共犯的实行从属性。应该说,为使他人强迫劳动而招募、运送人员行为本身,不会侵害他人的劳动自由,不值得科处刑罚,这种行为实质上只是一种帮助行为。从法益保护和人权保障平衡的角度来讲,应坚持共犯的实行从属性,只有所招募、运送的人员实际被接收并被强迫劳动了,才值得科处刑罚,否则就和强

---

[1] 参见周光权:《刑法各论》(第 4 版),中国人民大学出版社 2021 年版,第 61 页。
[2] 参见张明楷:《刑法学》(第 6 版)(下册),法律出版社 2021 年版,第 1178 页。

迫劳动罪的处罚不协调。

8. 强迫劳动致人伤残、死亡的，如何处理？

强迫劳动本身致人轻伤的，可以评价为强迫劳动罪的基本犯，强迫劳动本身过失致人重伤、死亡的，可以评价为强迫劳动"情节严重"，处3年以上10年以下有期徒刑。有观点认为，因强迫劳动造成被害人自残、自杀、精神失常等严重后果的，应当认定为"情节严重"的强迫劳动罪。① 本书认为，强迫劳动导致被害人自残、自杀、精神失常应属于比较异常的现象，不符合缓和的结果归属的条件，将引起被害人自残、自杀、精神失常认定为强迫劳动罪的基本犯，更能体现罪刑相适应。如果行为人以剥夺自由的方法强迫他人劳动，则另外构成非法拘禁罪，所以，以剥夺人身自由的方法强迫劳动致人重伤、死亡的，应认定为本罪与非法拘禁致人重伤、死亡的想象竞合，从一重处罚。

有观点认为，如果在强迫劳动的过程中使用暴力，致使被害人伤残、死亡，应当以本罪与故意伤害罪或故意杀人罪数罪并罚。② 应该说，如果行为人强迫劳动的手段本身致人重伤、死亡，且行为人对重伤、死亡结果持故意态度，应成立强迫劳动罪与故意伤害罪、故意杀人罪的想象竞合；只有在强迫劳动之外又使用暴力故意致人重伤、死亡的，才能以强迫劳动罪与故意伤害罪、故意杀人罪数罪并罚。如果行为人以剥夺自由的方法强迫劳动，又另外使用暴力过失致人伤残、死亡，可适用《刑法》第238条第2款后段的规定，以故意伤害罪、故意杀人罪定罪处罚；故意致人伤残、死亡的，则应先以强迫劳动罪与非法拘禁罪想象竞合，再与故意伤害罪、故意杀人罪数罪并罚。

---

① 参见冯军、梁根林、黎宏主编：《中国刑法评注》(第2卷)，北京大学出版社2023年版，第2225页。
② 参见刘宪权主编：《刑法学》(第6版)(下册)，上海人民出版社2022年版，第597页。

第五节　非法搜查罪

·导　读·

《刑法》之所以仅将非法搜查他人身体、住宅规定为犯罪,显然旨在保护公民的隐私权,而隐私权属于人格权的范畴。"非法"要素旨在提醒司法人员注意,合法搜查的行为阻却违法性,不构成犯罪。只要是出门在外随身携带的物品,都可谓"身体",如自行车篮筐内的物品、电动车后备箱中的物品。非法用X光照射等技术手段进行检查的,成立非法搜查罪。人置身车辆、船只、飞机中,非法搜查车辆、船只、飞机,就是对公民隐私权的侵犯,构成非法搜查罪。空关的房屋可谓非法搜查的对象,但不是非法侵入住宅罪的对象。学生宿舍、宾馆房间,可谓非法搜查罪的对象,但不是非法侵入住宅罪的对象。应进行实质解释,要求成立本罪也必须情节严重。警察没有严格执行法定搜查程序而搜查的行为,构成非法搜查罪。小偷入户盗窃而翻箱倒柜的,能构成非法搜查罪。抢劫搜身的,应以抢劫罪与非法搜查罪数罪并罚。

条　文

第二百四十五条　【非法搜查罪】【非法侵入住宅罪】非法搜查他人身体、住宅,或者非法侵入他人住宅的,处三年以下有期徒刑或者拘役。

司法工作人员滥用职权,犯前款罪的,从重处罚。

实务疑难问题

1. 非法搜查罪的保护法益是什么?

刑法理论通说认为,本罪的客体是他人的人身权利和住宅不受侵犯的权利。①《宪法》第37条规定,中华人民共和国公民的人身自由不受侵犯。任何公民,非经人民检察院批准或者决定或者人民法院决定,并由公安机关执行,不受逮捕。禁止非法拘禁和以其他方法非法剥夺或者限制公民的人身自由,禁止非法搜查公民的身体。这似乎说明非法搜查罪侵犯的是所谓的人身自由。但《宪法》第38条规定,中华人民共和国公民的人格尊严不受侵犯。禁止用任何方法对公民进行侮辱、诽谤和诬告陷害。也可以认为非法搜查罪是对公民人格尊严的侵犯。在民法上,也会认为非法搜查他人身体是对他人隐私权,也就是对他人人格权的侵犯。

本书认为,《刑法》之所以仅将非法搜查他人身体、住宅规定为犯罪,显然旨在保护公民的隐私权,而隐私权属于人格权的范畴。也就是说,《刑法》规定非法搜查罪,旨在保护人格权,而非人身自由权。

2. "非法"要素的功能是什么?

因为存在合法搜查行为,所以"非法"要素旨在提醒司法人员注意,合法搜查的行为阻却违法性,不构成犯罪。

3. 何谓他人"身体"?

有人认为,本罪中的"身体",应指他人的肉体和贴身的着装。② 应该说,将"身体"限定为肉体和贴身的着装,范围过窄,会导致对人格权的保护不力。本罪旨在保护人的隐私,搜查随身行李包、行李箱,都是对个人隐私权的侵犯。因此,只要是出门在外随身携带的物品,都可谓"身体"。自行车篮筐内的物品、电动车后备箱中的物品,都可谓"身体"的范畴,对之进行搜查的,都能构成非法搜查罪。

4. 非法用X光照射等技术手段进行检查,能否成立非法搜查罪?

只要能探查他人的隐私,都可谓搜查。不应将搜查限定为用人的手、脚、棍

---

① 参见高铭暄、马克昌主编:《刑法学》(第10版),北京大学出版社、高等教育出版社2022年版,第482页。

② 参见王新:《刑法分论精解》,北京大学出版社2023年版,第244页。

棒去检查,还应包括利用 X 光照射、CT 设备等技术手段非法探查人的身体。

5. 对于车辆、船只、飞机的非法搜查,能否构成非法搜查罪?

有观点认为,如果搜查车辆、船只、飞机,涉及对人身自由权利的侵犯,可按非法搜查罪论处。① 有观点认为,当车辆、船只可以评价为住宅时,对车辆、船只的搜查也成立本罪。②

本书认为,只要人置身其中,车辆、船只、飞机都可谓身体的一部分。不能认为包背在肩上,是身体的一部分,放在车里的座位上或者后备箱里,就不再是身体的一部分。人置身车辆、船只、飞机中,非法搜查车辆、船只、飞机,就是对公民隐私权的侵犯。当然,如果人不现实地置身其中,就不应将车辆、船只、飞机视为身体的一部分。

6. 空关的房屋、学生宿舍、宾馆房间,是否是"住宅"?

应该说,非法搜查罪与非法侵入住宅权的保护法益不同,前者保护的是隐私权、人格尊严,后者保护的住宅权(承诺权)、住宅的安宁。因此,作为非法搜查罪保护对象的"住宅"与非法侵入住宅罪保护对象的"住宅"的范围并不完全相同。可以认为,空关的房屋可谓非法搜查的对象,但不是非法侵入住宅罪的对象;学生宿舍、宾馆房间,可谓非法搜查罪的对象,但不是非法侵入住宅罪的对象。

7. 是否应进行实质解释,要求成立本罪也必须"情节严重"?

虽然法条没有将"情节严重"规定为本罪的构成要件要素,但《刑法》只会将值得科处刑罚的行为规定为犯罪,这也是为了与违反《治安管理处罚法》的一般违法行为相区别,故成立非法搜查罪也要求"情节"严重。对于立案标准,也要求必须"情节严重"才能作为犯罪处理。

---

① 参见刘宪权主编:《刑法学》(第 6 版)(下册),上海人民出版社 2022 年版,第 598 页。
② 参见张明楷:《刑法学》(第 6 版)(下册),法律出版社 2021 年版,第 1179 页。

8. 警察没有严格执行法定搜查程序而搜查的行为,能否构成非法搜查罪?

应该说,虽然警察在实体上有搜查权,但是行为人不按照法定程序搜查的,同样属于非法搜查,若是严重影响公民私生活的安宁,严重侵犯公民的隐私权,可以构成非法搜查罪。只有实体和程序均合法的搜查,才能阻却违法性,不构成本罪。

9. 小偷入户盗窃而翻箱倒柜的,能否构成非法搜查罪?

小偷入户盗窃的行为,当然可以评价为非法侵入住宅和入户盗窃。小偷入户翻箱倒柜,虽然主观上没有非法搜查的意思,只有找寻窃取财物的意思,但事实上无疑侵害了他人的隐私权,所以不能否认其属于非法搜查行为,至于是否值得评价为非法搜查罪,则另当别论。

10. 抢劫搜身的,是成立抢劫罪与非法搜查罪的想象竞合,还是应数罪并罚?

案1:凌晨3时许,被告人吴某强身着武警制服,伙同被告人蓝某武,以被害人万某系"票贩子"为由,对被害人搜身,搜出火车票及现金372元等物,后在万某的要求下,二人又将现金等物归还万某。对于本案,检察院以抢劫罪起诉,但法院认定二被告人构成非法搜查罪。[①]

在该案中,法院之所以没有认定为抢劫罪,可能是因为不能肯定被告人是否具有非法占有的目的。其实,就算肯定抢劫罪的成立,也不能否认同时还构成非法搜查罪。

应该说,抢劫搜身,存在取财和搜身两个行为,侵害了两个罪名所保护的法益,同时符合了抢劫罪与非法搜查罪的构成要件,应当以抢劫罪与非法搜查罪数罪并罚。

---

① 参见最高人民法院中国应用法学研究所编:《人民法院案例选·2004年刑事专辑》,人民法院出版社2005年版,第261~264页。

第六节　非法侵入住宅罪

·导　读·

非法侵入住宅罪的保护法益是住宅成员是否允许他人进入住宅的权利(许诺权)。只有未经允许进入的才是非法侵入住宅,在经过允许进入后经要求退出而拒不退出的,不属于非法侵入,不构成非法侵入住宅罪。"非法"要素的功能在于提醒司法人员注意,存在阻却违法性的法令行为和紧急避难行为。住宅就是个人的日常生活场所。"住宅"强调的是许诺权、人身权,而"户"强调的是安宁、平和。学生宿舍、宾馆房间虽可谓"住宅",但不能谓之"户"。一只手从窗户伸进他人浴室,也属于非法侵入住宅。误以为渔民的渔船不是住宅而侵入,属于涵摄的错误,不影响犯罪的评价。侵入住宅强奸的,应数罪并罚。读中学的女儿不顾父母反对,带男朋友进入自己卧室的,不构成非法侵入住宅罪。房东为了将未交付房租的房客赶走而侵入房客居住的房间的,也属于非法侵入住宅。非法侵入住宅罪是继续犯。应实质解释,要求成立本罪也必须情节严重。

/条　文/

第二百四十五条　【非法搜查罪】【非法侵入住宅罪】非法搜查他人身体、住宅,或者非法侵入他人住宅的,处三年以下有期徒刑或者拘役。

司法工作人员滥用职权,犯前款罪的,从重处罚。

实务疑难问题

1. 非法侵入住宅罪的保护法益是什么?

关于非法侵入住宅罪的保护法益,主要存在住宅权说与安宁说的争论。住宅权说认为,非法侵入住宅罪的保护法益是住宅成员是否允许他人进入住宅的权利(许诺权)。安宁说也称平稳说,主张只有侵入住宅的行为侵害了住宅权人的生活安宁或者平稳时,才成立犯罪。张明楷教授认为,虽然不排除将来会采取住宅权说的可能,但当下宜采取安宁说,理由是:(1)我国居民几代同堂的现象并不罕见。如果采取住宅权说,可能面临因住宅成员对是否承诺他人进入看法不一致而难以处理的问题,而采取安宁说,则不会产生这样的问题。(2)从整体上看,我国《刑法》处罚的范围较窄,如果采取住宅权说,那么只要进入住宅的行为没有得到住宅成员的承诺就构成非法侵入住宅罪,明显会扩大处罚范围。(3)我国《刑法》第245条第1款仅将住宅规定为侵入对象,而没有将其他建筑物作为侵入对象。可是,其他建筑物一般也有人看守、管理,除公共场所外,进入其他建筑物的也应得到看守者的承诺。但是,没有得到他人承诺而侵入住宅以外的建筑物的,并不成立非法侵入住宅罪。显然,如果采取住宅权说,则与《刑法》仅处罚非法侵入住宅的行为不协调。而采取安宁说,正好符合住宅的功能与国民对住宅安宁的愿望。(4)在我国,侵入住宅的行为违反了住宅内的数人的意思时,仅成立一罪,而非数罪。采取安宁说正好符合这一结论。而采取住宅权说,则难以说明上述行为仅构成一罪。(5)《刑法》规定非法侵入住宅罪固然存在保护住宅权的一面,但是,保护住宅权并不是为了保护形式上的权限,而是为了保护存在于住宅权背后的利益——居住者生活的平稳与安宁。(6)从我国的司法现状来看,被认定为非法侵入住宅罪的行为,都是严重妨害了住宅成员的生活平稳与安宁的行为。对于单纯违反被害人意志侵入住宅的行为,都没有认定为犯罪。①

本书主张住宅权说,认为上述安宁说存在疑问。其一,我国现在很少有几代同堂的现象,基本上都是核心家庭模式。其二,采取住宅权说也未必就会扩大本罪的处罚范围。根据实质的违法性论观点,只有严重侵犯法益的行为才会被解释为符合构成要件的行为。其三,之所以《刑法》只处罚非法侵入住宅的行为,是因为住宅权不受侵犯是公民的宪法性权利。其四,非法侵入住宅违反了数个

---

① 参见张明楷:《刑法学》(第6版)(下册),法律出版社2021年版,第1181页。

成员的意思的,由于只有一个非法侵入行为,故成立非法侵入住宅罪的想象竞合,以一罪定罪处罚即可。其五,可以认为非法侵入行为之所以侵害了住宅安宁,正是因为违背了住宅权人的意志。或者说,未经允许进入就会侵害住宅的安宁。其六,固然司法实践中一般只处罚严重妨害了住宅成员的生活平稳与安宁的行为,但应认识到,这一是因为人们保护住宅权的意识还不够强烈与司法人员的观念问题,二正是因为违反住宅权人的意志的闯入才会严重妨害住宅成员的生活平稳与安宁。其七,"安宁"是什么意思?如何判断?这是比较模糊的。其八,既然侵入住宅是对他人人身自由的侵犯,怎么可能跟被害人自由决定的意志相分离?也就是说,认定本罪不可能不考虑被害人的意志内容,而这个意志内容只能是住宅权人是否同意他人进入住宅的权利,而不是隐私权或者其他内容。

2. "经要求退出而不退出",是否为非法"侵入"住宅?

我国《刑法》第 245 条第 1 款规定的只是非法"侵入"住宅,但我国刑法通说教科书却众口一词地认为"非法侵入住宅罪,是指未经允许非法进入他人住宅或者经要求退出无故拒不退出的行为"[①]。的确,在德国、日本刑法中,不退去是与侵入相并列的一种行为,也就是说,不退去不属于侵入。但我国现行《刑法》并没有规定不退去行为,刑法理论却想当然地认为不退去也属于侵入。应该说,这是照抄域外刑法教科书的结果,是一种类推解释,不退去不符合侵入的要求。质言之,只有未经允许进入的才是非法侵入住宅,在经过允许进入后经要求退出而拒不退出的,不属于非法侵入,不构成非法侵入住宅罪。

3. "非法"要素的功能是什么?

"非法"要素的功能在于提醒司法人员注意,存在阻却违法性的法令行为和紧急避难行为。例如,司法工作人员基于法令,以扣押、搜查、逮捕等目的进入他人住宅的,以及为了避免狂犬等的袭击而侵入他人住宅的,都阻却违法性。

---

① 高铭暄、马克昌主编:《刑法学》(第 10 版),北京大学出版社、高等教育出版社 2022 年版,第 482 页。

4. 何谓"住宅"？

应该说，住宅就是个人的日常生活场所。具体来讲，认定住宅要把握以下几点：(1)住宅可以是临时性的场所，不要求必须是永久性的。(2)必须有一定的日常生活设施，只有这样才能称之为日常生活场所，如果完全是一座空房子，不能称其为住宅。(3)住宅不等于建筑物，或者说，住宅不要求是建筑物。临时搭建的帐篷、房车等也属于住宅；如果住宅表现为建筑物，也不要求是建筑物的全部，侵入建筑物的一部分就可以。(4)住宅包括周围封闭的庭院(围绕地)。(5)住宅必须是供他人使用，只要是行为人不在其中生活的住宅，就是他人的住宅。(6)住宅不要求是他人合法占有和占用的场所，非法占有的也不能排除在外。

5. "住宅"与"户"，有何区别？

《宪法》第39条规定中华人民共和国公民的住宅不受侵犯。"住宅"强调的是许诺权、人身权，而"户"强调的是安宁、平和。在本书看来，学生宿舍、宾馆房间虽可谓"住宅"，但不能谓之"户"。非法侵入学生宿舍、宾馆房间的，可以成立非法侵入住宅罪，但进入学生宿舍、宾馆房间盗窃、抢劫的，不能评价为入户盗窃、抢劫。

6. 一只手从窗户伸进他人浴室，是否属于非法侵入住宅？

非法侵入他人住宅并不需要身体的全部侵入，哪怕只是一只手从窗户伸进他人的浴室，一只脚踏进他人的门厅，都可以认为非法侵入了他人住宅。可以设想，一位女士晚上洗澡的时候，突然一只手从窗户伸进来了，她会有什么反应？如果觉得这种行为值得科处刑罚，就可以认为不需要身体的全部侵入，只需要身体的部分侵入，就能评价为非法侵入住宅罪。非法侵入应限于身体的侵入，单纯的物品或者声音的侵入，不属于非法侵入住宅，比如向住宅打骚扰电话，将物品扔进他人住宅，都不能认定为非法侵入住宅。行为人没有进入他人住宅内，但登上他人屋顶的，或者趴在别人窗外偷窥的，都难以评价为非法"侵入"他人住宅。

7. 抢劫犯打招呼说"晚上好",主人说"请进"的,是否构成非法侵入住宅罪?

不管是采用安宁说还是采取住宅权说,只要被害人同意有效,进入住宅的行为就不能构成非法侵入住宅罪。如果被害人同意行为人进入客厅,但行为人未经允许进入卧室,那么当然属于非法侵入住宅。也就是说,要肯定被害人对住宅内的不同房间具有独立的住宅权。行为人隐瞒抢劫的意图跟主人打招呼说"晚上好",主人说"请进"的,属于法益关系的错误,同意无效,成立非法侵入住宅罪。行为人隐瞒犯罪意图冒充燃气公司人员进门抄燃气度数的,也属于法益关系错误,同意无效,成立非法侵入住宅罪。

8. 非法侵入住宅罪的既遂标准是什么?

如果主张全部侵入说,就会认为只有人的身体全部进入,才能成立本罪的既遂。但如果主张部分侵入说,就会认为伸进去一只手、踏进一只脚,也能成立本罪的既遂。本书主张部分侵入说。

9. 误以为渔民的渔船不是住宅而侵入的,是否构成犯罪?

误以为渔民的渔船不是住宅而侵入的,属于涵摄的错误、评价的错误,不影响犯罪的评价,正如误以为杀掉他人的狗不属于毁坏财物一样,不影响故意毁坏财物罪的成立。

10. 侵入住宅强奸的,是牵连犯从一重,还是应数罪并罚?

虽然有观点认为侵入住宅强奸的属于牵连犯,应从一重处罚,不再单独评价非法侵入住宅行为。但本书认为,在我国牵连犯并不是法定概念,存在数个行为,侵犯数个法益的,原则上都应数罪并罚。侵入住宅强奸,无疑存在数个行为,侵害了数个法益,所以没有理由不以非法侵入住宅罪与强奸罪数罪并罚。

11. 读中学的女儿不顾父母反对,带男朋友进入自己卧室的,是否构成非法侵入住宅罪?

住宅成员中的部分人同意、部分人不同意的如何处理?这是住宅权说必然

285

面临的问题。关于这一问题,国外有3种学说:(1)全员同意说,即只有全体成员都同意了,行为人的进入行为才不构成犯罪。按照这个观点,读中学的女儿谈恋爱,妈妈不同意,男朋友来了,女儿让男朋友进来,如果她妈妈不同意,男朋友就构成非法侵入住宅罪。这一学说虽然肯定了所有成员的住宅权,但同时也否认了所有成员的住宅权。(2)一员同意说。这又可以分为两种观点:一是只要住宅里的任何一员同意就有效,不管其他人如何反对;二是一员同意原则上是有效的,但是,如果同意者滥用了住宅权,导致不能期待其他成员容忍,则该同意无效。例如,谈恋爱的中学生女儿把男朋友带到父母卧室发生性行为的,就可能构成非法侵入住宅罪。(3)在场者优先说。按照这种观点,丈夫出差了,妻子把情人带到家里幽会的,这种行为不成立非法侵入住宅罪。

应该说,将"一员同意说"的第二种观点与"在场者优先说"结合起来,就能够合理划定非法侵入住宅罪的成立范围。谈恋爱的中学生女儿只是把男朋友带到自己卧室的,不构成非法侵入住宅罪,但如果把男朋友带到父母卧室发生性行为,恐怕就构成非法侵入住宅罪了。丈夫出差,妻子将情人带到家里幽会的,因为得到在场者同意,所以不成立非法侵入住宅罪。

12. 房东为了将未交付房租的房客赶走而侵入房客居住的房间的,是否属于非法侵入住宅?

住宅不要求是他人合法占有和占用的,不能因为他人对住宅的占有是非法的,就直接否认他人具有《刑法》上的住宅权。也就是说,不应将作为本罪保护法益的住宅权理解为民法上的居住权利,这里的住宅权仅仅是是否同意他人进入住宅的权利。因此,房东为了将未交付房租的房客赶走而侵入房客居住的房间的,也侵犯了房客的住宅权,也能构成非法侵入住宅罪。

13. 非法侵入住宅罪是否是继续犯?

非法侵入住宅罪是侵犯人身权利的犯罪,在非法侵入后只要行为人不退出,可以认为法益每时每刻都在受到同等程度的侵害,能够持续性地肯定构成要件符合性,因而应当认为非法侵入住宅罪是继续犯,追诉时效从退出之日起算。

14. 是否需要进行实质解释,要求成立本罪也必须情节严重?

本罪罪状的表述与《治安管理处罚法》第 40 条第 4 项的规定没有什么不同,但一个是犯罪,一个只是一般违法行为。因此,应对本罪成立条件进行实质解释,即只有严重侵犯住宅权也就是"情节严重"的行为,才能成立犯罪。在我国司法实践中,也是只将严重侵犯法益的行为作为本罪处理,如将棺材抬到别人客厅,长期滞留在别人家里。当然,既然我们认为本罪的法益不是住宅的安宁而是住宅权,就可以适当扩大本罪的处罚范围,未经允许进入他人住宅的,原则上都可以作为犯罪处理。

第四章　侵犯人格的犯罪

第一节　拐卖妇女、儿童罪

·导　读·

　　拐卖妇女、儿童罪所保护的法益是被拐卖妇女、儿童的人身自由、身体安全及人格尊严。拐卖妇女、儿童罪的实行行为只有"拐卖"。不能认为只要实施了《刑法》第 240 条第 2 款规定的行为之一的就构成拐卖妇女、儿童罪的既遂，而应认为只有实际卖出才既遂。得到被拐妇女具体承诺的，不构成犯罪。拐卖妇女、儿童罪不是继续犯，而是即成犯。三次拐卖同一名妇女的，能认定为"拐卖妇女三人以上"。既拐卖一名妇女又拐卖一名儿童，应当数罪并罚。拐卖双性人、变性人的，能构成本罪。认为区分民间送养与出卖亲生子女的关键在于是否具有非法获利目的的司法解释规定，存在疑问。

　　误将男童当妇女，或者误将妇女当男童拐卖的，成立拐卖妇女、儿童罪的既遂。强抢婴幼儿的，可能成立绑架罪、拐卖儿童罪与拐骗儿童罪。对于故意重伤被拐卖的妇女、儿童的，也应认定为"造成被拐卖的妇女、儿童重伤"。只有被拐卖的妇女实际从事了卖淫活动或者实际被强迫卖淫的，才能认定为拐卖妇女罪的加重犯。对于对婴幼儿采取欺骗、利诱等手段使其脱离监护人或者看护人的视为"偷盗婴幼儿"的司法解释规定，存在疑问。行为人与妇女通谋，将该妇女介绍与某人成婚，获得钱财后，行为人与该妇女双双逃走的,构成诈骗罪。对于在拐骗儿童后又将儿童出卖的以拐卖儿童罪一罪论处的司法解释规定存在疑问,应当数罪并罚。"奸淫被拐卖的妇女",是结合犯。"造成被拐卖的妇女、儿童或者其亲属重伤、死亡",不能包括自杀、自残的情形。

/ 条　文 /

第二百四十条 【拐卖妇女、儿童罪】拐卖妇女、儿童的,处五年以上十年以下有期徒刑,并处罚金;有下列情形之一的,处十年以上有期徒刑或者无期徒刑,并处罚金或者没收财产;情节特别严重的,处死刑,并处没收财产:

(一)拐卖妇女、儿童集团的首要分子;

(二)拐卖妇女、儿童三人以上的;

(三)奸淫被拐卖的妇女的;

(四)诱骗、强迫被拐卖的妇女卖淫或者将被拐卖的妇女卖给他人迫使其卖淫的;

(五)以出卖为目的,使用暴力、胁迫或者麻醉方法绑架妇女、儿童的;

(六)以出卖为目的,偷盗婴幼儿的;

(七)造成被拐卖的妇女、儿童或者其亲属重伤、死亡或者其他严重后果的;

(八)将妇女、儿童卖往境外的。

拐卖妇女、儿童是指以出卖为目的,有拐骗、绑架、收买、贩卖、接送、中转妇女、儿童的行为之一的。

实务疑难问题

1. 拐卖妇女、儿童罪的保护法益与绑架罪一样,是否都是所谓的行动自由与身体安全?

关于拐卖妇女、儿童罪的法益(通说称客体),代表性的观点有:(1)本罪的客体是人身权利中的人身不受买卖的权利;(2)侵犯的客体是复杂客体,既侵犯了公民的人身权利,也破坏了他人的婚姻家庭关系;(3)本罪的客体,是妇女、儿童的人身自由、人格尊严权;(4)本罪是侵犯妇女、儿童行动自由、人身权利的犯罪。张明楷教授认为,拐卖妇女、儿童罪的保护法益是"被拐卖者在本来生活状态下的身体安全与行动自由"①。这与其对绑架罪的法益界定是一样的,即"被绑架人在本来的生活状态下的行动自由以及身体安全"②。

应该说,"人具有人格,既非物,亦非动物,故不能成为买卖或质押的标的"③。"贩卖妇女儿童犯罪的实质是将人作为商品来买卖,这种犯罪严重侵害妇女儿童身心健康,也是对作为人的尊严的一种极端的侵害,为现代文明所不齿。"④相对于非法拘禁罪、绑架罪与拐骗儿童罪而言,拐卖妇女、儿童罪除侵害被拐卖人的人身自由及安全外,还因为把人作为商品买卖而严重侵害了作为人的尊严。因此,本书认为,拐卖妇女、儿童罪所保护的法益是被拐卖妇女、儿童的人身自由、身体安全及人格尊严。

2. 拐卖妇女、儿童罪的实行行为是"拐骗、绑架、收买、贩卖、接送、中转"六种行为之一,还是只有"拐卖"?

因为《刑法》第 240 条第 2 款的规定,理论上几乎众口一词地认为,本罪的实行行为是"拐骗、绑架、收买、贩卖、接送、中转"六种行为之一。⑤

其实,《刑法》第 240 条第 2 款关于拐卖妇女、儿童罪具体行为表现的规定,基本上"照抄"于 1991 年 9 月 4 日全国人民代表大会常务委员会通过的《关于严惩拐卖、绑架妇女、儿童的犯罪分子的决定》第 1 条第 2 款的规定。该款规定:"拐卖妇女、儿童是指以出卖为目的,有拐骗、收买、贩卖、接送、中转妇女、儿童的行为之一的。"之所以上述规定中没有"绑架"行为,是因为以出卖为目的绑架

---

① 张明楷:《刑法学》(第 6 版)(下册),法律出版社 2021 年版,第 1166 页。
② 张明楷:《刑法学》(第 6 版)(下册),法律出版社 2021 年版,第 1159 页。
③ 林山田:《刑法各罪论》(修订 5 版)(上册),台北,作者发行 2005 年版,第 176 页。
④ 张红:《关于拐卖妇女、儿童罪的反思》,载《西部法学评论》2010 年第 4 期。
⑤ 参见高铭暄、马克昌主编:《刑法学》(第 10 版),北京大学出版社、高等教育出版社 2022 年版,第 477 页;张明楷:《刑法学》(第 6 版)(下册),法律出版社 2021 年版,第 1166 页;周光权:《刑法各论》(第 4 版),中国人民大学出版社 2021 年版,第 55 页。

妇女、儿童是在第 2 条作为绑架妇女、儿童罪专门规定的。有趣的是,该单行刑法第 2 条第 2 款规定,以出卖为目的偷盗婴幼儿的依照本条第 1 款即绑架妇女、儿童罪"处罚",而不是"定罪处罚"。现行《刑法》将以出卖为目的绑架妇女、儿童与偷盗婴幼儿作为拐卖妇女、儿童罪的加重情节之一,却只在第 240 条第 2 款关于拐卖妇女、儿童罪具体行为表现的规定中在上述单行刑法第 1 条第 2 款的基础上增加了"绑架",而没有增加"偷盗",不知何故。

据参加当时立法的同志介绍:"过去,拐卖人口犯罪活动,在拐卖人口的过程中,拐、运、卖几个环节一般都由同一犯罪分子所为,'拐卖'这一特征比较明显。近几年来,一些本地人贩子与外地人贩子相勾结,实行'拐'、'卖'分工的'一条龙作业','拐'者未'卖','卖'者未'拐',因而在刑法学界和司法实践中,对这种行为如何定罪有不同看法。有的认为应定拐卖人口罪;有的则认为这种'只拐不卖'或者'只卖不拐'的行为,不符合拐卖人口罪的特征,不应定为拐卖人口罪;还有的认为,行为人将妇女、儿童拐出后没有来得及去贩卖或者由于某种客观原因未卖成的,应按犯罪未遂处理。"①

可见,之所以对行为表现进行明文规定,是因为出现了"一条龙作业"的犯罪集团。为了有效地打击这类犯罪,才在刑法条文中对于行为表现进行了明文列举。但是,对于存在犯罪分工的犯罪集团犯罪,即便不存在所谓明文规定,也完全能够,而且应当根据共同犯罪的规定进行处理。否则,凡是对行为的具体表现没有明文规定的犯罪集团实施的犯罪,就不能追究实施实行行为以外行为的行为人的刑事责任。其实,只要符合共同犯罪的成立条件,就能够而且应当以共犯加以认定和处罚。

1979 年《刑法》第 141 条规定了拐卖人口罪,但没有明文列举具体行为表现。当时的刑法教科书也认为,"对于那些合谋和参与拐骗、接送、中转、窝藏、出卖、转卖妇女、儿童犯罪活动的,分别以一般共同犯罪或犯罪集团成员论处"②。关于拐卖人口罪的既未遂,当时的学者认为,"本罪的未遂有两种情况,

---

① 周道鸾:《单行刑法与司法适用》,人民法院出版社 1996 年版,第 191 页。
② 梁世伟编著:《刑法学教程》,南京大学出版社 1987 年版,第 489 页。

一是已经将他人拐骗到手,但由于犯罪分子意志以外的原因尚未出卖;二是已开始出卖,但因意志以外的原因未得逞。一旦行为人已将被拐者卖与他人,不论是否获得了钱财,均告既遂"①。由此可以看出,即便在单行刑法出台以前,学者也注意到了对接送、中转、窝藏等共犯的打击,而且坚持认为,本罪的实行行为只是"拐卖",以"卖"出为既遂。

现行《刑法》第240条第2款为何明文规定拐卖妇女、儿童罪的具体行为表现呢?无非是要提醒司法人员注意对拐卖妇女、儿童罪共犯的打击。否则,如果认为该款是关于拐卖妇女、儿童罪实行行为的规定,则以出卖为目的偷盗婴幼儿的行为,因为既不属于绑架(没有使用暴力),也没有实施拐骗(因为婴儿没有意思表达能力),而缺乏实行行为。对缺乏实行行为的行为单独定罪,显然有违罪刑法定原则。合理的解释只有一个,那就是拐卖妇女、儿童罪的实行行为只有拐卖,而且主要实行行为是"卖"。之所以认为在实行行为"卖"之外,还有"拐",原因有二:一是本罪紧跟在非法拘禁罪、绑架罪之后,显然也属于一种侵害人身自由的犯罪(当然不限于人身自由),拐进来就侵害了人身自由;二是在本罪的加重情节中存在"诱骗、强迫被拐卖的妇女卖淫"的规定,若认为该罪的实行行为只有"卖",则诱骗、强迫被拐卖的妇女卖淫的行为难以评价为"卖",只有认为"拐"也属于本罪的实行行为,才不至于违反罪刑法定原则。诚如,我国台湾地区学者林山田所言,买卖质押人口罪(我国台湾地区"刑法"第296条规定)的行为"乃是买卖或质押人口,亦即以被害人作为买卖或质押的标的物,收取价金,将被害人交付于支付价金的一方,而受其实力支配⋯⋯行为人虽已着手实行买卖或质押人口的行为,但尚未完全实现本罪的客观不法构成要件者,例如被害人尚未在买受或收受质押人口一方的实力支配之下者,即属本罪的未遂犯"②。

本书坚持认为,拐卖妇女、儿童罪的实行行为只有"拐卖",《刑法》第240条第2款的规定,只是一种关于共犯行为的注意性规定,而不是对本罪实行行为的规定。

---

① 赵廷光主编:《中国刑法原理》(各论卷),武汉大学出版社1992年版,第533页。
② 林山田:《刑法各罪论》(修订5版)(上册),台北,作者发行2005年版,第176~178页。

3. 能否认为只要实施了《刑法》第 240 条第 2 款规定的行为之一,就构成拐卖妇女、儿童罪的既遂?

案 1:1999 年 6 月中旬的一天,被告人阮某定、郑某荣以 5000 元的价格从他人手中买下被害人阮某翠卒(越南籍)及其尚在哺乳的女儿,打算以 6000 元价格转卖给郑某才,因郑某才还价 5500 元而未能成交。同年 7 月 3 日凌晨,被害人阮某翠卒母女被公安机关解救并被遣返回越南。1999 年 6 月 21 日,被告人阮某定唆使被告人阮某水从被告人农某菊、"阿清"处购买被害人岑某东转卖牟利,阮某水以 3000 元价格买下并先行付款 200 元,余款议定待岑某东出卖后付清。同年 7 月 3 日,尚未被卖的岑某东被公安机关解救回家。被告人阮某定、农某菊的辩护人均辩称岑某东尚未卖出,阮某定、农某菊的行为属犯罪未遂。法院认为,岑某东尚未卖出属实,但被拐卖儿童是否卖出并非拐卖儿童罪既未遂的法定标准,农某菊拐骗、贩卖,阮某定中转岑某东,其行为已构成拐卖儿童罪,属犯罪既遂,故上述辩护意见不成立,不予采纳。法院分别以拐卖妇女、儿童罪判处被告人阮某定、郑某荣、阮某水、农某菊刑罚。①

在该案中,对于被告人阮某定、郑某荣以 5000 元从他人处买下阮某翠卒的事实,虽然他人构成拐卖妇女、儿童罪,但由于二被告人买下后尚未卖出,应成立拐卖妇女、儿童罪的未遂。至于被告人唆使阮某水从农某菊手中买下岑某东转卖牟利的事实,若岑某东已转移至阮某水的支配之下,则买卖行为已经完成,农某菊与阮某定(帮助出卖)构成拐卖儿童罪的既遂,但阮某水尚未将购买的儿童出卖,仅成立拐卖儿童罪的未遂。若岑某东仍在农某菊的支配之下,则农某菊成立拐卖儿童罪的未遂,阮某水成立拐卖儿童罪的预备。

案 2:被告人彭某林联系他人以 1 万元的价格将男婴卖出,在准备交易时被公安人员当场抓获。一审、二审法院均认定被告人的行为系拐卖儿童罪未遂。②

---

① 参见广东省揭阳市中级人民法院刑事判决书,(2000)揭中法刑一初字第 32 号。
② 参见河南省商丘市中级人民法院刑事裁定书,(2009)商刑终字第 227 号。

在该案中,虽然交易前拐卖人已经实际控制了被拐卖人,但只要没有将被拐卖人转至收买人的实力支配之下,就还是仅成立拐卖儿童罪的未遂。故法院认定未遂的判决是正确的。

案3:被告人刘某友与石某蓉共谋拐卖儿童牟利。1996年11月3日下午,被告人石某蓉将邻居罗某铸之子罗某(1994年10月25日生)骗到自己家中,被告人刘某友用衣服将罗某包住抱至合川市二郎镇,在蒲某英处借得路费后乘张某的"摩的"至武胜县兴隆车站外,后被告人刘某友听说石某蓉被公安机关抓获,于11月12日凌晨将罗某送至被害人爷爷家门外后逃走。法院认为,拐卖儿童罪是行为犯,犯罪的既遂以是否实施了拐骗等行为为标准,不宜以被拐卖的儿童已经出卖为标准,刘某友实施了拐骗罗某的行为,已构成犯罪既遂,公诉机关指控属犯罪中止,应当减轻处罚不当。①

在该案中,虽然被告人已经实力控制了被拐卖人,但尚未出卖,不能认定为犯罪既遂;在既遂前主动将被拐卖人送回的,中止了出卖行为,应当成立拐卖儿童罪的中止。因此,检察院指控成立犯罪中止是正确的,法院认定成立拐卖儿童罪的既遂,是有问题的。

关于本罪的既遂标准,有人认为,本罪应属行为犯,按照犯罪构成要件齐备说,应以法定的犯罪行为的完成作为犯罪既遂的标志,即行为人在符合本罪主体条件的情况下,只要以出卖为目的实施了拐骗、绑架、收买行为,并将被害人置于自己控制之下(此时被害人人身不受买卖的权利事实上也已受到现实侵害),就已经符合了构成本罪的4个要件,应为犯罪的既遂。至于"以出卖为目的"只是要求行为人主观上有此目的,以和拐骗儿童罪、绑架罪相区别,并不要求必须将被害人实际卖出。② 有人主张,"拐卖妇女、儿童罪的既遂标准,应具体分析。以出卖为目的,拐骗、绑架、收买妇女、儿童时,只要使被害人转移至行为人或第三者的实力支配范围内,即为既遂。中转、接送行为,要么是行为人在拐骗、绑架妇女、儿童后自己实施,要么是由其他共犯人实施,故依然应适用上述标准。但是,

---

① 参见四川省遂宁市中级人民法院刑事判决书,(2000)遂刑初字第49号。
② 参见付黎明:《被害人承诺能否阻却拐卖妇女罪成立——关键在于界定拐卖妇女罪侵犯的客体》,载《检察日报》2010年7月6日,第3版。

出卖捡拾的儿童的,出卖亲生子女的,在收买被拐卖的妇女、儿童后才产生出卖犯意进而出卖妇女、儿童的,应以出卖了被害人为既遂标准。"①有人声称,在单独犯罪或简单的共同犯罪中,行为人实施手段行为如拐骗、绑架、收买的,应以行为人实际控制受害人为既遂标准;行为人只实施结果行为——贩卖的,应以贩卖出手为既遂标准,如出卖亲生子女的犯罪。在复杂的共同犯罪中,则应以被害人被实际控制,也即手段行为的实际完成为标准,至于中间行为如接送、中转,其本身并不是拐卖妇女、儿童犯罪的实行行为。如前所述,接送、中转只是犯罪的中间环节,行为人能接送、中转,是以其他犯罪人已实际控制受害人为前提的。因此,中转、接送行为本身无所谓既遂未遂。而且,《刑法》将犯罪的帮助行为与实行行为并列规定也是不科学的。② 国外刑法理论通说认为,出卖他人罪中"'出卖他人',就是得到对价而将对他人的事实支配转移给对方,有事实支配的转移就够了,不要求一定要有场所上的转移。对于买卖或者交换的提出表示同意的话,就是实行的着手。具有对他人的交接的话,即便没有转移对价,也是既遂。"③

本书认为,主张一个犯罪存在多个既遂标准,显然有悖一个犯罪只有一个犯罪既遂标准的常识;主张只要行为人实施完成了拐骗、绑架、收买、接送、中转的行为之一就成立本罪的既遂,也不利于鼓励行为人及时中止犯罪(如在出卖前将被拐卖人送回原处),避免法益侵害结果的发生;我国的拐卖妇女、儿童罪与其他国家和地区的买卖人口罪的实质,都是将他人当作商品予以出售,本罪的主要实行行为是"卖",所以,还是应以出卖行为的完成,移交被拐卖人,即卖出为本罪的既遂。

4. 得到承诺的拐卖,是否还能构成拐卖妇女、儿童罪?

案4:妇女乙居住在山区,家庭贫困,父母想让她嫁给同村的丙,但乙不愿意。为了摆脱贫困,乙联系上甲,要求甲将自己卖给外地的富裕男子,与

---

① 张明楷:《刑法学》(第6版)(下册),法律出版社2021年版,第1169页。
② 参见王作富主编:《刑法分则实务研究》(中),中国方正出版社2010年版,第890页。
③ [日]大谷实:《刑法讲义各论》(新版第2版),成文堂2007年版,第102页。

之结为夫妻。甲按照乙的意愿,将乙带到外地的丁家。乙与丁见面后,双方均表示满意,甲从丁处收取6万元,后乙与丁登记结婚。

应该说,如果将该案事实表述为"穷地方的妇女,由于交通不便,从来没有走出过村庄,就让经常在外面出差的行为人把自己卖给外地的某个男人,行为人便将妇女带出去寻找买主,找到买主后,把妇女卖给买主,从买主那里获得非法报酬",就可能被认为行为人构成拐卖妇女罪。但如果将案件事实描述为"以前穷地方的妇女,由于交通不便,从来没有走出过村庄,就让经常在外面出差的行为人把自己带到什么地方找一个人结婚就行了,行为人将妇女带出去寻找合适的男方,然后从男方家里索要一笔钱",这样可能就被认为属于婚姻介绍,行为人不构成拐卖妇女罪。应该说,如果妇女愿意自己被卖给他人,不能称为"拐卖",不符合拐卖妇女罪的构成要件,不构成拐卖妇女罪。

案5:被拐卖人盘某之母(越南籍人)托被告人盘某妹帮忙在中国给其女儿找婆家,给付8000元她就同意。之后,经被告人联系,张某华与盘某见面,双方都表示满意。最终,收买者支付了23,000元,被拐卖人之母实际拿到了8000元。被拐卖人盘某到了张某华家后遂与张某华以夫妻关系相处共同生活。2009年7月,盘某在被湖南省茶陵警方遣送回原籍后,又回到张某华家中,并向警方表示,张某华对她好,她愿做张某华的妻子,不同意回越南。法院认定被告人盘某妹等人的行为构成拐卖妇女罪。[①]

应该说,上述判决是有问题的。被拐卖人对自己被出卖给人做妻子的事实有清醒的认识,并同意与收买人为夫妻,事实上也与收买人相处融洽,甚至被警方解救后还主动回到收买人身边。这充分说明被拐卖妇女存在真实有效的承诺,应阻却拐卖妇女罪的成立。

关于得到承诺的拐卖是否构成本罪,肯定论认为,"拐卖行为是否'违背被害人意志',不影响以本罪论处。即使在实践中,妇女、儿童自愿被卖也不能免除拐卖者的刑事责任,但在量刑时可考虑从轻"[②]。拐卖妇女罪不仅侵犯了被拐

---

① 参见湖南省株洲市中级人民法院刑事裁定书,(2010)株中法刑一终字第52号。
② 高铭暄、马克昌主编:《刑法学》(第10版),北京大学出版社、高等教育出版社2022年版,第477~478页。

卖妇女的人身自由、人格尊严,而且影响了被拐卖者家庭的稳定。被拐卖妇女的同意不过是表明拐卖行为不违背该妇女的主观意思,不侵犯其人身自由,但是由于人身权利具有的普遍意义,人自己不能把自己当成客体或商品予以出售,这会伤害人类的共同感情,因此,其同意并不能挽回拐卖行为对自己人格尊严和家庭稳定的侵犯。① 否定论认为,"本罪的构成必须以违背妇女、儿童的意志为前提。因为拐卖妇女、儿童罪侵犯的客体是他人人身自由权利和家庭关系,如果婚姻、收养关系不违背他人的意志,根本就谈不上对客体的侵害"②;"妇女对自己的行动自由有自我决定权,其基于本人的真实、自愿的意思对被拐卖的事实有承诺的,其承诺有效,阻却拐卖行为的违法性,拐卖者的行为不能成立本罪"③。折中说认为,"由于本罪是侵犯妇女、儿童人身自由与身体安全的犯罪,所以,如果行为得到了妇女的具体承诺,就阻却构成要件符合性,不应以犯罪论处……当然,联系《刑法》第234条之一第2款的规定,妇女有效同意的年龄应为18周岁以上。此外,拐卖儿童的,即使征得儿童同意,也成立拐卖儿童罪"④。

本书赞成折中说,即成年妇女的承诺有效,但儿童承诺无效。因为,侵犯人身权利罪一章都是侵害个人法益的犯罪(重婚罪除外),而个人法益除生命承诺放弃无效之外(有认为重大健康的承诺也无效),其他法益个人承诺放弃的,一般都应尊重当事人的意志自由,法律不应干涉。

5. 拐卖妇女、儿童罪是否是继续犯?

一般来说,某种犯罪是既成犯、继续犯还是状态犯,直接关系到共犯、罪数的认定以及追诉时效的起算,因而犯罪形态的确定具有重要意义。关于本罪的犯罪形态,有学者指出,在行为人拐取妇女、儿童之后,只要被拐取人仍然在行为人的实力支配之下,不仅法益的侵害状态仍然存在,而且侵害法益的行为本身也仍

---

① 参见梁利波:《拐卖妇女罪认定的两个问题》,载《检察日报》2009年12月21日,第3版。
② 王作富主编:《刑法分则实务研究》(中),中国方正出版社2010年版,第886页。
③ 周光权:《刑法各论》(第4版),中国人民大学出版社2021年版,第56页。
④ 张明楷:《刑法学》(第6版)(下册),法律出版社2021年版,第1168页。

然在继续,因此,拐卖妇女、儿童罪一般应当属于继续犯。①

本书认为,拐卖妇女、儿童罪主要实行行为是"卖",所侵害的主要法益应是被害人的人格尊严,故应以买卖行为的完成作为既遂标准。一旦出卖,因为被害人被完全置于收买人的实力支配之下,不仅法益侵害终了,而且法益侵害的状态也已消失,所以,宜认为拐卖妇女、儿童罪属于既成犯,其追诉时效应从拐卖行为完成即卖出之日开始计算。

6. 如何处理罪数与竞合?

《刑法》第241条第4款就收买被拐卖的妇女、儿童罪数罪并罚做出了规定,而拐卖妇女、儿童罪条文没有数罪并罚的规定。原因在于,拐卖妇女、儿童罪的法定最高刑可以达到死刑。一方面,对于在拐卖妇女、儿童过程中伴随发生的强奸、强迫卖淫、过失致人重伤或死亡的行为已经作为本罪的加重情节专门规定了加重法定刑;另一方面,对于伴随拐卖妇女、儿童发生的非法拘禁行为,仅以拐卖妇女、儿童罪进行评价就能做到罪刑相适应。除此之外,若对被拐卖的妇女、儿童实施故意伤害(如后所述,对故意伤害完全可能评价为该罪的加重情节)、故意杀人、侮辱等行为,完全可以数罪并罚,以做到罪刑相适应,无须设置数罪并罚的注意性规定。至于实施其他犯罪后再进行出卖的,也应数罪并罚。例如,为勒索财物或者满足其他不法要求的目的绑架控制他人,后改变犯意,进而出卖人质的,应该以绑架罪与拐卖妇女、儿童罪数罪并罚。又如,出于收养的目的拐骗儿童,后改变犯意加以出卖的,应该以拐骗儿童罪与拐卖儿童罪数罪并罚。

拐卖妇女、儿童罪与非法拘禁罪,收买被拐卖的妇女、儿童罪,拐骗儿童罪之间存在竞合关系。有学者明确指出,"非法拘禁罪的行为人不能以出卖为目的"②。这种明确区分此罪与彼罪之间界限的观点,会导致实务中无所适从。例如,虽然行为人控制着被害人,但既不能证明行为人具有出卖的目的,也不能查明行为人没有出卖的目的,这样便因为不能证明行为人具有出卖的目的而不能

---

① 参见杨金彪:《拐卖妇女儿童罪的几个问题》,载《现代法学》2004年第5期。
② 刘宪权:《论我国惩治拐卖人口犯罪的刑法完善》,载《法学》2003年第5期。

定拐卖妇女、儿童罪,同时,因为不能证明行为人没有出卖的目的,也不能定非法拘禁罪,结果只能是无罪。无罪的结论显然不合适。我们只需这样描述:成立非法拘禁罪、收买被拐卖的妇女、儿童罪以及拐骗儿童罪,行为人无须具有出卖的目的,只要能够证明已经控制他人的人具有出卖的目的,就能以拐卖妇女、儿童罪定罪处罚。否则,在实务中难免会因为不能证明行为人是否具有出卖的目的而"苦恼"。换言之,非法拘禁他人,不能证明行为人具有出卖目的的,直接定非法拘禁罪,能证明具有出卖目的的,定拐卖妇女、儿童罪;收买被拐卖的妇女、儿童,不能证明收买人具有出卖目的的,只能定收买被拐卖的妇女、儿童罪,否则,定拐卖妇女、儿童罪;拐骗儿童的,不能证明行为人具有出卖目的的,定拐骗儿童罪,否则,定拐卖儿童罪。

7. 3次拐卖同一名妇女的,能否认定为"拐卖妇女三人以上"？

虽然一般认为多次强奸同一名妇女,不能评价为"强奸妇女多人",但3次拐卖同一名妇女,因为3次侵害妇女的人格尊严,与拐卖妇女3人在法益侵害程度上没有差异,所以值得以拐卖妇女罪的加重犯"拐卖妇女三人以上"进行评价。

8. 既拐卖一名妇女又拐卖一名儿童的,能否数罪并罚？

刑法理论通说认为,本罪是所谓对象选择型选择性罪名,行为人既拐卖妇女,又拐卖儿童的,仅以拐卖妇女、儿童罪一罪定罪处罚。事实上,我国刑法理论通说过分扩大了选择性罪名的范围,又错误地坚持选择性罪名不能并罚。应该说,是否是选择性罪名与是否数罪并罚毫无关系。选择性罪名不是法定概念,不管是否是选择性罪名,都不应将其与是否数罪并罚硬性挂钩。本罪之所以将妇女、儿童并列规定,是因为在立法者看来,拐卖妇女与拐卖儿童法益侵害性相当,为了节省刑法条文而一并规定而已。因为本罪保护的是一身专属法益,加之《刑法》第240条仅将"拐卖妇女、儿童三人以上"规定为加重情节,而本罪基本犯的常态是拐卖一名妇女或者一名儿童,所以,既拐卖一名妇女又拐卖一名儿童的,应当以拐卖妇女罪与拐卖儿童罪数罪并罚。行为人拐卖两名妇女的,也应以拐卖妇女罪同种数罪并罚，拐卖两名儿童的，也应以拐卖儿童罪同种数罪并罚。

9. 拐卖双性人、变性人，是否构成本罪？

因为双性人、变性人也具有女性的特征，所以拐卖双性人、变性人，也能成立拐卖妇女罪。如果拐卖由女性变为男性的成年变性人，则不能构成拐卖妇女罪。

10. 拐卖14周岁以上的男性公民，如何处理？

拐卖14周岁以上的男性公民的，不能构成拐卖妇女、儿童罪，只可能构成非法拘禁罪、故意伤害罪等罪。

11. 认为区分民间送养与出卖亲生子女的关键在于是否具有非法获利目的的司法解释规定，有无疑问？

案6：甲未婚先孕，但在怀孕7个月时男朋友出走，于是甲便回娘家居住。之后，在母亲乙的陪护下，甲在医院生下一个男婴。在甲生产后第二天，母亲便瞒着她将婴儿送与丙抚养，并收取营养费3万元。事后，母亲告诉甲婴儿已夭折。丙又把婴儿交给多年未孕的女儿丁及其丈夫抚养。

在该案中，将孩子送养的是外婆，不是父母，不能适用2010年最高人民法院、最高人民检察院、公安部、司法部《关于依法惩治拐卖妇女儿童犯罪的意见》（以下简称《拐卖意见》）的规定。不能认为外婆是将孩子当商品出卖，她只是想让孩子离开母亲，以使母亲今后的生活不受影响。外婆为孩子找的是有抚养目的和抚养能力的人家，收取的3万元并非孩子的对价，也并非《拐卖意见》所称的"明显不属于'营养费''感谢费'的巨额钱财"。因此，外婆的行为不构成拐卖儿童罪。

《拐卖意见》指出，以非法获利为目的，出卖亲生子女的，应当以拐卖妇女、儿童罪论处。要严格区分借送养之名出卖亲生子女与民间送养行为的界限。区分的关键在于行为人是否具有非法获利的目的。应当通过审查将子女"送"人的背景和原因，有无收取钱财及收取钱财的多少，对方是否具有抚养目的及有无抚养能力等事实，综合判断行为人是否具有非法获利的目的。

应该说,《拐卖意见》将具有获利目的作为出卖亲生子女构成拐卖妇女、儿童罪的主观要素,是完全没有必要的。因为:其一,拐卖妇女、儿童罪是侵害人身自由与人不能被作为商品买卖的人格尊严的犯罪,出卖者是否具有非法获利的目的,并不影响其行为是否侵害本罪所保护的法益的判断。不能因为行为人收取的钱财多,就认为其行为侵害了儿童的人身自由和人格尊严,收取的钱财少就没有侵害法益。其二,在法定的出卖目的之外,添加非法获利目的,既没有依据,也没有必要。

总之,以有无获利目的区分送养与拐卖,并不是一条好的路径。因为父母收取此前的抚养费,也可以说是获利目的。《刑法》没有理由禁止父母收取大量的营养费、感谢费。也就是说,《刑法》没有理由要求父母只收取少量营养费、感谢费。上述《拐卖意见》的规定,可能导致根据收取的费用多少来区分罪与非罪,显然与本罪的保护法益相背离。

如果父母不想抚养子女或者由于某种原因不能抚养子女,在调查了解了对方的家庭环境、接受儿童的目的后,认为对方会抚养好儿童,然后将儿童交付给对方,不论收取了多少钱,也不论是以什么名义收钱,都不宜认定为拐卖儿童罪。反之,如果明知对方不会抚养好儿童,甚至知道对方会虐待、残害儿童,而将儿童有偿交付给对方,即使要的钱很少,也应当认定为拐卖儿童罪。有的父母为了获利出卖亲生子女,而根本不关心接收者如何对待儿童,对此一般能认定为拐卖儿童罪。

12. 对象认识错误的,如何处理?

案7:乙想收买一名不满14周岁的男童,甲得知后将流浪儿丙拐卖给乙。但其实,丙是15周岁的少女。

一般认为,这属于同一构成要件内的对象认识错误,不影响故意既遂犯的认定,应根据客观来定罪,认定为拐卖妇女罪的既遂。

应该说,妇女、儿童同属于拐卖妇女、儿童罪的对象,误将男童当妇女拐卖的,成立拐卖儿童罪既遂;相反,误将妇女当男童拐卖的,成立拐卖妇女罪既遂。但如果误将成年男子当男童拐卖,因为客观上不存在儿童,所以不能成立拐卖儿童罪;相反,误将男童当成年男子拐卖的,则因为行为人没有拐卖儿童的故意,所以不能成立拐卖儿童罪。至于误将女童当成年妇女,或者误将成年妇女当女童拐卖的,都成立拐卖妇女、儿童罪的既遂。

13. 强抢婴幼儿的,如何处理?

婴幼儿不是财产,所以抢劫婴幼儿本身,不能评价为抢劫罪,但如果连同婴幼儿身上的衣服一起抢走,可以成立针对衣服的抢劫罪。如果出于出卖的目的强抢婴幼儿,成立拐卖儿童罪;出于勒索财物或者满足其他不法要求的目的强抢婴幼儿,成立绑架罪;出于自己收养的目的强抢婴幼儿,成立拐骗儿童罪。

14. 对于故意伤害被拐卖的妇女、儿童应当以拐卖妇女、儿童罪与故意伤害罪数罪并罚的司法解释规定,有无疑问?

《拐卖意见》规定,拐卖妇女、儿童,又对被拐卖的妇女、儿童实施故意杀害、伤害、猥亵、侮辱等行为,构成其他犯罪的,依照数罪并罚的规定处罚。

对于上述规定可能存在疑问。作为拐卖妇女、儿童罪加重犯的"造成被拐卖的妇女、儿童或者其亲属重伤、死亡或者有其他严重后果"中的"重伤"肯定包括过失致人重伤。也就是说,过失造成被拐卖的妇女、儿童重伤的,以拐卖妇女、儿童罪的加重犯论处,可以判处10年以上有期徒刑、无期徒刑甚至死刑,而故意重伤被拐卖的妇女、儿童的,以拐卖妇女、儿童罪的基本犯与故意(重)伤害罪数罪并罚,最重只能判处20年以下刑罚,明显罪刑不相适应。因此,对于故意重伤被拐卖的妇女、儿童的,也应当评价为"造成被拐卖的妇女、儿童重伤",适用拐卖妇女、儿童罪的加重法定刑。

15. 如何认定"诱骗、强迫被拐卖的妇女卖淫或者将被拐卖的妇女卖给他人迫使其卖淫"?

诱骗、强迫被拐卖的妇女卖淫,是引诱卖淫罪、强迫卖淫罪与拐卖妇女罪的结合犯。将被拐卖的妇女卖给他人迫使其卖淫,是指将妇女(包括幼女)出卖给组织、强迫、引诱卖淫的犯罪分子,进而使妇女从事卖淫活动。应该认为,只有被拐卖的妇女实际从事了卖淫活动或者实际被强迫卖淫的,才能认定为拐卖妇女罪的加重犯。

16. 对于对婴幼儿采取欺骗、利诱等手段使其脱离监护人或者看护人的视为"偷盗婴幼儿"的司法解释规定,有无疑问?

对于偷盗婴幼儿的,根据目的不同成立不同的犯罪:出于出卖目的的,成立拐卖儿童罪;出于勒索财物或者满足其他不法要求目的的,成立绑架罪;出于自己收养目的的,成立拐骗儿童罪。

《刑法》第 240 条第 1 款第 6 项将"以出卖为目的,偷盗婴幼儿"规定为拐卖儿童罪的加重情节。2016 年 12 月 21 日最高人民法院公布的《关于审理拐卖妇女儿童犯罪案件具体应用法律若干问题的解释》指出,对婴幼儿采取欺骗、利诱等手段使其脱离监护人或者看护人的,视为刑法第 240 条第 1 款第 6 项规定的"偷盗婴幼儿"。

本书认为,将欺骗、利诱手段评价为"偷盗婴幼儿"存在疑问。一般人所理解的"偷盗",是指违反被害人意志的行为。偷盗应该相当于盗窃,顶多包括抢劫(强盗)。认为"偷盗"包括欺骗(诈骗)、利诱行为,可能超出了一般人的预测可能性范围。

17. 行为人与妇女通谋,将该妇女介绍与某人成婚,获得钱财后,行为人与该妇女双双逃走的,如何处理?

这种行为是共同诈骗行为,不能认定为拐卖妇女罪,如果诈骗数额较大,应当以诈骗罪论处。

18. 对于在拐骗儿童后又将儿童出卖的以拐卖儿童罪一罪论处的司法解释规定,有无疑问?

《拐卖意见》第 15 条规定:"以抚养为目的偷盗婴幼儿或者拐骗儿童,之后予以出卖的,以拐卖儿童罪论处。"这一观点可能借鉴了《刑法》第 241 条第 5 款的规定。但是,《刑法》第 241 条第 5 款的规定属于法律拟制(将数罪拟制为一罪),只适用于被拟制的场合。因此,对于上述行为应当以拐骗儿童罪与拐卖儿童罪数罪并罚。

19. 如何理解认定"奸淫被拐卖的妇女"?

案8:被告人彭某江因与被拐卖人韦某兰本就认识,在拐卖途中,双方自愿发生性关系。一审、二审法院以拐卖妇女罪判处被告人彭某江5年有期徒刑。[①]

在该案中,从对被告人最终判处的刑罚来看,没有认定为"奸淫被拐卖的妇女"。应该说,法院的判决是正确的。

案9:被告人范某永、王某打算出卖被害人仇某,在出卖之前范某永在王某的帮助下强行与仇某发生性关系,后出卖未果,被害人趁被告人不备逃走。一审法院以拐卖妇女罪分别判处王某、范某永有期徒刑5年和6年,二审法院以拐卖妇女罪分别判处王某、范某永有期徒刑6年和10年。[②]

在该案中,强奸虽已既遂,但尚未卖出,应属于拐卖未遂。虽然应认定为"奸淫被拐卖的妇女"而适用加重法定刑,但应同时适用未遂犯从轻或者减轻处罚的规定。

案10:被告人南某等人强行劫持多名被害妇女,先行强奸(包括轮奸),尔后出卖。一审、二审法院认定构成强奸罪与拐卖妇女罪并数罪并罚。[③]

由于"奸淫被拐卖的妇女"以拐卖妇女罪的加重犯处理是一种结合犯,因而拐卖意图产生于奸淫之前还是之后并不重要,均应认定为拐卖妇女罪的加重情节。在具有轮奸情节的场合,由于轮奸的法定刑与拐卖妇女罪的加重法定刑相当,若认为以强奸罪论处处罚更重,可以认定构成强奸罪(二人以上轮奸)与拐卖妇女罪的基本犯,数罪并罚。但如果没有认定轮奸情节,认定为强奸罪与拐卖妇女罪数罪并罚,比认定为拐卖妇女罪的加重犯处罚还要轻。因此,是认定为数罪并罚还是加重犯,主要考量的是罪刑是否相适应。

[①] 参见云南省高级人民法院刑事裁定书,(2008)云高刑终字第254号。
[②] 参见山东省枣庄市中级人民法院刑事判决书,(2008)枣刑一终字第6号。
[③] 参见安徽省高级人民法院刑事裁定书,(2009)皖刑终字第0276号。

如何理解"奸淫被拐卖的妇女",理论上存在分歧。分歧有三:(1)这里的妇女是否包括幼女;(2)是否必须违背妇女的意志;(3)是否在实施奸淫时就必须具有出卖的意图。

很显然,在奸淫幼女后将其出卖的,比在奸淫成年妇女后将其出卖的法益侵害性更重,理应处罚更重。刑法用语的含义具有相对性,为了实现处罚的协调,应当认为这里的"妇女"包括"幼女"。

关于是否需要违背妇女意志,有人认为,"在拐卖过程中,奸淫被拐卖的妇女,不论行为人是否使用了暴力或胁迫手段,也不论被害人是否有反抗行为,均应视为拐卖妇女情节严重,不再单独定强奸罪"[1]。有人主张,如果妇女(不包括幼女)基于真实意志同意性交行为,或者说行为人与妇女实施的性交行为不具有任何强制性,则应排除在外。[2] 由于"奸淫被拐卖的妇女"是拐卖妇女罪的加重情节,应当认为,只有违背了妇女意志强行性交的行为,才值得以加重犯进行评价。换句话说,如果妇女(不包括幼女)基于真实意志同意性交行为,或者说行为人与妇女实施的性交行为不具有任何强制性,则应排除在外。当然,对于"强制性"的判断应当充分考虑被拐卖妇女处于行为人的非法支配之下这一特殊处境。一般来说,只要相关事实表明性交行为违反被拐卖妇女的意志,就足以认定为具有"强制性"。

至于是否需要在奸淫前就有拐卖的意图,学界显然还没有定论。从理论上来讲,拐卖的意图应当产生于奸淫之前。但是,如果要求在奸淫之前就有拐卖的意图,就会导致处罚的不均衡。拐卖意图产生在奸淫之后的,以强奸罪与拐卖妇女、儿童罪的基本犯数罪并罚,通常最高只能判处 20 年有期徒刑;相反,出卖意图产生在奸淫之前的,认定为拐卖妇女、儿童罪的加重情节,可能被判处无期徒刑甚至死刑。而且,这样处理无疑是告知被告人一条避重就轻的辩护思路。换言之,对拐卖意图是产生在奸淫之前还是之后做出不同处理,并不合适。"奸淫被拐卖妇女",其实是一种结合犯,即将原本应数罪并罚的行为结合为一罪。

---

[1] 周光权:《刑法各论》(第 4 版),中国人民大学出版社 2021 年版,第 56 页。
[2] 参见张明楷:《刑法学》(第 6 版)(下册),法律出版社 2021 年版,第 1170 页。

这样,拐卖意图是产生于奸淫之前还是之后就不是重要的问题了。而且,既然是结合犯,既未遂应该取决于拐卖行为的既未遂。换言之,在强奸未遂后拐卖的,不能认定为"奸淫被拐卖的妇女",只能认定为强奸未遂与拐卖妇女罪的基本犯数罪并罚;在强奸既遂后拐卖未遂的,认定为加重犯的未遂,适用加重法定刑,同时适用总则关于未遂犯从轻、减轻处罚的规定。

20."造成被拐卖的妇女、儿童或者其亲属重伤、死亡",是否包括自杀、自残?

有观点认为,"造成被拐卖妇女、儿童或者其亲属重伤、死亡或者其他严重后果",包括由于犯罪分子的拐卖行为或者侮辱、殴打等行为引起的被害人或者其亲属自杀、精神失常或者其他严重后果。[①] 应该说,因为"造成被拐卖的妇女、儿童或者其亲属重伤、死亡"是拐卖妇女、儿童罪的加重情节,法定刑很重,所以拐卖行为引起被拐卖的妇女、儿童或者其亲属自残、自杀的,不符合缓和的结果归属的条件,不宜将引起自杀、自残评价为拐卖妇女、儿童罪的加重情节。

第二节 收买被拐卖的妇女、儿童罪

·导 读·

收买被拐卖的妇女、儿童罪的法益,是人不能被作为商品买卖的人格尊严。个人同意拐卖的,收买者不能构成收买被拐卖的妇女、儿童罪。本罪属于状态犯,收买行为完成、被拐卖人被置于收买人的实力支配之下,犯罪就既遂,以后只是违法状态的持续。本条第3款规定既有注意规定的一面,也有法律拟制的一面。在收买被拐卖的妇女、儿童后,对其实施强奸、非法拘禁、故意伤害等行为,之后又将其出卖的,应以强奸罪、非法拘禁、故意伤害

---

① 参见刘宪权主编:《刑法学》(第6版)(下册),上海人民出版社2022年版,第592页。

罪等罪与拐卖妇女、儿童罪实行数罪并罚。无论一次还是多次,收买了多名妇女、儿童的,都应根据收买的人数,实行同种数罪并罚。

收买被拐卖的妇女、儿童罪与拐卖妇女、儿童罪构成要件之间,不是对立关系而是竞合关系。在他人收买儿童后参与抚养的,不成立收买被拐卖的儿童罪的共犯。如果收买行为已经完成,再提供户籍证明、出生证明等帮助,不可能评价为收买被拐卖的妇女、儿童罪的共犯。为了自己收买而教唆、帮助他人拐卖妇女、儿童的,因为没有超出收买行为的范畴,应当认定成立收买被拐卖的妇女、儿童罪,而不是拐卖妇女、儿童罪的共犯。在买卖双方之间进行居间介绍的,成立拐卖妇女、儿童罪的共犯。铲除拐卖妇女、儿童犯罪,不能靠重刑和"买卖同刑",只能靠有罪必罚,及时严格追究拐卖者和收买者的刑事责任。

/ 条　文 /

第二百四十一条 【收买被拐卖的妇女、儿童罪】收买被拐卖的妇女、儿童的,处三年以下有期徒刑、拘役或者管制。

收买被拐卖的妇女,强行与其发生性关系的,依照本法第二百三十六条的规定定罪处罚。

收买被拐卖的妇女、儿童,非法剥夺、限制其人身自由或者有伤害、侮辱等犯罪行为的,依照本法的有关规定定罪处罚。

收买被拐卖的妇女、儿童,并有第二款、第三款规定的犯罪行为的,依照数罪并罚的规定处罚。

收买被拐卖的妇女、儿童又出卖的,依照本法第二百四十条的规定定罪处罚。

收买被拐卖的妇女、儿童,对被买儿童没有虐待行为,不阻碍对其进行解救的,可以从轻处罚;按照被买妇女的意愿,不阻碍其返回原居住地的,可以从轻或者减轻处罚。

实务疑难问题

1. 收买被拐卖的妇女、儿童罪的保护法益是什么?

关于本罪的法益(通说称客体),代表性的观点有:(1)本罪的客体是人身不受买卖的权利;(2)收买被拐卖的妇女、儿童罪侵害的客体是复杂客体,不仅侵犯了被收买妇女、儿童的人身自由、人格尊严,而且还影响了被收买者家庭的稳定;(3)本罪侵犯的客体是被拐卖、绑架的妇女、儿童的人身权利和人格尊严;(4)本罪侵犯的客体是妇女、儿童的人身自由权利;(5)本罪的法益是被害妇女、儿童的人身自由与身体安全。

"人具有人格,既非物,亦非动物,故不能成为买卖或质押的标的。"[①]收买被拐卖的妇女、儿童罪的本质是把人当作商品加以购买,因而是对人格尊严的严重侵犯。若认为本罪还侵犯人身自由与身体安全,则在收买后剥夺他人自由、伤害的,就不应在本罪之外另定非法拘禁罪、故意伤害罪,这显然与《刑法》第241条第4款关于数罪并罚的规定相冲突。之所以认为拐卖妇女、儿童罪侵害的法益除人格尊严外,还侵害了被拐卖人的人身自由及安全,显然是因为实施拐卖行为过程中通常伴随着非法剥夺自由、伤害行为的发生,而且拐卖妇女、儿童罪的法定最高刑可以达到死刑,远远高于收买被拐卖的妇女、儿童罪的法定刑(法定最高刑只有3年有期徒刑)。因此,本书认为,收买被拐卖的妇女、儿童罪的法益,只能是人不能被作为商品买卖的人格尊严。

2. 个人同意拐卖的,收买者还能否构成收买被拐卖的妇女、儿童罪?

案1:被拐卖人盘某之母(越南籍人)托被告人盘某妹帮忙在中国给其女儿找婆家,给付8000元她就同意。之后,经被告人联系,张某华与盘某见面,双方都表示满意。最终,收买者支付了23,000元,盘某之母实际拿到了8000元。被拐卖人盘某到了张某华家后遂与张某华以夫妻关系相处共同生活。2009年7月,盘某在被湖南省茶陵警方遣送回原籍后,又回到张某

---

① 林山田:《刑法各罪论》(修订5版)(上册),台北,作者发行2005年版,第176页。

华家中,并向警方表示,张某华对她好,她愿做张某华的妻子,不同意回越南。法院认定张某华构成收买被拐卖的妇女罪。①

上述判决是有问题的。被拐卖人对自己被出卖给人做妻子的事实有清醒的认识,并同意与收买人为夫妻,事实上也与收买人相处融洽,甚至被警方解救后还主动回到收买人身边。这充分说明被拐卖妇女承诺真实有效。其实该案属于婚姻介绍,不是拐卖和收买妇女、儿童。

刑法理论通说认为,无论是否违背被收买人意志,都不影响犯罪成立。② 但是,个人法益除生命(有观点认为,放弃重大健康的承诺也无效)这类重大法益不能承诺放弃外,为尊重个人的意思自由,原则上应认为放弃个人法益的承诺都是有效的。收买被拐卖的妇女、儿童罪侵犯的是被拐卖的妇女、儿童的人格尊严。对于人格尊严法益,个人显然可以承诺放弃。例如,为了得到他人的1000元而甘愿当众从他人胯下钻过或者学狗爬,他人显然不构成侮辱罪。当然,结合《刑法》第234条之一第2款的规定,应将有效承诺的年龄限定为18周岁以上。也就是说,18周岁以上的成年妇女承诺同意他人收买自己的,他人不构成收买被拐卖的妇女罪。18周岁以下的女性和14周岁以下的男童的承诺是无效的,他人仍然构成收买被拐卖的妇女、儿童罪。

3. 收买被拐卖的妇女、儿童罪是既成犯、状态犯还是继续犯?

案2:2000年4月上旬的一天,被告人路某舍为了帮其弟(路某松,31岁)成婚,从王某志处以5000元人民币收买被王某志拐卖的女青年李某琴。6月6日公安人员在驻马店火车站内将欲返回原居住地的李某琴解救,后抓获被告人。法院认为,被告人路某舍为达到促使他人结婚的目的,明知李某琴是被拐卖的妇女仍用现金收买,其行为已构成收买被拐卖的妇女罪……判决如下:被告人路某舍犯收买被拐卖的妇女罪,判处管制1年。③

---

① 参见湖南省株洲市中级人民法院刑事裁定书,(2010)株中法刑一终字第52号。
② 参见高铭暄、马克昌主编:《刑法学》(第10版),北京大学出版社、高等教育出版社2022年版,第479页。
③ 参见武汉铁路运输法院刑事判决书,(2000)武刑初字第150号。

在该案中,路某松只是接受被告人路某舍为其购买的妻子,本人并未参与收买行为,故不成立收买被拐卖的妇女罪的共犯;若在生活期间存在非法拘禁、强奸被拐卖的妇女等犯罪行为的,单独以这些犯罪定罪处罚。故法院仅认定路某舍构成收买被拐卖的妇女罪是正确的。

本书认为,由于本罪的保护法益是人格尊严,随着收买行为的完成,犯罪就随之终了,此后只是违法状态的继续,因而属于状态犯。若认为本罪属于继续犯,则意味着:在收买后他人参与看管、抚养的,也能成立收买被拐卖的妇女、儿童罪的共犯;收买人本人在收买后剥夺被拐卖人人身自由的,也不另外成立非法拘禁罪,这显然与《刑法》第241条第3款、第4款的规定相冲突,因而不合适。换言之,第3、4款的规定以及本罪较低法定刑的配置,充分说明本罪不是继续犯而是状态犯。故而收买行为完成之后,他人参与看管的,只能成立非法拘禁罪的共犯,而不能成立本罪的共犯;收买人在收买完成后非法拘禁被收买人,另外成立非法拘禁罪;追诉时效也应从收买行为完成之日起开始计算。

4.《刑法》第241条第2款、第3款、第4款规定是注意规定还是法律拟制?

应该说,只有在违背被拐卖妇女的意志强行与其发生性关系而完全符合强奸罪构成要件时,才能以强奸罪定罪处罚。因此,《刑法》第241条第2款"收买被拐卖的妇女,强行与其发生性关系的,依照本法第二百三十六条的规定定罪处罚"的规定属于注意规定。

收买被拐卖的妇女、儿童,对之实施非法剥夺人身自由、伤害、侮辱等犯罪行为,只有完全符合非法拘禁罪、故意伤害罪、侮辱罪等罪构成要件的,才能依有关规定定罪处罚。从这个意义上来讲,本条第3款的规定也可谓注意规定。不过,该款规定非法限制被拐卖的妇女、儿童人身自由的,也以有关规定定罪处罚。立法者正是因为知道只有非法剥夺他人人身自由才能构成非法拘禁罪,而特意强调非法限制他人人身自由的,也能以非法拘禁罪定罪处罚。从这个角度来讲,本款也有法律拟制的一面。之所以要将对被拐卖的妇女、儿童实施非法限制人身自由的行为也认定为非法拘禁罪,是因为考虑到被拐卖的妇女、儿童的特殊处境,即便只是限制其人身自由,也难逃收买者的"魔掌"。也就是说,为了加强对被拐卖妇女、儿童的保护,对于非法限制被拐卖的妇女、儿童的人身自由的,也应以非法拘禁罪定罪处罚。因此,本条第 3 款规定既有注意规定的一面,也有法律拟制的一面。

本条第 4 款关于"收买被拐卖的妇女、儿童,并有第二款、第三款规定的犯罪行为的,依照数罪并罚的规定处罚"的规定,显然属于注意规定。

5. 在收买后实施强奸、非法拘禁等行为,之后又出卖的,是定拐卖一罪还是数罪并罚?

对此,张明楷教授认为,"由于刑法规定'收买被拐卖的妇女、儿童又出卖的',依照拐卖妇女、儿童罪论处,而拐卖妇女、儿童罪的行为包括了非法拘禁行为,法定刑升格情节中包括了强奸行为,故仅认定为拐卖妇女、儿童罪即可,没有必要实行数罪并罚。否则,会造成量刑的不协调。但是,如果行为人在收买被拐卖的妇女、儿童后实施了拐卖妇女、儿童罪不能包含的其他犯罪行为,如故意伤害行为,即使以后又出卖的,也应以拐卖妇女、儿童罪与故意伤害罪实行数罪并罚"[1]。有学者不以为然,认为"尽管后来由于行为人产生了出卖的目的,其收买的行为随即转化为拐卖行为,但对其强奸行为仍应单独追究刑事责任,并与拐卖妇女的行为实施数罪并罚。我们不能因为拐卖妇女罪中的法定加重情节中包含有奸淫妇女的内容,而认为由收买被拐卖的妇女行为转化而成的拐卖妇女行为中也包含了这一内容。否则就与《刑法》所规定的内容背离,不符合罪刑法定的原则"[2]。

张明楷教授的观点的确值得商榷。首先,虽然存在在收买后又出卖的以拐卖妇女、儿童罪定罪处罚的规定,但这只是就在收买后又出卖的罪数的拟制规定,不能及于其他。其次,虽然拐卖妇女、儿童罪的行为包含了非法拘禁行为,但收买被拐卖的妇女、儿童罪的行为并不包含非法拘禁行为,而是应当以收买被拐卖的妇女、儿童罪与非法拘禁罪数罪并罚。严格说来,在收买被拐卖的妇女、儿

---

[1] 张明楷:《刑法学》(第 6 版)(下册),法律出版社 2021 年版,第 1172~1173 页。
[2] 刘宪权主编:《刑法学》(第 6 版)(下册),上海人民出版社 2022 年版,第 594 页。

童后对其实施非法拘禁行为的,非法拘禁的对象是"被收买的妇女、儿童",而非"被拐卖的妇女、儿童"。再次,固然拐卖妇女、儿童罪的升格情节包括了强奸行为,即"奸淫被拐卖的妇女",但在收买被拐卖的妇女后实施强奸的,强奸的对象是"被收买的妇女",而非"被拐卖的妇女"。也就是说,只有在拐卖妇女过程中强奸妇女的,才是"奸淫被拐卖的妇女"。因此,在收买后强奸的并不符合拐卖妇女罪加重犯"奸淫被拐卖的妇女"的适用条件。最后,对于在收买被拐卖的妇女、儿童后,对其实施强奸、非法拘禁行为,之后又将其出卖的,只有以强奸罪、非法拘禁罪与拐卖妇女、儿童罪数罪并罚,才能与在收买被拐卖的妇女、儿童后实施故意伤害等行为,以故意伤害罪等罪与拐卖妇女、儿童罪实行数罪并罚的处理相协调。

总之,本书认为,在收买被拐卖的妇女、儿童后,对其实施强奸、非法拘禁、故意伤害等行为,之后又将其出卖的,应以强奸罪、非法拘禁罪、故意伤害罪等罪与拐卖妇女、儿童罪实行数罪并罚。

6. 一次收买多名妇女、儿童的,是定一罪还是应数罪并罚?

刑法理论通说认为,同种数罪不应并罚。可是,收买被拐卖的妇女、儿童罪所保护的法益是个人专属法益,理当予以个别保护;而且,收买被拐卖的妇女、儿童罪的法定最高刑只有3年有期徒刑,不数罪并罚,显然不能做到罪刑相适应。也就是说,对于同种数罪,为实现罪刑相适应,原则上应当数罪并罚。[①] 因此,为有效保护法益及实现罪刑相适应,无论一次还是多次,收买了多名妇女、儿童的,都应当根据收买的人数,实行同种数罪并罚。[②]

7. 收买被拐卖的妇女、儿童罪与拐卖妇女、儿童罪构成要件之间是否是对立关系?

关于收买被拐卖的妇女、儿童罪与拐卖妇女、儿童罪之间的关系,刑法理论通说总是强调,"收买被拐卖的妇女、儿童罪与拐卖妇女、儿童罪之间最主要的

[①] 参见张明楷:《论同种数罪的并罚》,载《法学》2011年第1期。
[②] 根据规范行为论,即便是一次收买多名妇女、儿童,在规范性意义上,也存在多个行为,同时侵害了多个个人专属法益,不是想象竞合犯,而应数罪并罚。

区别就在于行为人的主观目的:收买被拐卖的妇女、儿童罪的行为人不能以出卖为目的,而拐卖妇女、儿童罪的行为人则必须以出卖为目的"[1]。可是,若坚持认为前者不能以出卖为目的,后者必须以出卖为目的,两者之间就是对立关系。这种"互斥论"可能导致实务中的很多问题难以处理。例如,在不能证明收买被拐卖的妇女、儿童的人是否具有出卖目的时,既不能定拐卖妇女、儿童罪(因为没有查明行为人具有出卖的目的),也不能定收买被拐卖的妇女、儿童罪(因为没有查明行为人不具有出卖的目的),结果只能宣告无罪(构成非法拘禁罪的,则另当别论)。无罪的结论显然不合适。其实,我们在描述两罪关系时,只需说明,如果具有出卖目的,便定拐卖妇女、儿童罪,这样两罪之间就是一种竞合关系。当不能查明行为人是否具有出卖的目的时,但能证明存在收买事实的,至少成立收买被拐卖的妇女、儿童罪。两人共同收买被拐卖的妇女、儿童,不具有出卖目的也不知悉他人具有出卖目的的,仅成立收买被拐卖的妇女、儿童罪的共犯;具有出卖目的的,单独成立拐卖妇女、儿童罪。

8. 在他人收买儿童后参与抚养的,能否成立收买被拐卖的儿童罪的共犯?

收买被拐卖的妇女、儿童罪是状态犯,不是继续犯,收买行为完成,即被拐卖的妇女、儿童被置于收买者的实力支配下就成立本罪的既遂,之后只是不法状态的持续。在他人收买妇女、儿童后与被拐卖的妇女、儿童共同生活的,不构成共犯;参与抚养儿童的,属于降低风险的行为,不成立收买被拐卖的儿童罪的共犯。当然,若实施了非法拘禁、虐待、强奸、侮辱等犯罪行为,完全可以单独或共同成立非法拘禁、虐待、强奸、侮辱罪,但还是不能成立收买被拐卖的妇女、儿童罪的共犯。

9. 对于"明知他人收买被拐卖的妇女、儿童,仍然向其提供户籍证明、出生证明的以收买被拐卖的妇女、儿童罪的共犯论处,但是收买人未被追究刑事责任除外"的司法解释规定,有无疑问?

《拐卖意见》规定:"明知他人收买被拐卖的妇女、儿童,仍然向其提供被收

---

[1] 刘宪权主编:《刑法学》(第6版),上海人民出版社2022年版,第594页。

买妇女、儿童的户籍证明、出生证明或者其他帮助的,以收买被拐卖的妇女、儿童罪的共犯论处,但是,收买人未被追究刑事责任的除外。"

上述司法解释至少存在两点疑问:一是认为作为正犯的收买者未被追究刑事责任的就不能追究共犯者的刑事责任,这显然是早已被国内外学界抛弃的极端从属性甚至夸张从属性说的观点。按照现在大家普遍接受的限制从属性说的观点,只要正犯实施了符合构成要件的违法行为,就能够追究共犯的刑事责任。也就是说,只要作为正犯的收买者实施了收买被拐卖的妇女、儿童的行为,即便收买者因为缺乏刑事责任能力、未达刑事责任年龄等因素而不能被追究刑事责任,由于正犯实施了符合构成要件的违法行为,也能单独追究共犯者的刑事责任。二是认为在收买行为完成即既遂之后提供帮助的也能成立共犯,也违背了共犯只能在正犯既遂之前参与的常识。也就是说,如果收买行为已经完成,再提供户籍证明、出生证明等帮助,不可能评价为收买被拐卖的妇女、儿童罪的共犯。

10. 教唆、帮助他人拐卖,后卖给自己的,是成立拐卖的共犯还是收买被拐卖的妇女、儿童罪?

案3:2009年底,南乐县千口乡北郭村赵某向其亲戚崔某表示想收养一男婴,崔某即联系在山西省临汾市居住的被告人林某才帮忙。2010年1月26日,被告人林某才经人介绍,得知山西省汾阳市生富医院内平遥县香乐乡香乐村任某妻子出生的第四胎男婴欲出卖,在联系崔某后被告人林某才将男婴从山西省汾阳市送到南乐县,赵某先后给付林某才现金36,000元。法院认为,"被告人林某才明知是被拐卖的儿童而帮助他人予以收买,其行为已构成收买被拐卖的儿童罪……判决如下:被告人林某才犯收买被拐卖的儿童罪,判处有期徒刑九个月"。[①]

在该案中,崔某受人委托,联系林某才,林某才又经人介绍得知有人欲出卖婴儿,由于出卖者原本就有出卖的念头,因而崔某与林某才的行为并没有超出收买的范围,不构成拐卖儿童罪的共犯,法院认定林某才构成收买被拐卖的儿童罪

[①] 参见河南省南乐县人民法院刑事判决书,(2010)南刑初字第110号。

是正确的。

有人认为,根据《刑法》第 241 条第 5 款的规定,收买被拐卖的妇女、儿童又出卖的,行为人同时是收买被拐卖的妇女、儿童罪的正犯与拐卖妇女、儿童罪的正犯,若对此都不应实行数罪并罚,则当行为人同时是收买被拐卖的妇女、儿童罪的正犯与拐卖妇女、儿童罪的教唆犯或者帮助犯时,也不应数罪并罚,而应以拐卖妇女、儿童罪相应地从重处罚即可。① 有人主张,"对于行为人为了收买妇女、儿童而教唆或者帮助他人拐卖妇女、儿童,然后又收买了该被拐卖的妇女、儿童的行为,理应实行数罪并罚"②。张明楷教授指出,首先应当肯定的是,行为人实施了两个行为,分别构成拐卖妇女、儿童罪的共犯与收买被拐卖的妇女、儿童罪(正犯)。其次要解决的是实行数罪并罚还是按一罪处理。张明楷教授过去主张数罪并罚,但联系《刑法》第 241 条第 5 款的规定,认定为包括的一罪可能更为合适。如果行为人为了收买妇女、儿童,教唆或者帮助他人拐卖多名妇女、儿童,随后仅收买了部分被拐卖的妇女、儿童,则应当对多名妇女、儿童被拐卖的结果承担拐卖妇女、儿童罪的刑事责任,而不是仅对自己收买的妇女、儿童承担刑事责任。③

虽然因为上述行为实质上仅侵害了一个法益而以包括的一罪进行评价有一定道理,但以包括的一罪处理的结果是认定为拐卖妇女、儿童罪的共犯,这并不合适。正如主动行贿的行为虽然也可谓教唆、帮助了受贿行为,但没有人会认为行为人除成立行贿罪之外还成立受贿罪的共犯。行为人为了收买妇女、儿童,而教唆或者帮助他人拐卖妇女、儿童,随后又收买了该被拐卖的妇女、儿童,虽然客观上也促进了拐卖行为,但并没有超出收买的范畴,说到底还是一种收买行为。就如教唆他人将毒品卖给自己,行为人只是购买毒品,不可能被评价为贩卖毒品罪的共犯。

总之,为了自己收买而教唆、帮助他人拐卖妇女、儿童的,因为没有超出收买

---

① 参见冯军、梁根林、黎宏主编:《中国刑法评注》(第 2 卷),北京大学出版社 2023 年版,第 2201 页。
② 刘宪权主编:《刑法学》(第 6 版)(下册),上海人民出版社 2022 年版,第 595 页。
③ 参见张明楷:《刑法学》(第 6 版)(下册),法律出版社 2021 年版,第 1173 页。

行为的范畴,应当认定成立收买被拐卖的妇女、儿童罪,而不是拐卖妇女、儿童罪的共犯。

11. 在买卖双方之间进行居间介绍的,是成立拐卖妇女、儿童罪的共犯还是收买被拐卖妇女、儿童罪的共犯?

这种情况下同时成立两罪的共犯,形成想象竞合,应以拐卖妇女、儿童罪的共犯论处。但是,受买方委托寻找卖方,若卖方本来就有拐卖妇女、儿童的犯意,则这种行为并没有超出收买的范围,仅成立收买被拐卖妇女、儿童罪的共犯;但如果卖方原本没有拐卖的打算,只是因为行为人的介绍才产生拐卖的犯意,则应以拐卖妇女、儿童罪的共犯论处。

12. 为有效遏制拐卖妇女、儿童犯罪,是否应当坚持"买卖同刑"?

徐州丰县"八孩妈妈"事件被媒体披露后,人们开始反思为何收买被拐卖的妇女、儿童犯罪活动如此猖獗、屡禁不止。有人惊奇地发现,拐卖妇女、儿童罪的最高刑是死刑,而收买被拐卖的妇女、儿童罪的最高刑居然只有3年有期徒刑,于是提出应提高收买被拐卖妇女、儿童罪的法定刑,甚至认为只有坚持"买卖同刑",才能有效遏制收买被拐卖的妇女、儿童犯罪活动的发生。

的确,"有买才有卖"。正是因为考虑到收买被拐卖的妇女、儿童的行为会诱发、助长"人贩子"去实施拐卖犯罪,并滋生出非法拘禁、强奸、伤害等其他犯罪,所以为了"铲除"买方市场,从源头上遏制和严厉打击拐卖妇女、儿童的犯罪分子,《刑法修正案(九)》才将原第241条第6款的"可以不追究刑事责任"修改为在一定条件下从宽处罚。应该说,《刑法》的及时性比严厉性更有效。虽然有不少学者鼓吹"官员都是被行贿者腐蚀的,应当严厉打击行贿犯罪,应当坚持行贿受贿并重论",但之所以至今没有哪一个国家将行贿罪与受贿罪规定同样的刑罚,就是因为毕竟受贿问题出在官员个人的品行和制度本身上。因此,遏制拐卖妇女、儿童犯罪,不是靠重刑和"买卖同刑",而是靠有罪必罚,及时严格追究收买者的刑事责任。只要收买行为能被及时绳之以法,就不会有人敢收买妇女、儿童,也就不会有人拐卖妇女、儿童。换句话说,之所以拐卖妇女、儿童犯罪屡禁不止,并不是因为收买被拐卖的妇女、儿童罪的刑罚过轻,而是因为收买行为极少被定罪。虽然,收买被拐卖的妇女、儿童罪与拐卖妇女、儿童罪是对向犯,但从相关数据来看,以拐卖妇女、儿童罪定罪的案件数量是以收买被拐卖的妇女、儿童罪定罪的案件数量的 17 倍以上。①

总之,铲除拐卖妇女、儿童犯罪,不能靠重刑和"买卖同刑",只能靠有罪必罚,及时严格追究拐卖者和收买者的刑事责任。

第三节 聚众阻碍解救被收买的妇女、儿童罪

· 导 读 ·

聚众阻碍国家机关工作人员解救已被拐骗、绑架但尚未被出卖(未被收买)的妇女、儿童的,不能构成本罪,只能构成拐卖妇女、儿童罪的共犯。不以聚众方式,但以暴力、威胁方法阻碍解救国家机关工作人员解救被收买的妇女、儿童的,虽然不构成本罪,但可以构成妨害公务罪。只要行为人聚众阻碍国家机关工作人员解救被收买的妇女、儿童,使得国家机关工作人员不能或者难以依法执行解救被收买的妇女、儿童的职务,就成立本罪的既遂。首要分子组织多人挖断道路致使解救车辆无法通行的,能构成本罪。聚众阻碍解救的首要分子除成立本罪外,还能与其他参与者成立妨害公务罪的共犯。其他参与者不能构成聚众阻碍解救被收买的妇女、儿童罪的共犯。

/ 条 文 /

第二百四十二条 以暴力、威胁方法阻碍国家机关工作人员解救被收买的

---

① 参见冯军、梁根林、黎宏主编:《中国刑法评注》(第 2 卷),北京大学出版社 2023 年版,第 2198 页。

妇女、儿童的,依照本法第二百七十七条的规定定罪处罚。

【聚众阻碍解救被收买的妇女、儿童罪】聚众阻碍国家机关工作人员解救被收买的妇女、儿童的首要分子,处五年以下有期徒刑或者拘役;其他参与者使用暴力、威胁方法的,依照前款的规定处罚。

实务疑难问题

1. 聚众阻碍解救已被拐骗、绑架但尚未被出卖的妇女、儿童的,是否构成本罪?

本罪阻碍解救的对象是"被收买的妇女、儿童",不是"被拐卖的妇女、儿童",所以聚众阻碍国家机关工作人员解救已被拐骗、绑架但尚未被出卖(未被收买)的妇女、儿童的,不能构成聚众阻碍解救被收买的妇女、儿童罪,只能构成拐卖妇女、儿童罪的共犯。

2. 不以聚众方式,但以暴力、威胁方法阻碍解救被收买的妇女、儿童的,是否无罪?

不以聚众方式,但以暴力、威胁方法阻碍国家机关工作人员解救被收买的妇女、儿童的,虽然不构成聚众阻碍解救被收买的妇女、儿童罪,但可以构成妨害公务罪。

3. 聚众阻碍解救被收买的妇女、儿童罪的既遂标准是什么?

有观点认为,当聚众阻碍行为已经达到一定程度,如聚众阻碍行为持续了一定的时间,或者聚众阻碍行为使得解救工作难以继续进行,可认定为本罪既遂。至于被收买的妇女、儿童最终是否被成功解救,不影响本罪既遂的认定。[1] 应该说,本罪也是一种妨害公务的犯罪。而妨害公务罪是具体危险犯,只要行为人通过暴力、威胁方法使得国家机关工作人员不能或者难以依法执行职务,就成立妨

---

[1] 参见冯军、梁根林、黎宏主编:《中国刑法评注》(第 2 卷),北京大学出版社 2023 年版,第 2205 页。

害公务罪的既遂。因此,就本罪而言,只要行为人聚众阻碍国家机关工作人员解救被收买的妇女、儿童,使得国家机关工作人员不能或者难以依法执行解救被收买的妇女、儿童的职务,就成立本罪的既遂。

4. 首要分子组织多人挖断道路致使解救车辆无法通行的,能否构成本罪?

从罪状表述来看,构成聚众阻碍解救被收买的妇女、儿童罪,并不要求首要分子必须采用暴力、威胁方法。首要分子采用暴力、威胁以外的其他方式,如组织多人挖断道路致使解救车辆无法通行,也能起到阻碍国家机关工作人员解救被收买的妇女、儿童的效果,也能构成聚众阻碍解救被收买的妇女、儿童罪。因为未使用暴力、威胁方法,所以其他参与者既不能构成本罪的共犯,也不能构成妨害公务罪。

5. 聚众阻碍解救的首要分子除成立聚众阻碍解救被收买的妇女、儿童罪外,是否还能与其他参与者成立妨害公务罪的共犯?

案1:刘某东从人贩子手中买了一个"媳妇"韦某。在警察前来解救韦某时,刘某东的父亲刘某理召集村民,拿了锄头、棍棒等器械聚在村口,阻止警车和警察的进入。在警察强行进入后,双方发生了轻微的武力冲突,造成一名警察和几个村民轻伤。最终,警察救出了韦某,并抓获了刘某理和使用武力的村民刘某乾、刘某书。法院认为,三人不构成共同犯罪,判决刘某理构成聚众阻碍解救被收买的妇女、儿童罪,判决刘某乾、刘某书构成妨害公务罪。

应该说,三人还是成立妨害公务罪的共同犯罪,只是应当分别定罪。刘某理是聚众阻碍解救的首要分子,所以单独成立聚众阻碍解救被收买的妇女、儿童罪,而作为其他参与者的刘某乾、刘某书构成妨害公务罪。判决否定成立共同犯罪其实坚持的是传统的罪名从属性观点。按照现在刑法理论的共识,不应坚持罪名的从属性,即成立共犯,罪名可以不一样。

《刑法》第242条第2款虽然对首要分子规定了专门的罪状和法定刑,但如果使用暴力、威胁方法聚众阻碍解救,则首要分子不仅单独成立本罪,还能与其他参与者成立妨害公务罪的共犯。也就是说,首要分子单独成立本罪,并没有否认其可以与其他参与者成立妨害公务罪的共犯。可以认为,使用暴力威胁方法聚众阻碍解救的,首要分子成立本罪的正犯与妨害公务罪共犯的竞合。

6. 其他参与者能否构成聚众阻碍解救被收买的妇女、儿童罪的共犯?

应该说,这是多众犯的问题。按照多众犯的理论,只能按照《刑法》分则规定分别追究首要分子、积极参加者和其他参与者的刑事责任;对于《刑法》分则条文未规定追究刑事责任的参与者,不能适用《刑法》总则有关共同犯罪的规定追究参与者的共犯责任。《刑法》第242条第2款仅规定了聚众阻碍解救的首要分子的刑事责任,所以只能追究首要分子的聚众阻碍解救被收买的妇女、儿童罪的刑事责任,不能追究其他参与者的刑事责任(包括共犯)。如果其他参与者使用暴力、威胁方法,可单独以妨害公务罪追究其刑事责任。

第四节 侮 辱 罪

·导 读·

侮辱罪所保护的是外部的名誉,揭发普通人的隐私,如婚外性关系,即便是真实的,也能构成侮辱罪。侮辱罪的"公然性"是指行为的公然,而非结果的公然,不能以"传播性理论"释明作为侮辱罪构成要件的"公然性"。出于报复动机当众扒光妇女衣裤的,应构成强制猥亵、侮辱罪,而不是侮辱罪。在所散布的事实是真实还是虚假难以证明时,至少成立侮辱罪。一句话辱骂特定多人,应以侮辱罪同种数罪并罚。死者和法人不能成为侮辱、诽谤的对象。导致被害人自杀的,能够归属于侮辱、诽谤行为。散布有损官员等公众人物名誉的真实事实的,不能构成侮辱罪。如果对象是公众人物,误将虚伪事实当作真实事实而散布,不构成诽谤罪;但如果对象不是公众人物,只要行为人认识到散布这些事实可能损害他人的名誉,就依然成立侮辱罪。

/ 条 文 /

第二百四十六条 【侮辱罪】【诽谤罪】以暴力或者其他方法公然侮辱他人或者捏造事实诽谤他人,情节严重的,处三年以下有期徒刑、拘役、管制或者剥夺政治权利。

前款罪,告诉的才处理,但是严重危害社会秩序和国家利益的除外。

通过信息网络实施第一款规定的行为,被害人向人民法院告诉,但提供证据确有困难的,人民法院可以要求公安机关提供协助。

实务疑难问题

1. 揭发普通人隐私(如婚外性关系),是否构成犯罪?

案1:某大学的一个女生在上课时被老师点名提问却不会回答。她认为老师毁损了她的名誉,于是在下一次上课前把男朋友叫来,两人一起找到老师,要老师赔礼道歉。老师感到莫名其妙,女生说你上次提问毁损了我的名誉。

应该说,即使这位女生真的觉得自己的名誉感情受到了毁损,《刑法》也不可能保护这种名誉感情(因为名誉感情不可能有一个标准来判断和衡量),否则老师们都可能构成侮辱罪了。

我国刑法理论通说认为,"本罪的客体为公民的人格尊严和名誉权"[1]。还有学者认为,"本罪的法益是他人的名誉"[2]。国外刑法理论认为名誉可以分为:(1)内部的名誉,即独立于自己或者他人的评价的"人的真正价值";(2)外部的名誉,即对人的社会评价、名声,亦称社会的名誉,又可以进一步区分为本来应有的评价(规范的名誉)与现实通用的评价(事实的名誉,包括虚名);(3)主观的名

---

[1] 高铭暄、马克昌主编:《刑法学》(第10版),北京大学出版社、高等教育出版社2022年版,第482页。

[2] 张明楷:《刑法学》(第6版)(下册),法律出版社2021年版,第1193页;周光权:《刑法各论》(第4版),中国人民大学出版社2021年版,第69页。

誉或名誉感情,即本人对自己所具有的价值意识、感情,一般认为幼儿、高度的精神病患者和法人不具有名誉感情。

法益之争涉及的问题是:虚名是否值得《刑法》保护？揭发他人隐私(如婚外性关系),若能证明并未捏造事实,不符合"捏造事实诽谤他人"的诽谤罪构成要件,能否以侮辱罪相绳？不具有名誉感情的幼儿、高度精神病患者和法人能否成为侮辱罪所保护的对象？在对公众人物的名誉权的保护低于非公众人物已成为一种世界性通例的情况下,就公共事务发表评论,客观上贬损了公众人物(如官员)名誉的,能否在入罪上比侮辱对象为非公众人物的更为严格？

本书认为,第一,诽谤罪罪状表述为"捏造事实诽谤他人",表明诽谤内容必须是虚假的事实。当诽谤的对象并非公众人物,言论的内容并非关涉公共事务,即纯属个人隐私时(如婚外性关系),即便能够证明并非捏造,即具有真实性,虽然不符合诽谤罪构成要件,但从有效保护名誉权考虑,也应以侮辱罪定罪处罚。质言之,只要不关涉公共事务,虚名也值得以侮辱罪进行保护。

第二,由于侮辱罪与诽谤罪法定刑相同,而证明真实性往往有一定的难度,故控方可以选择以侮辱罪进行指控,只需证明内容与公共事务无关,纯属个人隐私以及自己名誉受损的事实(证明具有名誉受损的危险即可),即完成了举证责任。辩方若不能证明内容与公共事务有关及不具有损害他人名誉的危险,被告人就难逃侮辱罪的刑事责任。

第三,由于《宪法》第41条第1款明确规定"中华人民共和国公民对于任何国家机关和国家工作人员,有提出批评和建议的权利;对于任何国家机关和国家工作人员的违法失职行为,有向有关国家机关提出申诉、控告或者检举的权利",因此,对公共事务发表评论,对公务员进行批评指责,是行使《宪法》所赋予的批评、监督权(宪法性权利),其在重要性上高于公民的名誉权。正因为对公众人物、公共事务发表评论不是单纯的言论自由问题,而是关系到在民主社会中《宪法》所保障的批评、监督权,所以,虽然该权利的行使难免会损害公众人物的名誉,但为了鼓励民众敢于发表言论以监督政府,即便存在对公众人物名誉的损害,从法益衡量考虑,只要不是纯粹出于个人报复的动机,就公共事务发表评论毁损了公众人物名誉的,也一般不宜以侮辱、诽谤罪定罪科刑。

第四,幼儿、高度精神病患者虽没有名誉感情,但其名誉权也值得刑法保护。如果认为侮辱罪的法益是名誉感情,就会导致幼儿、高度精神病患者的名誉得不到保护。因此,侮辱、诽谤罪的法益应为外部的名誉而非名誉感情。

第五,一般认为隐私权是名誉权的一部分,但有的隐私并不涉及名誉权(如个人身份信息),不属于侮辱罪的规制范畴;只有涉及名誉权的个人隐私,例如他人婚外性关系、生理缺陷、性爱照片、患有艾滋病等,才值得以侮辱罪进行保护。

第六,国外一般将言论内容分为意见表达与事实陈述,分别以侮辱罪与诽谤罪进行规制;我国诽谤罪明文规定捏造"事实"诽谤他人。因而,我国诽谤罪规制的对象限于事实陈述,对于意见表达,非关涉公共事务且侵害他人名誉的,应以侮辱罪进行规制。虽然诽谤罪规制的对象是事实陈述,但由于成立诽谤罪必须存在捏造的事实即虚假的事实,故当言论的内容与公共事务无关,如普通人的婚外性关系,即便证明为真实,属于散布他人隐私而侵害他人名誉的,也应当以侮辱罪进行规制。总之,侮辱罪所规制的对象除损害他人名誉的,非关涉公共事务的意见表达外,还包括散布与公共事务无关的,纯属个人隐私而损害他人名誉的真实的事实的行为。

2. 能否以"传播性理论"释明作为侮辱罪构成要件的"公然性"?

案2:被告人汪某惠系某中学教师,2003年4月12日因学生丁某婷上课迟到,将丁某婷叫到办公室训斥,之后丁某婷跳楼自杀。一起被叫到办公室的还有丁某婷的同班同学李某。当时办公室还有另一班主任老师黄某。据被告人陈述证实,她当时对丁某婷讲:"你走时装步因个子矮了被刷下来,所以你肩不能挑,手不能提,以后坐台你也不得干嘛。现在开始努力还有希望。"有同学证实:"第二节课下课后,我从教室出来和同学刘某、伍某超、张某鸿在走廊碰见同班同学丁某婷,我们发现丁某婷在哭。我们问她为什么哭,丁某婷回答:'因为迟到被汪老师骂了,骂得很难听,汪老师说我人长得丑,出去坐台都没有资格。'我们又问她为什么迟到,她说:'闹钟坏了,爸爸睡着了,没有叫醒我。'她还说:'爸爸、妈妈不管我,妈妈几天都没有回家,爸妈在闹离婚。'随后我们都回教室上课了。丁某婷进教室后一直坐在位置上哭,第三节课是汪老师上语文课,整节课丁某婷都趴在桌子上哭,声音较小,周围的同学都劝她不要哭。在第三节课下课后就没有看见丁某婷了,中午12点30分左右,发生了丁某婷跳楼的事。丁某婷学习成绩偏差,作业不按时完成,经常迟到。丁某婷最近曾经讲过她爸妈闹离婚,这几天的生活费都没有给她,最近经常找同学借钱。"当时也在办公室的李同学证实:"汪老师问丁某婷为什么迟到,丁某婷回答是爸爸没有喊她。汪老师又问丁妈妈没有管你吗,丁某婷回答妈妈没有在家。汪老师又拿起木板打了丁某婷很多下,打的手和脚,打得很重,丁某婷摸着被打的地方一直在哭。汪老师还说:'丁某婷长得不好,以后坐台都没有人要。'说完后,汪老师叫丁某婷出去把眼泪擦了,丁某婷走出去,汪老师又叫丁某婷'滚进来',继续对丁某婷进行教育。汪老师打骂丁某婷时,黄老师也在办公室。"另一在场人黄老师证实:"2003年4月12日上午9点30分左右,我到学校老师办公室,看见汪某惠老师在教育一名男同学和一名女同学。女同学叫丁某婷,是初三年级四班的学生,汪老师是她的班主任。汪老师问丁某婷为什么经常迟到,还问她家里的情况。汪老师说要给丁某婷一个团校警告,丁某婷在哭。我断断续续听见她们的对话,中途我离开过两次,也没有注意听她们说了什么,有些话我没有听见。"

一审法院认为:"被告人汪某惠在教师办公室对迟到学生进行教育时,当着第三人的面体罚学生,并使用侮辱性的语言伤害学生自尊心,贬损学生人格,破坏学生名誉,引起学生跳楼自杀的后果,情节严重,其行为侵犯了公民的人格尊严和名誉权,已构成了侮辱罪,依法应予惩处……判决被告人汪某惠犯侮辱罪,判处有期徒刑一年,缓刑一年。"二审维持原判。[1]

办公室虽然属于公共场所,但当时除被害人和被告人外,只有一位同学和一

---

[1] 参见汪某惠侮辱案,重庆市第一中级人民法院刑事裁定书,(2003)刑终字第494号。

位老师,被告人将被害人叫到办公室谈话是因其上课迟到进行教育。固然,说"长得不漂亮,连坐台都没有资格"之类的话有损被害人的自尊心,作为教育方法也不够妥当,但在当时特殊情境下对被害人名誉的损害是很有限的。当时是上课期间,办公室并不存在不特定人或者多数人出出进进的局面,在场的人,既不属于不特定人,也不属于多数人。换言之,被告人在办公室对被害人进行训斥乃至辱骂,虽然有损被害人的自尊心,但不属于"采用不特定或者多数人可能知悉的方式对他人进行侮辱"。后来之所以更多人得以知悉辱骂的内容,是因为被害人自己在走廊上告知其他同学,这顶多属于结果的"公然",而不是侮辱行为的"公然"。只要不采用为学者所反对的"传播性理论",就应认为该案不符合"公然性"要件,不成立侮辱罪。该案之所以给被告人定罪,更多是因为被害人自杀身亡。虽然自杀通常也可以评价为侮辱罪的"情节严重",但如果不符合公然性要件,侮辱行为本身的情节也不严重,不能因为被害人不同寻常的反应,迫于被害人家属或舆论的压力给被告人定罪。

案3:1999年9月15日上午8时许,上诉人黎某英满身粪便拄一木棍独自从家中走出,向邻居黄某莲等哭诉称:身上的粪便乃李某所泼。邻居孟某喜、卓某英及赶集的商贩闻声围观。见黎某英家墙上、沙发上都泼有粪便,孟某喜立即打110电话报警。法院认为,"被上诉人李某被控犯侮辱罪,只有上诉人控诉,没有其他直接证据印证,上诉人举证仅能证实被上诉人李某案发时在自己家和自诉人身上沾有粪便的事实,不能证实李某向上诉人黎某英身上、家里泼粪便及进出过黎某家。被上诉人所举证人证言与被上诉人案发当日向公安机关所作的陈述矛盾,也不能证明其案发时不在现场。被上诉人所举其他证人证言,不能证实案件事实,且未经司法机关查证核实,不具证据效力。综上,上诉人黎某英指控被上诉人李某犯侮辱罪证据不足,不能认定,指控犯罪不能成立……驳回上诉,维持原判"[①]。

即便自诉人指控属实,被上诉人也是在被害人家里这一相对封闭的空间向被害人家里及身上泼洒粪便,不具有侮辱行为的"公然性";即使被害人后来走

[①] 海南省三亚市中级人民法院刑事附带民事裁定书,(2001)三亚刑终字第17号。

出家门广为告知,致使周围群众围观,也是被害人自身的行为导致结果出现"公然性",并不能因此改变侮辱行为本身不具有"公然性"的性质。故两审法院判决无罪,结论尚属正确。

案4:南京市溧水县东屏镇徐溪行政村百里自然村村民张某,于2003年将祖坟迁至该村北面的坟地。被告人笪某福认为,张某迁来的祖坟占了他家的祖坟地,为此两家发生了纠纷。为泄私愤,被告人笪某福于2005年5月20日凌晨4时30分许,携带钉耙等工具悄悄来到东屏镇徐溪行政村百里自然村北面的坟地,将张某迁移至此的15座祖坟挖平,并将其中5座坟中的水泥骨灰盒挖出,弃置于坟坑边。第二天,当地村民发现张某家的祖坟被人挖掘,张家祖坟被挖事件很快为周边村民所知。法院一审认为:"被告人笪某福以挖掘他人祖坟的方式公然贬低他人人格,破坏他人声誉,情节严重,其行为已构成侮辱罪……被告人笪某福犯侮辱罪,判处拘役五个月。"笪某福在上诉中提出如下理由:一是主观上没有侮辱他人的直接故意;二是挖坟行为系秘密进行,行为不具有公然性;三是行为对象不具有特定性;四是客观上没有造成侮辱他人的后果,其情节不属于严重的情形。因此认为其行为不能构成侮辱罪。二审法院认为,"上诉人笪某福采取挖掘他人祖坟的行为,公然侮辱他人,情节严重,其行为已经构成侮辱罪……驳回上诉,维持原判"①。

应该说,在中国民间风俗中,祖坟被挖是"很没面子"的事情。在该案中,虽然被告人的行为指向是死人的坟头,但由于损害到死者家属的名誉,而且将死者骨灰盒挖出后弃置于不特定或者多数人可以看到的坟坑边,属于采用可以使不特定或者多数人知悉的方式实施侮辱行为,故成立侮辱罪。

成立侮辱罪要求必须是"公然"实施。虽然有观点认为,必须当着被害人的面实施,但国内外通说认为,"公然"并不要求当着被害人的面实施,只要能使不特定或者多数人知悉,即为"公然"。国外有一种传播性理论认为,即便披露事实的直接对象是特定的少数人,在通过这些特定的少数人向不特定的多数人传

---

① 江苏省南京市中级人民法院刑事裁定书,(2005)宁刑终字第506号。

播之时，仍可谓之"公然"。传播性理论虽然在国外判例上有所体现，但理论界多持批评态度。《刑法》所要求的是侮辱行为的"公然性"，而不是结果的"公然性"。传播性理论导致以听者是否传播决定行为人的行为是否构成犯罪，缺乏合理性；导致侮辱罪的危险更为抽象（一般认为侮辱罪和诽谤罪为抽象危险犯），与本罪的性质不相符合；导致私下议论也可能触犯"刑法"，显不妥当。不过，利用新闻记者、媒体传播的，或者多次向特定少数人侮辱他人的，属于公然侮辱，成立侮辱罪。

3. 出于报复的动机当众扒光妇女衣裤的，是否仅构成侮辱罪？

案5：2008年10月6日下午，被告人于某某为报复与其丈夫张某祥有不正当男女关系的被害人杨某某，伙同他人强行将被害人杨某某带至本区川沙新镇八灶村五队一发廊门口，当众将杨某某裤子扒下，露出下身。嗣后，于某某伙同他人将被害人杨某某带至川沙新镇川沙路、川图路路口的绿化带，再次将杨某某下身裤子扒光，而后离开。法院认为，被告人于某某出于报复泄愤的目的，采用暴力等手段，当众强行扒下被害人裤子，公然贬低他人人格，损害他人名誉，严重危害社会秩序，情节严重，其行为已构成侮辱罪。公诉机关指控的事实清楚，证据确凿，但定性有误，予以纠正……强制侮辱妇女罪[《刑法修正案（九）》已将该罪名修改为强制侮辱罪——编者注]中行为人在实施侮辱行为时，往往也损害妇女的人格及名誉，但由于该罪是从原流氓罪中分解出的独立罪名，其侮辱妇女是出于流氓动机，为了寻求精神刺激，犯罪对象往往具有不特定性。而以妇女为对象的侮辱罪是出于私仇、报复泄愤等动机，具有明确和直接贬损女性人格与名誉的目的，针对的对象必须是特定的妇女，并且是公然实施。对行为人主观犯意的分析，是区分两罪的关键。结合本案事实，被告人在知道其丈夫与被害人有不正当男女关系且还在私下会面的情况下，出于报复泄愤的动机，将被害人带至其家门前马路上，在村民的围观下，强扒下被害人的裤子，以达到让被害人当众出丑，损害被害人人格、名誉的目的。尽管从形式上来看，被告人的这一行为与强制侮辱妇女罪的行为特征完全相符，但由于本案被告人当众侮辱被害人的行为,损害对象是特定的,其行为不是为追求精神刺激而是为报复泄愤,贬低他人人格,毁损他人名誉,符合侮辱罪的构成要件,故应以侮辱罪论处……判决如下:被告人于某某犯侮辱罪,判处有期徒刑1年,缓刑1年。①

案6:1998年8月10日下午5时许,被告人吴某英在自家门口收下了推销员赠送的几份卫生巾,其中一份是其丈夫之侄女刘某的,因没分给刘某而遭其指责,吴某英遂与刘某发生争吵,邻居被害人汪某从午觉醒来后听见外有争吵声,便立即出来劝架并将刘某强拉回自己家中。此时,吴某英之子刘某1见状为其母帮腔,随口谩骂汪某,汪某顿感气愤而回敬刘某1没教养。吴某英因此又与汪某发生争吵并相互扭打起来,在扭打中吴某英将汪某的睡裙撩起,汪某坐在地上,头被睡裙蒙住,羞怒之际欲伸出双手抓吴某英,吴某英乘机将汪某的睡裙全部扯下,扔在地上,致使汪某上身全部裸露(汪某当时未戴胸罩),下身仅一条三角短裤,当时在现场有10余人围观。一审法院认为,被告人吴某英因琐事与他人发生纷争扭打,当众脱下他人衣服,暴露妇女的隐秘部位,损害了他人的人格尊严,情节严重,其行为已构成侮辱罪,依法应予惩处。应当指出,被告人吴某英的行为,并非出于淫秽下流的心理和寻求刺激的生理动机,而是逞一时愤恨,意在羞辱他人。故公诉机关指控其犯强制侮辱妇女罪不当,不予采纳……判决:被告人吴某英犯侮辱罪,免予刑事处罚。二审维持原判。②

案7:1999年11月5日下午,被告人张某仙以余某某长期勾引其丈夫为借口,携带甘蔗、辣椒面和剪刀,与被告人王某及其孙女王某芳到余某某家,在将余某某从家中拖拉至门外的路上按倒后,当众强行脱开余某某的裤子,用甘蔗戳、用辣椒面撒余某某阴部,并用剪刀剪掉余某某头发。王某在一旁观望,且殴打前来劝阻的村民。被害人余某某住院治疗41天。经法医

---

① 参见上海市浦东新区人民法院刑事判决书,(2009)浦刑初字第174号。
② 参见上海市闸北区人民法院吴某英侮辱案刑事判决书,载中国法律资源库,http://www.lawyee.net/Case/Case_Display.asp?ChannelID=2010100&keyword=&RID=21827,2012年2月20日访问。

学鉴定,余某某的伤为轻微伤。法院认为,"被告人张某仙、王某目无国法,采用暴力方法当众侮辱他人人格,情节严重,影响很坏,二被告人的行为已构成侮辱罪……判决如下:张某仙犯侮辱罪,判处有期徒刑三年;王某犯侮辱罪,判处有期徒刑三年"[1]。

应该说,在上述3个案件中被告人的行为均不仅仅侵害了被害妇女的名誉权,还侵害了对妇女而言更为重要的法益——性行为的自己决定权(性自主权),而且均为"在公共场所当众"实施,完全符合强制猥亵、侮辱罪加重犯的构成要件,应当在5年以上有期徒刑处刑,检察院以强制猥亵、侮辱罪起诉是正确的,法院以侮辱罪定罪是有问题的。当然,这种错误应归咎于刑法理论通说。

关于强制猥亵、侮辱罪与侮辱罪的界限,国内刑法理论通说认为:(1)强制猥亵、侮辱的行为一般是出于流氓动机,精神空虚,为发泄刺激其性欲而为,而侮辱罪则一般是出于报复、嫉贤妒能等动机;(2)强制猥亵、侮辱罪行为人侵害的对象往往带有随意性,而侮辱罪侵害的对象一般是特定的某个或某几个妇女;(3)强制猥亵、侮辱罪既可以公然进行,也可以暗地里实施,而侮辱罪则必须采取能够让第三者看到或听到的方式进行;(4)强制猥亵、侮辱罪一般带有强烈的性色彩,而侮辱罪虽可能常有性色彩,如让被害人当众从自己的胯下爬过,给被害妇女挂破鞋等,但性色彩程度一般较低,而且这些带有性色彩的行为往往只是侮辱行为的附随内容。[2]

上述通说存在重大疑问。实际上,强制猥亵、侮辱罪与侮辱罪的区别并不在于对象的特定与否,而是在于侵犯的法益不同。《刑法》第246条规定的侮辱罪是为了保护公民的外部名誉,第237条规定的强制猥亵、侮辱罪是为了保护他人性的不可侵犯权。对他人的性的不可侵犯权的侵犯,也必然是对他人名誉的侵犯,但性的不可侵犯权的法益显然比其他方面的名誉更为重要,于是《刑法》对侵犯他人性的不可侵犯权的行为作了特别规定。因此,对侵犯他人性的不可侵犯权的行为,不能仅认定为第246条的侮辱罪。易言之,除强奸罪之外,侵犯妇

---

[1] 参见云南省新平彝族傣族自治县人民法院刑事判决书,(2000)新刑初字第15号。
[2] 参见王作富主编:《刑法分则实务》(第4版)(中),中国方正出版社2010年版,第859页;刘宪权主编:《刑法学》(第6版)(下册),上海人民出版社2022年版,第601页。

女的性的不可侵犯权的行为,就属于第237条规定的强制猥亵、侮辱行为。据此,不管行为人出于什么动机与目的,不管行为发生在何种场合,不管对象是否特定,强行剥光妇女衣裤等行为都属于第237条的强制猥亵、侮辱行为,而不是第246条的侮辱行为。①

侮辱罪的法定最高刑仅为3年有期徒刑,而强制猥亵、侮辱罪的基本法定刑为5年有期徒刑,聚众或者在公共场所当众实施的最高可判处15年有期徒刑。按照刑法理论通说的立场,出于报复的动机当众剥光妇女衣裤或者用物体戳捣妇女阴部的行为,虽然严重侵犯了妇女的性的不可侵犯权,但由于行为人不具有所谓寻求性刺激的动机,只能以法定刑要低得多的侮辱罪论处;若并非公然实施,连侮辱罪都不能成立,结果只能宣告无罪。如此处理,显然不利于保护法益,结论的荒谬性显而易见。刑法理论通说在两罪关系上的错误立场,直接导致了司法在实务中的错判。

4. 在所散布的事实是真实还是虚假难以证明时,能否无罪处理?

案8:被告人杨某猛在被害人闫某向其提出分手后,将用数码相机给闫某拍摄的裸照和两人的性爱视频传至互联网上,并编造闫某被其继父强奸,在北京当"小姐"卖淫,患有艾滋病等内容在互联网上进行散布。经检测,闫某HIV抗体阴性。法院以侮辱罪、诽谤罪分别判处被告人杨某猛有期徒刑2年,决定执行有期徒刑3年。

在网上散布被害人裸照及性爱视频,虽可谓真实,但因为侵害了被害人的名誉,无疑构成侮辱罪。捏造被害人被继父强奸、卖淫、患艾滋病的事实,由于纯属个人隐私,与公共事务无关,应由被告方承担证明责任,不能证明真实性的,推定为捏造事实,可以诽谤罪定罪处罚。即便是真实的事实,或者真假难以证明,也因为损害了被害人的名誉,至少构成侮辱罪。在该案中法院以侮辱罪与诽谤罪数罪并罚基本上是正确的。

案9:被害人程某曾是一大型企业的高级主管,一个偶然的机会认识了

---

① 参见张明楷:《法益初论》(增订本)(上册),商务印书馆2021年版,第276~277页。

自称是家境贫寒的音乐系的大三学生,实为卖淫女的周某婷,两人随后同居。不久,被害人在得知周某婷的真实身份后坚决提出分手,但周某婷强烈要求被害人娶她为妻,遭被害人程某断然拒绝。恼羞成怒的周某婷在互联网上发帖称"大奸商色狼程某,致酒醉学生妹怀孕后另寻新欢",帖子还叙述厦门某公司总经理程某在夜总会灌醉某大学音乐系女生"凌薇"(自称名),在与之发生关系导致其怀孕后将其抛弃,现正与公司助理热恋云云。周某婷还将内容大致相同的信寄给程某所在的北京公司总部,要求处理程某。此外,还多次恐吓程某的年迈父母,逼迫他们答应将其娶为媳妇。本案被害人程某在身败名裂、走投无路后,气急败坏地对周某婷进行殴打致其轻伤,被法院以故意伤害罪判处有期徒刑1年。

在该案中,散布的事实纯属个人隐私,关于真实性的举证责任在于散布方,散布者不能证明真实性的,推定为捏造事实,成立诽谤罪。即便证明为真实,也难逃侮辱罪的刑责。

案10:2000年4月17日上午,自诉人戴某和被告人赵某礼(非夫妻)在赵某礼的家中发生了性关系。7月21日,赵某礼因身体不舒服,联想起与戴某在一起时戴某的身体异常,便去戴某家询问其是否有性病,并要求戴某去医院检查,戴某听后十分不满,两人遂到自治区人民医院检查,行至医院后门处双方发生争吵并厮打,在相互吵打中,赵某礼当着围观者说了涉及戴某"性病传染"的内容。之后,赵某礼先后多次在戴某工作环境的周围对邱某军、衣某英等人谈起此事。同年10月12日,戴某经医院检查,身体正常,同时提供了因与赵某礼打架和取证而产生的医疗费、交通费等票据。一审法院认为,被告人赵某礼在没有取得真凭实据的情况下,捏造自诉人戴某有性病的虚假事实,并在一定范围内散布,主观上有贬低、损害戴某人格,破坏其名誉的故意,客观上给戴某的工作、生活造成了不好的影响,致使其在精神上备受社会和家庭的压力,情节严重,赵某礼的行为构成诽谤罪……判决如下:被告人赵某礼犯诽谤罪,判处拘役3个月,缓刑3个月。二审维持原判。[①]

[①] 参见新疆维吾尔自治区乌鲁木齐市中级人民法院刑事裁定书,(2001)乌中刑终字第38号。

患性病的事实纯属个人隐私,原告只要证明因此给自己造成了名誉损害,即完成了举证责任,应由被告方就事实的真实性进行举证。被告不能证明为真实的,推定为捏造事实,应承担诽谤罪的刑事责任;即便能够证明为真实,也难逃侮辱罪的刑责。原告也可直接以侮辱罪起诉,只需证明自己名誉受损,被告人即难逃侮辱罪的责任。当然,原告为顾及自己的名声,通常会选择以诽谤罪起诉,因为诽谤罪给人的感觉是涉案情节无中生有,若判决被告方构成此罪,或能挽回被害人的清白声誉。

关于侮辱罪与诽谤罪的关系,有观点认为,"侮辱罪可能以暴力方式实施,而诽谤罪只能以平和的方式实施;侮辱罪一般不捏造事实,而诽谤罪是捏造事实并加以散布。比如,明知某妇女品行良好,而编造事实指责其与他人通奸,成立诽谤罪;若确知某妇女与他人通奸,而在众人面前公然传播,可以构成侮辱罪"①。还有学者指出,诽谤罪的实施方式只能是口头或文字的,不可能是暴力、动作的;侮辱罪的实施方式既可以是口头、文字的,也可以是暴力、动作的。诽谤罪必须有散布损害他人名誉的虚假事实的行为;侮辱罪既可以不用具体事实,也可以用真实的事实损害他人名誉。例如,被害妇女并无婚外性行为,但行为人捏造并散布被害妇女有婚外性行为的事实,情节严重的,构成诽谤罪;如果被害妇女有婚外性行为,行为人为了损害其名誉,散布这种婚外性行为的事实,情节严重的,成立侮辱罪。所散布的事实不足以使人信以为真的,不是诽谤,但可能属于侮辱。例如,说某人长着"猪脑袋"的,骂一家数人均为妓女所生的,均属于侮辱行为。②

本书认为,由于我国侮辱罪与诽谤罪法定刑完全一样,侮辱罪与诽谤罪均要求采取能使不特定或者多数人知悉的方式实施,故"公然"与否不是两罪的区别。虽然诽谤罪要求通过捏造事实实施,但并不能绝对排除以伴随暴力的方式实施。由于成立诽谤罪必须是捏造"事实",因而,主要属于意见表达而非事实陈述的,不成立诽谤罪,只可能成立侮辱罪。散布不关涉公共事务而纯属个人隐

---

① 周光权:《刑法各论》(第4版),中国人民大学出版社2021年版,第75页。
② 参见张明楷:《刑法学》(第6版)(下册),法律出版社2021年版,第1198页。

私（如生理缺陷、婚外性关系），能证明真实性的信息，虽不成立诽谤罪，但可能成立侮辱罪；散布与公共事务有关的个人隐私，由于存在《宪法》所赋予公民的批评、监督权与公民名誉权保护之间的权衡，不管真实与否，既不宜评价为诽谤罪，也不宜以侮辱罪论处。由于披露事实的也可能成立侮辱罪，故披露事实与否不是两罪之间的区别，即不能认为披露虚假的事实（捏造事实）的只能成立诽谤罪；即便披露虚假的事实，也不可否认其完全符合侮辱罪构成要件，侮辱罪构成要件并没有限定为必须是真实的事实。从这个意义上来讲，诽谤罪与侮辱罪之间具有基本法与补充法的关系，不成立诽谤罪（包括不能证明事实的真实性）的，只要证明存在损害他人名誉的事实，即可肯定侮辱罪的成立。当然，由于发表关于公共事务的言论，关涉《宪法》赋予的批评、监督权，应当认为事实真实性的举证责任在于控方，只有当与公共事务无关时，才由辩方就真实性进行举证，而且，即便辩方能够证明事实的真实性，只要控方能够证明言论内容纯属个人隐私且给自己造成了名誉损害，辩方也难逃侮辱罪的刑责。

5. 一句话辱骂特定多人，是想象竞合从一重还是同种数罪并罚？

一般认为，辱骂特定多人，比如说"你们这群蠢猪"，是想象竞合。其实，名誉权属于一身专属法益。虽然自然意义上只有一句话，但在规范性意义上应该根据被害者的人数确定行为个数。一句话辱骂了多少人，就应成立多少个侮辱罪，应当以同种数罪并罚。

6. 死者、法人能否成为侮辱、诽谤的对象？

在我国《刑法》中侮辱、诽谤罪的对象应限于活着的自然人，不能包括死人和法人。当然，虽然侮辱的是法人，但实际上毁损了法定代表人等自然人的名誉的，还可能成立侮辱、诽谤罪。

7. 导致被害人自杀，能否归属于侮辱、诽谤行为？

侮辱、诽谤罪的法定最高刑只有3年有期徒刑，侮辱、诽谤导致被害人自杀也很正常，所以可以将被害人的自杀结果归属于实施侮辱、诽谤的行为人，认定为侮辱、诽谤"情节严重",追究行为人侮辱、诽谤罪的刑事责任。

8.散布有损官员等公众人物名誉的真实事实的,能否构成侮辱罪?

散布有损官员、人民代表大会代表、党代表等公众人物名誉的真实事实,虽然也侵害了其名誉,但由于民众的知情权优越于公众人物的个人名誉权,所以,既不能构成诽谤罪,也不能构成侮辱罪。

9.误将虚伪事实当作真实事实而散布的,是否一定不构成犯罪?

如果对象是公众人物,误将虚伪事实当作真实事实而散布,由于行为人不具有诽谤的故意,不构成诽谤罪;但如果对象不是公众人物,只要行为人认识到散布这些事实可能损害他人的名誉,就依然成立侮辱罪。

第五节 诽 谤 罪

·导 读·

虽然作为诽谤罪对象的"他人"并不排斥公众人物,但是根据我国《宪法》规定的言论自由的核心目的,《刑法》必须适当降低对公众人物名誉的保护规格,对所谓的"诽谤官员案",不宜以犯罪论处。诽谤罪是单行为犯,而不是复行为犯。明知是捏造的事实而散布的以"捏造事实诽谤他人"论的司法解释规定,属于平义解释,而非类推解释,具有正当性与合理性。虽然成立诽谤罪要求必须散布的是虚假的事实,但不能认为散布虚假的事实,或者真实与虚假难以查明的事实,就不能成立侮辱罪。只要散布有损他人名誉的事实,都能成立侮辱罪。根据诽谤信息实际被点击、浏览、转发的次数定罪的司法解释规定,没有问题。不能将"告诉才处理"理解为"被害人向人民法院自诉才审理"。"告诉处理"强调的是"不能违反被害人的意愿进行刑事诉讼"。只是意见表达的,不能构成诽谤罪。不能认为诽谤县委书记、市委书记或者省委书记的,就是所谓"严重危害社会秩序和国家利益"。散布有损公众人物名誉的真实事实,客观上保护了公共利益的,不构成犯罪。将事实剪裁后任意拼凑改变事实真相的,也属于"捏造事实"。

条 文

第二百四十六条 【侮辱罪】【诽谤罪】以暴力或者其他方法公然侮辱他人或者捏造事实诽谤他人,情节严重的,处三年以下有期徒刑、拘役、管制或者剥夺政治权利。

前款罪,告诉的才处理,但是严重危害社会秩序和国家利益的除外。

通过信息网络实施第一款规定的行为,被害人向人民法院告诉,但提供证据确有困难的,人民法院可以要求公安机关提供协助。

实务疑难问题

1. 以"捏造事实诽谤他人"的规定,是否属于类推解释?

2013年最高人民法院、最高人民检察院《关于办理利用信息网络实施诽谤等刑事案件适用法律若干问题的解释》(以下简称《网络诽谤解释》)第1条第1款规定,明知是捏造的损害他人名誉的事实,在信息网络上散布,情节恶劣的,以"捏造事实诽谤他人"论。若认为诽谤罪是所谓复行为犯,实行行为是"捏造 + 诽谤"或者"捏造 + 散布",则该司法解释规定属于类推解释。事实上,我国刑法理论通说一直认为,诽谤罪在客观方面表现为"捏造并散布某种事实"[1]或"实施了捏造并散布某种虚构的事实"[2]。

复数行为说存在缺陷:首先,如果诽谤罪的实行行为是复数行为,则意味

---

[1] 高铭暄、马克昌主编:《刑法学》(第10版),北京大学出版社、高等教育出版社2022年版,第483页。

[2] 刘宪权主编:《刑法学》(第6版)(下册),上海人民出版社2022年版,第602页。

着捏造行为是实行行为的一部分,那么开始实施捏造行为时就是着手,这难以被人接受。其次,认为诽谤罪的实行行为是复数行为的观点,必然导致案件处理不公平。最后,认为诽谤罪的实行行为是复数行为的观点,不利于保护利益。

单一行为说具有合理性:第一,《刑法》的目的是保护法益,故犯罪的本质是侵害法益;没有侵害法益的行为不可能构成犯罪,当然也不可能成为实行行为。第二,构成要件是违法类型,因此,只有表明违法性的要素才可能成为构成要件要素。第三,即使就单个人实施诽谤罪而言,通过比较所谓"捏造并散布"这种复数行为与"散布捏造的事实"这一单一行为,也会发现二者没有任何区别。第四,从语法上来说,将《刑法》第246条第1款中的"捏造事实诽谤他人"解释为"利用捏造的事实诽谤他人"或者"以捏造的事实诽谤他人"并非没有可能。第五,从比较法的角度来看,也不应将诽谤罪的构成要件行为解释为复数行为。

总之,诽谤罪的客观要件表现为以捏造(或者虚假)的事实诽谤他人。诽谤罪不是复行为犯,而是单行为犯,其实行行为只有以捏造的事实诽谤或者散布虚假的事实。因此,行为人故意将他人捏造的虚假事实由"网下"转载至"网上",或者从不知名网站转发至知名网站,或者从他人的封闭空间(如加密的QQ空间)窃取虚假信息后发布到互联网,以及其他以捏造的事实诽谤他人的行为,都属于诽谤。《网络诽谤解释》关于"捏造事实诽谤"的解释属于平义解释,而非类推解释,具有正当性与合理性。

2. 侮辱罪与诽谤罪的区别是否在于以捏造的事实损害他人名誉?

有观点认为,我国《刑法》第246条规定的侮辱罪与诽谤罪这两种侵害名誉的犯罪,区别在于行为人是否以捏造的事实毁损他人名誉。[①] 应该说,这种观点过于绝对。如果对象不是公众人物,所散布的事实不关涉公共事务,不管是真实的还是虚假的事实,只要有损他人名誉,就至少成立侮辱罪。也就是说,虽然成立诽谤罪要求必须散布的是虚假的事实,但不能认为散布虚假的事实,或者真实还是虚假难以查明的事实,就不能成立侮辱罪。质言之,只要散布有损他人名誉

---

① 参见张明楷:《网络诽谤的争议问题探究》,载《中国法学》2015年第3期。

的事实,都能成立侮辱罪。

3. 对于根据诽谤信息实际被点击、浏览、转发的次数定罪的司法解释规定,有无疑问?

根据《刑法》第 246 条第 1 款的规定,诽谤行为情节严重的,才成立犯罪。《网络诽谤解释》第 2 条第 1 项规定,同一诽谤信息实际被点击、浏览次数达到 5000 次以上,或者被转发次数达到 500 次以上的,应认定为"情节严重"。有学者对此解释规定提出了批评:因其不周密的设计,会导致一个人是否构成犯罪或是否符合"诽谤罪"的标准并不完全由犯罪人自己的行为来决定,而是夹杂进其他人的行为推动(如"点击"或"转发"等),甚至最终构成犯罪与否要看他人实际点击或转发的次数。尤其应当引起注意的是,假如有一个人想使最初发布网络信息的行为人被惩治,只要"恶意"拼命点击或转发就可以了,这是否有"客观归罪"或"他人助罪"之嫌? 因此,《网络诽谤解释》所导致的司法操作上的漏洞不仅不符合刑法基本原理,而且易被别有用心的他人所利用,从而引发出新的社会矛盾。①

应该说,《网络诽谤解释》的上述规定并不存在主观归罪与客观归罪的问题。在网络世界,各种信息被点击、浏览与转发是相当正常的现象。既然如此,诽谤信息实际被点击、被浏览、被转发的结果,就必须归属于行为人的诽谤行为,如同行为人将淫秽信息上传到信息网络,他人可以随意点击、浏览,因而可以肯定行为人传播了淫秽物品一样。同样地,只要行为人在网络上散布捏造的信息,就明知他人会点击、浏览或者转发。至于其散布的信息被谁点击、浏览或者转发,以及同一人是否可能多次点击、浏览或者转发,并不是诽谤罪的故意认识内容。而且,行为人对自己散布的虚假信息被他人点击、浏览或者转发,以及对被害人名誉的侵害结果,并不只是具有间接故意,完全可能具有直接故意。

---

① 参见李晓明:《诽谤行为是否构罪不应由他人的行为来决定:评"网络诽谤"司法解释》,载《政法论坛》2014 年第 1 期。

4. 能否将"告诉才处理"理解为"被害人向人民法院自诉才审理"?

《刑法》第98条规定:"本法所称告诉才处理,是指被害人告诉才处理。如果被害人因受强制、威吓无法告诉的,人民检察院和被害人的近亲属也可以告诉。"显然,本条只是规定了告诉主体,并没有规定"告诉"与"处理"的含义。一直以来,我国刑法理论与刑事诉讼法理论的主流观点都认为,"告诉才处理"是指被害人向人民法院自诉才审理。也就是说,"告诉才处理"中的"告诉"是指被害人自诉,"处理"是指人民法院的审理,因此,"告诉才处理"就是被害人向法院自诉才审理。

但是,这样的理解存在明显的缺陷:首先,将"告诉"限定为被害人向法院自诉,有违反平等保护原则之嫌。其次,将"告诉"限定为被害人向法院自诉,意味着被害人在起诉之前就必须明确认识犯罪性质。然而,许多犯罪之间的界限并不清晰,即使是公安、司法机关,也经常难以区分侵占罪与盗窃罪、侮辱罪与强制侮辱罪、诽谤罪与诬告陷害罪、虐待罪与故意伤害罪,对于并非法律专业人士的被害人而言更不待言。最后,将"告诉"限定为被害人向法院自诉,意味着被害人必须收集到确实、充分的证据,达到排除合理怀疑的程度。然而,在绝大多数案件中,被害人都不可能做到这一点。尤其是利用互联网实施的诽谤行为,使被害人名誉的毁损更为严重,在实践中也不罕见,但被害人几乎不可能查明行为主体,因而不可能向法院起诉。

应当认为,"告诉才处理"是指只有被害人向公安、司法机关告发或者起诉,公安、司法机关才能进入刑事诉讼程序,"告诉才处理"强调的是"不能违反被害人的意愿进行刑事诉讼"。在行为原本(可能)构成犯罪的前提下,只要被害人表达进入刑事诉讼程序的意愿,公安、司法机关就应当进入刑事诉讼程序。对此,可归纳如下:其一,被害人不告发的,公安、司法机关不得进入刑事诉讼程序。其二,被害人向公安机关告发的,公安机关应当立案侦查;事实清楚、证据确实、充分的,应当移送人民检察院审查起诉。其三,被害人向人民检察院告发的,人民检察院视情况,或者要求公安机关立案侦查,或者提起公诉。其四,被害人向人民法院起诉的,人民法院应当受理;人民法院认为证据不足的,应当视情况驳回起诉、建议被害人撤诉、宣告无罪或者移送公安机关立案侦查。与之相应,在任何阶段,只要被害人撤回告诉,公安、司法机关就应当撤销案件,作出不起诉决定或者终止审理、宣告无罪。显然,"告诉才处理"与以节省司法资源为宗旨的自诉存在本质区别。因此,在遭受网络诽谤的被害人不愿意追诉的情况下,公安、司法机关不得主动追诉;在被害人没有证据却愿意追诉的情况下,可以通过公诉解决被害人不能收集证据的困难;在被害人具有充分证据且愿意追诉的情况下,也可以采取自诉的方式。据此,《刑法修正案(九)》也没有必要在《刑法》第246条中增加第3款的规定。①

5. 侮辱、诽谤罪是否为抽象危险犯?

一般来说,抽象危险犯都是侵犯重大法益的重罪,如枪支犯罪、药品犯罪、食品犯罪、毒品犯罪。之所以国内外刑法理论公认侮辱、诽谤罪是所谓抽象危险犯,就是因为名誉是否受到毁损,受到多大程度的毁损,难以具体衡量,只要根据人们的一般生活经验,认为行为具有毁损他人名誉的危险即可认为行为构成侮辱、诽谤罪,这正是抽象危险犯的判断方法。

6. 网络诽谤是否是继续犯?网络诽谤的追诉时效从何时起算?

张明楷教授认为,网络诽谤属于持续犯(继续犯)。虽然行为人将捏造的毁损他人名誉的事实散布到网络上就构成既遂,但只要行为人不删除其所散布的内容,对被害人名誉的侵害就处于持续过程中,而且由于越来越多的人会看到诽谤内容,对被害人的名誉毁损便会越来越严重,犯罪行为并没有终了。因此,网络诽谤的追诉时效不是从既遂之日起计算,也不是从被害人知道诽谤实施之日起计算,而是从诽谤内容被删除之日起计算。②

应该说,上述观点有一定道理。不过,也可以不将网络诽谤看作继续犯,因为是否是继续犯一般是就整个罪名而言,而不是就某个具体情形或者事实而言。可以认为,只要行为人不删除、不撤掉"大字报",被害人法益就一直受到侵害,

---

① 参见张明楷:《网络诽谤的争议问题探究》,载《中国法学》2015年第3期。
② 参见张明楷:《刑法学》(第6版)(下册),法律出版社2021年版,第1196、1198页。

犯罪就没有实质终了。比如,在森林放一把火,火持续烧了3个月才熄灭,从别人厂里接一根电线持续偷电,都可以认为犯罪行为没有实质终了,追诉时效应从犯罪实质终了之日起计算。也就是说,即便不将网络诽谤看作继续犯,也可能从犯罪是否实质终了角度确定追诉时效的起算时间。

7. 诽谤官员是否就是所谓"严重危害社会秩序和国家利益"?

在"诽谤官员案"中,有些被诽谤的官员利用职权,以民众诽谤自己属于"严重危害社会秩序和国家利益"的行为为由,动用公检法力量,将案件作为公诉案件从严、从重、从快地判罚"诽谤者"有罪。正因为此,《网络诽谤解释》明确了属于"严重危害社会秩序和国家利益"的情形,以限制官员利用职权动用公诉力量打击报复对其进行批评、监督、举报的群众。不能认为诽谤县委书记、市委书记或者省委书记的,就是所谓"严重危害社会秩序和国家利益"的行为。

8. 散布有损他人名誉的真实事实,客观上保护了公共利益的,是否构成侮辱罪?

如果对象是公众人物,所散布的事实关涉公共利益,这时应优先保护民众的知情权,而不是公众人物的个人名誉权。因此,散布有损公众人物名誉的真实事实,客观上保护了公共利益的,不构成犯罪。

9. 将事实剪裁后任意拼凑改变事实真相的,是否属于"捏造事实"?

应该说,所谓捏造事实,并不限于"无中生有、凭空捏造虚假事实"。断章取义改变事实真相,以及将事实进行剪裁后任意拼凑改变事实真相,使一般人产生重大误解的,也属于捏造,也能构成诽谤罪。例如,某个完整的视频包含了甲与乙对骂的内容,但行为人仅将甲骂乙的内容拼凑成一个视频对外散布的,也属于捏造。

第六节 刑讯逼供罪

·导 读·

　　本罪的保护法益是公民的人格尊严和司法活动的正当性。监察人员在办理职务犯罪案件或者监管职务犯罪嫌疑人时实行刑讯逼供的,能成立刑讯逼供罪。警察为了决定是否立案,对被举报人、被控告人刑讯逼供的,也应认定为本罪。犯罪嫌疑人、被告人的行为实际上是否构成犯罪,不影响刑讯逼供罪的成立。只要采用摧残人的身心的方式强行逼取口供,包括肉体摧残和精神折磨,都应构成刑讯逼供罪。警察为了解救人质而对绑架犯实施暴力的,不是为了逼取口供,不属于刑讯逼供,而是正当防卫。在司法实践中常常因为行为人的动机出于"公"(如为了迅速结案)就不作为犯罪处理,明显不当。成立本罪,也需要情节严重。刑讯逼供本身过失致人重伤、死亡的,成立故意伤害罪、故意杀人罪,不宜判处死刑。在刑讯逼供过程中萌生伤害、杀人故意的,应当以刑讯逼供罪与故意伤害罪、故意杀人罪数罪并罚。一开始就有杀人故意的,直接认定为故意杀人罪。一开始就有伤害故意的,成立刑讯逼供罪与故意伤害罪的想象竞合。

/条 文/

　　第二百四十七条 【刑讯逼供罪】【暴力取证罪】司法工作人员对犯罪嫌疑人、被告人实行刑讯逼供或者使用暴力逼取证人证言的,处三年以下有期徒刑或者拘役。致人伤残、死亡的,依照本法第二百三十四条、第二百三十二条的规定定罪从重处罚。

实务疑难问题

1. 刑讯逼供罪的保护法益是什么?

关于本罪的保护法益,一般认为,既包括公民的人身权利,也包括司法机关的正常活动或者司法活动的正当性。[①] 由于公民的人身权利的范围很广,以人身权利作为本罪的法益显得过于宽泛。应该说,"刑讯逼供真正的恶在于对人性的摧残和对人尊严的毁灭,它是专制司法时代的残余,与现代的法治文明是格格不入的"[②]。"在国际社会,鉴于酷刑构成对人类尊严的严重侵犯,《世界人权宣言》第5条和《公民权利和政治权利国际公约》第7条都强调禁止对任何人施以酷刑"[③]。《刑法》第247条对刑讯逼供罪的手段只是简单表述为"实行刑讯逼供",而没有具体表述为"暴力""殴打""体罚虐待",说明本罪侵犯的主要不是生命、健康、人身自由权,而是人不能被强迫自证其罪的人格尊严。只要强行逼取供述,不管是采取暴力还是非暴力的手段,如进行强光照射、不让人睡觉、让人吃难以下咽的超咸、超淡或者半生不熟的饭菜,都能构成本罪。因此,本书认为,本罪的保护法益是公民的人格尊严和司法活动的正当性。

2. 监察人员能否构成刑讯逼供罪?

虽然1997年通过的《刑法》第94条在关于司法工作人员的定义中(本法所称司法工作人员,是指有侦查、检察、审判、监管职责的工作人员),因为当时还没有《监察法》,所以并未明文规定包括监察人员,但监察人员在办理职务犯罪案件和监管职务犯罪嫌疑人时,实际履行从事的就是侦查、监管职责。因此,监察人员在办理职务犯罪案件或者监管职务犯罪嫌疑人时属于司法工作人员,对犯罪嫌疑人、被告人实行刑讯逼供的,能成立刑讯逼供罪。

[①] 参见高铭暄、马克昌主编:《刑法学》(第10版),北京大学出版社、高等教育出版社2022年版,第482页;张明楷:《刑法学》(第6版)(下册),法律出版社2021年版,第1184页。

[②] 张明楷:《张明楷刑法学讲义》,新星出版社2021年版,第343页。

[③] 王新:《刑法分论精解》,北京大学出版社2023年版,第244~245页。

3. 警察为了决定是否立案,对被举报人、被控告人刑讯逼供的,能否构成刑讯逼供罪?

本罪的保护对象是在侦查过程中的犯罪嫌疑人和起诉、审判过程中的刑事被告人。所谓犯罪嫌疑人,是指被公安机关、检察机关立案侦查,但尚未被提起公诉的可能实施了犯罪行为的人;所谓被告人,是指已被人民检察院提起公诉或者已经被自诉人向人民法院起诉,要求追究其刑事责任的人。这是《刑事诉讼法》对犯罪嫌疑人和刑事被告人的界定。但考虑到本罪的立法目的和司法实际,我们不能完全按照《刑事诉讼法》的规定理解犯罪嫌疑人。应该说,只要是被公安、司法机关作为犯罪嫌疑人对待或者采取刑事追诉手段的人,就属于本罪中的嫌疑人。例如,警察为了决定是否立案,对被举报人、被控告人刑讯逼供的,也侵害了相关法益,所以也应认定为本罪;又如,警察为了查明对方实施的是犯罪行为还是违反《治安管理处罚法》的一般违法行为,而对其实行刑讯逼供的,也应认定为本罪。

4. 犯罪嫌疑人、被告人的行为实际上是否构成犯罪,是否影响刑讯逼供罪的成立?

只要实施了刑讯逼供,就侵害了犯罪嫌疑人、被告人的人格尊严,即便被告人的行为实际构成了犯罪,也不影响本罪的成立。

5. 进行精神摧残的,是否也能构成刑讯逼供罪?

一般认为,刑讯逼供包括肉刑和变相肉刑。而所谓肉刑,是指对被害人的肉体施行暴力,如吊打、捆绑、殴打以及其他折磨人的肉体的方法;而所谓变相肉刑,一般是指对被害人使用类似于暴力的摧残和折磨,如冻、饿、晒、烤,不准睡觉等。没有使用肉刑与变相肉刑的诱供、指供,不成立刑讯逼供罪。[①] 但问题是,对犯罪嫌疑人、被告人进行精神摧残、折磨的,能否构成刑讯逼供罪?

其实,《刑法》第 247 条只是规定"实行刑讯逼供",并未规定必须使用所谓

---

① 参见张明楷:《刑法学》(第 6 版)(下册),法律出版社 2021 年版,第 1184 页。

肉刑和变相肉刑。因此，只要采用摧残人的身心的方式强行逼取口供，包括肉体摧残和精神折磨，都应构成刑讯逼供罪。

6. 警察为了解救人质而对绑架犯实施暴力的，能否构成刑讯逼供罪？

案1：犯罪分子绑架了一个无辜的人将其藏在某个地方，但就是不将具体地点告诉警察。为了救人质，警察对绑架犯实施了暴力，让绑架犯说出了人质在什么地方。

案2：恐怖分子宣称在美国3个城市分别安放了一颗小型原子弹，但无论如何都不肯说出安放在了哪里。有一位女警察反对刑讯逼供，但另一位警察恰恰就采取了严酷的刑讯逼供方法。不过，即便是被刑讯逼供，恐怖分子也坚持不说，甚至在他的安排下，另一处安放的C4炸药已经爆炸，并造成几十人死亡。后来，警察把恐怖分子的两个孩子带到他面前，以打算对孩子实施虐待相威胁，恐怖分子才说出了原子弹的位置。

应该说，在上述两个案件中警察的行为完全可以不被评价为刑讯逼供，因为警察只是为了救人，犯罪分子的交代内容可以不作为供述使用。在本节案1中，在犯罪分子绑架他人后，将人质藏匿在危险场所，不及时营救就有生命危险时，一般人或者司法工作人员使用暴力迫使犯罪分子说出藏匿地点的，都属于正当防卫，即属于对持续犯的正当防卫，不应当将这种营救行为评价为刑讯逼供，因为这种行为不是为了逼取口供，不符合刑讯逼供罪的构成要件。而且，如果认为这种行为属于刑讯逼供，也就意味着公民的正当防卫均属于私刑，这恐怕不合适。不能认为普通公民实施暴力逼迫绑架犯说出了人质藏身地点的，属于正当防卫，而警察实施的，则属于刑讯逼供。在本节案2中，虽然警察采用了以恐怖分子的孩子相威胁的手段逼迫恐怖分子说出原子弹的位置，但是也应属于营救行为（正当防卫），而不是逼取口供的刑讯逼供行为，不构成刑讯逼供罪。否则，普通公民采用同样的手段逼迫恐怖分子说明原子弹位置的，是正当防卫，而警察实施的，就是刑讯逼供。

7. 成立刑讯逼供罪是否需要情节严重？

按照实质违法性论的观点，只有严重侵害法益的行为才值得科处刑罚。虽然《刑法》第 247 条没有将"情节严重"规定为本罪的构成要件，但是不能将情节显著轻微、危害不大的刑讯逼供行为解释为本罪。在司法实践中，也只是将刑讯逼供达到一定程度的行为进行立案追诉。

8. 刑讯逼供致人伤残、死亡定故意伤害、杀人罪，是否需要具有伤害、杀人故意？

《刑法》第 247 条后段规定，刑讯逼供致人伤残、死亡的，依照故意伤害罪、故意杀人罪定罪从重处罚。对此规定，理论上习惯于认为只有在行为人具有所谓伤害、杀人故意时，才能以故意伤害罪、故意杀人罪论处，也就是将该规定理解为注意规定。

注意规定说明显存在疑问。第一，不存在作出注意规定的必要性。《刑法》根本没有必要提醒法官注意：如果司法工作人员在刑讯逼供过程中，故意伤害他人或者故意杀害他人，应认定为故意伤害罪、故意杀人罪。第二，存在将上述后段规定解释为法律拟制的理由。现行《刑法》重视对公民人身权利的保护，《刑法》将本罪设置在侵犯公民人身权利罪一章而不是妨害司法罪一节，就说明了这一点。一方面要禁止刑讯逼供行为，另一方面更要防止刑讯逼供行为致人伤残或者死亡。第三，如果解释为注意规定，要求行为人具有伤害甚至杀人故意，明显不合情理，因为死人无法供述。第四，注意规定说实际上是将数罪拟制为一罪，这显然不合适。第五，行为人实施刑讯逼供行为，并致人伤残或者死亡的，在法益侵害上与故意伤害罪、故意杀人罪没有明显差异，所以具有进行法律拟制的实质基础。第六，《刑法》第 247 条后段规定与《刑法》第 234 条、第 232 条在内容表述上存在区别，没有写明"故意伤害""故意杀人"，只有解释为法律拟制，才能使这一规定具有意义。

因此，《刑法》第 247 条后段规定属于法律拟制，而不是注意规定。也就是说，只要刑讯逼供行为致人伤残、死亡，即使没有伤害、杀人的故意，也应认定为故意伤害罪、故意杀人罪。当然，根据责任主义要求，要以有预见可能性为前提。

可以说,该规定相当于将刑讯逼供罪的结果加重犯(故意的基本犯+过失的加重结果)拟制为故意伤害罪、故意杀人罪。不过,毕竟行为人没有伤害、杀人的故意,不同于具有伤害、杀人故意的典型的故意伤害罪、故意杀人罪,所以对于拟制的故意伤害罪、故意杀人罪处刑可以酌定从轻,不宜判处死刑。

　　大致可以认为,刑讯逼供致人伤残、死亡,可以包括以下几种情形:(1)刑讯逼供本身过失致人重伤、死亡的,拟制为故意伤害罪、故意杀人罪,处刑酌定从轻,不宜判处死刑;(2)在刑讯逼供过程中萌生伤害、杀人故意,使用暴力致人伤害、死亡的,由于存在刑讯逼供和伤害、杀人两个行为,应当以刑讯逼供罪与故意伤害罪、故意杀人罪数罪并罚;(3)一开始就有杀人的故意而无逼供意图,造成死亡的,直接认定为故意杀人罪;(4)一开始就有伤害的故意逼取口供,造成伤害结果的,成立故意伤害罪与刑讯逼供罪的想象竞合,从一重处罚。

第七节　暴力取证罪

·导　读·

　　理论上认为,民事、行政诉讼中的证人,也能成为本罪中的证人,逼取证人证言的,也能构成本罪。但应认为,本罪中的证人仅限于刑事诉讼中的证人,不包括民事、行政诉讼中的证人。暴力取证罪中的"证人",是指了解案件情况的人,除狭义的证人外,还包括被害人、鉴定人(科学证人)。

/条　文/

　　第二百四十七条　【刑讯逼供罪】【暴力取证罪】司法工作人员对犯罪嫌疑人、被告人实行刑讯逼供或者使用暴力逼取证人证言的,处三年以下有期徒刑或者拘役。致人伤残、死亡的,依照本法第二百三十四条、第二百三十二条的规定定罪从重处罚。

实务疑难问题

1. 暴力逼取民事、行政诉讼中的证人证言,是否也能构成暴力取证罪?

理论上认为,民事、行政诉讼中的证人,也能成为本罪中的证人,逼取证人证言的,也能构成本罪。① 这种观点存在疑问。应当认为,本罪中的证人仅限于刑事诉讼中的证人,不包括民事、行政诉讼中的证人。首先,在民事诉讼中,实行谁主张谁举证原则。在民事诉讼日益朝着当事人主义审判方式这一方向进行改革的今天,民事审判人员主动进行查证工作的数量已经大幅度减少。而在行政诉讼中,实行举证责任倒置原则,由行政机关举证证明自己的行政行为合法,司法工作人员也极少对行政案件进行查证工作。因此,在民事、行政诉讼中发生司法工作人员暴力取证的概率极低。其次,暴力取证与刑讯逼供被规定在同一个条文中,适用同样的法定刑,这就说明,暴力取证与刑讯逼供的危害性是相当的。但是,在民事、行政诉讼中发生的司法工作人员暴力取证的行为,其危害不仅低于刑讯逼供,也远远低于在刑事诉讼中对证人的暴力取证。既然民事、行政诉讼中的暴力取证行为与刑事诉讼中的暴力取证行为的危害性不相当,那么就没有理由认为民事、行政诉讼中的暴力取证行为也构成暴力取证罪。再次,民事、行政诉讼中的暴力取证行为不构成暴力取证罪,也不等于《刑法》对这些行为放任不管。如果这些行为符合故意伤害等犯罪构成要件,完全可以故意伤害罪等犯罪论处。因此,将民事、行政诉讼中的暴力取证排除在暴力取证罪之外,不会造成《刑法》上的盲点。②

2. 逼取被害人陈述的,是否构成暴力取证罪?

因为《刑法》具有自身的任务和目的,所以《刑法》虽具有从属性,但也具有独立性。虽然在《刑事诉讼法》上证人证言与被害人陈述、鉴定意见是独立的证

---

① 参见张明楷:《刑法学》(第6版)(下册),法律出版社2021年版,第1186页;高铭暄、马克昌主编:《刑法学》(第10版),北京大学出版社、高等教育出版社2022年版,第484页。
② 参见冯军、梁根林、黎宏主编:《中国刑法评注》(第2卷),北京大学出版社2023年版,第2265~2266页。

据种类,但证人、被害人、鉴定人都属于了解案件情况的人。暴力取证罪中的"证人",就是指了解案件情况的人,故除狭义的证人外,还包括被害人、鉴定人(科学证人)。而不具有作证资格,不知道案件真相的人,也可能被强迫作证而成为影响案件审理的人,所以也属于暴力取证罪中的证人。

第八节　侵犯公民个人信息罪

·导　读·

本罪的保护法益是公民个人信息权或者公民个人信息自决权。《刑法》保护公民个人信息,本质是为了保护公民个人的人身、财产权。本罪的实行行为是出售、提供、非法获取3种。凡是与自然人有关的信息,都可谓公民个人信息。就出售、提供而言,只要他人已经知悉公民个人信息,就成立犯罪既遂。就非法获取而言,只要行为人已经取得或者掌握了公民个人信息,就成立犯罪既遂。应将《刑法》第253条之一第3款作为独立罪名对待,其定罪量刑标准,应当比出售、提供公民个人信息的行为相对高一些。向他人提供电话号码,但没有其他信息的,不能构成侵犯公民个人信息罪。公民自愿提供同意他人使用的信息,不属于本罪的行为对象。将曾经受过刑事处罚与行政处罚认定为"情节严重"与"情节特别严重"的司法解释规定,混淆了预防要素与不法要素。成立《刑法》第253条之一的第2、3款的犯罪,也要求情节严重。违反部门规章,不属于"违反国家有关规定"。公民一天中详细的行踪轨迹信息,应为多条信息。非法获取公民个人信息后又出售或者提供给他人,成立包括的一罪。非法获取公民个人信息后实施诈骗,可能数罪并罚。

/条　文/

第二百五十三条之一　【侵犯公民个人信息罪】违反国家有关规定,向他人出售或者提供公民个人信息,情节严重的,处三年以下有期徒刑或者拘役,并处或者单处罚金;情节特别严重的,处三年以上七年以下有期徒刑,并处罚金。

违反国家有关规定,将在履行职责或者提供服务过程中获得的公民个人信息,出售或者提供给他人的,依照前款的规定从重处罚。

窃取或者以其他方法非法获取公民个人信息的,依照第一款的规定处罚。

单位犯前三款罪的,对单位判处罚金,并对其直接负责的主管人员和其他直接责任人员,依照各该款的规定处罚。

实务疑难问题

1. 侵犯公民个人信息罪的保护法益是什么?

本罪是侵犯公民人身权利的犯罪,其所保护的法益是公民个人信息权。所谓个人信息权,具体包括3个方面的内容:一是个人信息不被不正当收集、采集的权利;二是个人信息不被扩散的权利;三是个人信息不被滥用的权利。公民个人信息权,也可谓公民个人信息自决权。而所谓的信息自决权,是指个人依照法律控制自己的个人信息并决定是否被收集和利用的权利。公民个人信息自决权产生于一般人格权的基础之上,仍属于人身权利的范畴。当然,也可以认为公民个人信息权或者公民个人信息自决权,只是阻挡层法益,背后层法益是公民的人身、财产权。或者说,《刑法》保护公民个人信息,本质是为了保护公民个人的人身、财产权。

2. 侵犯公民个人信息罪的实行行为是什么?

本罪的构成要件行为包括3种类型,实行行为是出售、提供、非法获取。

第一种行为类型是,违反国家有关规定,向他人出售或者提供公民个人信息。出售其实也是提供的一种方式。凡是使他人可以知悉公民个人信息的行为,都属于提供。

第二种行为类型是,违反国家有关规定,将在履行职责或者提供服务过程中获得的公民个人信息,出售或者提供给他人。例如银行、网络服务商、电信服务商工作人员在提供服务过程中获得的公民个人信息,都属于这一类型下的公民个人信息。行为人将这些公民个人信息出售或者提供给他人的,成立侵犯公民个人信息罪。

第三种类型是,窃取或者以其他方法非法获取公民个人信息。"窃取"其实也是非法获取的一种方式。凡是非法获取公民个人信息的行为,如购入、夺取、骗取等,都属于"以其他方法非法获取"。例如,行为人冒充司法工作人员,欺骗国家机关或者电信、金融、交通、教育、医疗等单位的工作人员,让他人向自己提供公民个人信息的行为,就属于这种类型。

3. 何谓《刑法》意义上的公民个人信息?

《网络安全法》第76条第5项规定,"个人信息,是指以电子或者其他方式记录的能够单独或者与其他信息结合识别自然人个人身份的各种信息,包括但不限于自然人的姓名、出生日期、身份证件号码、个人生物识别信息、住址、电话号码等"。2017年最高人民法院、最高人民检察院《关于办理侵犯公民个人信息刑事案件适用法律若干问题的解释》(以下简称《个人信息解释》)指出,公民个人信息是指以电子或者其他方式记录的能够单独或者与其他信息结合识别特定自然人身份或者反映特定自然人活动情况的各种信息,包括姓名、身份证件号码、通信通讯联系方式、住址、账号密码、财产状况、行踪轨迹等。2020年颁布的《民法典》第1034条第2款规定,个人信息是以电子或者其他方式记录的能够单独或者与其他信息结合识别特定自然人的各种信息,包括自然人的姓名、出生日期、身份证件号码、生物识别信息、住址、电话号码、电子邮箱、健康信息、行踪信息等。2021年8月20日公布的《个人信息保护法》第4条第1款规定,个人信息是以电子或者其他方式记录的与已识别或者可识别的自然人有关的各种信息,不包括匿名化处理后的信息。

应该说,从法益保护角度来讲,凡是与自然人有关的信息,都是公民个人信息。除了上述规定所列举的信息外,公民个人信息还包括婚姻状况、工作单位、学历、履历等能够识别公民个人身份或者涉及公民个人隐私的信息、数据资料,以及公民生理状态、遗传特征、经济状况、电话通话清单、个人具体行踪等。但是,"公民"并不包括单位和死者。例如,在一些网络平台上可以查询企业的工商信息、诉讼信息等,这些都属于单位的信息,不是公民个人信息。

4. 侵犯公民个人信息罪的既遂如何判断？

本罪的实行行为是出售、提供、非法获取3种。就出售、提供而言,只要他人已经知悉公民个人信息,就成立犯罪既遂。就非法获取而言,只要行为人已经取得或者掌握了公民个人信息,就成立犯罪既遂。

5.《刑法》第253条之一第3款应否作为独立的罪名对待？

《刑法》第253条之一第1款和第2款规定的行为方式是出售、提供,而第3款规定的行为方式是非法获取。应该说,非法获取明显不同于出售、提供,正如购买不同于出售、收买不同于拐卖、行贿不同于受贿一样。非法获取公民个人信息,对于公民个人信息而言,只具有抽象危险,而出售、提供,可谓实害。因此,理想的做法是将第3款作为独立的罪名对待,如"非法获取公民个人信息罪",规定相对较低的法定刑,或者设置相对较高的入罪门槛。在立法和罪名不能改变的情况下,非法获取公民个人信息行为的定罪量刑标准,应当比出售、提供公民个人信息的行为相对高一些。

6. 向他人提供电话号码,但没有其他信息的,能否构成侵犯公民个人信息罪？

应该说,并不是任何一项单独信息,都属于公民个人信息。另外,除了考虑个人信息的公共属性,还需要依据一般人的观念进行判断。例如,行为人对外公布全国所有民法学专业的博士生的姓名或者民法学教授、博导的姓名,就不可能构成本罪。

只要是能识别公民身份等方面的相对重要的信息,就可以成为公民个人信息。例如,"姓名+家庭住址""姓名+手机号码""姓名+身份证号码""姓名+银行卡号""姓名+行踪轨迹""姓名+存款信息"等,都属于《刑法》保护的公民个人信息。但一般来说,"姓名+毕业院校""姓名+职务""姓名+性别""姓名+年龄""姓名+学历"等,难以成为《刑法》保护的公民个人信息。不过,如果是"姓名+多项不重要的信息",也可能被综合评价为《刑法》保护的公民个人信息。

如果行为人只是提供了1000个手机号码,但没有提供相应的姓名,也没有提供其他可以识别身份的信息,那这些信息就不是公民个人信息,行为人不构成侵犯公民个人信息罪。

7. 公民自愿提供同意他人使用的信息,是否属于本罪的行为对象?

案1:客户张三向小额贷款公司借款,公司不能确定张三提供的身份证是否真实,于是要求张三手持身份证拍照,也向张三说明了他们要将其身份证上的相关信息和该照片提交给有关公司、部门,以检验身份证的真伪,张三当场表示同意。之后,小额贷款公司将上述个人信息提交给相关公司,相关公司又将上述信息提供给有关部门,有关部门人员依法根据上述信息调取张三身份证的存档照片(没有其他信息),并在对照片进行网格化处理后将其交给相关公司,相关公司再交给小额贷款公司,由小额贷款公司自己判断身份证的真伪。

在该案中,身份证及其相关信息与照片,都是张三自愿提供并同意他人使用的,除此之外只有一张网格照片,只能就网格照片本身判断相关人员的行为是否构成侵犯公民个人信息罪。由于在网格照片中没有其他信息,不能认定为侵犯公民个人信息罪。

在这样的案件中,不能认定相关人员非法提供了公民个人的姓名、身份证号、照片等信息,因为公民个人同意他人使用的必须除外。换言之,公民个人自愿提供同意他人使用的个人信息,不是侵犯公民个人信息罪的对象。当然,如果相关人员超出公民同意的范围使用上述信息,则构成侵犯公民个人信息罪。

8. 对于将曾经受过刑事处罚与行政处罚认定为"情节严重"与"情节特别严重"的司法解释规定,有无疑问?

曾经受过刑事处罚与行政处罚,这是反映再犯罪可能性大小即特殊预防必要性大小的预防要素,不是反映不法程度的要素。而"情节严重"与"情节特别严重"均是客观方面的反映法益侵害程度的要素,也就是不法要素。很显然,这种司法解释规定因混淆了预防要素与不法要素,而殊有不当。

9. 成立《刑法》第253条之一的第2、3款的犯罪是否要求情节严重?

《刑法》第253条之一第2款规定"依照前款的规定从重处罚",第3款规定"依照第一款的规定处罚"。

值得注意的是,2009年《刑法修正案(七)》在增设本罪时曾规定"窃取或者以其他方法非法获取上述信息,情节严重的,依照前款的规定处罚",而2015年《刑法修正案(九)》在修改第253条之一第3款时删除了"情节严重"的要求。能否认为,非法获取公民个人信息成立犯罪不要求"情节严重"?

应该说,无论《刑法》第253条之一第2款还是第3款,都不只是单纯法定刑的援引,还是第1款犯罪成立条件的援引,即成立第2、3款的犯罪,也要求"情节严重"。只有这样理解,处理才能协调。

10. 违反部门规章,是否属于"违反国家有关规定"?

之所以《刑法修正案(九)》将《刑法修正案(七)》中关于本罪的《刑法》第253条之一第1款的"违反国家规定"修改为"违反国家有关规定",是因为当时国家有关个人信息保护的立法还很不完善,所以试图将违反"部门规章"纳入违反"规定"的范畴。但现在《个人信息保护法》已经出台,应当将"违反国家有关规定"限缩解释为"违反国家规定",即不应认为"违反国家有关规定"包括违反部门规章的规定。质言之,虽然二者的表述不同,但难以认为二者的范围也不同。

11. 公民在一天中详细的行踪轨迹,算一条信息还是多条信息?

对本罪的构成要件与"情节严重"的解释不能过于严格,换言之,不要试图限制本罪的成立范围,相关刑法条文已经限制了其成立范围。例如,《个人信息解释》第5条第1款第3项规定非法获取、出售或者提供行踪轨迹信息、通信信息、征信信息、财产信息 50 条以上的,属于情节严重。问题在于如何认定行踪轨迹信息条数。例如,一个北大教授,早上七点半从蓝旗营家里出发,八点到办公室写书 1 小时,九点到教学楼上 3 节课,十二点到教工食堂吃饭,十二点半回办公室午睡半小时,午睡起来后在办公室写书 3 个小时,下午四点去操场跑步 1 小时,五点到食堂吃饭,然后回办公室继续写书到晚上十点,最后回蓝旗营家里睡觉。如果行为人向他人提供这位北大教授行踪轨迹,应认定提供了 1 条还是 10 条公民个人信息?答案是应该认定为 10 条,而不是 1 条。另外,不能要求行踪轨迹很具体,大体的行踪轨迹也包括在内,如行为人提供的信息是某人半年内都一直待在北京,这当然属于行踪轨迹信息。

12. 非法获取公民个人信息后又出售或者提供给他人的,应罚一罪还是数罪并罚?

非法获取公民个人信息后又出售或者提供给他人,因为仅侵害了一个法益,所以成立包括的一罪,以侵犯公民个人信息罪一罪定罪处罚即可。

13. 非法获取公民个人信息后利用其实施诈骗,应罚一罪还是数罪并罚?

虽然一般可能认为非法获取公民个人信息后利用其实施诈骗属于牵连犯,但行为人往往会一次性非法获取大量的公民个人信息,然后利用所非法获取的部分信息实施诈骗,侵害了两个法益,所以应以侵犯公民个人信息罪与诈骗罪实行数罪并罚。

第九节 暴力干涉婚姻自由罪

·导 读·

本罪中的"暴力"不包括所谓的"冷暴力"。暴力干涉恋爱的,不构成本罪。暴力干涉同性婚姻的,不构成本罪,但如果强迫他人组成同性婚姻,构成本罪。以杀害、伤害的方式干涉他人婚姻自由的,成立暴力干涉婚姻自由罪与故意杀人罪、故意伤害罪的想象竞合犯。丈夫因不同意妻子与自己离婚而对妻子实施暴力的,可以构成暴力干涉婚姻自由罪。"致使被害人死亡",包括被害人自杀,但不包括恋爱对象的自杀。

条 文

第二百五十七条 【暴力干涉婚姻自由罪】以暴力干涉他人婚姻自由的,处二年以下有期徒刑或者拘役。

犯前款罪,致使被害人死亡的,处二年以上七年以下有期徒刑。

第一款罪,告诉的才处理。

实务疑难问题

1. 暴力干涉婚姻自由罪中的暴力是否包括所谓的"冷暴力"?

《刑法》分则中的暴力性犯罪有程度之分。本罪中的"暴力",既不需要像抢劫罪那样达到压制对方反抗的程度,也不需要具有致人死伤的可能性,只要可能妨碍他人结婚与离婚自由,就可谓本罪中的"暴力"。单纯以暴力相威胁,没有实际使用暴力,以及暴力极为轻微,如打一耳光、踹两脚,都不能构成暴力干涉婚姻自由罪。单纯的不理睬对方、不跟对方说话、跟对方"冷战"的所谓"冷暴力",当然不属于本罪中的暴力,不构成暴力干涉婚姻自由罪。

2. 暴力干涉恋爱的,是否构成暴力干涉婚姻自由罪?

虽然恋爱通常是为了结婚,干涉恋爱,最终也会干涉到结婚,但恋爱自由毕竟不是婚姻自由。本罪中的婚姻自由,仅指结婚自由与离婚自由。因此暴力干涉恋爱的,不可能构成暴力干涉婚姻自由罪。

3. 暴力干涉他人事实上的同性婚姻的,是否构成暴力干涉婚姻自由罪?

因为我国《民法典》不承认所谓同性婚姻,所以暴力干涉同性婚姻的,不构成犯罪。不过,如果强迫他人组成同性婚姻,当然构成本罪。

4. 以伤害、杀人的方式干涉婚姻自由的,如何处理?

以杀害、伤害的方式干涉婚姻自由的,成立暴力干涉婚姻自由罪与故意杀人罪、故意伤害罪的想象竞合犯,从一重处罚。

5. 丈夫因不同意妻子与自己离婚而对妻子实施暴力的,是否构成暴力干涉婚姻自由罪?

妻子有离婚自由,丈夫因不同意妻子与自己离婚而对妻子实施暴力的,可以构成暴力干涉婚姻自由罪。

6. 如何处理所谓"抢婚案"?

某些民族、地区的抢婚习俗,是结婚的一种方式,不能以本罪论处。因向女方求婚遭到拒绝,而纠集多人使用暴力将女方劫持或者绑架到自己家中,强迫女方与自己结婚的,应当以本罪论处;非法拘禁的,还构成非法拘禁罪;强行与女方同居的,另构成强奸罪,应当实行数罪并罚。

7. "致使被害人死亡",是否包括被害人及恋爱对象的自杀?

"致使被害人死亡",是指在实施暴力干涉婚姻自由行为的过程中过失导致被害人死亡,以及因暴力干涉婚姻自由直接引起被害人自杀身亡,不包括恋爱对象的自杀身亡。暴力行为本身构成故意伤害(致死)罪的,应当以故意伤害(致死)罪论处,而不能仅认定为本罪中的"致使被害人死亡"。

第十节 重 婚 罪

·导 读·

重婚罪是状态犯,不是继续犯,追诉时效应从重婚之日起计算,而不是从结束重婚状态之日起计算。应对重婚罪的法益进行补正解释,得到配偶承诺的重婚,仍然构成重婚罪。一名男子同时与两名女子举行婚礼的,构成重婚罪。在《民法典》上事实婚姻无效,在《刑法》上不应肯定事实重婚。行为人在承认同性婚姻的国外登记了同性婚姻,又在国内存在异性婚姻的,应认定为重婚罪。一方变性导致形式上存在两个婚姻关系的,不宜以重婚罪论处。

/条 文/

第二百五十八条 【重婚罪】有配偶而重婚的,或者明知他人有配偶而与之结婚的,处二年以下有期徒刑或者拘役。

实务疑难问题

1. 重婚罪是继续犯吗?

案1:甲女出生在偏远贫穷的山区,芳龄二十,聪明伶俐,五官端正,其有一个智障且身体残疾的哥哥,年纪已三十有六,尚未婚配,父母决定将其兄妹与临村情况相似的兄(乙男)妹换亲。甲女虽以死抗争终无济于事,举行婚礼当晚,甲女就被智障且身体残疾的乙男强奸。后甲女冒死逃出魔掌来到深圳打工,在工作中遇到聪明、温柔、能干、帅气,年方二十有六,有被逼婚经历的暖男一枚——丙男,二人一见钟情,坠入爱河。二人虽未办理结婚登记手续,但二人相濡以沫生活20年,育有两女一男,"婚姻"生活甚是幸福美满。

如果认为,重婚罪是继续犯,甲女与丙男重婚的追诉时效就还没有开始计算,检察院任何时候都可以提起公诉,追究二人重婚罪的刑事责任。本书认为,重婚罪是状态犯,不是继续犯,追诉时效应从开始重婚之日起计算,该案追诉时效已过,不能追究二人重婚罪的刑事责任。

很多学者都主张重婚罪为继续犯。[1] 在持肯定论的学者中:有人主张区分法律重婚与事实重婚,因法律重婚而构成的重婚罪的追诉时效应从犯罪之日开始计算,因事实重婚而构成的重婚罪的追诉时效应从犯罪终了之日起开始计算。有人认为区分法律重婚与事实重婚会导致处罚的不协调:同样是重婚行为,同样是对一夫一妻的婚姻制度的破坏,只要办理了重婚登记手续,即使以夫妻名义非法同居关系始终存续,经过5年就不再追究刑事责任;而如果是事实重婚,只要以夫妻名义非法同居关系没有结束,无论经过多少年都可以追究刑事责任。我国台湾地区的理论与实务认为重婚罪属于既成犯或者状态犯,而不认为是继续犯,理由是,重婚罪之行为人于重婚后,不可能再次从无婚姻关系之状态形成有婚姻关系之状态,因此其(事实)婚姻关系之持续也不可能是重婚行为之继续。我国大陆学者主张重婚罪为继续犯的理由在于,"重婚罪中的犯罪行为是违反婚姻法中确立的一夫一妻制的非法同居行为。在法律重婚中,重婚登记只是侵犯一夫一妻制行为的开始……如果将重婚登记看作重婚行为的全部,事实重婚就会因为没有重婚行为而不构成重婚罪"[2]。如果否定重婚罪为继续犯,则"非法同居了5年就可以不负刑事责任,只会放纵犯罪分子"[3]。

本书认为,无论是法律重婚还是事实重婚,均为状态犯。一则,根据追诉时效制度的根据或者目的中的"尊重事实状态说",[4]应得出5年之后不应追诉的结论。婚姻以感情为基础,同居5年以上,说明已经建立稳定的夫妻感情,形成

---

[1] 参见张明楷:《刑法学》(第6版)(下册),法律出版社2021年版,第1209页;黎宏:《刑法学总论》(第2版),法律出版社2016年版,第319页。

[2] 黎宏:《刑法学总论》(第2版),法律出版社2016年版,第319页。

[3] 刘艳红主编:《刑法学》(第2版)(上),北京大学出版社2016年版,第295页。

[4] 参见张明楷:《外国刑法纲要》(第2版),清华大学出版社2007年版,第425页。

稳定的夫妻家庭关系。追究行为人重婚罪的刑事责任,反而是对稳定的家庭关系的破坏。如本节案1,甲女为了逃避换亲带来的不幸婚姻,情投意合地和丙男走到一起,相濡以沫,相亲相爱,生儿育女,早已形成稳定的夫妻家庭关系,在这种情况下若以重婚罪属于继续犯为由追究二人重婚罪的刑事责任,明显是对在事实上已经形成的稳定的社会关系的破坏,违背了《刑法》保护人、促进善的本旨。二则,从重婚罪的2年法定最高刑的配置来看,无论是根据一夫一妻制法益的重要程度,还是根据预防犯罪的必要性大小,都不适合在追诉时效问题的处理上过于严厉,否则,既是对现存稳定社会关系的破坏,也是对司法资源的浪费,同时有悖"法不进入家庭"的基本理念。因此,重婚罪应属于状态犯,本节案1中的甲女与丙男的重婚行为早已超过追诉时效,不应被追究刑事责任。

2. 得到配偶承诺的重婚,能否构成重婚罪？

虽然重婚罪被"阴差阳错"地安置在侵犯公民人身权利、民主权利罪一章,但应当对其法益进行补正解释,本罪是侵犯一夫一妻制的社会法益的犯罪,个人不能承诺放弃其法。因此,得到配偶承诺的重婚,仍然构成重婚罪。

3. 一名男子同时与两名女子举行婚礼,是否构成重婚罪？

形式解释论认为,重婚的两个婚姻之间必须有先后顺序。但实质解释论认为,只要侵犯了一夫一妻制法益,就能构成重婚罪。一名男子同时与两名女子举行婚礼,虽然婚姻没有先后,但无疑侵犯了一夫一妻制法益,所以无碍重婚罪的成立。

4. 婚姻法上事实婚姻无效,在《刑法》上是否还应肯定事实重婚？

一般认为,虽然婚姻法上事实婚姻无效,但在《刑法》上还是应肯定事实重婚罪的成立。本书认为,由于事实婚姻中的所谓"以夫妻名义共同生活",实际很难判断,故从法秩序统一性原理和罪刑法定原则的明确性要求考虑,不宜将事实重婚纳入重婚罪的范畴。

5. 行为人有一个异性婚姻,同时有事实上的同性婚姻的,是否构成重婚罪?

如果承认同性婚姻,同性婚姻与异性婚姻当然算是重婚。但如果一个国家不承认同性婚姻,当然不能肯定异性婚姻与同性婚姻构成重婚。不过,倘若行为人在承认同性婚姻的国外登记了同性婚姻,又在国内存在异性婚姻,则应认定为重婚罪。

6. 一方变性导致形式上存在两个婚姻关系的,是否成立重婚罪?

在一方变性后,以前的婚姻就失去了意义。因此,一方变性导致形式上存在两个婚姻关系的,不宜以重婚罪论处。

第十一节 破坏军婚罪

·导 读·

同居是介于事实婚姻与通奸之间的一种状态。军人的配偶不能构成本罪,只能单独构成重婚罪或者无罪。双方都是军人的,根据情况分别构成破坏军婚罪、重婚罪或者无罪。长期与现役军人配偶通奸而给军人婚姻造成严重后果的以破坏军婚罪论处的司法解释规定,属于类推解释。破坏军婚罪与重婚罪之间可谓一种交叉关系的法条竞合。《刑法》第259条第2款规定属于注意规定,只有违背现役军人的妻子的意志强行与其发生性关系的,才能以强奸罪定罪处罚。

/条 文/

第二百五十九条 【破坏军婚罪】明知是现役军人的配偶而与之同居或者结婚的,处三年以下有期徒刑或者拘役。

利用职权、从属关系,以胁迫手段奸淫现役军人的妻子的,依照本法第二百三十六条的规定定罪处罚。

实务疑难问题

1. "同居"与事实婚姻和通奸区别何在?

"同居",是指在一定时期内与现役军人的配偶姘居且共同生活。"同居"以两性关系为基础,同时还有经济上或其他生活方面的特殊关系,包括公开与秘密同居两种情况。不能将"同居"理解为事实婚姻,因为这不利于对军人婚姻的特殊保护,也会使"同居"一词失去独立的意义。另外,也不能将"同居"理解为通奸,因为这与《刑法》特地使用"同居"一词以缩小打击面的意图相冲突。可以说,同居是介于事实婚姻与通奸之间的一种状态。

2. 军人的配偶构成破坏军婚罪吗?

本罪可谓对向犯。与军人配偶同居或者结婚的一方构成破坏军婚罪,但不能认为军人配偶也成立破坏自己婚姻的破坏军婚罪。军人配偶若与对方结婚,则军人配偶单独成立重婚罪;只是与对方同居的,虽然对方构成破坏军婚罪,但军人配偶并不成立犯罪。

3. 双方都是军人的,构成破坏军婚罪吗?

虽然双方都是军人,若双方的配偶都不是军人,则不存在破坏军婚的问题,不能成立破坏军婚罪。若与对方结婚,则成立普通的重婚罪;若只是同居的,双方都不构成犯罪。如果双方的配偶也都是军人,则相互破坏了对方配偶的军婚,则双方均构成破坏军婚罪。如果只有一方的配偶是军人,则只有一方构成破坏军婚罪,另一方构成重婚罪或者无罪。

4. 对长期与现役军人配偶通奸而给军人婚姻造成严重破坏后果的以破坏军婚罪论处的解释规定,是否合理?

应该说,这属于类推解释。按照允许类推解释的 1979 年《刑法》的规定是可以的。但在 1997 年《刑法》废除了类推解释和明文规定了罪刑法定原则之后,若还认为长期通奸属于同居,就不妥当了。

5. 破坏军婚罪与重婚罪之间是什么关系?

破坏军婚罪与重婚罪之间可谓一种交叉关系的法条竞合。行为人若与现役军人的配偶结婚,则既构成破坏军婚罪,也构成重婚罪,从一重,按照破坏军婚罪定罪处罚。若行为人与现役军人的配偶同居,则仅构成破坏军婚罪,不构成重婚罪。与他人结婚的现役军人的配偶,不能构成破坏军婚罪,只能构成重婚罪。与他人同居的现役军人的配偶,不构成犯罪。

6.《刑法》第 259 条第 2 款规定,是注意规定还是法律拟制?

很显然,只有违背现役军人的妻子的意志强行与其发生性关系的,才能以强奸罪定罪处罚,所以,《刑法》第 259 条第 2 款的规定是注意规定,而不是法律拟制。行为人没有使用胁迫手段,而是基于相互利用发生性关系的,不能构成强奸罪。

第十二节 拐骗儿童罪

·导 读·

拐骗儿童罪是侵犯人身自由犯罪的兜底性罪名,不能证明行为人为何非法控制儿童的,至少成立拐骗儿童罪。本罪的保护法益应该是儿童的生命、身体的安全。拐骗儿童罪是状态犯,不是继续犯。拐骗儿童后又出卖、绑架的,应当以拐骗儿童罪与拐卖儿童罪、绑架罪数罪并罚。拐骗多名儿童的,应以同种数罪并罚。拐骗儿童罪与拐卖儿童罪之间不是对立关系,而是竞合关系。不应将拐骗限制解释为欺骗儿童离开家庭或者监护人,偷、抢、绑,都可谓拐骗。行为人征得监护人的同意但违反未成年人的意志使未成

362

第四章 | 侵犯人格的犯罪

年人离开家庭的行为,也能构成拐骗儿童罪。拐骗儿童罪只能由作为构成,不能由不作为构成。

/ 条 文 /

第二百六十二条 【拐骗儿童罪】拐骗不满十四周岁的未成年人,脱离家庭或者监护人的,处五年以下有期徒刑或者拘役。

实务疑难问题

1. 不能查明行为人为何非法控制儿童的,能否定拐骗儿童罪?

案1:2008年4月10日,被害人许某某(出生于2006年5月10日)跟随其外公和母亲在重庆火车站华康旅行社留宿。在母亲和外公上厕所时,许某某独自来到火车站广场。被告人傅某海在火车站广场捡拾垃圾时发现许某某,趁四周无人,便抱起许某某迅速离开。法院认为,被告人傅某海带走被害人许某某,不论其带走被害人的目的,其行为已经造成了未满14周岁的未成年人脱离家庭或监护人的法律后果,构成了拐骗儿童罪,判决被告人傅某海犯拐骗儿童罪,判处有期徒刑10个月。[①]

在该案中,被告人的目的虽然难以查明,但只要能够认定被告人非法控制了儿童,就不影响拐骗儿童罪的成立,故法院的判决是正确的。

案2:1996年5月11日,被告人王某得知其男友潘某峰因吸食毒品被公安机关抓获。为了使其男友逃避处罚,被告人王某于当日在云南省红十字会医院妇产科,将杜某刚出生5天的一男婴拐骗抱走,并直接将拐骗来的男婴抱到公安机关,谎称婴儿是潘某峰与其所生,要求将婴儿交给潘某峰照管,遭值班人员拒绝。被告人王某便将婴儿弃于公安机关值班室长凳上离去。事后,经公安机关查找,找到了婴儿的母亲,并于当晚12时许将婴儿送

---

① 参见重庆铁路运输法院刑事判决书,(2008)重铁刑初字第81号。

363

回红十字会医院即婴儿的母亲杜某处。被告人王某的拐骗行为,致使婴儿送回医院后身体健康受到影响。被告人辩称,她并没有拐骗婴儿的犯罪意图,只是想借用一下婴儿以取得公安机关的同情,放出其因吸毒被关押的男友。被告人王某的辩护人称:"王某不构成拐骗儿童罪。王某虽实施了拐骗婴儿的行为,但从犯罪的主观方面上看,王某没有拐骗儿童的故意,只是想借用婴儿争取公安机关的同情,放出其男友。"法院则认为:"被告人王某用欺骗手段,拐骗刚出生5天的婴儿,使其脱离监护人,其行为已触犯国家刑律,构成拐骗儿童罪。公诉机关的指控成立。辩护人的辩护观点与事实相悖,不予采纳……判决:王某犯拐骗儿童罪,判处有期徒刑五年。"[①]

在该案中,行为人既不具有以被害人作为人质向第三人提出不法要求的目的(在该案中是将婴儿交给警察并让警察转交给其男友,没有将婴儿作为人质的目的),也不具有出卖的目的,而且因为被害人出生刚5天还不能成为非法拘禁罪的对象,所以,只能以拐骗儿童罪定罪处罚,故法院的判决是正确的。

我国《刑法》规定了一系列的侵害人身自由的犯罪,每一个罪名都有自己特有的立法目的。

非法拘禁罪是侵害人身自由的犯罪(准确地讲是身体的场所移动自由,简称身体移动自由),虽然基本犯的法定最高刑只有3年有期徒刑,但非法拘禁致人重伤、死亡(结果加重犯)的法定最高刑可达15年有期徒刑。理论上公认,成立非法拘禁罪不需要特定目的,只要现实地非法剥夺了他人(限于具有意识活动能力的人)的身体移动自由,就成立犯罪。由于刚出生不久的婴儿以及处于意识丧失状态的人(如高度的精神病患者、植物人)不具有意识活动能力,故不能成为非法拘禁罪的保护对象。

关于绑架罪,理论通说认为,必须存在绑匪、人质、第三人这种三面关系。之所以在非法拘禁罪之外另设绑架罪,是因为行为人具有勒索财物或者满足其他不法要求的目的这种主观的违法要素,而且现实地控制着人质(有侵害第三人的意思自决权及财产权的可能性),导致人质的生命、身体的安全面临着现实、

[①] 云南省昆明市盘龙区人民法院刑事判决书,(1996)盘刑初字第220号。

紧迫的威胁。相对于非法拘禁罪所保护的法益(身体移动自由),人质的生命、身体的安全是绑架罪所保护的主要法益。

拐卖妇女、儿童罪也具有侵害人身自由权的性质,侵害被拐卖人的身体移动自由的时间相对于非法拘禁罪来说通常要更短暂,之所以拐卖妇女、儿童罪法定刑远高于非法拘禁罪(基本法定刑就是5年以上10年以下,加重法定刑可达死刑),是因为将人作为商品出售严重侵害了作为人的尊严(人格尊严),而且拐卖行为置被拐卖人于不可预知的未来处境,严重威胁到被拐卖人的生命、身体的安全及人身自由。

至于收买被拐卖的妇女、儿童罪,其危害性不仅在于将人作为商品加以购买严重侵害了人格尊严,还在于收买行为使被拐卖人被置于陌生的生活环境中,而且收买行为也是对拐卖行为的纵容。虽然收买被拐卖的妇女、儿童罪的法定最高刑只有3年,但《刑法》第241条第2、3、4款明文规定,收买后对被拐卖的妇女、儿童具有剥夺自由、伤害、强奸、侮辱等行为的应当数罪并罚,从而有效保护被拐卖妇女、儿童的生命、身体的安全和人身自由。

在实践中完全可能存在这种情形:行为人虽然存在以实力非法控制儿童的事实,却并不具有借此向第三者勒索财物或者满足其他不法要求的目的,也没有将其作为商品予以出卖的目的,或者行为人虽然可能存在勒索财物或者出卖的目的,但现有证据难以证明,而且被害人也不是行为人从他人手中收买的;同时,要么因为不存在非法剥夺自由的事实,要么因为对象属于没有意识活动能力的幼儿或者处于意识丧失状态的人而不能成为非法拘禁罪的对象,所以也不能以非法拘禁罪论处。对于这种情形,绑架罪,拐卖妇女、儿童罪,收买被拐卖的妇女、儿童罪以及非法拘禁罪都无法对行为人进行规制,若没有拐骗儿童罪存在,这种情形只能宣告无罪。

从我国司法实务来看,如本节案1、2,行为人出于收养、组织乞讨、偷盗等目的(或者是否具有勒索财物或出卖的目的不能查明的),非法让儿童脱离原来的生活场所置于自己的实力支配下的,都是以拐骗儿童罪定罪处罚。因此,拐骗儿童罪的存在价值或者说立法目的,其实就在于"查漏补缺",就是作为一种补充性规范、兜底性罪名而存在。当行为人非法控制了儿童(拐骗儿童脱离家庭或者监护人),不能查明行为人具有勒索财物或者满足其他不法要求的目的,也不能证明行为人具有出卖的目的,还不能证明儿童是行为人花钱收买的,则构成拐骗儿童罪。

2. 拐骗儿童罪的保护法益是什么?

关于本罪的保护法益(客体),代表性的观点有:(1)本罪的客体为他人的家庭关系以及儿童的合法权益;(2)侵犯的客体是未满14周岁的未成年人的人身自由权利及其家庭亲属关系;(3)本罪的保护法益是家长的保护监督权和儿童的行动自由权;(4)侵犯的客体是他人的家庭关系和儿童的身心健康;(5)本罪的法益是未成年人的人身自由与身体安全,而非监护权;等等。

本书认为:(1)虽然旧刑法与现行《刑法》关于拐骗儿童罪的罪状均表述为"脱离家庭或者监护人",但拐骗儿童罪在现行《刑法》中属于侵犯公民人身权利的犯罪,"脱离家庭或者监护人"的表述旨在强调非法使儿童脱离原有的生活状态而给儿童带来的生命、身体安全的危险(抽象性危险),对于家庭关系和监护权的侵害只是拐骗儿童行为的反射性效果,而且事实上也存在因拐骗的是孤儿、流浪儿童而不存在家庭关系和监护关系的情形,只要恶化了儿童的生存状况,给儿童的生命、身体的安全造成抽象性危险(不要求具体性危险),就值得科处刑罚。因而,儿童的家庭关系和他人的监护权不是本罪所保护的法益。(2)拐骗儿童未必伴随对儿童身体移动自由的侵害,而且当对象为没有意思活动能力的婴儿(如在本节案2中出生刚5天的婴儿)时,不存在身体移动自由受侵害的问题。因此,人身自由不是本罪所保护的法益。(3)拐骗14周岁以上、18周岁以下的未成年人,也会侵害未成年人的家庭关系和监护权,之所以将对象限定于不满14周岁的儿童,是因为立法者认为14周岁以下的儿童没有自我保护的能力,由此说明,本罪旨在惩处非法使儿童脱离原来的生活状态,而对其生命、身体的安全造成抽象性危险的行为。因此,本罪的保护法益应该是儿童的生命、身体的安全。

3. 拐骗儿童罪是否是继续犯?

案3:2010年9月29日,被告人王某华授意被告人冯某,要被告人冯某帮其拐骗聋哑小孩至江西省景德镇进行扒窃牟利。2010年9月30日14时30分,被告人冯某从湘潭市特殊学校门口将被害人黄某尧(男,12岁)拐骗至江西省景德镇交给被告人王某华,后被告人王某华、冯某对黄某尧采取威胁手段欲教唆其进行扒窃,黄某尧不从,遂弃之不管。获知被害人黄某尧的家属正在寻找黄某尧,被告人王某华又指使他人帮助黄某尧回家。二被告人的行为致使被害人黄某尧脱离监护人监管达14日。法院认为,"被告人王某华、冯某拐骗不满十四周岁的未成年人,脱离家庭,其行为构成拐骗儿童罪……判决如下:被告人王某华犯拐骗儿童罪,判处有期徒刑一年六个月,缓刑二年;被告人冯某犯拐骗儿童罪,判处有期徒刑一年,缓刑一年"①。

在该案中,之所以认定王某华成立拐骗儿童罪的共犯,不是因为其参与了拐骗得逞之后的看管行为,而是因为先前存在授意的教唆行为,所以成立拐骗儿童罪的教唆犯。二被告人实施的"对黄某尧采取威胁手段欲教唆其进行扒窃,黄某尧不从",成立组织未成年人进行违反治安管理活动罪的未遂。拐骗儿童罪的追诉时效从拐骗行为完成之日起计算,而不是从被害人被解救之日起计算。

案4:2010年1月5日14时许,被告人张某在本区松汇中路盐仓村蒋泾桥附近,见被害人张某某(女,5岁)独自一人,遂上前以帮张某某找妈妈为借口将其骗离本区,后带至河南省夏邑县欲给其儿子抚养。2010年2月6日,被害人张某某被当地公安机关解救。法院认为,"被告人张某拐骗不满十四周岁的未成年人脱离家庭,其行为已构成拐骗儿童罪……判决如下:被告人张某犯拐骗儿童罪,判处有期徒刑一年"②。

在该案中,被告人张某将被害人交给其儿子抚养,其儿子并不与之成立拐骗儿童罪的共犯,故法院未将其儿子认定为共犯是正确的。若其儿子对被害人实施了非法剥夺自由的行为,则单独成立非法拘禁罪。

案5:2006年8月上旬的一天晚上,被告人潘某某、李某某在驾驶车辆途经江苏省徐州市贾汪区塔山运河大桥时,见被害人张某某(未满9周岁)

---

① 参见湖南省湘潭市岳塘区人民法院刑事判决书,(2011)岳刑初字第25号。
② 参见上海市松江区人民法院刑事判决书,(2010)松刑初字第1176号。

独自睡在桥头,遂以观看杂技表演等为名,将被害人张某某诱骗上车后带走。嗣后近 4 年间,被告人潘某某、李某某指使张某某在杂技团内照看小孩、打杂及表演杂技。至 2010 年 7 月 22 日晚,被害人张某某在被被告人潘某某等人带至本市奉贤区金汇镇齐贤社区演出时,被公安民警解救。法院认为,"被告人潘某某、李某某采用诱惑、蒙骗的方法,将未满十四周岁的未成年人直接拐走,致使未成年人脱离家庭和监护人,二被告人的行为显已触犯刑律,构成拐骗儿童罪……判决如下:被告人潘某某犯拐骗儿童罪,判处有期徒刑二年;被告人李某某犯拐骗儿童罪,判处有期徒刑一年六个月"①。

在该案中,被告人拐骗儿童长达 4 年时间,这 4 年时间只是违法状态的持续,拐骗儿童罪的追诉时效不是从 4 年后儿童被解救之日起计算,而是从拐骗之日起计算;若 4 年间存在非法拘禁行为,则非法拘禁罪的追诉时效从结束非法拘禁状态之日起计算。

拐骗儿童罪是既成犯、继续犯还是状态犯?通常认为,某种犯罪是既成犯、继续犯还是状态犯,直接关系到共犯、罪数处理以及追诉时效的起算,因而犯罪形态的确定具有重要意义。关于本罪的犯罪形态,有学者指出,如果将本罪的保护法益解释为家长的保护监督权和儿童的行动自由权,自然就应当将本罪视作继续犯,即从拐骗行为实施开始,到被拐骗的儿童恢复自由为止,犯罪都处于继续状态。因为拐骗行为往往以限制被害人人身自由的方式实施,所以此过程中的非法拘禁行为是拐骗儿童罪的实行行为。拐骗行为得逞后,为限制有身体移动可能性的儿童逃跑,而以暴力非法限制被拐骗儿童的人身自由的,属于拐骗儿童罪继续状态中的情形,一般也不再单独定非法拘禁罪。在被拐骗的儿童恢复自由以前,其他人参与看管、控制儿童的,成立本罪共犯。②

本书认为,由于本罪所保护的法益是被拐儿童的生命、身体安全,因而本罪属于状态犯。拐骗之后,另外实施非法剥夺自由的行为,应以拐骗儿童罪与非法拘禁罪数罪并罚。在他人拐骗后参与抚养儿童的,不成立拐骗儿童罪的共犯;参

---

① 上海市奉贤区人民法院刑事判决书,(2010)奉刑初字第 1023 号。
② 参见周光权:《刑法各论》(第 4 版),中国人民大学出版社 2021 年版,第 95 页。

与控制儿童并剥夺儿童身体移动自由的,成立非法拘禁罪的共犯。之所以拐骗儿童罪的法定最高刑(5年)高于非法拘禁罪基本犯的最高刑(3年),是因为相对于非法拘禁罪而言,拐骗儿童之后所形成的不法状态通常会持续很长的时间,法益侵害性更重,并非意味着在拐骗儿童罪构成要件中包含了非法拘禁的内容,实行行为包括了非法拘禁行为,否则,应当像非法拘禁罪一样规定拐骗致死伤的结果加重犯。拐骗儿童罪未规定结果加重犯,正好说明非法拘禁行为不是拐骗儿童罪构成要件的内容,故在拐骗儿童后又非法剥夺儿童自由的,应当数罪并罚。拐骗儿童罪的追诉时效,应从拐骗行为完成,即将儿童置于自己的非法控制之下开始计算,而不是从儿童被解救之日起计算。

4. 对于拐骗儿童之后予以出卖的以拐卖儿童罪论处的司法解释规定,有无疑问?

案6:2011年2月24日晚7时许,被告人张某强经事前准备,来到常州火车站南广场二号候车室内,以食品为诱饵,将彭某某(女,2002年12月3日生)哄骗出候车室。次日,被告人张某强携带彭某某来到浙江省义乌市进行乞讨。同年3月24日晚,被告人张某强再次利用彭某某在义乌市火车站肯德基餐厅门口乞讨时,被义乌市警方发现,被告人张某强见状逃离。义乌市警方后将彭某某送至义乌市社会福利院暂时收养。3月31日,铁路警方到义乌市社会福利院将彭某某接回常州。本院认为,"被告人张某强以食品为诱饵,将未成年人彭某某直接拐走,致使未成年人彭某某脱离家庭和监护人,其行为已触犯刑律,构成拐骗儿童罪……判决如下:被告人张某强犯拐骗儿童罪,判处有期徒刑一年九个月"[①]。

在该案中,被告人不仅实施了拐骗儿童的行为,构成拐骗儿童罪,还实施了组织儿童进行乞讨的行为,构成2006年6月29日通过的《刑法修正案(六)》增设的组织儿童乞讨罪,应当数罪并罚。法院仅认定构成拐骗儿童罪是错误的。导致错误判决的原因可能在于将拐骗儿童罪理解为继续犯。

[①] 南京铁路运输法院刑事判决书,(2011)宁铁刑初字第34号。

案 7:2009 年 10 月初,被告人袁某云、詹某良、詹某军在闲聊时,被告人詹某良、詹某军提议带小孩去外地提包盗窃,被告人袁某云当即表示赞同。同月 10 日,被告人詹某良、詹某军租乘摩托车赶到本市三角塘镇三角塘村地段,将在此玩耍的李某子(男,1996 年 8 月 2 日出生)带至常宁城区。当晚,被告人袁某云等 3 人在旅店诱骗李某子同意跟他们去外地提包盗窃。第二天,3 名被告人与粟某金带李某子乘车经衡阳,先后到江西省的萍乡市,湖南省的湘潭市、株洲市、怀化市以及贵州省的贵阳市等地,利用个子矮小的李某子进行提包盗窃作案。法院判决被告人袁某云犯拐骗儿童罪,判处有期徒刑 8 个月;被告人詹某良犯拐骗儿童罪,判处有期徒刑 8 个月;被告人詹某军犯拐骗儿童罪,判处有期徒刑 8 个月。[1]

在该案中,被告人在拐骗儿童后利用儿童进行扒窃,除构成拐骗儿童罪外,还构成 2009 年 2 月 28 日通过的《刑法修正案(七)》增设的组织未成年人进行违反治安管理活动罪,应当与拐骗儿童罪数罪并罚。法院仅认定为一罪,大概是因为将拐骗儿童罪看作继续犯了。

有学者认为,拐骗儿童罪是继续犯,非法拘禁行为也属于拐骗儿童罪的实行行为,拐骗后参与看管、控制儿童的成立拐骗儿童罪的共犯。[2] 本书认为,拐骗儿童罪属于状态犯,拐骗行为完成,将儿童置于自己的实力支配之下,犯罪就已经终了,此后只是违法状态的持续,之后对被拐骗的儿童实施非法拘禁、伤害、奸淫、侮辱等犯罪行为的,应与拐骗儿童罪数罪并罚。

2010 年最高人民法院、最高人民检察院、公安部、司法部《拐卖意见》第 15 条规定:"以抚养为目的偷盗婴幼儿或者拐骗儿童,之后予以出卖的,以拐卖儿童罪论处。"该规定存在疑问,其可能是借鉴了《刑法》第 241 条第 5 款"收买被拐卖的妇女、儿童又出卖的,依照本法第二百四十条的规定定罪处罚"的规定,但该规定不是注意规定,而是将原本应数罪并罚的拟制为一罪处理,因而属于法律拟制,不能推而广之。

---

[1] 参见湖南省常宁市人民法院刑事判决书,(2010)常刑初字第 73 号。
[2] 参见周光权:《刑法各论》(第 4 版),中国人民大学出版社 2021 年版,第 95 页。

有学者认为,在拐骗儿童后产生出卖或者勒赎目的,进而出卖儿童或者以暴力、胁迫等手段对儿童进行实力支配以勒索钱财的,可以作为包括的一罪,按拐卖儿童罪或绑架罪定罪处罚。① 还有学者指出,在拐骗儿童后产生勒索他人财物目的,进而以暴力、胁迫等手段对儿童进行实力支配以勒索钱财的,不需要实行数罪并罚,完全可以对行为人以绑架罪一罪定罪处罚,因为该行为是针对同一对象而且是在一个过程中,只是行为人的故意内容产生了变化,对行为人完全可以按照重罪定罪,没有必要实行数罪并罚。②

应该说,上述观点存在疑问。拐骗儿童罪与拐卖儿童罪、绑架罪,虽然都可谓侵犯人身自由的犯罪,但各自所保护的法益还是存在差异的。也就是说,拐骗儿童罪是状态犯,在拐骗儿童后又出卖或者绑架勒索的,又侵害了新的法益,只有实行数罪并罚,才能对行为所造成的法益侵害事实进行全面评价。

5. 拐骗多名儿童的,应罚一罪还是应同种数罪并罚?

案8:被告人胡某方自1994年刑满释放后在浙江省临海市红光镇上岙村净业寺出家做和尚。因无子嗣,胡某方萌生了偷养婴儿以防老的念头。2000年7月12日凌晨2时许,胡某方在浙江省黄岩红十字医院4楼妇产科住院部5—6室,趁人熟睡之机,偷走陈某琴刚生下1天的女婴,并将该婴儿放在临海市红光镇上岙村杨某富家门口。同日,该婴儿被杨某富家人发现并收养。同月22日,该婴儿被其父母领回。2000年7月14日凌晨1时许,被告人胡某方来到台州市黄岩区第三人民医院3楼妇产科住院部,乘人熟睡之机,偷走郑某君生下刚7天的女婴,先将婴儿放在自己住处即临海市红光镇上岙村净业寺的后门,后假装发现了弃婴并收养。当天下午,该婴儿被其家人找到领回。2000年12月20日凌晨1时许,被告人胡某方来到台州市路桥区第二人民医院妇产科住院部301室,乘人熟睡之机,偷走孔某芬刚生下两天的男婴,后将该婴儿托养在临海市沿溪乡昌岙村朱某明家。2001

---

① 参见张明楷:《刑法学》(第6版)(下册),法律出版社2021年版,第1192页。
② 参见刘宪权主编:《刑法学》(第6版)(下册),上海人民出版社2022年版,第621页。

年1月5日,该婴儿被解救回家。法院认为,"被告人胡某方以收养为目的,偷盗婴儿3人,使3婴儿脱离家庭,其行为已构成拐骗儿童罪。被告人胡某方连续3次偷盗出生仅数天的婴儿,其犯罪情节比较恶劣,后果比较严重,故对其酌情从重处罚……判决如下:被告人胡某方犯拐骗儿童罪,判处有期徒刑四年六个月"①。

在该案中,被告人偷盗3名婴儿,实施了3个行为,侵害了3个法益,3次符合拐骗儿童罪构成要件,而拐骗儿童罪只有一个法定刑幅度,若不数罪并罚就不能做到罪刑相适应,因此,本案应当认定构成3个拐骗儿童罪,实行同种数罪并罚。

被拐骗儿童的生命、身体的安全属于个人专属法益。拐骗多名儿童的,侵害了多个法益,即便是一次拐骗多名儿童,在规范意义上也属于多个拐骗行为,正如将坐在一辆手推车上的两个小孩一下子推到河里,在规范性意义上存在两个杀人行为一样,应当以同种数罪并罚。关于同种数罪应否并罚,我国刑法理论通说认为,同种数罪不应并罚。但是,为了实现罪刑相适应,"当犯罪只有一个幅度的法定刑时,对同种数罪应当并罚"②。

6. 能否认为拐骗儿童罪与拐卖儿童罪之间是对立关系?

案9:2007年11月,被告人王某英、李某海经他人介绍认识了被害人王某红(女,2002年12月3日出生)的监护人刘某云,并向刘某云提出收养王某红的意见,但遭到拒绝。2008年1月2日14时左右,被告人王某英看见被害人王某红独自一人在玩耍,便产生了将王某红拐走收养的想法。于是,被告人王某英立即将王某红带走。途中,王某英将其拐走王某红的事打电话告诉被告人李某海。李某海得知后,于当天18时左右与王某英会合,并默许了王某英的行为。此后,被告人王某英、李某海让被害人王某红与其二

---

① 胡某方拐骗儿童案,浙江省台州市路桥区人民法院刑事判决书,载中国法律资源库,http://www.lawyee.net/Case/Case_Display.asp? ChannelID=2010100&keyword=&RID=19470,2011年12月23日访问。

② 张明楷:《论同种数罪的并罚》,载《法学》2011年第1期。

人共同居住,并将王某红的姓名改为李某梅,对外宣称王某红是其二人的女儿。其间,被害人王某红的监护人刘某云及公安局民警先后打电话给被告人王某英、李某海询问王某红的下落,但王某英、李某海均说不知道。2008年1月12日,被告人王某英、李某海将被害人王某红带到山东省淄博市淄川区太河乡宋家村李某海家中。2008年3月2日,公安民警在山东省淄博市火车站抓获被告人李某海。同年3月6日,公安民警又在山东省淄博市淄川区太河乡宋家村李某海家中抓获被告人王某英,并解救出被害人王某红。一审法院判决被告人王某英犯拐骗儿童罪,判处有期徒刑1年8个月;被告人李某海犯拐骗儿童罪,判处有期徒刑10个月。二审维持原判。①

在该案中,被告人李某海成立拐骗儿童罪的共犯,不是因为"李某海得知后,于当天18时左右与王某英会合,并默许了王某英的行为",而是因为共同将被拐骗的儿童从海南带到其山东老家,致使被害人的监护人更难解救被害人,使得被害人的生存状况进一步恶化。由于恶化了被害人的生命、身体安全法益,因而李某海构成拐骗儿童罪。换言之,假定被告人李某海没有实施其后转移被害人的行为,就不能成立拐骗儿童罪的共犯。

案10:2011年1月27日11时许,被告人刘某涛以带被害人高某某(5岁)玩耍为由将其骗离,使其脱离父母监护。次日15时许,被告人刘某涛将被害人高某某交给其姐刘某某的侄女段某某,后段某某将高某某带回家中照看。当晚20时许,段某某将高某某送交前来解救的民警。证人段某某的证言表示:"刘某涛要将这个小女孩交给我先领着,我说不领,但是他硬把这个小女孩塞到我手里,接着从厂里门口走了,我没有办法,只好把这个小女孩带回到我家里。"法院认为,"被告人刘某涛拐骗不满14周岁的未成年人脱离家庭与监护人,其行为已构成拐骗儿童罪……判决如下:被告人刘某涛犯拐骗儿童罪,判处有期徒刑二年"②。

在该案中,被告人拐骗被害人后将其交给段某某,由于拐骗儿童罪属于状态

---

① 参见海南省海南中级人民法院刑事判决书,(2008)海南刑终字第178号。
② 河南省三门峡市湖滨区人民法院刑事判决书,(2011)湖刑初字第87号。

犯,而段某某只是帮忙照管小孩,没有恶化法益,反而保护了法益,因而不成立共犯。法院没有认定段某某成立拐骗儿童罪的共犯是正确的。

案11:被告人郭某岑、黄某臣系母子关系,二人预谋后,在被告人黄某臣的指使下,被告人郭某岑带领用钱雇佣的被告人王某及赵某国、劳某东(均另案处理)等人手持木棍窜至范县龙王庄乡胡洼村孙某某娘家所开的烟酒门市,将孙某某7个月大的儿子姬某某抢走,交给被告人黄某臣。两天后,被告人郭某岑、黄某臣将姬某某以18,000元卖掉。现已追回。一审法院认为,被告人郭某岑、黄某臣以出卖为目的,伙同他人采取暴力方式绑架儿童,其行为已构成拐卖儿童罪。被告人王某伙同他人采取暴力方式劫持儿童,使其脱离监护人,其行为已构成拐骗儿童罪……以被告人郭某岑犯拐卖儿童罪,判处有期徒刑13年;以被告人黄某臣犯拐卖儿童罪,判处有期徒刑11年;以被告人王某犯拐骗儿童罪,判处有期徒刑1年。二审维持原判。[①]

在该案中,被告人郭某岑和黄某臣具有出卖的目的,构成拐卖儿童罪。受郭某岑和黄某臣雇佣的被告人王某不具有出卖的目的,是否知悉雇佣者具有出卖目的,在判决书中没有交代。如果被告人王某本人没有出卖目的,也不知悉雇佣者具有出卖目的,则由于拐骗儿童罪与拐卖儿童罪之间存在竞合关系,雇佣者与受雇佣者仅在拐骗儿童罪的范围内成立共犯,具有出卖目的的雇佣方成立拐卖儿童罪。如果王某虽然本人不具有出卖的目的,但知悉雇佣者具有出卖目的还参与劫持儿童,则应成立拐卖儿童罪的共犯。

案12:被告人刘某菊与其男友曾某普在一起已有八九年,对外以夫妻相称,但刘某菊一直没有怀上小孩,二人遂商量领养一个或买一个小孩。2011年2月初,被告人刘某菊租住到临武县城东云路骆某全经营的"旺财旅社",并在旅社里从事卖淫活动。其间,被告人刘某菊经常带着骆某全的小女儿骆某羽(2009年3月生)玩耍并买零食给骆某羽吃。因骆某羽长得可爱,经多次接触后,被告人刘某菊越来越喜欢骆某羽,并产生将其带走抚养的想法。刘某菊在与曾某普互通电话时,谎称其从永州新田县的一户人

---

① 参见河南省濮阳市中级人民法院刑事附带民事裁定书,(2009)濮中刑一终字第8号。

家里收养了一个女孩子。曾某普相信了刘某菊的谎言。2011年4月13日下午2时许,刘某菊趁骆某羽的家长不注意,将骆某羽带离临武,于4月15日抵达广东省东莞市桥头镇田心村曾某普的出租房。随后被告人刘某菊在曾某普的出租房内,与曾某普一起抚养骆某羽将近一个月。法院认为,"被告人刘某菊以收养为目的,拐骗2岁的儿童脱离其家庭及亲属,侵犯了他人的家庭关系以及儿童的合法权益,其行为已触犯刑律,构成拐骗儿童罪……判决如下:被告人刘某菊犯拐骗儿童罪,判处有期徒刑一年六个月"①。

在该案中,被告人刘某菊的男友曾某普事先与被告人就拐骗儿童没有预谋,事实上也没有参与拐骗儿童,事后在误以为儿童系被告人刘某菊领养的情况下共同抚养被拐儿童。由于拐骗儿童罪是状态犯,将儿童非法置于控制之下就已经既遂,犯罪也随之终了,因此,事后参与扶养的即便知情也不能成立拐骗儿童罪的共犯,若在共同抚养过程中存在非法拘禁行为,也只是成立非法拘禁罪的共犯。

我国刑法理论通说认为,拐骗儿童罪与拐卖儿童罪的关键区别在于犯罪目的不同:"拐卖儿童罪的行为人在主观方面具有出卖的目的;而拐骗儿童罪在主观方面可以是收养或其他目的,但是不能具有出卖的目的。因此,在司法实践中,应当根据客观事实查明行为人的主观目的,以正确认定犯罪。"②可是,若认为拐骗儿童罪"不能具有出卖的目的",当不能查明非法控制儿童的人是否具有出卖的目的时,由于不能证明行为人具有出卖的目的,因而不能认定成立拐卖儿童罪;又因为不能证明行为人不具有出卖的目的,同样不能构成拐骗儿童罪,结果只能宣告无罪,但无罪的结论显然不合适。其实,拐骗儿童罪与拐卖儿童罪之间不是一种对立关系,而是存在竞合。我们在表述两罪的界限时,只需要指出,成立拐骗儿童罪不需要具有出卖的目的,当具有出卖的目的时,成立拐卖儿童罪;具有出卖目的的人与不具有出卖目的(本人没有出卖的目的也不知悉同伙具有出卖的目的)的人共同拐骗儿童的,双方在拐骗儿童罪的范围内成立共犯,

---

① 湖南省临武县人民法院刑事判决书,(2011)临刑初字第79号。
② 王作富主编:《刑法分则实务研究》(中),中国方正出版社2010年版,第1007页。

具有出卖目的的,单独成立拐卖儿童罪。同理,具有勒索财物目的的人与不具有勒索财物目的的人共同拐骗儿童的,双方在拐骗儿童罪的范围内成立共犯,具有勒索财物目的的,单独成立绑架罪。

7. 能否将拐骗限制解释为欺骗儿童离开家庭或者监护人?

应该说,凡是使儿童离开原本生活场所的行为,都属于拐骗儿童。联系拐卖妇女、儿童罪的规定,也能得出不应将拐骗限制解释为欺骗儿童离开家庭或者监护人。偷、抢、绑,都可谓拐骗。例如,母亲在地里干活,让孩子在旁边玩,路人直接把孩子抱走抚养的,也构成拐骗儿童罪,这里根本不存在欺骗行为。因此,不能通过查字典来确定"拐骗"的含义。

8. 行为人征得监护人的同意但违反未成年人的意志使未成年人离开家庭的行为,是否构成拐骗儿童罪?

拐骗儿童罪是侵犯儿童的生命、身体安全的犯罪,不是侵犯监护权的犯罪,所以虽征得监护人同意但违反未成年人的意志使未成年人离开家庭的行为,也因为侵害了儿童的生命、身体的安全,而构成拐骗儿童罪。

9. 不作为能否构成拐骗儿童罪?

案13:甲要出国半年,但没有办法将几个月大的小孩带出国,就把小孩送到乙家寄养。甲在半年之后回国要把小孩带回家自己抚养的时候,乙采取各种手段不肯将小孩还给甲。甲只好报警。

应该说,从《刑法》第262条"拐骗不满十四周岁的未成年人,脱离家庭或者监护人"的罪状表述来看,拐骗儿童,应是使儿童由没有脱离家庭或者监护人的状态改变为脱离家庭或者监护人的状态,意味着只有作为才能构成拐骗儿童罪。在该案中,乙不将小孩还给甲,显然只是不作为,所以不构成拐骗儿童罪。

拐骗儿童罪只能由作为构成,不能由不作为构成。在实践中,参与解救儿童的人把儿童解救之后抱回家自己抚养,而不交给监护人的,也属于不作为,不构成拐骗儿童罪。

第十三节　组织残疾人、儿童乞讨罪

·导　读·

本罪的保护法益,应该是人格尊严和儿童的综合性成长不受乞讨活动妨碍的权利。从立法论上来讲,本罪不够类型化。组织残疾人、儿童进行乞讨诈骗的,不仅构成组织残疾人、儿童乞讨罪,还能构成诈骗罪(间接正犯),应当数罪并罚。既组织残疾人乞讨,也组织儿童乞讨的,能以组织残疾人乞讨罪与组织儿童乞讨罪数罪并罚。以剥夺人身自由的方式组织残疾人、儿童乞讨的,应当以本罪与非法拘禁罪数罪并罚。

/条　文/

第二百六十二条之一　【组织残疾人、儿童乞讨罪】以暴力、胁迫手段组织残疾人或者不满十四周岁的未成年人乞讨的,处三年以下有期徒刑或者拘役,并处罚金;情节严重的,处三年以上七年以下有期徒刑,并处罚金。

实务疑难问题

1.组织残疾人、儿童乞讨罪的保护法益或者立法目的是什么?

有人认为,本罪的保护法益是残疾人、儿童的人身自由权利;[1]有人主张,本罪的客体是残疾人、未成年人的人身自由和人格尊严;[2]有人声称,本罪的客体

---

[1] 参见周光权:《刑法各论》(第4版),中国人民大学出版社2021年版,第96页。
[2] 参见高铭暄、马克昌主编:《刑法学》(第10版),北京大学出版社、高等教育出版社2022年版,第494页。

是残疾人、儿童的人身权利以及社会管理秩序;[1]有人指出,本罪是为了保护儿童的综合性成长不受乞讨的妨害。[2]

应该说,以剥夺人身自由的方式组织残疾人、儿童乞讨的,无疑应另外构成非法拘禁罪,而不应仅以本罪论处,人身自由权利不应是本罪所保护的法益。本罪位于侵犯公民人身权利、民主权利罪一章,社会管理秩序不可能是本罪的保护法益。可以认为,组织乞讨行为严重侵犯了残疾人、儿童的人格尊严,[3]之所以将儿童作为本罪的对象,很显然是为了保护儿童的身心健康成长。因此,本罪的保护法益,应该是人格尊严和儿童的综合性成长不受乞讨活动妨碍的权利。

2. 何谓组织残疾人、儿童乞讨罪中的"组织"?

所谓"组织",是指行为人让残疾人或者不满14周岁的未成年人在自己的支配下从事乞讨活动。被组织者的人数不必达到3人以上。之所以采用"组织"的表述,就是为了将被组织者(受害人)排除在本罪主体之外。

3. 何谓"乞讨"?

所谓"乞讨",是指以身体动作、姿态或者语言等方式祈求公众或者特定人予以财物施舍的行为。乞讨有三个特征:第一,乞讨是一种无偿索取的行为,即行为人以自己的不幸遭遇等因素来博取他人的同情和怜悯,换取他人赠与的利益;第二,乞讨一般是以哀求、祈求等方法打动他人;第三,乞讨一般是索取经济利益,不能是名誉、情感等。乞讨在我国是合法的行为,但是法律禁止以暴力、胁迫手段组织残疾人或者儿童乞讨。

---

[1] 参见冯军、梁根林、黎宏主编:《中国刑法评注》(第2卷),北京大学出版社2023年版,第2392页。

[2] 参见张明楷:《侵犯人身罪与侵犯财产罪》,北京大学出版社2021年版,第159页。

[3] 参见冯军、梁根林、黎宏主编:《中国刑法评注》(第2卷),北京大学出版社2023年版,第2392页。

4.组织残疾人、儿童乞讨,是否能构成诈骗罪?

虽然一般来说,乞讨的对象不是受害人,但如果行为人进行乞讨诈骗,如伪装成勤奋好学因家境贫寒而辍学的学子,或者伪装成残疾人进行乞讨,就属于诈骗行为,对方是因为陷入认识错误才将财物处分给乞讨者。因此,如果行为人组织进行乞讨诈骗,不仅构成组织残疾人、儿童乞讨罪,还能构成诈骗罪(间接正犯),应当数罪并罚。

5.既组织残疾人乞讨,又组织儿童乞讨的,是否能够数罪并罚?

即便认为本罪是所谓的选择性罪名,但因为本罪是侵犯人身权的犯罪,所以,行为人既组织残疾人乞讨,又组织儿童乞讨的,不排除以组织残疾人乞讨罪与组织儿童乞讨罪数罪并罚的可能性。

6.以剥夺人身自由的方式组织残疾人、儿童乞讨的,是否应当数罪并罚?

应该说,本罪是侵犯人格尊严和儿童的综合性成长不受乞讨活动妨碍的权利的犯罪,不是侵犯人身自由的犯罪。行为人以剥夺人身自由的方式组织乞讨,因为侵害了两个法益,所以应以本罪与非法拘禁罪数罪并罚。

第十四节 组织未成年人进行违反治安管理活动罪

· 导 读 ·

本罪的保护法益是未成年人的综合性成长不受违法活动妨碍的权利。应将作为本罪保护对象的未成年人的年龄限定为16周岁以下。"组织"已满16周岁不满18周岁的未成年人进行盗窃、诈骗、抢夺、敲诈勒索等违反治安管理活动的,不应认定为本罪,而应认定成立盗窃、诈骗、抢夺、敲诈勒索等犯罪的共犯。只要组织未成年人进行盗窃、诈骗、抢夺、敲诈勒索等犯罪,达到了相应犯罪的定罪标准,行为人就既构成本罪,又构成盗窃、诈骗等犯罪,既可能是想象竞合从一重,也可能实行数罪并罚。

条　文

第二百六十二条之二　【组织未成年人进行违反治安管理活动罪】组织未成年人进行盗窃、诈骗、抢夺、敲诈勒索等违反治安管理活动的,处三年以下有期徒刑或者拘役,并处罚金;情节严重的,处三年以上七年以下有期徒刑,并处罚金。

实务疑难问题

1. 组织未成年人进行违反治安管理活动罪的保护法益是什么?

本罪是侵犯人身权利的犯罪,组织未成年人进行违反治安管理的活动,必然侵害未成年人的身心健康成长,所以可以认为,本罪的保护法益是未成年人的综合性成长不受违法活动妨碍的权利。

2. 组织未成年人进行违反治安管理活动罪中的"未成年人"的年龄,是指18周岁以下吗?

在理论上普遍认为,未满18周岁的自然人都属于本罪中的未成年人,同时认为已满16周岁的未成年人都可以成为本罪的主体。[①] 这就奇怪了:16周岁的人可以组织17周岁的人进行违反治安管理活动。不像组织残疾人、儿童乞讨罪,成立本罪不要求使用暴力、胁迫手段。在不使用暴力、胁迫手段的情况下,很难想象16周岁的人能够通过做"思想工作",组织17周岁的人进行违反治安管理活动。虽然一般而言,未成年人的年龄是18周岁以下,但那是考虑到未成年人的承诺能力,如《刑法》第234条之一第2款特意强调摘取不满18周岁的人的

[①] 参见高铭暄、马克昌主编:《刑法学》(第10版),北京大学出版社、高等教育出版社2022年版,第495页;冯军、梁根林、黎宏主编:《中国刑法评注》(第2卷),北京大学出版社2023年版,第2399页。

器官的,即便得到不满18周岁的人的同意,也不影响故意伤害罪的成立。本罪是侵犯未成年人的身心健康成长的犯罪,一般来说已满16周岁的人完全能够认识到违反治安管理活动的性质与意义,也正因为此,《刑法》才将本罪的刑事责任年龄确定为16周岁以上。因此,应将作为本罪保护对象的未成年人的年龄限定为16周岁以下。"组织"已满16周岁不满18周岁的未成年人进行所谓违反治安管理活动的,不应认定为本罪,而应认定成立盗窃、诈骗、抢夺、敲诈勒索等犯罪的共犯。

3. 组织未成年人进行违反治安管理活动罪与财产犯罪之间是什么关系?

有学者认为,本罪的组织行为包括三种情形:(1)组织已满14周岁不满16周岁的未成年人盗窃、诈骗,且实行者获取的财物数额在客观上达到了定罪标准的,或者组织接近14周岁的未成年人抢劫的,被组织者已经具有规范意识,并不能被视作他人可以完全利用的工具,只是因为无责任能力而不成立犯罪,组织者作为"正犯背后的正犯"与未成年人构成共同正犯,成立本罪和相应的共同犯罪的竞合。(2)组织年龄很小,没有自我判断能力和规范意识的未成年人实施在客观上达到定罪标准的危害行为的,组织者成立本罪和相应犯罪的间接正犯的竞合。(3)组织未成年人实施明显未达到犯罪程度,但违反治安管理法律、法规的活动的,应当成立本罪。① 张明楷教授认为,当行为人组织未成年人进行盗窃、诈骗、抢夺、敲诈勒索等活动,未成年人盗窃、诈骗、抢夺、敲诈勒索的财物数额较大或者巨大时,组织者的行为就属于一个行为同时触犯两个罪名的想象竞合;不排除组织未成年人进行盗窃、诈骗、抢夺、敲诈勒索等活动的行为,既触犯盗窃、诈骗、抢夺、敲诈勒索等罪,也触犯本罪,并且应当数罪并罚的情形。②

应该说,只要组织未成年人进行盗窃、诈骗、抢夺、敲诈勒索等犯罪,达到了相应犯罪的定罪标准,行为人就既成立本罪,又成立盗窃、诈骗等犯罪,既可能想象竞合从一重,也可能数罪并罚。

---

① 参见周光权:《刑法各论》(第4版),中国人民大学出版社2021年版,第96~97页。
② 参见张明楷:《刑法学》(第6版)(下册),法律出版社2021年版,第1193页。